Development Report of
Project Management in China

中国项目管理二十年发展报告（1999–2019）

中国国际人才交流基金会　编著

電子工業出版社
Publishing House of Electronics Industry
北京 · BEIJING

图书在版编目（CIP）数据

中国项目管理二十年发展报告：1999—2019/中国国际人才交流基金会编著. —北京：电子工业出版社，2020.6
ISBN 978-7-121-39038-8

Ⅰ. ①中… Ⅱ. ①中… Ⅲ. ①项目管理－研究报告－中国－1999-2019 Ⅳ. ①F224.5

中国版本图书馆 CIP 数据核字（2020）第 088957 号

责任编辑：刘淑敏
印　　刷：北京盛通商印快线网络科技有限公司
装　　订：北京盛通商印快线网络科技有限公司
出版发行：电子工业出版社
　　　　　北京市海淀区万寿路 173 信箱　邮编 100036
开　　本：880×1230　1/16　印张：20.75　字数：467 千字
版　　次：2020 年 6 月第 1 版
印　　次：2021 年 8 月第 2 次印刷
定　　价：128.00 元

凡所购买电子工业出版社图书有缺损问题，请向购买书店调换。若书店售缺，请与本社发行部联系，联系及邮购电话：（010）88254888，88258888。

质量投诉请发邮件至 zlts@phei.com.cn，盗版侵权举报请发邮件至 dbqq@phei.com.cn。

本书咨询联系方式：（010）88254199，sjb@phei.com.cn。

编委会名单

序

当今世界，社会、经济飞速发展。纵观发展进程，从一项新技术的研发应用到区域、国家乃至跨国（区域）重大工程的实施，都离不开项目的支撑。项目作为独特性的活动而普遍存在于人类社会的各项活动之中。各类项目的开发也已成为企业等组织、行业、区域乃至国家发展的重要因素之一。

项目是为创造独特产品、服务或成果而进行的临时性工作，有别于经营等组织活动，项目的独特性在于创新性、临时性，正因如此，项目是各类组织实现创造性、创新性的价值所不可或缺的要素，正如项目管理协会（PMI®）的《PMBOK®指南》（第6版）所述，“项目驱动变革，从商业角度来看，项目旨在推动组织从一个状态转到另一个状态，从而达成特定目标。项目可以创造商业价值”。而要达成这一目标，必然要求完善的管理理论体系——项目管理作为强大的支撑。

项目管理作为管理学的一个重要分支，可为各类组织在保证项目高质量和效率，提升管理水平，建立可持续的核心竞争优势，实现战略中提供有效支持。基于项目的临时性特点，项目组织也具有临时性的特征，一个项目、项目集、项目组合的完成，无不需要建立在组织内跨部门、跨职能，在组织外跨组织的项目组织架构，为项目执行构建必需的组织基础。突出临时组织特征的项目管理理论和方法，更能以项目为开放平台，支持项目组织有效集成项目、组织及组织间的资金、人才、设备、技术等资源，优化资源配置，规范语言、标准和行为，并促进项目及项目间的资源流动，从而为组织建立使能和制度优势，帮助组织适应外部环境，为组织战略赋能。

经过数十年的发展，项目管理在国际上已经形成各具特色且系统性与实用性兼具的理论体系。引进、吸收、发展国际先进的项目管理知识体系，使我国各行业的项目开发受益匪浅。20世纪80年代，我国首次按照国际惯例对鲁布革水电站的引水系统工程实行国际招标建设，其国际管理模式下的工程施工工期、费用、质量成果惊人，它对我国传统管理的作用被称为“鲁布革冲击”，对我国后续的项目管理快速发展产生了重大影响。

改革开放以来，我国经济社会快速发展，经济全球化的进程不断加深，我国企业等各类组织的发展环境日趋开放，对先进的项目管理理念和人才需求日益增大。自1999年起，原国家外国专家局培训中心（现中国国际人才交流基金会）将PMI的以PMP®为代表的项目管理专业资格认证及其知识体系引入中国，为我国培养了大批国际化项目管理专业人才。20年间，我国已有超过2000万人参加过系统的项目管理知识培训，30余万人次持PMP®等PMI项目管理专业资格认证的有效证书，这些人员活跃于项目管理关键岗位，填补了项目管理人才的需求，有力支撑了我国经济社会的快速发展。经过20年的发展，项目管理的知识和方法已在我国信息技术、制造、金融、科研、航空航天、能源化工等众多领域得到广泛应用；项目管理方法在项目生命周期各阶段拓展创新，以实现整体优化并适合各类项目需求；项目管理范畴也从精细化管理单一项目发展到搭建以战略目标为导向的组织级项目管理体系。响应上述发展和需求，我国项目管理学科建设和人才培养得以与国际化项目管理融合发展。20年的广泛实践证明，国际化的项目管理理念、方法与工具对我国项目开发和项目管理学科的发展都起到了极大的促进作用。

我们欣喜地看到，20年间，适应我国项目情境的项目管理理论、方法和工具的不断发展，优秀项目管理应用实践的不断涌现，与国际项目管理的深入融合，也有效提升了我国在国际项目管理领域的话语权，丰富了国际化项目管理理念的内涵，彰显了项目管理更加广泛的价值。适应不同的项目环境，我国与国外项目管理呈现出互动促进、"螺旋式上升"的良性生态，为项目管理学科的发展提供了持续动力。

很高兴看到中国国际人才交流基金会在对从业人员、企业、高校广泛调查的基础上，结合专业发展、产业发展、经济发展等数据的客观研究，形成了《中国项目管理二十年发展报告》。这本书综述了我国项目管理发展成果，分析了项目管理与国家经济发展、企业发展、个人成长的联系，呈现了项目管理学科建设和理论发展及应用情况，以及项目管理相关服务产业发展现状；阐述了我国项目管理未来发展的趋势和建议。本书中对发展历史的回顾与反思，对客观数据科学统计分析的结果，能引导项目管理在我国更好、更有序地发展，引导项目管理的价值在社会公众中被更多更好地认知，这对于我国认识项目管理、发展项目管理具有很高的实践指导价值。

在科技进步、经济大发展的时代，创新已经成为时代的主旋律。项目创新和项目管理也必将成为推动社会进步的重要力量。诚挚地希望产学研界的人士一道，创新和推动项目管理，让项目管理在我国经济社会发展中发挥更大的作用。

强茂山
清华大学国际项目管理研究院副院长、教授
中国管理科学学会项目管理专业委员会主任

目 录

第一章　项目管理在中国20年发展的成果综述

在当今的中华大地上，世界上最长的大桥——丹昆特大桥通车了，世界上最高的大桥——北盘江大桥建成了，世界上最快的超级计算机——神威·太湖之光研发成功了，世界上最大单口径的球面射电望远镜——“中国天眼”建成，还有“八纵八横”高铁的穿梭运行，载人航天的顺利往返，094A核潜艇和航母的横空出世。“这盛世，如你所愿”，中国实现了“弹指一挥间，可上九天揽月，可下五洋捉鳖”的梦想，已然成为世界第二大经济体。

这些扬我国威、壮我华夏的业绩，从概念构想到目标达成，无一例外地是通过项目、项目集或项目组合来实现的。项目管理水平决定着项目乃至国家战略的成功。

历史的偶然往往蕴含了事物发展的必然。1999—2019年，是原国家外国专家局培训中心（2019年与原中国国际人才交流基金会整合为中国国际人才交流基金）将起源于项目管理协会（PMI，总部设在美国）的《项目管理知识体系指南（PMBOK®指南）》（以下简称《PMBOK®指南》）及项目管理专业人士（PMP®）认证引入中国的20年。项目管理自引进之日起就有幸与时代的脉搏同频共振。

在其后的年份，原国家外国专家局培训中心逐步引入PMI的其他项目管理类认证及相应的项目管理知识体系，包括助理项目管理专业人士（CAPM®）认证、项目集管理专业人士（PgMP®）认证、PMI敏捷管理专业人士（PMI-ACP®）认证、PMI商业分析人士（PMI-PBA®）认证，更丰富了中国项目管理的理论层级。

截至2019年9月，中国大陆地区已有超过2 000万人参加过系统的项目管理知识培训，PMP®有效持证[①]人数已约30万人，占全球的近1/3。中国已成为除美国外PMP®持证人数最多的国家。项目管理知识体系被广泛应用于中国信息传输、软件和信息技术服务、制造、建筑、金融、科研及技术服务等行业，PMP®等持证人员活跃于国家重大项目的关键岗位，成为各行各业的项目管理主力军，有力地支持了中国这20年来经济建设对人才的需求。

当前，中国正处于改革的深水区和攻坚期，比历史上任何时候都更需要人才的支撑。习近平总书记强调指出：“引进国外人才和智力是中国对外开放的重要组成部分，是我们长期坚持的重要战略方针。”为了进一步提升项目管理的价值在社会公众中的认知，进一步推广项目管理知识体系的学习和应用，进一步推进项目管理服务这一新兴产业的发展，进一步推动项目管理理论的深入研究，更好地服务于国家的经济建设，中国国际人才交流基金

---

① PMP®证书3年有效期，在有效期内应通过继续教育来维持证书的有效性。有效持证人数指证书在有效期内的人数，该数据与通过考试人数（含已失效的PMP®证书）有一定的差异。

会以 PMP®为代表的 PMI 项目管理专业资格类认证在中国 20 年发展的历程为缩影，对中国项目管理 20 年的发展成果进行总结。同时，本书还对现代项目管理理论体系的起源与项目管理在中国的发展进行了简要的概括和介绍。

第一节　项目管理在中国发展 20 年取得的成果概述

通过调研、分析和整理，中国项目管理发展 20 年的主要成果包括但不限于以下八个方面。

一、PMP®认证报考和持证人数呈指数级增长

恩格斯指出："社会一旦有技术上的需要，这种需要就会比十所大学更能把科学推向前进。"项目管理正是一种这样的社会需要，《PMBOK®指南》和 PMP®认证引进中国 20 周年，全国各地项目管理培训及 PMP®认证考试人数呈指数级增长。

2000 年全国 PMP®年报考人数仅有 316 人次，2011 年突破 2 万人次，2015 年突破 4 万人次，2018 年突破 10 万人次，预计未来几年，累计报考人数将有望达到 100 万人次。其增长速度就如同中国经济的发展速度，在全世界绝无仅有。

再看下面这组截至 2019 年 9 月的数据：

（1）全国累计 PMP®报考人数近 60 万人次，通过 PMP®认证人数约 42 万人，有效持证人数约 30 万人，占全球 PMP®持证总量的 31.2%，占亚太区 PMP®持证总量的 72.1%。

（2）全国平均每万人有 4.44 人次报考 PMP®认证，其中北京每万人有近 65.28 人次报考。PMP®认证已经覆盖全国 324 个地级行政区（未含港澳台地区），在全国范围内得到了普遍认可。

（3）全国累计超过 5.5 万家企业参加了《PMBOK®指南》的培训和学习。这些企业涵盖各类性质，其中，民营企业居多，占 44.14%；外资企业占 23.53%；国有企业占 20.18%。中国本地企业的报考人数总量已远超外资企业，足见《PMBOK®指南》经过"引进—学习—检验—发展"的创新之路，已经在中国深深扎根。在这些企业中，大部分都是各行业有领头带动作用的龙头企业，其中有 78.51%的企业鼓励其员工参加项目管理知识的学习并提供相应的政策支持。项目管理的普及与企业的发展，已经互为助推器。参加项目管理学习的企业数量，预计还将以每年 15%的速度快速增长。

（4）PMP®报考人员遍及各行各业，有 47.81%来自信息传输、软件和信息技术服务业，除此以外，排名靠前的行业依次为制造业（18.94%）、金融业（5.01%）、科学研究和技术服务业（4.06%）、建筑业（3.79%）。这与改革开放以来中国创新技术高速发展对人才的强烈需求有着必然的联系。

二、PMP®报考人数的快速增长有效地满足了经济高速发展对人才的迫切需要

人才是经济社会发展的第一资源。马克思认为，生产力的三要素是劳动者、劳动工具和劳动对象，其中劳动者是生产要素中最活跃、最重要的因素。

对 PMP®报考人员的数据统计，以及大量的企业调研和人物访谈结果都表明：

第一，项目管理的普及程度与地区的经济发达程度呈极强的相关性。经济发达的沿海地区的 PMP®报考人数占有全国总量的 83.53%。

第二，项目管理的推广力度与行业的发展速度有着非常密切的关联性。如中国的信息传输、软件和信息技术服务业经过 20 年的高速发展，居世界通信行业前列，而信息传输、软件和信息技术服务业的 PMP®报考量占了全国总量的 47.81%。

第三，项目管理的普及与推广程度更是与人均工资及人均产值呈正相关。如 2018 年人均产值排名前 10 的省（自治区、直辖市），其 PMP®报考人数同样是排在前 10 位。无论是从行业还是地域来看，其人均工资与 PMP®报考人数的相关性系数 r 都大于 0.9（$|r|$越趋近于 1，代表相关性越大，0.8～1 代表极强正相关）。

数据分布的关联性既体现了国家在经济社会发展中人才优先发展的重要意义，又证实了 PMP®对劳动者素质的提高和创新管理的重要作用。

三、PMP®人才成为中国企业“走出去”的中坚力量

在商务部 2019 年发布的《2018 年我国对外承包工程业务新签合同额前 100 家企业》名单中发现，绝大部分企业与国家“一带一路”倡议相关，其 PMP®报考人数居全国前列。其中的华为、中国石油、中国石化、中国海油、中兴通讯等典型“走出去”企业，其 PMP®报考人数更是位列全国前 10 位。

本次调研归类统计还发现，实施“走出去”战略的企业中，其影响力排名靠前的 50 家企业，累计 PMP®报考人数占全国报考总量的 1/4。

对历年的全国对外承包工程合同金额、全国对外承包工程完成营业额进行统计，并对这些合同金额、营业额与历年 PMP®报考人数进行相关性分析发现，其相关性系数 r 值分别为 0.86 和 0.84，两者呈极强的正相关关系。

由此可见，项目管理的国际通用术语和科学的管理思维已成为“一带一路”企业管理的重要抓手，大量具有国际化资格认证的专业人士，为参与国际性竞争打下了良好的基础。

四、项目管理方法有效地推进了企业科技创新的步伐

随着社会经济的发展，市场竞争越来越激烈，企业想要赢得更多的生存发展空间，在

激烈的市场竞争中立于不败之地，就必须将科技创新作为企业持续发展的动力源泉，科技创新效率的高低直接影响一个企业的发展速度。项目管理是指把各种系统、方法和人员结合在一起，在规定的范围、时间、预算和质量目标内完成项目各项工作的管理方法。将项目管理引入科技创新管理中，能够借助项目管理执行体系的严密性，使科技创新更有成效，从而达到促进企业发展的目的。

我国高度重视科技创新及成果转化工作，科技管理人才培养可以有效促进科技创新和成果转化。《国务院关于优化科研管理提升科研绩效若干措施的通知》强调“推动项目管理从重数量、重过程向重质量、重结果转变”，这就要求科技管理者具有项目管理的思维和能力。

在广泛的企业调研中，发现许多创新型企业都是以项目管理作为科技创新管理人才培养的切入点。在华为、阿里巴巴、中国移动、网易、腾讯、吉利汽车、中船重工及众多智能制造企业，都把以《PMBOK®指南》为代表的项目管理方法及理论作为项目管理人员，尤其是研发类项目管理人员的必修课。项目管理以其严密、规范且敏捷应对的执行体系，大大提高了这些企业科技创新和成果转化的成效。在标杆企业的辐射带动下，众多的科技创新企业已把项目管理引入企业的创新管理中，加快了科技创新的步伐。

五、项目管理方法助力个人建立科学思维模型和取得事业成功

查理·芒格说过：“成年人的学习目的，应该是追求更好的思维模型，而不是更多的知识。在一个落后的思维模型里，即使增加更多的信息量，也只是低水平的重复。”

《PMBOK®指南》以输入、工具和输出来表述项目管理工作流程，既简单明了，又把哲学的逻辑和管理的程序有机统一；项目管理的基本理念简单实用，既用细分的方法和预防的理念进行项目规划，又用平衡的原则和有序的变更解决项目中的问题；项目管理还通过项目生命周期、五大过程组和十大知识领域向人们展示多维度、整体和系统的项目管理思维模型。

通过系统学习以《PMBOK®指南》为代表的项目管理方法，人们认识问题、分析原因和思考解决方案就有了比较规范的步骤和方法，分析问题和解决问题的能力就会有较大的提升。这又能进一步促进人们科学思维的形成和完善，促进工作效率的提升，促进个人的综合管理能力的提升。

对项目管理从业人员的调研显示，他们对项目管理助力个人成长、科学思维建立及工作效率提升等方面都有极高的肯定。

调研同时显示，企业员工持有PMP®证书，有助于职位的升迁和个人薪酬的提升。受调查者在获取PMP®证书后的平均年度薪酬增幅高达18%。

六、项目管理提升企业的战略执行力，促进了企业创新转型

企业的战略和变革需要通过项目的成功实施来落地。就像“一带一路”倡议的落实，需要依靠沿线国家的具体项目的建设和完成来实现共同的目标。所以，项目是企业发展的重要台阶，在预算范围内按时保质交付项目，是新产品进入市场和公司实现商机的关键。与公司战略目标相关的一系列项目的成功完成，是公司实现转型升级的重要基础。

在调研中，发现企业通过对项目管理理论的学习和在实践中的应用，在大型项目的管理中，从传统的会战指挥部模式转化成了现代的组织级项目管理模式。例如，中国石油、中国海油、中国石化的几乎所有大型项目都采用项目集管理模式；中国联合工程公司等许多以设计为主业的企业，通过项目管理的学习，成功进行了转型升级，成为工程总承包企业；中国移动、中国电信、华为等信息技术企业，采用项目经理负责制，项目管理成为企业管理的基本单元，极大地提高了企业的核心竞争能力。这些企业不仅在国内的项目建设中取得了巨大成功，在海外，特别是在“一带一路”国家的项目中也成绩斐然，极大地打响了国际品牌，提升了企业商誉。项目管理已然成为促进企业发展，实现项目商业价值的助力器。

在调研中，还发现有一大批新兴企业把全面应用项目管理方法作为改进企业管理的愿景，以便更好地用项目管理来支撑战略落地。项目管理已成为新兴企业快速成长和转型升级的有效方法。

七、项目管理专业在高校渐受重视，项目管理学科研究领域也日趋细化

经过 20 年的发展，项目管理硕士专业学位点[①]从无到有，从有到基本普及。自 2004 年设立以来，不仅学位点数量显著增加，遍及各主要高等院校，而且招生规模迅速扩大，招生质量显著提高，满足了企事业单位对项目管理高层次人才日益增长的需求。

高等院校项目管理学科建设快速发展，在研究方向、团队建设、高层次人才培养、科学研究、研究基地建设等方面，取得了众多高水平标志性研究成果；形成了具有独立创新性、中国特色的成熟的项目管理理论思想，某些标志性研究成果已经引领国际项目管理学科的快速发展。

高等院校项目管理产学研合作取得了突出成绩，建立了众多“高校-企业”产学研合作研究基地，实现了创新链条与产业链条的有效对接，极大地推动了企业项目管理的飞速发展。

---

① 2004 年，在工程硕士专业中开设项目管理领域；2018 年 3 月，项目管理领域被调整到工程管理硕士专业中。本文的“项目管理硕士专业学位点”兼指这两个硕士专业中的项目管理领域。

八、项目管理的引进衍生了相关服务产业，并将持续高速发展

以《PMBOK®指南》为代表的项目管理体系以其普适性和实用性得到了企业及项目从业者的广泛认可。随着项目管理培训的全面展开，PMP®等项目管理专业资格认证培训和考试人数的持续增长，项目管理应用咨询业的快速升温，项目管理信息系统建设的积极跟进，为项目管理全生命周期服务的企业，犹如星星之火随风燎原，逐步形成了以项目管理全生命周期服务为主体的新产业。

这些企业提供的项目管理全生命周期服务，既从提升社会创新能力和提高社会生产效率等方面助推了国家经济发展，也为社会创造了大量就业机会，更带动了诸如会务、交通、餐饮、住宿、印刷等其他产业的发展。

新产业的年营收在2018年已达到17.29亿元人民币，20年间增长了300余倍，年均复合增长率（CAGR）达到了39%，累计规模75.98亿元人民币。

可以预见，项目管理服务产业在未来一段时间仍将持续快速增长，产业前景广阔。因此，产业发展的规范要求和创新能力提升将会成为未来的工作重点，师资和课程质量将会成为竞争焦点。

第二节　项目管理理论体系的产生和发展

项目管理的历史源远流长。自从人类开始进行有组织的活动，就一直在执行着各种规模的项目。在古代，人们就进行了许多项目实践活动，如中国的万里长城、埃及的金字塔、古罗马的供水渠建设等。这些不朽的伟大工程都是古人运作大型复杂项目的范例。有项目就有项目管理的思想。例如，两千年前春秋战国时期的《考工记》就已规定：“凡修筑沟渠堤防，一定先以匠人一天修筑的进度为参照，再以一里工程所需的匠人数和天数来预算这个工程的劳力，然后方可调配人力，进行施工。”这是现代项目管理“以计划为基础”的基本思想的朴素表述。

工程领域的大量实践活动极大地推动了项目管理的发展。传统的项目和项目管理的概念及其基本方法主要起源于建筑工程领域，这是由于在传统的实践中，建筑工程项目相对其他项目来说，组织实施过程表现得更为系统和复杂。现代项目管理通常被认为是第二次世界大战后的产物，如美国研制原子弹的曼哈顿计划、美国海军的北极星导弹计划与美国军方的阿波罗登月计划等，都是推动现代项目管理学科产生、发展与形成的基本背景。

一、项目管理思维理念的形成

（一）曼哈顿计划——系统工程的诞生

“曼哈顿计划”是美国陆军部于1942年6月开始实施的利用核裂变反应来研制原子弹

的计划。在项目执行过程中，负责人 L.R.格罗夫斯和 R.奥本海默应用了系统工程的思路和方法，大大缩短了工程时间。这一工程的成功促进了第二次世界大战后系统工程理论的发展和一个新的管理方法——“项目管理”的诞生。

（二）兰德计划——运筹学的诞生

第二次世界大战期间，兰德公司运用运筹学解决了大量军事上的问题。1945 年后，为继续运筹学在军事领域的应用，美国陆军航空队与道格拉斯飞机公司签订了一项“研究与发展”计划的合同，即“兰德计划”。在此期间，运筹学主要用于分析军事项目技术的可行性，作为其实施的决策依据，属于“系统分析”。此时的项目管理更多地停留在技术层面（完成项目范围），并没有考虑成本、进度等其他因素。

二、项目管理工具的诞生和应用①

（一）北极星计划——计划评审技术的应用

1957 年，美国海军开始实施导弹核潜艇研制计划，即“北极星计划”。其研究团队发明了项目计划评审技术（Project Evaluation and Review Technique，PERT），用于不确定性较高的项目进度估算、制定与控制。PERT 作为一种管理进度的网络计划工具，采用概率计算持续时间，极大地协助了北极星项目的计划控制，使北极星导弹项目提前两年研制成功。1959 年，关于 PERT 的第一篇学术论文发表；1962 年，美国政府颁布了 139 个关于 PERT 的相关文件。直至 1964 年，已有超过 1 000 份学术论文、书籍、报告用于记录 PERT。此后，PERT 被应用于各个领域的项目进度管理。②

在同一时期，挣值管理技术也首次在“北极星计划”中使用。1967 年，美国国防部制定了《费用/进度控制系统准则》，将挣值管理技术作为能有效进行费用、进度和技术业绩联合管理的工具。随后此项技术经过不断实践得以完善。

（二）美国民兵导弹计划——配置管理、挣值管理的应用

1958 年美国波音飞机公司开始研制民兵洲际导弹，采用配置管理的方法，在发生技术变更时管理层要求所有相关方向配置委员会提供进度和成本评估。通过配置委员会建立管理层与科学家、工程师之间的联系，同时便于管理层对科学家和工程师进行监管，由此解决设计失误导致的测试失败问题，使洲际导弹的可靠性由 50%提升至 90%。同时，挣值管理技术也在 1967 年被运用于“民兵导弹计划”。

---

① Johnson S B. Technical and institutional factors in the emergence of project management[J]. International Journal of Project Management, 2013(5):670-681.

② Sapolsky H M, Bureaucracy, Technology.Book reviews: The polaris system development: Bureaucratic and programmatic success in government[J]. Science, 1973, 180:486-487.

（三）阿波罗登月计划——PERT、关键路径法、WBS 等的应用

“阿波罗登月计划”始于 1961 年 5 月，止于 1972 年 12 月第 6 次登月成功。该项目的成功关键在于整个组织管理过程采用了项目管理的方法和步骤，并首次采用了矩阵式组织的方式来管理项目。

由于其本身过于复杂，阿波罗计划采用了工作分解结构（Work Breakdown Structure，WBS）的方法，将整个计划由上而下逐级分成项目、系统、分系统、任务、分任务等六个层次，并利用 PERT、关键路径法（Critical Path Method，CPM）、配置管理等方法对项目进行全面整合的控制协调。

20 世纪 60 年代，项目管理的应用还局限于建筑、国防和航天等少数领域。“阿波罗登月计划”的成功，则让项目管理由此风靡全球。

三、项目管理知识体系的创立

20 世纪 60 年代以后，随着矩阵管理、计算机技术、PERT、CPM、WBS 等方法的应用，项目管理的实践广泛存在，但针对项目管理体系性的学术研究仍处于起步阶段。1965 年，总部位于瑞士的国际项目管理协会（International Project Management Association，IPMA）成立。后来，IPMA 推出了《IPMA 项目管理能力基准》（*IPMA Competence Baseline*，ICB，2019 年 7 月 1 日更新为第 4 版），并开展 IPMA 项目管理专业认证，包括从高级到低级的 A、B、C、D 四个级别。1969 年，总部位于美国的项目管理协会（Project Management Institute，PMI）成立。后来，PMI 推出了《项目管理知识体系指南》（《PMBOK®指南》，2017 年 9 月更新为第 6 版），并开展 PMP®认证。它们为项目管理体系的交流与讨论搭设了平台，是目前世界上影响最大、最成熟的两个项目管理研究组织。

在过去的 50 多年中，PMI 及 IPMA 在项目管理体系发展方面都做了卓有成效的工作，为推动项目管理体系化发挥了积极的作用。经过 50 多年的发展，项目管理有了科学的系统方法，形成了结构化、规范化、标准化的完整体系。

四、项目管理知识体系的价值（以《PMBOK®指南》为例）

PMI 作为全球规模最大的项目管理类学术机构，为了使项目管理具备公认的解释及标准化的说明，于 1987 年出版了《项目管理知识体系》单行本，并在 1996 年发布《PMBOK®指南》第 1 版。《PMBOK®指南》至今已在 2000 年、2004 年、2008 年、2012 年、2017 年更新了 5 次，最新为 2017 年发布的第 6 版。

PMI 推行 PMP®认证的目的是给项目管理人员提供统一的行业标准。该认证体系已得到全球 190 多个国家和地区的认可，是目前项目管理领域全球普及性且含金量最高的认证。考取 PMP®证书，不仅能提升项目经理的项目管理水平，也直接体现了项目经理的个人竞争力，是

项目管理专业人士身份的象征。截至 2019 年 9 月，全球有 96 万人持有 PMP®有效证书，《PMBOK®指南》被翻译成 11 种语言，所有版本的发行量总计超过 647 万册。

《PMBOK®指南》提高了项目管理结构化和标准化的程度，成为国际上通用的引领创新、促进科技发展、获取关键突破的项目管理理论体系与实践工具。项目管理知识体系的价值主要体现在以下几方面。

（一）推广项目管理通用术语

通用项目管理术语体系有利于项目管理语言和概念的标准化，促进专业人士的相互交流，增强项目管理知识的传递，是项目管理理论发展最基本的基础。《PMBOK®指南》不仅促进了行业语言的结构化和标准化，还为不同的组织、部门和国家的项目实践提供了标准化项目管理指南。《PMBOK®指南》中的项目管理知识体系已被 ANSI（ANSI/PMI99-001-2000）批准为美国国家标准，被电气和电子工程师协会（IEEE）认可为 IEEE 标准。此外，国际标准化组织（ISO）也以《PMBOK®指南》的项目管理知识体系结构为框架，制定了《ISO 21500 项目管理指南》。

（二）促进项目管理专业工作的规范化

虽然项目的独特性特征决定了《PMBOK®指南》并不是强制性的实践规范，但是其所描述的是在大多时候被众多项目视作良好实践的管理方法及过程，对促进项目管理专业工作的规范化，具有很重要的作用。随同《PMBOK®指南》而来的 PMP®认证考试，有助于项目管理从业者在一定程度上统一对项目管理思维和管理过程的认识。目前在企业或其他组织中，基于《PMBOK®指南》的项目管理培训课程逐渐增多，报考参加 PMP®认证的人员也快速增长，这有助于组织创建专业的项目管理人才库，有助于项目管理从业者规范和统一项目管理思想与行为。

（三）推广普遍认可的良好实践

《PMBOK®指南》作为国际认可的项目管理标准和知识体系指南，收录了项目管理知识中被“普遍认可”的“良好实践”，使项目管理作为一门专业学科被认可，其知识、技能、工具和技术被普遍接受，其价值和有效性获得一致认同。《PMBOK®指南》不仅是对“项目”及“项目管理”的定义和描述，也包含实施项目所必需的相关工具技术、流程方法及相关理念，这些知识和做法在根据实际项目需求进行“裁剪”后，适用于各种类型的项目。在项目实施中，通过对《PMBOK®指南》中的工具技术、流程方法及相关理念的应用，能提高项目成功的可能性，最终为企业实现预期的商业价值。

（四）作为项目管理理论体系迭代发展的基础

《PMBOK®指南》的另一大价值，就是给致力于项目管理学科发展的各专业人士提供一个知识迭代更新的平台，在此基础上共同完善项目管理理论体系，《PMBOK®指南》定期更新。PMI 邀请所有有志人士共同参与对项目管理学科做贡献，把经实践证明符合时代发展特征的最新内容，在每一次的《PMBOK®指南》版本更新中体现，以维持项目管理理论体系的先进性，使其更具有实际指导作用。

第三节　项目管理在中国的发展

一、20 世纪 60 年代华罗庚“双法”——中国项目管理的雏形

在以《PMBOK®指南》为代表的现代项目管理知识体系引入中国之前，我国早已在实践中运用与之一脉相承的管理理念和方法。20 世纪 60 年代初期，我国著名数学家华罗庚教授最早使用和推广网络计划技术，并结合“统筹兼顾，全面安排”的指导思想，将这一技术称为“统筹法”和“优选法”。当时华罗庚组织并带领小分队深入重点工程项目中进行推广应用，取得了良好的经济效益。1965 年，在华罗庚的主持下，中国第一次举办项目管理网络计划培训。“统筹法”和“优选法”是中国现代项目管理的起源，中国项目管理学科体系也是由于“双法”的应用而逐渐形成的。

二、20 世纪 70 年代钱学森“系统工程”——项目管理进入科研领域

20 世纪 50—70 年代，钱学森针对当时组织管理效率不高、社会生产力低下等现状，提出运用“系统工程”思想及其方法论解决这些问题。系统工程方法为我国的导弹研制工作做出了极其重要的贡献，不仅提前完成科研计划，甚至完成了许多“不可能”完成的任务。1978 年，钱学森把系统工程方法提升到理论的高度，发表了《组织管理的技术：系统工程》，1982 年《论系统工程》出版。由此，项目管理在中国有了朴素的体系性方法论。

三、20 世纪 80 年代“鲁布革冲击”——项目管理走向工程建设领域

中国早期的项目管理起源与发展主要集中在科研领域，它真正进入大众的视野，进入基本建设战线是源自 20 世纪 80 年代的“鲁布革冲击”。

鲁布革水电站是我国第一个采用世界银行贷款的基建项目，根据协议，该工程三大部分之一的引水隧洞工程必须进行国际招标。最终，日本的大成公司中标。

至项目完工，日本大成公司共制造出了至少三大冲击波：第一波价格，中标价仅为标底的 56.58%；第二波队伍，日本大成公司派到现场的只有一支 30 人的管理队伍，作业工

人全部由中国承包公司委派；第三波结果，完工决算的工程造价为标底的 60%、工期提前 156 天、质量达到合同规定的要求。

这给我国尚在计划经济体制下的基本建设战线带来巨大的冲击。鲁布革工程的高效率和高效益，与当时我国工程“投资大、工期长、见效慢”的顽症形成鲜明的对比。

1985 年，国务院批准鲁布革工程的地下厂房开挖项目率先进行项目法施工的尝试。参照日本大成公司鲁布革事务所的建制，产生了我国最早的“项目法施工”雏形，且取得了显著效果。

鉴于鲁布革工程的经验，1987 年，国家计委、建设部等有关部门联合发出通知，要求在一批试点施工企业和建设单位采用项目管理施工法。自此，我国建筑业开始重视项目管理的理论建设和实践推广。

四、20 世纪 90 年代，项目管理全面推广

进入 20 世纪 90 年代，经过改革开放 10 多年的历程，我国经济体制发生变革，逐步建立了社会主义市场经济体制。在这样的背景下，更多的民营企业也开始参与市场竞争。竞争力的压力致使企业更加强调资源的整合和使用的效率，原有的传统管理方法已经无法满足其高效化的要求，企业对现代化管理方法的需求逐渐增加。

这段时期，科学技术特别是信息技术取得突破性进展并得以广泛应用，民众也开始追求独特化的需求、个体形象及个性化的产品和服务，需求呈现多样性，新兴产业也因此得到迅速发展。这些都使得以目标为导向、注重资源整合和利用、强调效率及灵活独特应对的项目管理方法论有了发展的沃土。

这段时期，国家也加大了大型基础建设的投入，更多工程项目开始上马；高新技术产业得到飞速发展。基于此，大量科研和工程项目的实施，进一步扩大了项目管理的应用范围，加大了各类组织对项目管理理念和体系的需求。同时，随着诸如 IBM、摩托罗拉、通用电气等采用项目化运作的国际大型企业纷纷进入，经营管理者的管理思想、方法和组织方式等诸多方面都受到不同的冲击，管理学科得到重大发展。这为项目管理的发展和应用提供了理论与实践的参考基础。

在 20 世纪 90 年代，以下事件对项目管理全面推广起到了重要的促进作用。

1991 年，建设部进一步提出把项目管理试点工作转变为全行业推进的综合改革，全面推广项目管理和项目经理负责制。之后，在二滩水电站、三峡水利枢纽建设和其他大型工程建设中，都采用了项目管理这一有效手段，并取得了良好的效果。

1991 年 6 月，在西北工业大学等单位的倡导下成立了我国第一个跨学科的项目管理专业学术组织——中国优选法统筹法与经济数学研究会项目管理研究委员会（PMRC）。

1994 年，建设部在九江召开工程项目管理工作会议；1997 年，建设部在西安项目管理工作会议上推出学习优秀项目经理范玉恕先进事迹，促进了我国建筑业全面推广和深化

项目管理方法。

1999 年，当时的国家外国专家局培训中心，在国家外国专家局（2018 年与科学技术部职责整合，重新组建科学技术部）的指导下，通过对项目管理理念、《PMBOK®指南》及 PMP®认证的发展情况和国际影响的全面调研和分析后，开展与 PMI 的合作，引入体系化的项目管理知识。从此，项目管理在中国的发展从零碎的、经验主义且各自摸索的“混沌”状态进入项目管理知识结构化、体系化的时代。

五、21 世纪，项目管理知识体系为国家发展贡献力量

进入 21 世纪，特别是中国加入 WTO 后，随着国际合作的加大、国内形势的发展，项目型的工作任务越来越多，企业越来越需要一套与国际开展项目合作的管理语言，人们对项目管理的呼声越来越强烈，专业界的活动也日益频繁。国际项目管理发展的现状和特点是什么，我国应该如何发展项目管理，在此时已成为政府部门和各行各业共同关注的问题。

项目管理的组织形式已经为企业组织的发展提供了一种新的扩展形式，21 世纪企业的生产与运作将更多地采用以项目为主的发展模式。

2000 年，原国家外专局培训中心在 1999 年从 PMI 引入《PMBOK®指南》后，组织了首次国际通用项目管理资质认证（PMP®认证）的考试，当年有 316 人参加。

2001 年 7 月，中国优选法统筹法与经济数学研究会项目管理研究委员会作为 IPMA 的成员国组织及在中国的授权机构，根据 IPMA 的要求，基于其 ICB2.0（国际项目管理认证能力基准），建立了“中国项目管理知识体系”（C-PMBOK）及“国际项目管理专业资质认证中国标准”（C-NCB），开始全面在中国推行国际项目管理专业资质 IPMP 的认证工作。

2002 年 1 月，建设部《建设工程施工项目管理规范》以建标〔2002〕12 号文件颁布执行。《规范》对促进施工项目管理科学化、规范化、法制化，适应市场运行机制的需要，加快与国际工程项目管理惯例接轨具有重要的作用。它的出台，标志着我国工程项目管理已进入一个新阶段。

2004 年，国家推行注册建造师执业资格认证制度，并陆续推行建筑业其他相关专业的注册执业资格认证，如注册建筑师、注册监理工程师、注册咨询工程师、注册安全工程师、注册消防工程师等。在这些执业资格认证里，大部分都把项目管理作为其中一门考核科目。

在其后的陆续年份，项目管理在中国的发展百家争鸣，如 2007 年英国的 PRINCE2（受控环境下的项目管理认证）开始在中国推广认证。而由人力资源和社会保障部、工业和信息化部推行的信息系统项目管理师得到 IT 行业的推崇。又如，2011 年国资委与国家外专局联合举办的“全国央企项目管理技能大赛”，更是把项目管理推广至全国规模型企业，并带动了其关联企业的项目管理学习热潮。

目前，国际三大项目管理认证体系——PMP®、IPMP、PRINCE2 在中国都具有相关专业知识的培训及认证考试服务体系，并都已具备一定的社会认可度，参与培训与认证的人数逐年快速递增，项目管理在中国进入一个高速发展的时代。

第四节　小　结

中国项目管理发展的 20 年，作为 PMP®等项目管理专业资格认证和其国际化的项目管理知识体系在中国大陆地区的引进、推行和管理机构——中国国际人才交流基金会做了大量开创性工作，为推动我国项目管理事业的发展和高校项目管理学科体系的建设，促进我国项目管理与国际项目管理专业领域的对接、交流与合作，推进我国项目管理专业化与国际化发展，起到了非常重要的作用。项目管理人才，特别是国际化高层次专业人才的培养和项目管理知识体系的发展正逐步满足国家在社会经济高速发展阶段对管理能力的迫切需要，提升了国内企业的战略执行能力和市场竞争力。同时，国际化的项目管理知识体系及理论，也成为在“一带一路”倡议及“走出去”战略实施中，我国企业等各类组织与国外相关各方合作交流的通用管理语言和共识标准。

人才是社会文明进步、人民富裕幸福、国家繁荣昌盛的重要推动力量。在经济全球化深入发展、科技进步日新月异、知识经济方兴未艾的大背景下，加快人才发展是在激烈的国际竞争中赢得主动的重大战略选择。我国正处在改革发展的关键阶段，必须大力提高国民素质，在继续发挥我国人力资源优势的同时，加快形成我国人才竞争比较优势，逐步实现由人力资源大国向人才强国的转变，这项工作任重而道远。中国国际人才交流基金会在科学技术部的领导下，响应国家科技创新、管理创新的号召，不忘初心，积极创新，不断探索新的引智工作模式，坚持不懈地培养国际化高层次项目管理专业人才，推动项目管理科学理论发展和实践应用，为人才强国、创新驱动发展战略贡献绵薄之力。

第二章　PMP®等认证报考情况

PMP®等国际化项目管理专业资格认证及相关知识体系引入中国所取得的成绩有目共睹。经过 20 年的发展，该体系为我国培养了大批国际化高层次项目管理专业人才。项目化的思维与管理方式正在逐渐融入普通民众的工作与生活，并且得到普遍认同。大量项目管理从业者从项目管理知识体系的学习中受益，在提升个人能力与工作效率的同时，也同步提高了企业经营效益。

基于 PMP®在我国的良好发展，原国家外国专家局培训中心于 2008 年、2012 年、2015 年、2016 年先后将助理项目管理专业人士（CAPM®）、项目集管理专业人士（PgMP®）、PMI 敏捷管理专业人士（PMI-ACP®）、PMI 商业分析专业人士（PMI-PBA®）引入中国。目前，这些认证的关注度和报考人数逐年上升，呈现出较好的发展势头。为更全面地反映项目管理在中国发展的整体情况，本章的统计数据还涵盖了除 PMP®认证外的其他 PMI 项目专业资格认证，包括 PMI-ACP®、PMI-PBA®、PgMP®和 CAPM®的认证。截至 2018 年年底，PMI-ACP®在国内的报考人数占国内 PMI 项目管理类认证总量的 1.11%，PMI-PBA®占 0.25%，PgMP®占 0.12%，CAPM®占 0.03%，而 PMP®报考数量占了 98.49%，为最大比重。因此，除特别情况外，本书中以“PMP®等认证”的表述反映上述考试总体情况。

本章主要呈现 PMP®等认证引入工作所取得的总体成果，从年度、地域、企业等多个维度，展现 PMP®等认证报考人数分布情况，说明项目管理认证发展的历程与概貌，并通过统计分析，发现国际化项目管理在中国普及和推广过程中存在的问题，展示未来发展的趋势，为促进中国项目管理理论的建设与推广提供基础数据支撑。

第一节　调研说明及主要结论

一、调研说明

本章从地域、企业、行业、年龄、岗位、性别、学历等维度来呈现 PMP®等认证发展的历程与总体概况。统计所需的历年 PMP®等认证报考数据资料来自中国国际人才交流基金会，其他相关资料来自国家统计局。本次报告只统计到 2018 年年底的 PMP®等认证报考人数分布情况。具体统计内容如下：

（1）地域：按“全国”“省级”“重点城市”“国家三大地带”“八大经济区域”和“三大经济圈”等维度对历年 PMP®等认证报考人员的地域分布情况进行统计。

（2）企业：从 PMP®等认证报考人数的企业排名、报考人员所属企业的性质（国企、民企、外企、国家机关、事业单位、社会团体）及行业等维度进行统计。

（3）行业：按《中华人民共和国国家标准：国民经济行业分类》（GB/T 4754—2017）的分类标准对各行业的 PMP®等认证报考人数进行统计。

（4）年龄：以 PMP®等认证报考数据库中的最小年龄与最大年龄为临界（全距），每 5 岁为统计区间（组距）对各年龄段 PMP®等认证报考人数进行统计。

（5）岗位：按 PMP®等认证报考数据库中所填报的岗位，结合国内目前一般企事业单位的岗位设置情况进行二次归类后统计。

（6）学历：从大专及以下、本科、硕士、博士及以上四个学历对 PMP®等认证报考人员的学历分布进行统计。

二、主要结论

通过对调研所获取的数据的计算，对所获取的资料的分析，得到了以下主要结论。

（一）总体情况统计

（1）历年 PMP®认证的报考人数呈指数级增长。2018 年的年报考人数首次突破 10 万人次，累计报考人数超过 48 万人次。预计未来几年，累计报考人数有望达到 100 万人次。

（2）PMP®有效持证人数占全球 PMP®总量的 31.2%，占亚太地区的 72.1%。

（3）大部分的报考量是在近些年产生的，近 3 年（2016—2018 年）的 PMP®报考人数占报考总人数的近 50%，2011 年后的累计报考人数占报考总人数的 83.26%。

（4）各季度的历年 PMP®报考人数占比基本一致。第一季度平均报考人数最少，第四季度最多，两者占比差异在 8%左右。

（二）报考地域分布统计

（1）北京、广东、上海三地的累计报考人数均超过 9 万人次，为 PMP®等认证报考人数的第一梯队。江苏的累计报考人数超过 4 万多人次，为第二梯队。报考人数超过万人次的省（自治区、直辖市）共有 10 个，占全部的近 1/3。

（2）各地区项目管理的普及和推广呈现较大不均衡性，绝大部分 PMP®等认证报考人员集中在沿海经济发达省（自治区、直辖市），北京、广东、上海三地的合计报考人数占报考总量的 63.22%。北京占报考总量的 22.81%，是排名靠后的 25 个省（自治区、直辖市）报考人数的总和。

（3）全国每万人中，约有 3.46 人报名参加 PMP®等认证。北京市每万人报考人数最多，有近 51 人；贵州每万人报考人数最少，只有 0.19 人，两者相差近 266 倍。

（4）全国每产生10亿元的GDP，平均就会有5.26人报考PMP®等项目管理类专业资格认证。在同等资金条件下，北京愿意投入项目管理学习的意愿性最高(36.17人/10亿元)，贵州最低（0.46人/10亿元）。

（5）在中国的“三大地带”①中，东部地带PMP®等认证报考人数占全国报考总人数的86.27%，是项目管理普及和推广程度最高的区域。东部地带的每万人报考人数是西部地带的8.76倍。近年来，中部与西部地带也逐渐加强了项目管理知识的普及和推广。

（6）在中国的“八大经济区域”②中，东部沿海PMP®等认证报考人数最多，占32.11%。大西北地区报考人数最少，占0.73%。东部沿海的每万人报考人数是大西北的31.1倍。“八大经济区域”历年报考人数的占比变化相对平稳。

（7）“三大经济圈”③PMP®等认证报考人数占总报考人数的78.28%，地域经济和PMP®报考学习呈正相关关系。

（8）参加PMP®等认证报考人员覆盖全国324个地级行政区（不含港澳台地区），项目管理认证的推广工作在全国各地区都已经有了不同程度的发展。

（9）有9个城市的报考人数超过万人次，其合计报考人数为全国总报考人数的74.09%，项目管理在普及与推广过程中的地域不均衡是首要问题。

（三）报考企业统计

（1）累计近5万家企业参加PMP®等认证的培训，历年PMP®等认证报考企业增长数量和国家法人单位增长数量呈极强正相关关系。参加PMP®等认证报考企业数量只占全国法人单位总量的极少数，项目管理在企业中的推广有很大的发展空间。

（2）在报考企业中，民企占绝对比重（44.14%），其后依次为外企（23.53%）、国企（20.18%）。本地企业报考量比例逐年上升，国际项目管理知识体系已在中国落地生根。

（3）全国只有一家参加PMP®等认证报考数量达到万人次级的企业，占全国报考总量的2.13%。有5家企业报考人数超过5 000人次，报考人数排名前10位的企业合计报考人数占比为13%。

（4）国企占了报考人数排名前10位的企业中的6家，外企和民企各2家，其中5家企业属于信息传输、软件和信息技术服务业。

（5）PMP®等认证报考累计人数排名前60位的企业中，国企有23家，占38%；民企和外企分别为20家与17家，分别占34%和28%，其中49%属于信息传输、软件和信息技术服务业，其次为制造业和金融业。

---

①“三大地带”按国家统计局的标准划分，分别为东部、中部和西部地带。

②“八大经济区域”按国家统计局的标准划分，分别为东部沿海、北部沿海、南部沿海、长江中游、黄河中游、东北地区、西南地区、大西北地区。

③“三大经济圈”指长三角、珠三角和京津冀。

（四）报考行业统计

（1）各行业报考人数呈现较大不均衡性，极具行业发展特征。47.81%的PMP®等认证报考人员来自信息传输、软件和信息技术服务业，其次为制造业（18.94%），两个行业占绝对比重，达 66.75%。其后依次为金融业（5.01%）、科研及技术服务业（4.09%）、建筑业（3.79%）。

（2）各行业历年 PMP®等认证报考人员占比变化相对平稳。建筑业因其自有完善的执业资格认证体系，报考人数占比从 2010 年开始出现明显下滑，由 2010 年前 10%左右的平均占比降至 2018 年的 1.97%。

（五）报考年龄、岗位、性别及学历统计

（1）26～35 岁是报考的主流人群，占 76.33%。其中报考年龄最多的是 29 岁。

（2）各年龄段历年报考趋势相对平稳，21～25 岁的报考量占比稳步提高，而 40 岁以上的报考量占比逐年下降，报考年龄呈年轻化趋势。

（3）项目管理岗位占了 PMP®等认证报考人数的大多数（40.68%），其次为配合项目工作的技术工种（11.64%），法务工作者报考人数最少。

（4）男性参加 PMP®等认证报考人数超过 2/3，是报考的主力军，男女报考比例差异逐年缩小。

（5）大部分参加 PMP®等认证报考人员为本科学历，占比 65.1%，专科及以下学历和硕士学历的报考人数基本相当，少部分报考人员为博士及以上学历。

（6）各学历的历年参加 PMP®等认证报考人数的占比相对平稳，专科及以下学历的报考人数有稳步上扬趋势，而硕士以上的高学历占比逐年下降。

第二节　PMP®等认证引入中国 20 年发展情况详述

一、PMP®等认证报考总体情况统计

调研说明：

（1）对截至 2018 年年底的参加 PMP®等认证报考人数情况进行统计。

（2）本次统计单位为报考的人次，而非报考的具体人员数量。报考人次和人数的差别在于是否对重考人员进行再次统计。经过前期调研分析，90%以上人员报考费用由企业支付，即使重考，可以看作企业愿意为再一次的项目管理学习花费相应的代价。因此，重考人员重新纳入统计具有一定的意义。

（一）PMP®等认证得到市场高度认可，报考人数呈指数级增长

截至 2018 年年底，PMP®等认证累计报考人数为（后简称报考人数）481 072 人次，其中 PMP®报考人数为 473 806 人次，占报考总量 98.49%。PMP®认证的历年平均通过率为 71.7%，通过认证人数约 34 万人，有效持证人数约 28 万人，占全球 PMP®认证总量的近 1/3，占亚太区 PMP®认证数量的 71.2%。

通过对历年 PMP®报考人数及增量指数[①]的统计显示（见图 2.1），2000 年全国 PMP®年报考人数仅有 316 人次，2011 年突破 2 万人次，2015 年突破 4 万人次，2018 年突破 10 万人次，各年报考人数平均增幅为 41%。其中 2001 年、2002 年、2003 年、2008 年、2017 年增幅均超过 50%。

2018 年的报考人数是 2000 年的 336 倍，相当于 2000—2011 年合计报考人数的总和。

根据 R^2（R^2=0.9159）指数趋势计算[②]，预计在 2019 年，年报考人数将达到 14.3 万人次，2020 年，年报考人数将达到 18.6 万人次，而在 2021 年，年报考人数将突破 20 万人次，累计报考量将达 100 万人次。

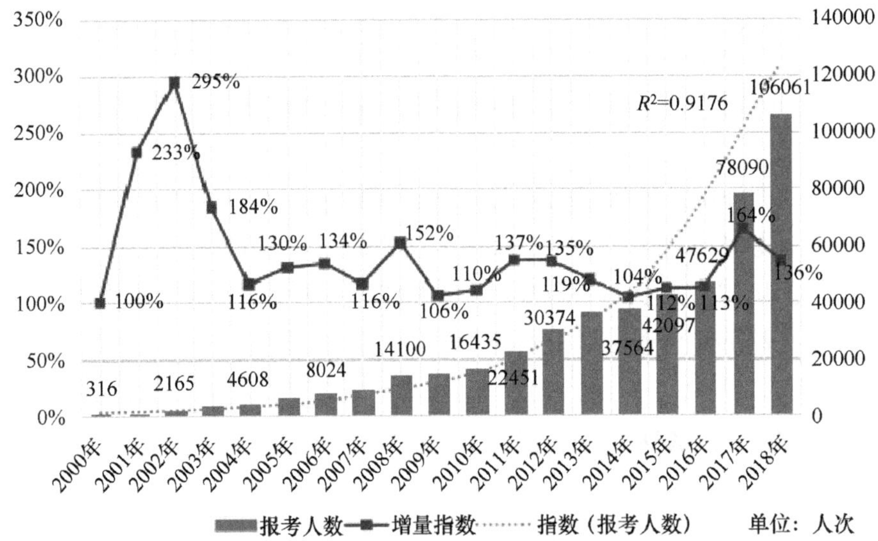

图 2.1　历年 PMP®报考人数统计

（二）近 3 年（2016—2018 年）的 PMP®报考人数占总报考人数的 48.18%，2011 年后的累计报考人数占 83.26%

从各年的 PMP®等认证报考人数比例看（见图 2.2），2018 年的报考人数占比为 22.05%，根据预测结果，在具有一定基数条件下，预计往后年份中的当年报考人数占比一般都在

① 增量指数以上一年为比较基数，上一年为 100%。

② R^2 是一个从 0 到 1 的数值，用于体现趋势线的预估值与实际数据之间对应关系的密切程度，越接近 1，回归拟合效果越好（一般认为超过 0.8 的模型拟合程度比较高），置信度就越高。

20%～23%。2016—2018 年的合计报考人数为 231 780 人次，占总报考人数的 48.18%，占了总量的近一半。

八成以上的报考量是由 2011 年后产生的，2011—2018 年的合计报考人数为 400 521 人次，占总报考人数的 83.26%。

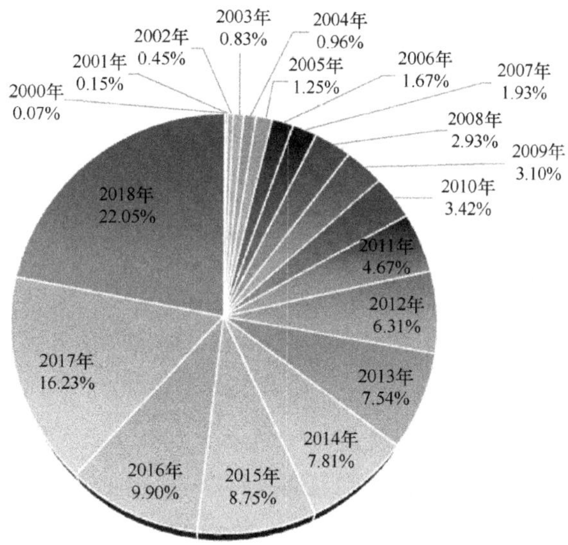

图 2.2　历年 PMP®等认证报考人数占比

（三）各季度的历年 PMP®等认证报考人数占比基本一致。第一季度平均报考人数最少，第四季度最多，两者占比差异在 8%左右

中国大陆地区的 PMP®等认证考试每个季度举办一期，一年四期，分别在当年的 3 月、6 月、9 月及 12 月的中下旬。

从第一季度到第四季度，PMP®等认证报考累计人数占比分别为 20.48%、25.46%、25.50%、28.56%（见图 2.3）。第一季度占比最小，第四季度占比最大，第二季度和第三季度基本一致。第一季度和第四季度占比差幅达 8 个百分点，人数差额 38 809 人次，相当于 2000—2007 年累计报考人数（35 125 人次）的总和。

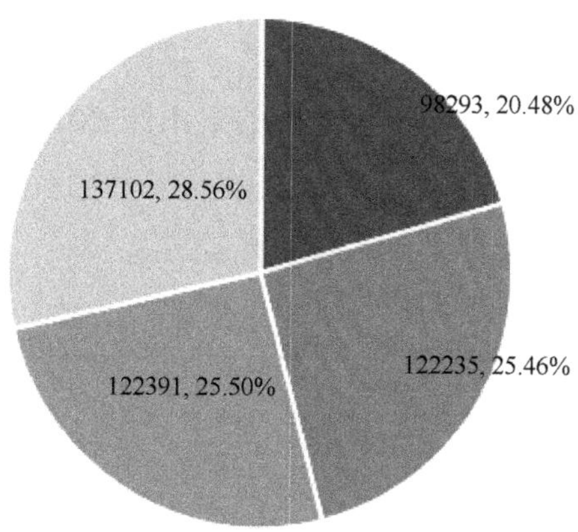

图 2.3　各季度 PMP®等认证报考累计人数占比

数据说明：

（1）2000 年和 2001 年只有总量数据，没有季度数据，不纳入统计。因这两年人数占比不到 0.3%，基本不影响统计结果。

（2）由于特殊原因，2010 年在 8 月和 10 月各开展一次 PMP®考试，报考人数分别为 2 394 人次和 3 453 人次，为统一统计维度，在本次统计中，10 月的报考人数平摊到第三季度和第四季度。

第一季度的 PMP®等认证考试一般安排在 3 月中下旬，而当期培训安排一般在考前 2 个月内，即 1 月和 2 月，这正好和中国的农历春节时间重叠。同时，这个时间段也是各企业年终总结、新年计划最繁忙的时候。再加上当年的培训计划，企业的人力资源部门一般都在年前安排完成。上述这些因素都对第一季度的报考数量相对其他季度少的结果有一定程度的影响。

根据对各季度历年 PMP®等认证报考人数占比的统计显示（见图 2.4），各年的第一季度和第四季度的占比差额更加明显。2013 年、2014 年和 2015 年这 3 年的第一季度报考人数占比和第一季度累计占比（20.48%）基本一致，在 20%左右。而 2011 年、2012 年、2016 年和 2017 年第一季度报考人数占比分别只有 17.47%、17.88%、16.98%和 16.46%，远低于平均水平。2018 年是相对比较特殊的一年，第一季度的报考人数占比达 27.33%，远高于历年的平均水平，和当年第四季度的占比基本持平。

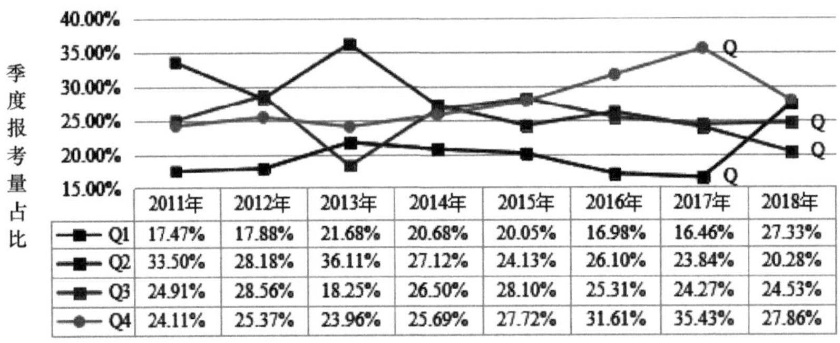

	2011年	2012年	2013年	2014年	2015年	2016年	2017年	2018年
Q1	17.47%	17.88%	21.68%	20.68%	20.05%	16.98%	16.46%	27.33%
Q2	33.50%	28.18%	36.11%	27.12%	24.13%	26.10%	23.84%	20.28%
Q3	24.91%	28.56%	18.25%	26.50%	28.10%	25.31%	24.27%	24.53%
Q4	24.11%	25.37%	23.96%	25.69%	27.72%	31.61%	35.43%	27.86%

图 2.4 各季度历年 PMP®等认证报考人数占比

2018 年第一季度的报考人数为 28 990 人次，占第一季度累计报考总量（98 293 人次）的 29.5%，整体拉高了第一季度占比的权重。如果不计 2018 年的数据，第一季度报考人数的平均占比为 18.53%，和第四季度相比，更具有显著性差异。

历年报考人次按季度的统计数据如表 2.1 所示。

表 2.1 历年 PMP®等认证报考人次统计

年 份	季 度					
	Q1	Q2	Q3	Q4	累计（人次）	增量指数
2000 年	/	/	/	/	316	100%
2001 年	/	/	/	/	735	233%

续表

年份	季度					
	Q1	Q2	Q3	Q4	累计（人次）	增量指数
2002 年	407	450	468	840	2 165	295%
2003 年	1 096	841	1 016	1 026	3 980	184%
2004 年	190	942	1 614	1 863	4 608	116%
2005 年	1 087	1 283	2 823	807	6 000	130%
2006 年	768	2 235	2 651	2 369	8 024	134%
2007 年	1 796	2 140	2 926	2 435	9 297	116%
2008 年	2 981	3 383	3 842	3 894	14 100	152%
2009 年	3 081	4 983	3 232	3 595	14 891	106%
2010 年	3 534	3 901	4 120	4 880	16 435	110%
2011 年	3 923	7 521	5 593	5 414	22 451	137%
2012 年	5 432	8 560	8 675	7 707	30 374	135%
2013 年	7 859	13 093	6 616	8 687	36 255	119%
2014 年	7 769	10 188	9 956	9 651	37 564	104%
2015 年	8 442	10 157	11 830	11 668	42 097	112%
2016 年	8 088	12 429	12 056	15 056	47 629	113%
2017 年	12 850	18 620	18 956	27 664	78 090	164%
2018 年	28 990	21 508	26 018	29 545	106 061	136%
总计	98 293	122 235	122 391	137 102	481 072	/

数据说明：

（1）由于特殊原因，2010 年在 8 月和 10 月各开展一次 PMP®认证考试，报考人数分别为 2 394 人次及 3 453 人次，为统一统计维度，10 月的报考人数平摊到第三季度和第四季度。

（2）增量指数以上一年为比较基数，上一年为 100%。

二、PMP®等认证报考地域分布统计

调研说明：

（1）对截至 2018 年年底参加 PMP®等认证报考人员所在地域的分布情况进行统计。在统计过程中，因 2000 年报考的 316 人相关数据缺失，不纳入统计结果。

（2）在报考数据库中的资料不齐全的情况下，优先以报考人员的联系地址确认其所属地域，其后依次按固话区号、手机归属地、公司住址、考点所在地的顺序，确定报考人员所属地域，精确到地市级。

（3）港澳台地区有独立的 PMI 相关认证的考务授权点，少部分港澳台人士在大陆出差或外派工作期间，参加大陆地区的统一考试，分别为香港 31 人、台湾 18 人、澳门 15

人。本次不对港澳台地区进行专门的地域性统计。

（一）北京、广东、上海三地的PMP®等认证报考累计人数均超过9万人次，为报考人数的第一梯队。江苏的报考累计人数超过4万人次，为第二梯队。超过万人次的省（自治区、直辖市）共有10个，占全部地区的近1/3

截至2018年年底，北京、广东、上海三地的PMP®等认证报考累计人数均超过9万人次，属于报考人数的第一梯队。报考人数最多的是北京，超过10万人次。

第二梯队为江苏，累计报考人数41 579人次。

第三梯队依次为浙江、湖北、辽宁、山东、四川、天津，累计报考人数均在1万～2万人次。

累计报考人数在5 000～10 000的省（自治区、直辖市）依次是陕西、福建、安徽、河北。

累计报考人数在1 000～5 000的省（自治区、直辖市）依次是河南、重庆、湖南、云南、吉林、黑龙江、新疆、海南、广西、江西、山西。

累计报考人数少于1 000人次的有甘肃、内蒙古、贵州、宁夏、青海、西藏。其中报考人数最少的是西藏，为85人次，这与藏区以旅游和农牧业为主，交通不便，且考试辅助语言中没有藏语，都有一定的关系。

综上内容，累计报考人数超过万人次的省（自治区、直辖市）有10个，分别是北京、广东、上海、江苏、浙江、湖北、辽宁、山东、四川和天津，占全部地区的近1/3。

（二）北京的报考人数是25个省（自治区、直辖市）的总和，是西藏的1 290倍。北上广深的合计报考人数占全国报考总量的60.33%，深圳与广州的报考量远低于北京和上海

截至2018年年底，北京的PMP®等认证报考人数为109 661人次，报考量全国排名第一，其报考人数在图2.5中，是从山东开始到西藏为止的25个省（自治区、直辖市）的报考人数的总和，是西藏报考人数的1 290倍，占全国报考总量的22.81%，接近1/4。

排名第二的广东省的报考人数为99 913人次，占全国报考总量20.78%。其报考人数贡献最大的是深圳和广州，分别为54 852人次和31 174人次，合计为86 026人次，占广东省报考总量的86.1%。

排名第三的上海的报考人数为94 362人次，占全国报考总量19.63%。

北上广深四个一线城市的报考人数总计为290 049人次，占全国报考总量的60.33%。单从报考数量上看，深圳与广州的报考人数远低于北京和上海。

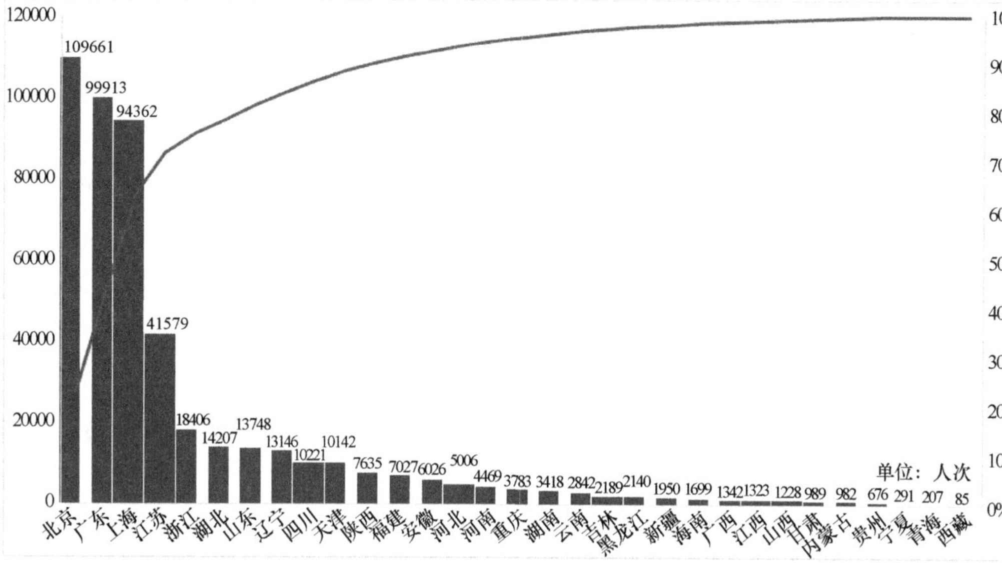

图 2.5　截至 2018 年年底各省（自治区、直辖市）累计报考人数排序

（三）PMP®等认证报考人数排名前 3 位的省（自治区、直辖市）占报考总量的 63.22%，而超过 2/3 的省（自治区、直辖市）报考量合计占比不到 12%，各地区项目管理的普及和推广呈现极大的不均衡性

如图 2.6 所示，截至 2018 年年底，北京、广东和上海三地的合计报考人数占报考总量的 63.22%，占了绝对比重。

PMP®等认证报考累计人数超过万人次的 10 个省（自治区、直辖市）中，除四川和湖北外，其他地方都在沿海地区，这些地区的合计报考人数占总报考人数的 88.48%。由此可以看出，各地区项目管理的普及和推广呈现极大的不均衡性，报考人员绝大部分集中在沿海经济发达的地区，如北京、上海、广东、江苏和浙江等。

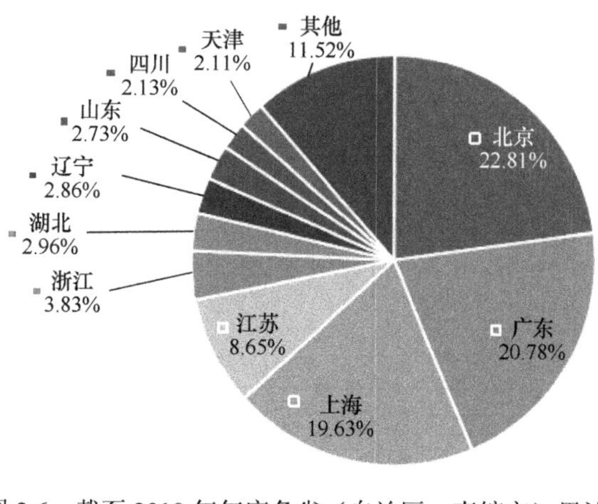

图 2.6　截至 2018 年年底各省（自治区、直辖市）累计报考人数占比

预计到 2019 年年底，累计报考人数超过 10 万人次的地区中，除北京外，还有广东和上海，这两地的报考人数在 12 万～13 万人次，而北京将达到 14 万人次。

（四）全国每万人有 3.44 人次报考 PMP®等认证，其中北京每万人有近 51 人次报考，位列全国第一，贵州每万人的报考人数最少，只有 0.19 人次，两者相差近 266 倍

如表 2.2 所示，截至 2018 年年底，全国每万人中平均就有 3.44 人次报考 PMP®等认证。每万人中报考 PMP®等认证人数排名前五的依次为北京（50.91 人次）、上海（38.93 人次）、广东（8.81 人次）、天津（6.50 人次）、江苏（5.16 人次）。贵州每万人的 PMP®报考人数最少，为 0.19 人次。

在每万人中 PMP®等认证报考人数排名与累计 PMP®等认证报考人数排名差异最大的是海南。在累计报考人数排名中，海南处于中下游，排第 22 位。而在每万人报考人数排名中，海南是第 10 位。从表 2.2 可以看出，海南的项目管理普及和推广程度高于原先累计报考人数排名前 10 位的山东和四川。

表 2.2　截至 2018 年年底各省（自治区、直辖市）每万人 PMP®等认证报考人数统计表

编　号	地　区	PMP®等认证报考人数（人次）	人口（万人）	每万人中 PMP®等认证报考人数
1	北京	109 661	2 154	50.91
2	上海	94 362	2 424	38.93
3	广东	99 913	11 346	8.81
4	天津	10 142	1 560	6.50
5	江苏	41 579	8 051	5.16
6	浙江	18 406	5 737	3.21
7	辽宁	13 146	4 359	3.02
8	湖北	14 207	5 917	2.40
9	陕西	7 635	3 864	1.98
10	海南	1 699	934	1.82
11	福建	7 027	3 941	1.78
12	山东	13 748	10 047	1.37
13	四川	10 221	8 341	1.23
14	重庆	3 783	3 102	1.22
15	安徽	6 026	6 324	0.95
16	吉林	2 189	2 704	0.81
17	新疆	1 950	2 487	0.78
18	河北	5 006	7 556	0.66
19	云南	2 842	4 830	0.59

（续表）

编　号	地　区	PMP®等认证报考人数（人次）	人口（万人）	每万人中 PMP®等认证报考人数
20	黑龙江	2 140	3 773	0.57
21	湖南	3 418	6 899	0.50
22	河南	4 469	9 605	0.47
23	宁夏	291	688	0.42
24	内蒙古	982	2 534	0.39
25	甘肃	989	2 637	0.38
26	青海	207	603	0.34
27	山西	1 228	3 718	0.33
28	江西	1 323	4 648	0.28
29	广西	1 342	4 926	0.27
30	西藏	85	344	0.25
31	贵州	676	3 600	0.19
总计		480 692	139 653	3.44

数据说明：

（1）各省（自治区、直辖市）的人口统计为2018年年末的常住人口数据。

（2）港澳台地区专门的PMI考务授权点：不在本次统计之列。

据国家统计局数据，截至2018年年底，广州和深圳常住人口数量分别为1 449.84万人和1 252.83万人。计算得出广州和深圳的每万人PMP®等认证报考人数分别为21.5人次和43.78人次。从累计报考人数上看，深圳与广州的报考人数远低于北京和上海，然而从每万人报考人数上看，排名应该是北京、深圳、上海、广州。四大一线城市中，广州的项目管理普及和推广程度远低于其他3个城市（见图2.7）。

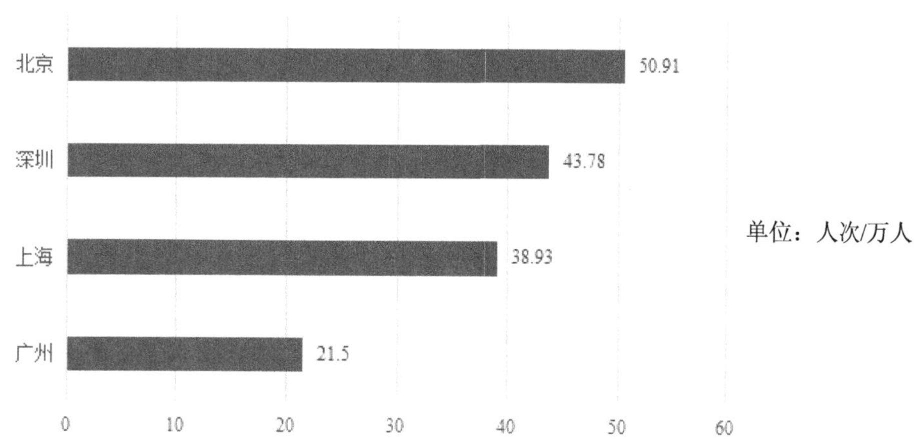

图2.7　截至2018年年底北上广深每万人PMP®等认证报考人数统计

（五）全国每产生10亿元的GDP，平均就会有5.26人报考PMP®等认证，在同等资金条件下，北京愿意投入项目管理学习的意愿性最高（36.17人次），贵州最低（0.46人次），两者相差近79倍

截至2018年年底，全国每产生10亿元的GDP，平均就会有5.26人报考PMP®等认证（见表2.3）。每10亿元GDP产生的报考人数排名前五的依次为北京（36.17人次）、上海（28.87人次）、广东（10.27人次）、天津（5.39人次）、辽宁（5.19人次），这些省（自治区、直辖市）更愿意投入资金用于项目管理的学习与认证。

表2.3 各省（自治区、直辖市）每10亿元GDP产生的PMP®等认证报考人数统计表

编 号	地 区	PMP®等认证报考人数（人次）	GDP（亿元）	每10亿元GDP产生的PMP®等认证报考人数
1	北京	10 9661	30 320	36.17
2	上海	94 362	32 680	28.87
3	广东	99 913	97 278	10.27
4	天津	10 142	18 810	5.39
5	辽宁	13 146	25 315	5.19
6	江苏	41 579	92 595	4.49
7	湖北	14 207	39 367	3.61
8	海南	1 699	4 832	3.52
9	浙江	18 406	56 197	3.28
10	陕西	7 635	24 438	3.12
11	四川	10 221	40 678	2.51
12	安徽	6 026	30 007	2.01
13	福建	7 027	35 804	1.96
14	重庆	3 783	20 363	1.86
15	山东	13 748	76 470	1.80
16	新疆	1 950	12 199	1.60
17	云南	2 842	17 881	1.59
18	吉林	2 189	15 075	1.45
19	河北	5 006	36 010	1.39
20	黑龙江	2 140	16 362	1.31
21	甘肃	989	8 246	1.20
22	湖南	3 418	36 426	0.94
23	河南	4 469	48 056	0.93
24	宁夏	291	3 705	0.79

（续表）

编　号	地　区	PMP®等认证报考人数（人次）	GDP（亿元）	每 10 亿元 GDP 产生的 PMP®等认证报考人数
25	山西	1 228	16 818	0.73
26	青海	207	2 865	0.72
27	广西	1 342	20 353	0.66
28	江西	1 323	21 985	0.60
29	西藏	85	1 478	0.58
30	内蒙古	982	17 289	0.57
31	贵州	676	14 806	0.46
总计		480 692	914 707	5.26

数据说明：

（1）各省（自治区、直辖市）的 GDP 统计为 2018 年年末国家统计局数据。

（2）港澳台地区专门的 PMI 考务授权点，不在本次统计之列。

每 10 亿元 GDP 产生的 PMP®等认证报考人员统计排名与累计 PMP®等认证报考人数排名差异最大的是海南。在累计报考人数排名中，海南在中下游，排第 22 位，而在每 10 亿元 GDP 产生的报考人数排名中，海南是第 8 位。从中可以看出，海南在投入资金用于项目管理的学习与认证方面的意愿高于原先累计报考人数排名前 10 位的浙江、山东和四川。

而山东在累计报考人数排名中排第 7 位，但在每 10 亿元 GDP 中愿意用于支付 PMP®等认证学习的只有 1.80 人次，排名掉到了第 15 位，远达不到全国平均水平。

在国家重点一线城市中，广州与深圳 2018 年的 GDP 分别为 22 859.35 亿元、24 221.98 亿元。在每 10 亿元 GDP 中，愿意用于支付 PMP®等认证学习的人数分别为 14.5 人次、24.38 人次。单从报考总人数上看，深圳与广州两座城市的报考总人数远低于北京和上海。然而从每 10 亿元 GDP 产生的报考人数看，排名应该是北京、上海、深圳、广州。从这个分析维度看，广州的项目管理普及和推广程度还是远低于其他 3 个城市（见图 2.8）。

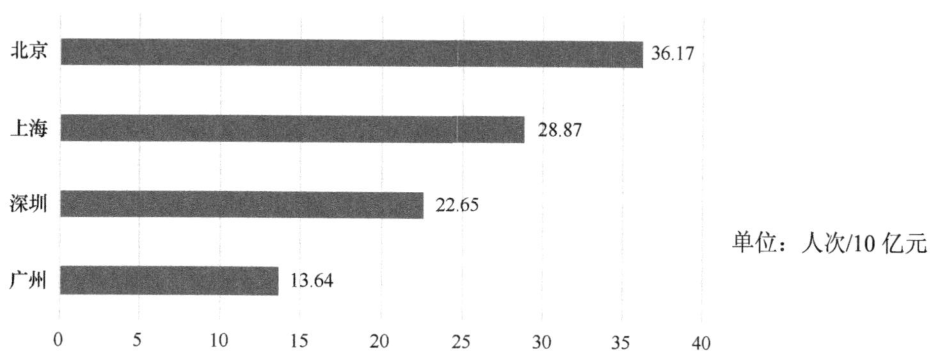

图 2.8　截至 2018 年年底北上广深的每 10 亿元 GDP 中产生的 PMP®等认证报考量统计

（六）在中国的“三大地带”中，东部地带占全国报考总人数的 86.27%，是项目管理普及和推广程度最高的区域，在同等单位面积下，东部地带的报考人数是西部地带的约 85 倍。而中部与西部地带内部的项目管理普及和推广程度也极不均衡

截至 2018 年年底，中国东部地带（含北京、天津、河北、辽宁、上海、江苏、浙江、福建、山东、广东、海南等）PMP®等认证报考累计人数为 414 689 人次，占全国报考总量的 86.27%（见图 2.9）。在全国累计报考人数超过万人次的 10 个省（自治区、直辖市）中，东部地带就占了 8 个，分别为北京、天津、上海、浙江、江苏、广东、山东和辽宁。东部地带中即使累计报考人数不到万人次的福建与河北，其报考人数也处于全国的中上游水平，分别排名在第 12 位和第 19 位。剩下的海南则在每万人报考人数排名及每 10 亿元 GPD 产生的报考人数排名中，均排在前 10 位以内。从上述数据可以看出，东部地带是项目管理普及和推广程度最高的区域。

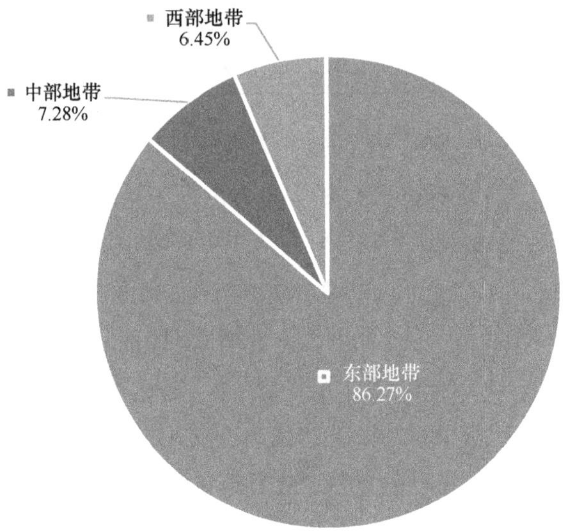

图 2.9　截至 2018 年年底“三大地带”PMP®等认证报考累计人数占比

中部（含山西、吉林、黑龙江、安徽、江西、河南、湖北、湖南等）与西部（含内蒙古、广西、重庆、四川、贵州、云南、西藏、陕西、甘肃、青海、宁夏、新疆等累计的报考人数基本一致，分别为 35 000 人次和 31 003 人次，占比分别为 7.28%和 6.45%。其中，中部的湖北和安徽两省（分别为 14 207 人次、6 026 人次）合计占了中部总量的 57.8%；西部的四川和陕西两省（分别为 10 221 人次、7 635 人次）合计占了西部总量的 57.6%；中、西部地带内部的项目管理普及和推广程度极不均衡。

东部地带的面积约为 107.88 万平方公里，只占了全国总面积的 11.24%，却占了 86.27%的报考量，而西部地带的面积约为 684.1 万平方公里，占了全国总面积的 71.26%，却只占有 6.25%的报考量，抛开东、西部地带的人口密度而言，在同等面积情况下，东部地带的报考人数是西部地带的约 85 倍。

（七）在“三大地带”历年报考人数比重基本不变的同时，中、西部地带近 4 年的比重逐年有所上扬。从每万人的报考人数看，东部地带是中、西部的 8.76 倍

如图 2.10 所示，中国“三大地带”的历年报考人数比重基本不变，但从 2015 年开始，中、西部地带报考人数所占的比重逐年上扬，到 2018 年年底，东部、中部和西部地带的报考人数占比分别为 81.19%、10.33%、8.48%，表明中、西部地带也在逐渐重视项目管理的推广和普及工作。

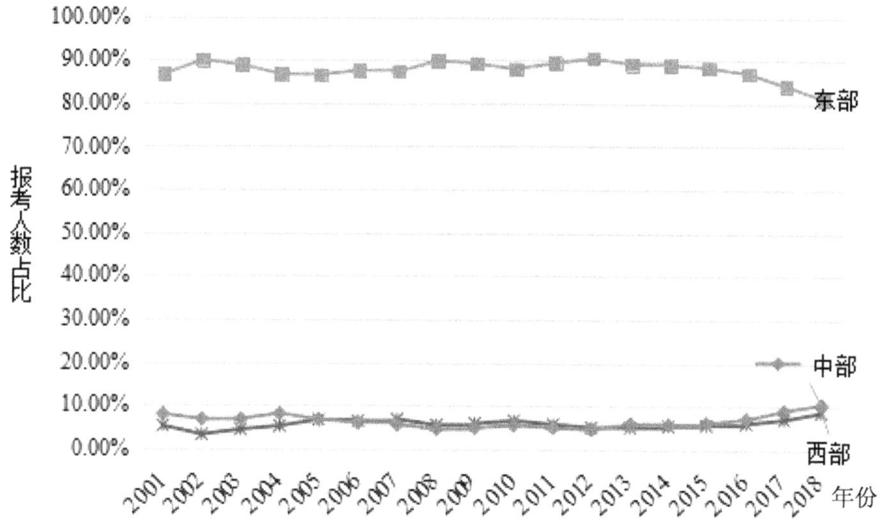

图 2.10　“三大地带”的历年 PMP®等认证报考累计人数占比变化

截至 2018 年年底，东部地带人口总数为 57 733 万人，每万人中参加 PMP®等认证报考人数为 7.18 人次；中部地带人口总数为 43 406 万人，每万人中参加 PMP®等认证报考人数为 0.81 人次；西部地带人口总数为 37 695 万人，每万人中参加 PMP®等认证报考人数为 0.82 人次，略高于中部地带。从每万人的报考人数看，东部地带是中、西部的 8.76 倍（见表 2.4）。

表 2.4　截至 2018 年年底“三大地带”每万人中 PMP®等认证报考人数统计表

编　号	地　区	PMP®等认证报考人数（人次）	人口（万人）	每万人中 PMP®等认证报考人数
1	东部地带	414 689	57 733	7.18
2	中部地带	35 000	43 406	0.81
3	西部地带	31 003	37 695	0.82
总计		480 692	138 834	3.46

（八）在中国的“八大经济区域”中，东部沿海 PMP®等认证报考人数最多（占 32.11%），大西北地区最少（占 0.73%），前者的每万人报考人数是后者的 31 倍，在同等面积下，前者的报考人数是后者的 816 倍

国务院发展研究中心在“十一五”期间把中国内地划分为八大经济区域，分别为

东部沿海、北部沿海、南部沿海、长江中游、黄河中游、东北地区、西南地区、大西北地区。

截至 2018 年年底，东部沿海（含上海、江苏、浙江等）的 PMP®等认证累计报考人数为 154 347 人次，占全国总报考人数的 32.11%，在“八大经济区域”中累计报考人数最多（见图 2.11）。

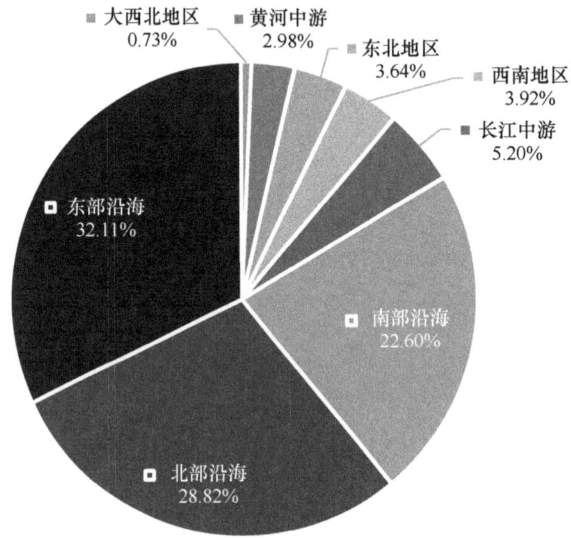

图 2.11　截至 2018 年年底“八大经济区域”PMP®等认证报考累计人数占比

北部沿海（含北京、天津、河北、山东等）与南部沿海（含福建、广东、海南等）累计报考人数分别为 138 557 人次和 108 639 人次，占全国总报考人数的 28.82%和 22.60%。在这两大经济区域中，北京和广东占了绝对比重，北京占了北部沿海报考人数总量的 79.15%，广东占了南部沿海报考人数总量的 91.97%。

长江中游（含安徽、江西、湖北、湖南等）与黄河中游（含山西、内蒙古、河南、陕西等）报考人数分别为 24 974 人次和 14 314 人次，占全国总报考人数的 5.20%和 2.98%。在这两大经济区域中，湖北和陕西占了绝对比重，湖北占了长江中游报考人数总量的 56.95%，陕西占了黄河中游报考人数总量的 53.34%。

西南地区（含广西、重庆、四川、贵州、云南等）、东北地区（含辽宁、吉林、黑龙江等）和大西北地区（西藏、甘肃、青海、宁夏、新疆等）报考人数分别为 18 864 人次、17 475 人次和 3 522 人次，占全国累计报考人数的 3.92%、3.64%和 0.73%。

东部沿海的面积约为 21.9 万平方公里，只占了全国总面积的 2.28%，报考人数占比却达 32.11%；而大西北地区的面积为 407.66 万平方公里，占了全国总面积的 42.46%，却只有 0.73%的报考人数占比。抛开东部沿海、大西北地区的人口密度而言，在同等面积情况下，东部沿海的报考人数是大西北地区的 816 倍。

东部沿海的人口总数为 16 014 万人，每万人中 PMP®等认证报考人数为 9.64 人次。大西北地区人口总数为 11 489 万人，每万人中 PMP®等认证报考人数为 0.31 人次。从每万人的报考人数看，东部沿海是大西北地区的 31.1 倍。

（九）“八大经济区域”历年报考人数的占比相对平稳，东部沿海、北部沿海和南部沿海历年报考人数增幅基本一致

从“八大经济区域”历年 PMP®等认证报考人数占比的统计图中可以看出（见图 2.12），在项目管理认证引入的早期（2000—2003 年），以北京为基点，开始拓展延伸项目管理的推广业务，在这个时期，北部沿海地区的报考人数明显高于其他区域。在其后的年份，“八大经济区域”历年报考人数的占比变化不大，各年占比相对平稳。

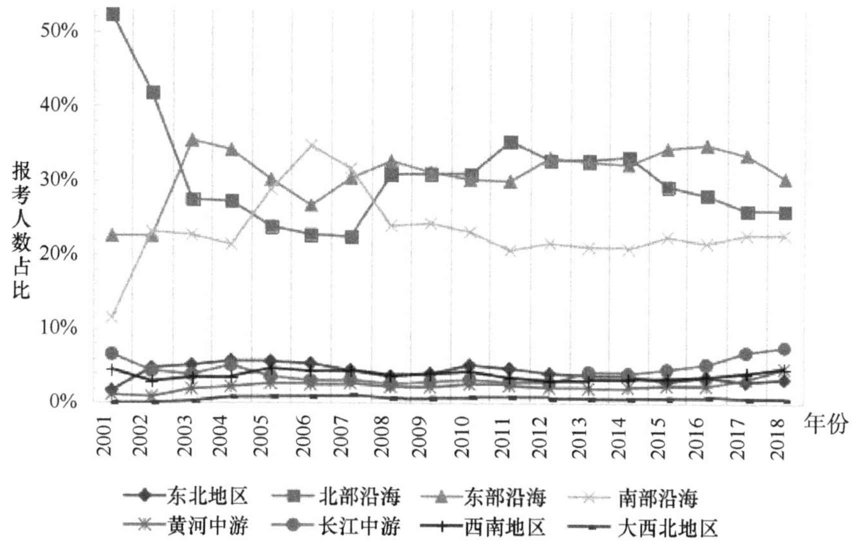

图 2.12 “八大经济区域”历年 PMP®等认证报考累计人数占比变化

从报考人数排名前 3 位的经济区域的报考人数历年变化趋势看（见图 2.13），虽然南部沿海在 2012—2016 年增幅相对于东部和北部沿海稍微延缓，但从总体上而言，这 3 个经济区域历年报考人数增幅基本一致。

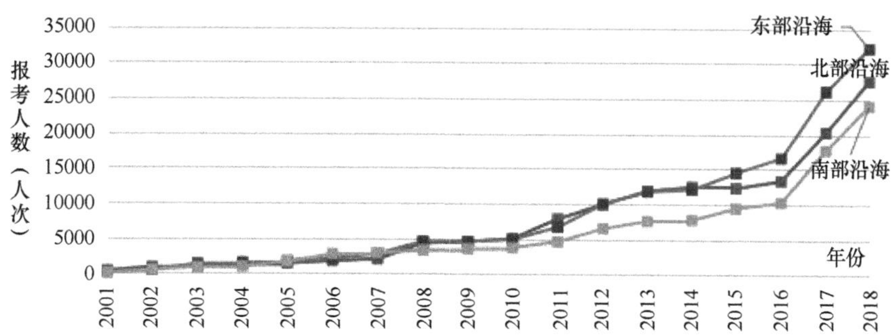

图 2.13 东部、北部和南部沿海的 PMP®等认证报考人数变化趋势

（十）“三大经济圈”PMP®等认证报考累计人数为 376 315 人次，占报考总量的 78.28%，显示地域经济发展和 PMP®等认证报考人数呈正相关关系

“三大经济圈”是指长三角、珠三角和京津冀。“三大经济圈”很大程度上代表着中国

经济发展的最高水平，也担负着率先实现现代化的重任。因此，对“三大经济圈”的PMP®等认证报考人数进行统计，也能间接看出项目管理推广与地域经济发展之间存在的关联性。

长三角地区以上海为中心，位于长江入海之前的冲积平原，根据2016年5月国务院批准的《长江三角洲城市群发展规划》所示，长三角城市群包括：上海，江苏省的南京、无锡、常州、苏州、南通、盐城、扬州、镇江、泰州，浙江省的杭州、宁波、嘉兴、湖州、绍兴、金华、舟山、台州，以及安徽省的合肥、芜湖、马鞍山、铜陵、安庆、滁州、池州、宣城等，占地面积21.17万平方公里，人口约为1.5亿人。如图2.14所示，截至2018年年底，长三角地区的PMP®等认证报考人数为154 030人次，占全国累计报考人数的32.04%。

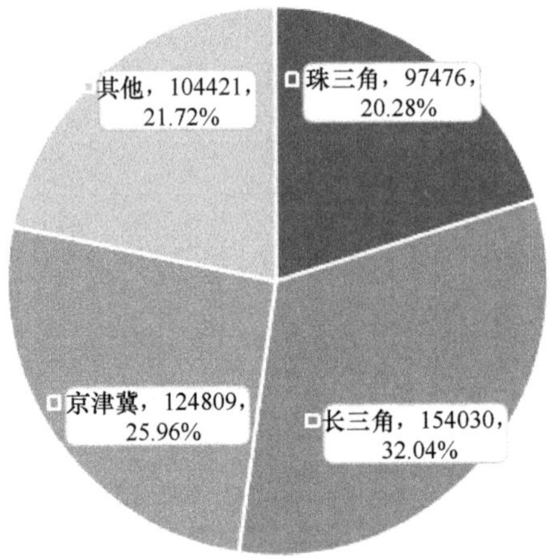

图2.14　截至2018年年底“三大经济圈”PMP®等认证报考累计人数及占比

珠三角地区位于广东省中部，是广东省平原面积最大的地区。根据广东省人民政府关于印发《促进粤东西北地区振兴发展2017年重点工作任务》的通知所示，珠三角由原先广州、深圳、珠海、佛山、江门、东莞、中山、惠州、肇庆9个城市增扩为“9+6”模式，即“广佛肇+清远、云浮、韶关”“深莞惠+汕尾、河源”“珠中江+阳江”。截至2018年年底，珠三角地区的PMP®报考人数为97 475人次，占全国累计PMP®报考人数的20.28%。

京津冀地区是中国的“首都经济圈”，中共中央政治局2015年4月30日审议通过的《京津冀协同发展规划纲要》显示，京津冀包含北京市、天津市及河北省的保定、唐山、廊坊、石家庄、邯郸、秦皇岛、张家口、承德、沧州、邢台、衡水11个地级市。截至2018年年底，京津冀地区的PMP®等认证报考人数为124 809人次，占全国PMP®等认证报考人数的25.96%。

“三大经济圈”的累计报考人数为376 315人次，占总报考人数的78.28%，三大经济圈引领着中国经济的发展，其项目管理普及推广的程度也最高，说明地域经济发展和PMP®等认证报考人数呈正相关关系。

对“三大经济圈”的历年PMP®等认证报考人数变化进行统计可见（见图2.15），在

2007 年之前，“三大经济圈”的报考人数基本一致。而在 2008 年以后，珠三角地区增速放缓，长三角和京津冀地区的增长速度和报考人数大致相当。从 2014 年开始，长三角地区的增速大幅度提升，超过了京津冀地区，而此期间珠三角和京津冀的增速相当。这表明在“三大经济圈”中，长三角地区相对更重视项目管理的推广与发展。预计在 2021 年左右，各个地区的报考人数比 2018 年翻一番。

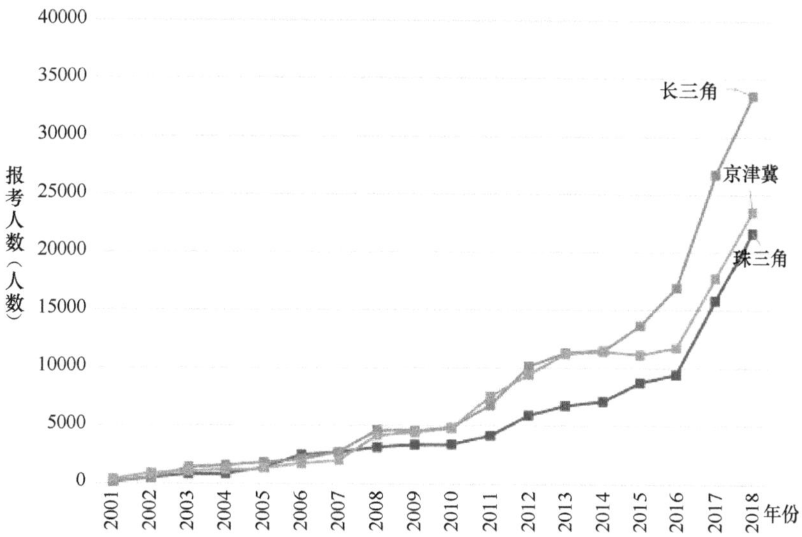

图 2.15　“三大经济圈”的历年 PMP®等认证报考人数变化统计

（十一）PMP®等认证报考人员覆盖全国 324 个地级行政区（不含港澳台），其中有 9 个城市的报考人数超过万人次，其合计报考人数占全国总报考人数的 74.09%，显示项目管理的普及与推广存在严重的地域不均衡

我国在 1999 年引入 PMP®认证后，从 2000 年开始，由北京向全国辐射开展项目管理 PMP®认证的推广工作。在其后年间，中国国际人才交流基金会也逐步引入了项目集管理、敏捷项目管理等认证，进一步完善了项目管理的理论体系。截至 2018 年年底，PMP®等认证报考人员覆盖了地级行政区中的 324 个（不含港澳台），项目管理人才已经遍布全国的每一个地区。

西北至新疆阿勒泰、塔城、伊犁和喀什等地区，西南至拉萨、西双版纳等地区，南部到海口市，东部沿海基本全覆盖，东北至呼伦贝尔、黑河、双鸭山等地市，PMP®等认证的推广工作，在全国各地区都已经有了不同程度的发展。

截至 2018 年年底，有 9 个城市的 PMP®等认证报考人数超过万人次，分别为北京（109 661 人次）、上海（94 362 人次）、深圳（54 852 人次）、广州（31 174 人次）、南京（15 526 人次）、苏州（14 399 人次）、武汉（12 982 人次）、杭州（12 802 人次）和天津（10 142 人次）(见图 2.16)，其合计报考人数为 355 900 人次，占全国报考总人数的 74.09%。而在这 9 个城市中，只有武汉在内陆，其他都分布在沿海地带，项目管理在普及与推广过程中各地域间的不均衡还是首要问题。

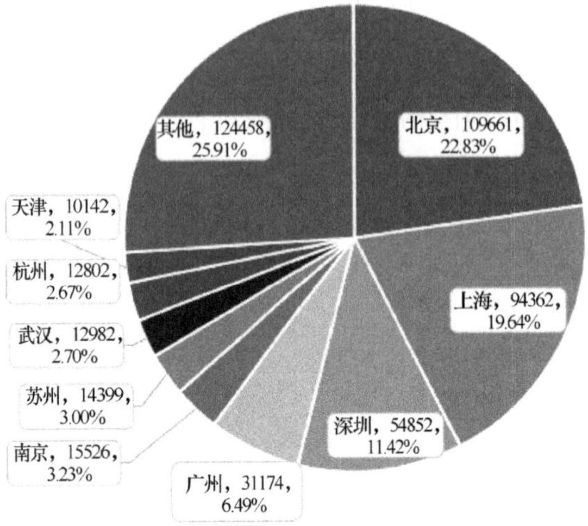

图 2.16　截至 2018 年年底报考人数超过万人次的城市

在全国各省（自治区、直辖市）中，只有广东和江苏两省有 2 个超过万名报考人数的城市，广东省为深圳、广州，江苏省为南京、苏州。

如图 2.17 所示，南京、苏州、武汉、杭州、天津 5 个城市历年报考增幅相对平缓，2016 年开始才有所上扬。而北京和上海这两大一线城市在 2008 年就开始大幅度地增长，拉开了与其他城市的距离，在 2016 年后增幅更是明显加大。

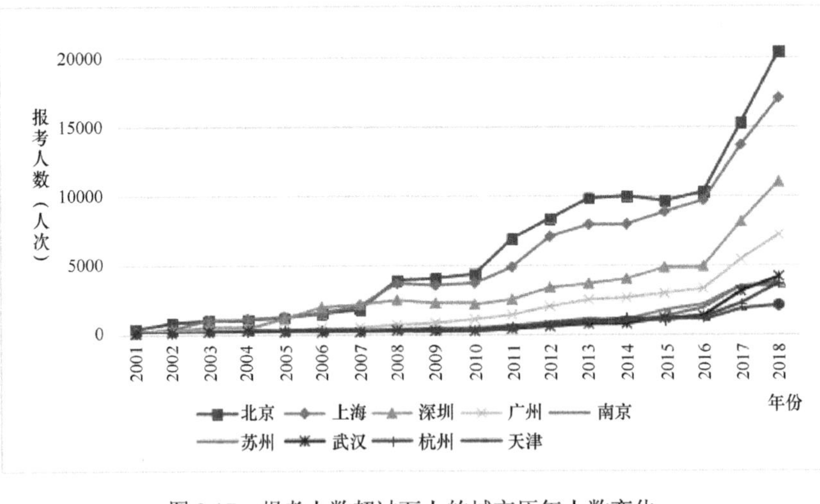

图 2.17　报考人数超过万人的城市历年人数变化

三、PMP®等认证报考企业统计

调研说明：

（1）对截至 2018 年年底参加 PMP®等认证报考企业开展统计。因 2000 年报考的 316 人相关数据缺失，不纳入统计结果。

（2）报考企业指具有相关人员报考参加 PMP®等认证的企业。

（3）在本次统计过程中，各企业按集团公司归类，不再细分为分、子公司。统计人员已经尽可能地在 50 多万条数据中，用大量的时间对规模型企业的分、子公司进行整理归类，但一些多元化经营的大型集团型企业，分支机构繁多，名称各异，同时存在股权变化、企业改制等问题，再加上数据库中企业信息数据填报不规范，数据统计可能存在少量偏差。

（4）本次只统计了具有相关人员参与 PMP®等认证考试的企业数量，但在实际工作中，有很多企业只是举办《PMBOK®指南》或相关项目管理专题的培训，并不参与认证考试。此部分企业的数量不在少数，但因报考数据库中没有相关数据，因此无法统计。通过对典型 PMP®培训机构调研所得，该部分企业数量预计为参加认证报考企业数量的 2～5 倍。因此，企业对于项目管理学习的实际支持力度大于本次的统计结论。

（一）截至 2018 年年底，累计近 5 万家企业参加《PMBOK®指南》等项目管理培训学习，历年参加 PMP®等认证报考企业增长数量和国家法人单位增长数量呈极强正相关关系，但报考企业数量只占全国法人单位的极少数，存在很大的发展空间

2001 年，约有 112 家企业参加了《PMBOK®指南》的培训学习，平均每家企业只有 3～4 人报考 PMP®等认证。到了 2018 年年底，累计有 48 728 家企业参与学习，是 2001 年报考企业的 435 倍，平均每家企业有 9～10 个人报考 PMP®等认证。

截至 2017 年年底，累计有 3.67 万家企业报考参加 PMP®等认证，而全国的法人单位数量为 2 200.91 万家，报考企业只占全国法人单位总量的 0.167%，只占极少数，但相对于 2005 年而言（占比 0.04%），占比也增长了 4 倍（见表 2.5）。这些数据表明项目管理的推广和普及在中国还有很大的发展空间。

表 2.5 历年报考企业和全国法人单位数量统计

年 份	原统计的累计报考企业数量（家）	调整后的累计报考企业数量（家）	全国法人单位数量（家）	占 比
2005	6 781	2 260	5 647 823	0.040%
2006	9 258	3 086	6 068 912	0.051%
2007	13 300	4 433	6 495 064	0.068%
2008	18 253	6 084	7 098 765	0.086%
2009	22 733	7 578	8 003 868	0.095%
2010	27 792	9 264	8 754 588	0.106%
2011	35 242	11 747	9 593 729	0.122%
2012	43 817	14 606	10 616 530	0.138%
2013	54 315	18 105	10 825 611	0.167%

（续表）

年　份	原统计的累计报考企业数量（家）	调整后的累计报考企业数量（家）	全国法人单位数量（家）	占　比
2014	64 922	21 641	13 701 440	0.158%
2015	76 480	25 493	15 729 199	0.162%
2016	89 707	29 902	18 191 382	0.164%
2017	110 052	36 684	22 009 092	0.167%
2018	146 185	48 728	/	/

数据说明：

（1）因报考人员填报企业名称不规范，导致企业数量重复统计问题。经大量测算，调整系数确定为3，即在累计报名企业数量基础上除以调整系数作为真实报考企业数量。

（2）国家统计局从2005年开始对法人单位数量进行统计。

我们同时对从2005年始到2017年止的全国法人单位数量和在此期间参加PMP®等认证报考企业数量变化开展统计（见图2.18），两组数据的皮尔逊相关性系数r[①]值为0.99，参加说明PMP®等认证报考企业和国家法人单位的增长数量呈极强正相关关系，PMP®等认证的增长与我国经济的发展存在正向的关联性。

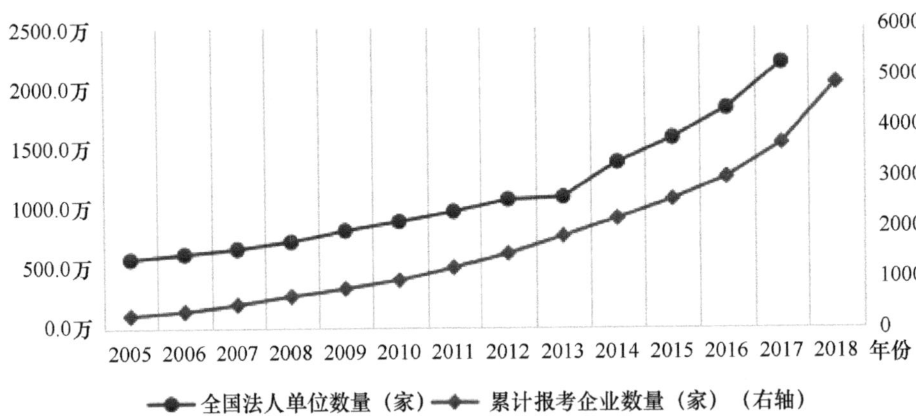

图2.18　历年全国法人单位数量及报考企业数量统计

（二）在报考企业中，民企最多，占44.14%，外企次之，占23.53%

对2011—2018年的企业报考情况统计显示（见图2.19），在PMP®等认证报考人员中，有44.14%来自民营企业（177 234人次），紧接着的是外企（94 496人次）占比23.53%，国企（81 054人次）占比20.18%，这三者合计占比87.85%。由此可见，中国本地企业的报考人数总量已远超外资企业，项目管理知识体系经过“引进—学习—检验—发展”的创新之路，已经在中国深深扎根。

① 皮尔逊系数r用于分析两个变量的相关性，其值介于-1与1之间，正值代表正相关，负值代表负相关。绝对值越接近于1，相关性越大，一般认为$|r|$在0.6～0.8是强相关，在0.8～1.0是极强相关。

事业单位（4 776 人次）、个人（2 394 人次）、社会团体（512 人次）和国家机关（474 人次）的占比分别为 1.19%、0.60%、0.13%、0.12%，另有 10%左右的数据无法统计。

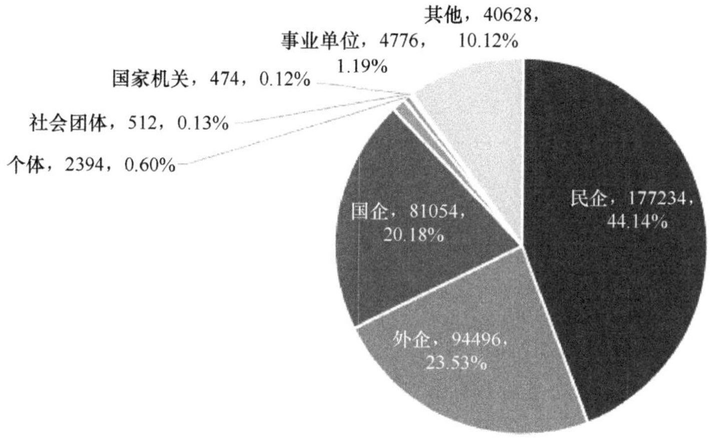

图 2.19 报考企业性质统计

如图 2.20 所示，从 2011 年开始，民企、外企和国企参加 PMP®等认证报考人数稳步增长，外企的年均增长率约为 12.58%，国企的年均增长率约为 20.28%，民企的年均增长率约为 39.21%。国企的年报考数量在 2018 年首次超过了外企。民企在 2012 年开始加大增长速度，当年的增长速率为 56%，而到 2016 年更是迅猛发展（增长速率为 90%），大幅拉开了与外企和国企的差距。

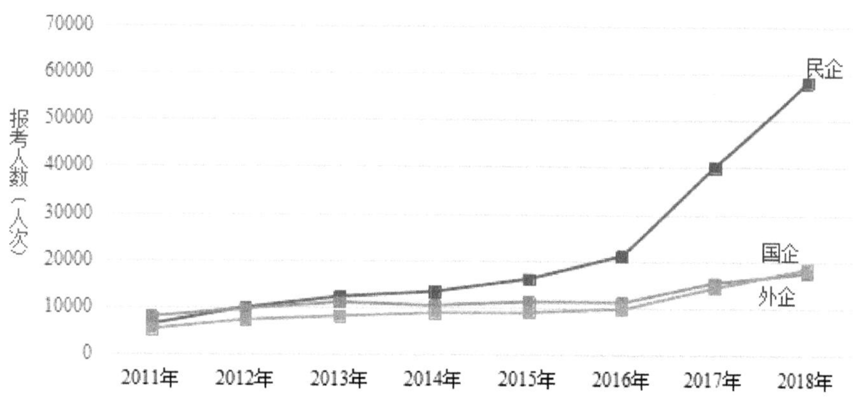

图 2.20 民企、外企和国企的历年报考人数统计

事业单位、个人、社会团体及国家机关的报考人数合计所占比重为 2.04%，其报考人数各年基本变化不大，没有出现大幅增长。虽然事业单位和个人在 2016 年的增长速度开始加快，但相对总量而言，还是极少数（见图 2.21）。这些数据表明，项目管理在这些性质的单位中尚具有很大发展空间。

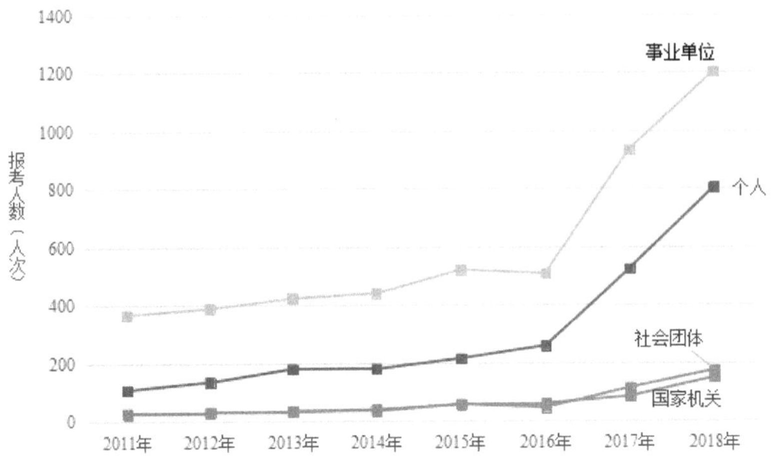

图 2.21　事业单位、个人、社会团体及国家机关的历年报考人数统计

（三）全国只有一家企业的累计 PMP®等认证报考人数达到万人次级别，有 5 家企业超过 5 000 人次，报考人数排名前 10 位的企业合计报考人数占比为 13%

截至 2018 年年底，参加 PMP®等认证报考人数最多的企业是华为（10 230 人次），占全国总量的 2.13%，是唯一一家报考数量达到万人次的企业（见图 2.22）。

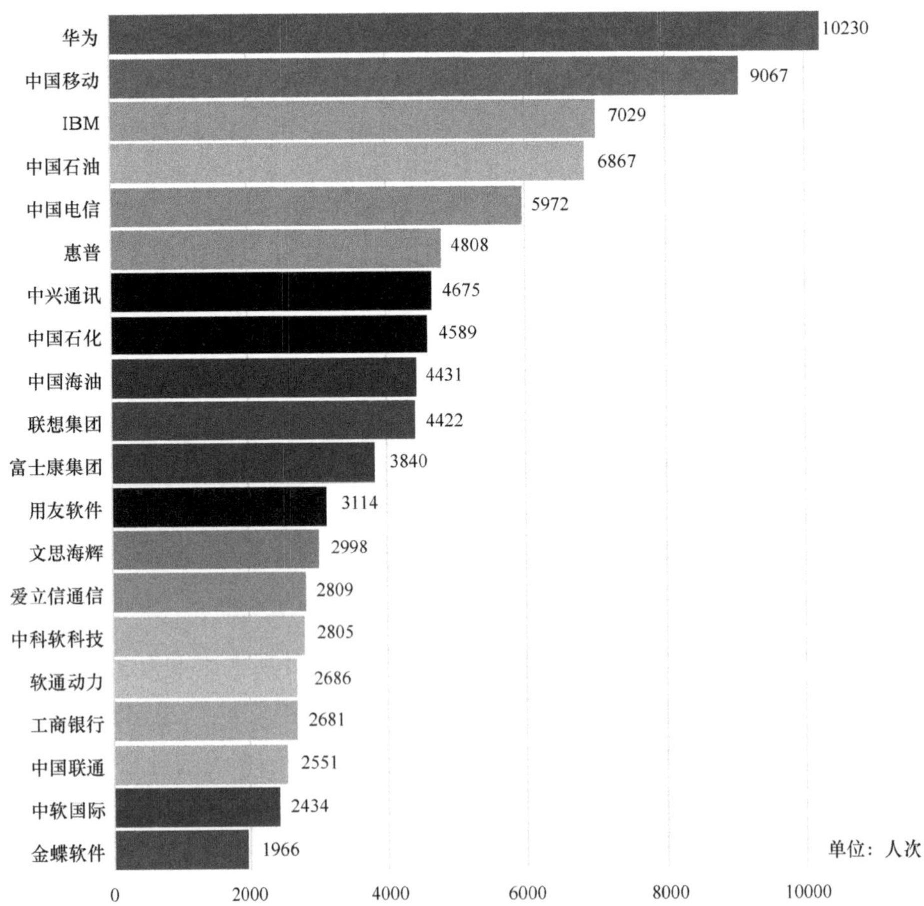

图 2.22　截至 2018 年年底参加 PMP®等认证报考人数前 20 位的企业排名统计

在排名前10位的企业中，除华为外，其他依次为中国移动（9 067人次）、IBM（7 029人次）、中国石油（6 867人次）、中国电信（5 972人次）、惠普（4 808人次）、中兴通讯（4 675人次）、中国石化（4 589人次）、中国海油（4 431人次）、联想集团（4 422人次）。其中报考人数超过5 000人次的有5家，其他都接近5 000人次，报考人数排名前10位的企业合计报考人数为62 090人次，占全国报考总人数的13%。

报考人数排名第11～20位的企业分别为富士康集团（3 840人次）、用友软件（3 114人次）、文思海辉（2 998人次）、爱立信通信（2 809人次）、中科软科技（2 805人次）、软通动力（2 686人次）、工商银行（2 681人次）、中国联通（2 551人次）、中软国际（2 434人次）、金蝶软件（1 966人次）。排名前20位的企业合计报考人数为89 974人次，占全国报考总人数的18.74%。

全国总共有44家企业的PMP®等认证报考人数超过1 000人次，报考人数排名第21～40位的企业合计报考人数为28 750人次，占比为5.99%；报考人数排名第41～60位的企业合计报考人数为17 613人次，占比为3.67%；报考人数排名前60位的企业合计报考人数为136 337人次，占比为28.4%，超过了全国报考总量的1/4（见图2.23）。

全国的报考企业总数量为48 728家，排名前60位的企业只占了全国报考企业总量的0.12%。从效率上而言，前60家企业平均每家企业的报考人数是其他报考企业的326倍。

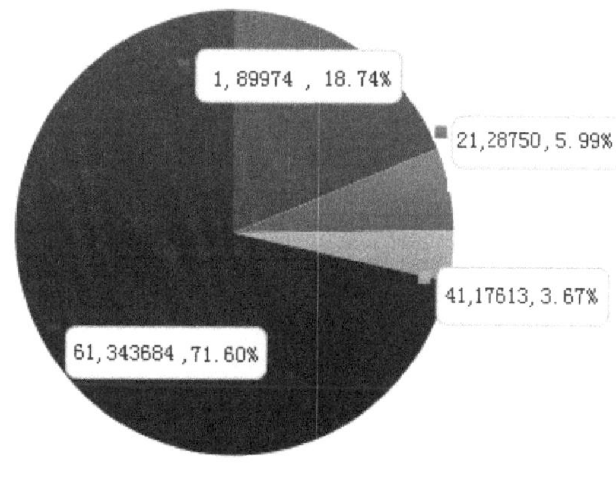

图2.23　截至2018年年底PMP®等认证报考人数前60的企业报考情况

（四）在报考人数排名前10位的企业中，国企有6家，外企和民企各2家；信息传输、软件和信息技术服务业5家，采矿业3家，制造业2家

从企业经营的性质看，在参加PMP®等认证报考累计人数排名前10位的企业中，国企占有6家，外企和民企各2家（见图2.24）。而6家国企中有5家属于大型央企，分别为排名第2位的中国移动（9 067人次），排名第4位和第5位的中国石油（6 867人次）、中国电信（5 972人次），排名第8位和第9位的中国石化（4 589人次）、中国海油（4 431人次）。而排名第7位的中兴通讯（4 675人次）国有资金占有很大部分的比例，属于国有控股/参股企业，在本次统计中纳入国企的范畴。

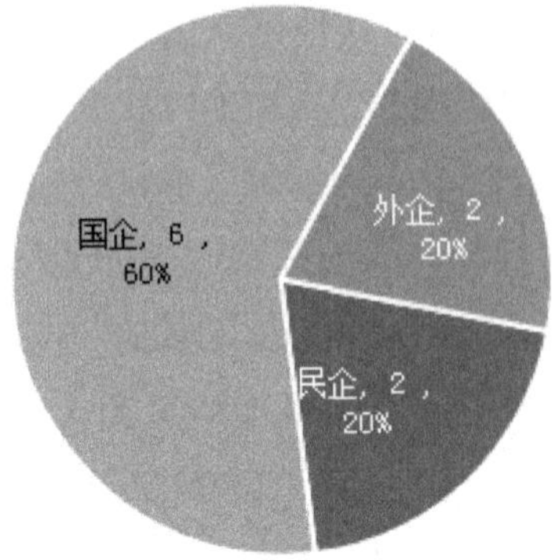

图 2.24　截至 2018 年年底累计 PMP®等认证报考人数排名前 10 位企业的经营性质统计

排名前 10 位的 2 家外企分别为排名第 3 位的 IBM（7 029 人次）、排名第 6 位的惠普（4 808 人次）。

排名前 10 位的 2 家民企分别为排名第 1 位的华为（10 230 人次）和排名第 10 位的联想集团（4 422 人次），其中联想集团有中国科学院和全国社保基金参股，虽然纳入民企的范畴，也属于国有参股企业。

从行业分类看，累计报考人数排名前 10 位的企业中，50%的企业（5 家）属于信息传输、软件和信息技术服务业①，分别为华为、中国移动、IBM、中国电信、中兴通讯（见图 2.25）。有 2 家企业属于制造业，分别为惠普和联想，虽然惠普和联想这两家企业主营业务为计算机或通信设备的生产和制造，但有部分业务仍可归属到信息传输、软件和信息技术服务业。剩余的中国石油、中国石化和中国海油这 3 家企业，既属于采矿业（石油和天然气开采），又兼有制造业的属性（石油、天然气及化工品的生产），还兼具批发和零售业的性质（石油、天然气及化工品的销售）。

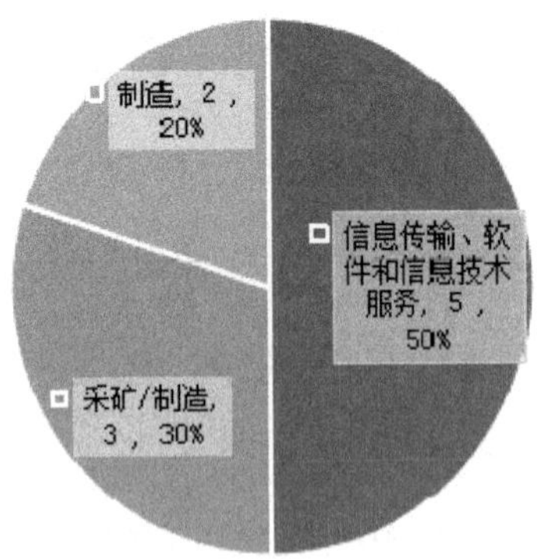

图 2.25　截至 2018 年年底 PMP®等认证报考累计人数排名前 10 企业的行业分布统计

① 依据国标 GB/T 4754—2017《国民经济行业分类》，在本次统计中，多元化经营的企业，按主营业务来归属行业分类。

（五）在报考人数排名前 60 位的企业中，国企有 23 家，占 38%，民企和外企各 20 家与 17 家，分别占 34%和 28%。其中有 49%属于信息传输、软件和信息技术服务业，其次为制造业和金融业

从企业经营的性质看，在累计 PMP®等认证报考人数排名前 60 位的企业中，国企有 23 家，占总量的 38%，民企和外企各 20 家与 17 家，分别占 34%和 28%（见图 2.26）。

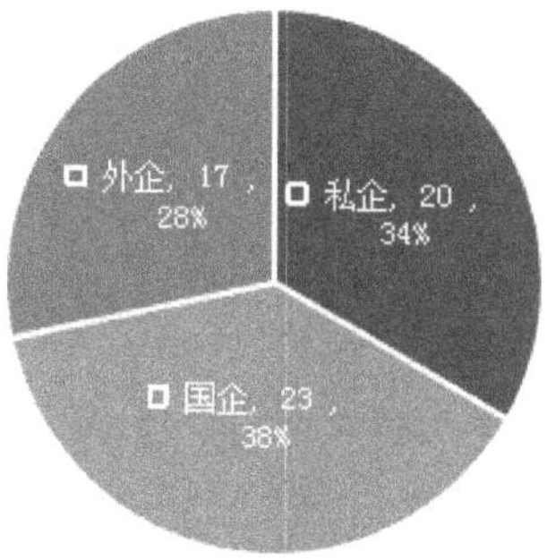

图 2.26　截至 2018 年年底 PMP®等认证报考累计人数排名前 60 企业的经营性质统计

从行业分类看，在 PMP®等认证报考累计人数排名前 60 位的企业中，有 49.21%[①]的企业（31 家）属于信息传输、软件和信息技术服务业，其次依次为制造业（18 家，28.57%），金融业（5 家，7.94%），采矿业（3 家，4.76%），电力、燃气及水的生产和供应业（2 家，3.17%），租赁和商务服务业（1 家，1.59%），建筑业（1 家，1.59%），交通运输、仓储和邮政业（1 家，1.59%），科学研究和技术服务业（1 家，1.59%）（见图 2.27）。

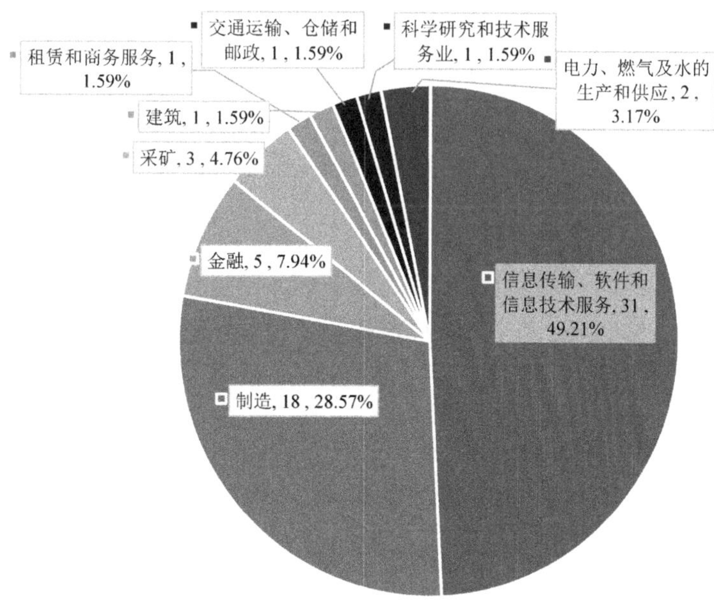

图 2.27　截至 2018 年年底 PMP®等认证报考累计人数排名前 60 企业的行业分布统计

① 因中国石油、中国石化和中国海油三家企业，既属于采矿业（石油和天然气开采），又兼有制造的属性（石油、天然气和化工品生产）。因此在统计时，虽然企业总量为 60 家，实际行业统计为 63 家。

信息传输、软件和信息技术服务业 31 家企业依次为华为、中国移动、IBM、中国电信、中兴通讯、用友软件、文思海辉、爱立信通信、中科软科技、软通动力、中国联通、中软国际、金蝶软件、东软集团、诺基亚、上海诺基亚贝尔、神州数码、浪潮集团、汉得信息、京东、远光软件、阿里巴巴、宝信软件、思科、恩梯梯数据（NTT Data）、腾讯、微软、大唐电信、摩托罗拉、SAP 中国和网易。

制造业 18 家企业依次为中国石油、中国石化、中国海油、惠普、联想集团、富士康集团、中国中车、中国航空工业集团、三星电子、中国航天科工集团公司、西门子、艾默生电气、博世、戴尔、歌尔股份、特变电工、比亚迪和 TCL。

金融业 5 家企业依次为工商银行、汇丰银行、中国银联、中国银行和中国平安。

电力、燃气及水的生产和供应业 2 家企业依次为国家电网和中国广核集团。

租赁和商务服务业的 1 家企业为埃森哲咨询，建筑业的 1 家企业为中国电力建设集团，交通运输、仓储和邮政业的 1 家企业为海南航空，科学研究和技术服务业的 1 家企业为 ABB 中国。

四、PMP®等认证报考行业分布统计

调研说明：

（1）对截至 2018 年年底的 PMP®等认证报考人员所在企业的行业进行归类统计。行业分类依据为《国民经济行业分类》（GB/T 4754—2017），选取其中一级的 20 个门类。

（2）在本次统计中，多元化经营的集团公司，按主营业务的权重来确定行业归属。

（3）报考人员所属企业能具体到集团的分、子公司，则按其分、子公司的经营业务类型确定行业归属。例如，某人员所属企业填写为中国电力建设，即归属于建筑业。如果填写为××省电力建设监理咨询有限责任公司，则属于工程监理服务，归属为科学研究和技术服务业。

（一）47.81%的 PMP®等认证报考人员来自信息传输、软件和信息技术服务业，其次为制造业（18.94%），两个行业合计占比达 66.75%

截至 2018 年年底，PMP®等认证报考人员中有 47.81%（229 841 人次）来自信息传输、软件和信息技术服务业。除此以外，报考人数超过万人次的行业有 7 个，依次为制造业 18.94%（91 046 人次）、金融业 5.01%（24 089 人次）、科学研究和技术服务业 4.06%（19 512 人次）、建筑业 3.79%（18 201 人次）、租赁和商务服务业 2.63%（12 640 人次）、电力、燃气及水的生产和供应业 2.26%（10 885 人次），其合计人数为 406 214 人次，占了报考总量的 84.49%。而有 37 061 人次因信息不全而无法确切统计其归属行业，占 7.71%（见图 2.30）。

在信息传输、软件和信息技术服务业中，占最大比重的是电信移动服务、互联网接入企业，如中国移动、中国联通和中国电信等；以及软件服务和信息化解决方案企业，如华

为、IBM、用友技术、金蝶软件、文思海辉等。

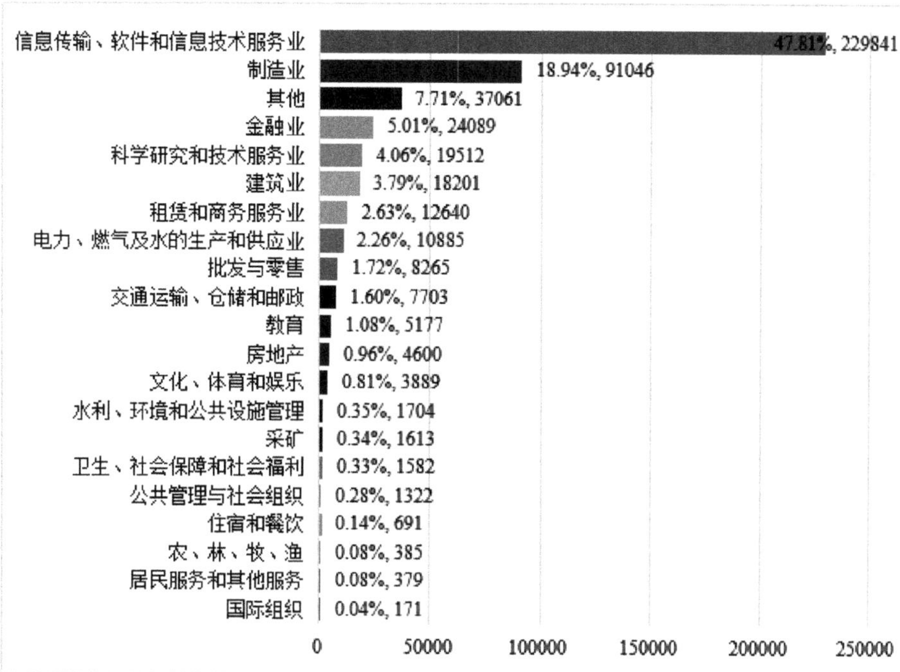

图 2.28 截至 2018 年年底 PMP®等认证报考人员的行业分布统计（单位：人次）

在制造业中，占比重相对较大的是计算机及通信设备类制造企业，如联想、富士康、惠普、戴尔、三星等企业；其次为家电、工具、零配件制造企业，如博世、海尔等；制药企业也占了一定的比重。

在金融业中，占比重相对较大的是银行和保险类企业，如国有四大行、汇丰银行、中国平安、中国人寿等。但近几年因网络金融，特别是 P2P 的兴起，一些小额贷的金融公司也占有不小比重。

在科学研究和技术服务业中，占比重相对较大的是各个集团公司下属的不同类型的研究院、设计院及工程监理单位。

在建筑业中，占比重相对较大的是大型央企的建设公司，如中国电建、中国石油、中国石化和中国海油下属的工程建设单位。

在租赁和商务服务业中，占比重相对较大的是商务服务类，如管理咨询类企业的埃森哲、麦肯锡、德勤和普华永道等，以及一些会计师、律师、测量师事务所。投资咨询顾问企业也占有一定的比重。

在电力、燃气及水的生产和供应业中，占比重相对较大的是国家电网、各省市的燃气公司及自来水供应企业。

如图 2.29 所示，信息传输、软件和信息技术服务业 2001 年 PMP®等认证报考人数为 180 人次，2018 年的报考人数为 48 961 人次，增长了 272 倍，平均年增长率约为 35%。

制造业报考人数则从 2001 年的 183 人次，到 2018 年年底的 21 658 人次，增长 118 倍，平均年增长率约为 30%。

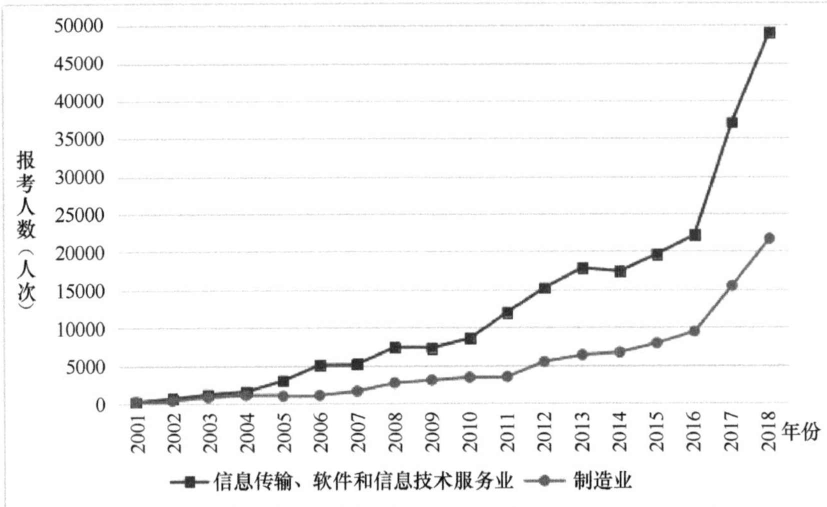

图 2.29　信息传输、软件和信息技术服务业与制造业历年报考人数统计

从这两个行业历年 PMP®等认证报考人数变化可以看出，信息传输、软件和信息技术服务业报考人数从 2004 年开始显著增加，而这时正是我国计算机及通信技术（互联网）高速发展的第二阶段。在这段时期，中国在风险投资的驱动下，早期互联网企业的人才开始出来创业，同时，中国宽带介入率上来了，加上正处于联想、戴尔、宏碁等计算机制造企业的高峰期，个人计算机普及速度非常快，是自 2000 年全国出现互联网泡沫之后的另一片蓝天。同时，第二批互联网企业开始产生，其中不少企业后来成长为著名的独角兽企业，如 2004 年京东的业务开始由线下转到线上，实现电商化的起点。同年，淘宝网初具规模，发布了淘宝旺旺软件。这些企业在创立发展的前期都需要大量的项目管理人才去支撑相关业务的快速开展，因此，信息传输、软件和信息技术服务业报考人数在此段时间开始快速增长。

从 2010 年开始，信息传输、软件和信息技术服务业的报考人数开始跳跃式增长。此时，该行业发展到了第三阶段——移动互联网。笔记本和智能手机已在全国全面普及，服务式移动智能应用（App）开始萌芽，涌现了一大批 App 开发及智能化软件部署企业，这对项目管理人才的需求进一步提升。

从图 2.29 和图 2.30 可以发现，各行业从 2008 年开始，项目管理的报考人数快速增长，而这时正是因国际金融危机全面爆发，国家经济增速快速回落，出口出现负增长，大批农民工返乡的时期。为了应对这种危局，中国政府当年推出了进一步扩大内需、促进经济平稳较快增长的 10 项措施，国家投入 4 万亿元，加大国内基础设施建设。在此背景下，刺激了各行业的发展，也对企业的项目管理能力提出了更高的要求。

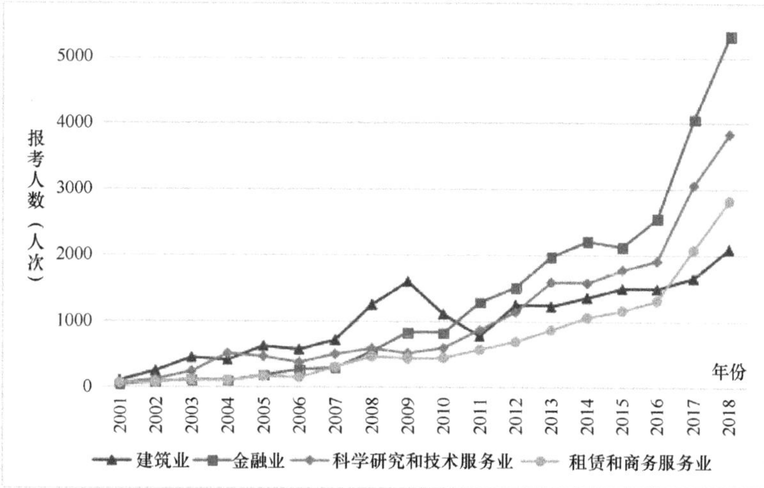

图 2.30 科研和技术服务业、租赁和商业服务业、建筑业和金融业历年报考人数统计

在近 3 年（2016—2018 年），国家强调经济模式转型，由规模经济开始向品质经济迈进，从资源和成本的消耗获取效益向通过科技和管理的创新获取效益转变，因此，PMP®等认证报考人数又呈一个跳跃式的增长。

（二）各行业历年报考人数所占比重相对平稳。信息传输、软件和信息技术服务业在 2006 年的占比达到顶峰，为 62.63%；建筑业的占比从 2010 年开始出现明显下滑，从 2010 年前平均近 10%的占比降至 2018 年的 1.97%

从图 2.31 可以看到，在报考人数超过万人次的行业中，除起步阶段的动态调整期（2001—2003 年）外，各年占比变化相对平稳。比较典型的是 2006 年，信息传输、软件和信息技术服务业从2004 年开始进入高速发展阶段，在 2006 年报考人数的占比到达顶峰，为 62.63%。

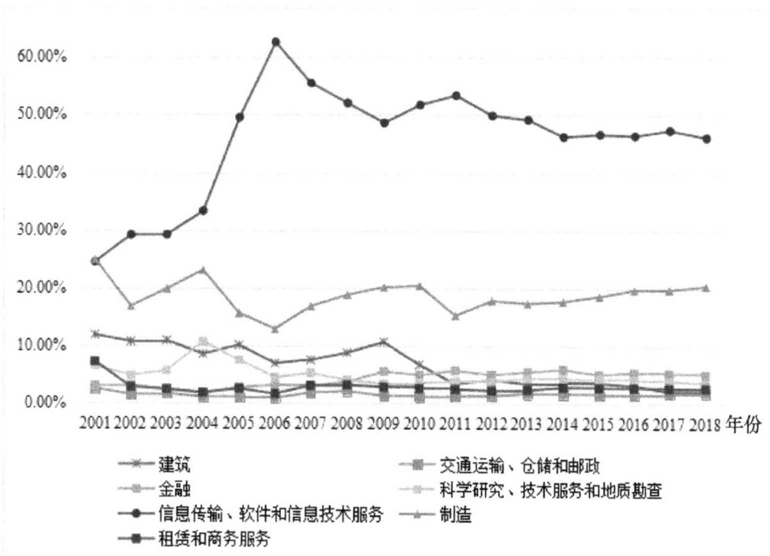

图 2.31 历年各行业 PMP®等认证报考人数占比统计

建筑业的报考人数在2010年前平均占有近10%的比重，但从2011年开始就逐步下滑，所占比重从2009年最高的10.69%下降至2018年的1.97%。虽然项目管理的理论在建筑工程项目中被广泛采用，但是由于国内建筑业拥有较为系统的执业资格类认证体系，如建筑师、建造师、造价工程师、监理工程师、安全工程师、咨询工程师、消防工程师等。虽然这些认证的具体内容与项目管理有较多交叉重合，甚至直接包含项目管理科目，但PMP®等认证并不能替代其项目管理类科目的成绩，一定程度上也影响其在建筑业的推广。

五、PMP®等认证报考年龄统计

调研说明：

（1）对截至2018年年底参加PMP®等认证报考人员的年龄进行统计，统计维度为该人员报考时的年龄。

（2）报考人员的年龄从报考人员的身份证中提取，因早期数据的身份证信息不全，在此项统计上，与总数略有差异。

（一）26～35岁是报考的主流人群，占76.33%，其中又以29岁者最多

截至2018年年底，PMP®等认证报考人员年龄段分布人数最多的是26～30岁，总共有199 693人次，占报考总量的42.37%。其次是31～35岁的年龄段，有160 061人次，占报考总量的33.96%。两者合计（26～35岁年龄段）报考人数为359 754人次，占报考总量的76.33%，该年龄段是PMP®等认证报考的主流人群（见图2.32）。

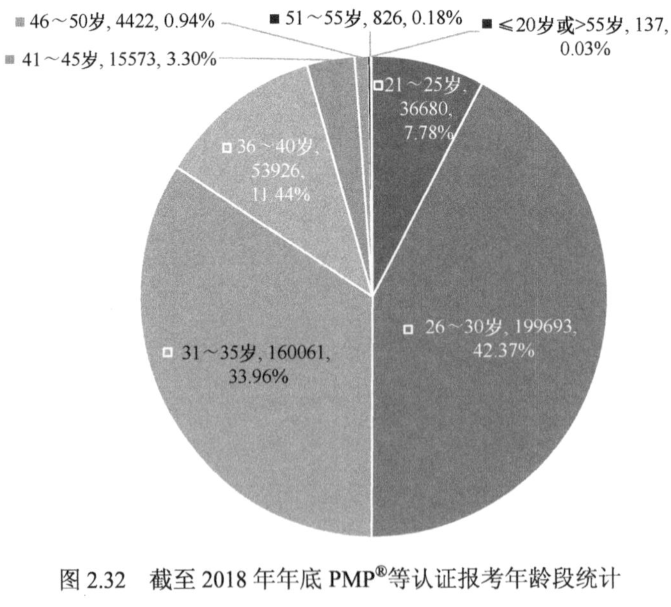

图2.32　截至2018年年底PMP®等认证报考年龄段统计

在26～35岁年龄段中，报考年龄最多的是29岁，有44 772人次。其他依次为28岁（44 223人次）、30岁（43 983人次）、31岁（41 311人次）、27岁（37 425人次）（见图2.33）。

排名前5位的年龄正好分布在27～31岁，其合计人数为211 714人次，占报考总量的44.9%。

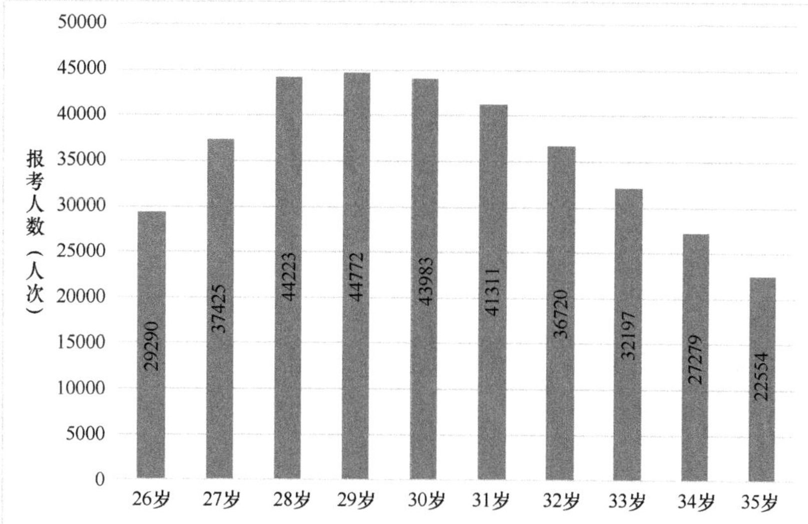

图2.33　截至2018年年底PMP®等认证报考年龄统计

报考人数排名第6～10位的年龄分别为32岁（36 720人次）、33岁（32 197人次）、26岁（29 290人次）、34岁（27 279人次）、35岁（22 554人次）。

比较巧合的是，PMP®等认证报考人数排名前10位的年龄的统计结果呈现正态分布。

（二）历年各年龄段报考趋势相对平稳，21～25岁年龄段的报考量占比稳步提高，而40岁以上的报考量占比逐年下降，报考年龄呈年轻化趋势

从图2.34可以看出，历年各年龄段报考趋势相对平稳。36～40岁及40岁以上年龄段报考人数占比明显呈缓慢下降趋势。36～40岁年龄段的报考人数占比从2002年最高的18.40%，曾降到2013年的最低9.67%，降幅达50%，虽近些年有所回升，但总体上还是下降的。40岁以上年龄段的报考人数占比从2004年最高的10.91%，降到2018年最低3.23%，降幅达70%。

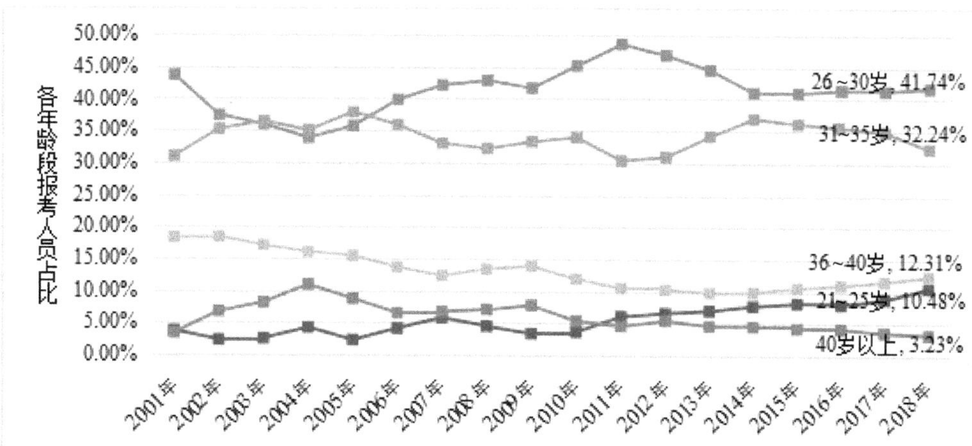

图2.34　历年PMP®等认证不同报考年龄段人数占比变化统计

21～25 岁年龄段的报考人数占比，虽然在个别年份有所下降，但总体上逐年稳步提高，从 2005 年最低点的 2.29%上升到 2018 年的 10.48%，增幅达 457%。

从报考数据库中得出，最低的报考年龄为 18 岁，共有 7 位，其中 5 位男性，2 位女性。在 7 位 18 岁的报考人员中，只有 1 位是在 2007 年报考的，其他 6 位都是在 2016—2018 年报考的，2016 年报考的占 4 位，2017 年和 2018 年各一位。这些年轻人分别来自广东、北京、江苏、安徽。特别值得说明的是，PMI 承认报考人员在校期间的项目履历，因此，有些早期就参与项目实践的年轻人员报考 PMP®等认证也是符合条件的。而 CAPM®认证，在校学生就可以报考。

报考年龄在 60 岁以上的有 3 位，其中最大年龄为 69 岁，在 2010 年 6 月报考，来自沈阳的某管理咨询机构，剩余两位人员的年龄是 64 岁和 65 岁，分别来自广州和上海，都是 2003 年参加 PMP®认证考试的。以上这些数据也侧面反映了近年来报考年龄的年轻化趋势。

六、PMP®等认证报考岗位分布统计

调研说明：

（1）对截至 2018 年年底的 PMP®等认证报考人员的岗位进行统计，统计维度为该人员报考时所属的岗位。

（2）因国家对企业岗位职能没有相对统一的标准，而且在 PMP®等认证报考数据库中，学员填报岗位的标准也各不统一，给统计工作增加了很大的难度。因此在本次统计中，只是按报考数据库中实际填报的岗位情况进行了二次归类，并非所有岗位类别都会涉及。

项目管理岗位占了 PMP®等认证报考人数的大多数，其次为配合项目工作的技术工种，法务工作者报考人数最少

《PMBOK®指南》作为国际通用的项目管理标准，是项目管理实践的最佳指南之一。理所当然的，从事项目管理岗位①人员报考 PMP®等认证的人数占了最大比重，有 195 567 人次，占比 40.68%。而配合项目工作的技术工种报考人数占比第二，有 55 971 人次，占比 11.64%。

其后依次为企业管理②人员（45 166 人次），占比 9.39%；IT 开发人员③（34 660 人次），

① 项目管理人员指从事项目管理工作的一切人员，不限于项目经理，还包含项目发起人、项目部的管理人员、工程监理、IT 开发的项目管理者等。

② 企业管理人员指企业的经营管理人员，如董事会人员、公司高管和中层管理人员。

③ IT 开发人员虽属于技术工种，但该类别人员数量庞大，因此单列。

占比 7.21%；人事行政人员（24 744 人次），占比 5.15%；咨询顾问人员（13 630 人次），占比 2.84%；产品管理与策划人员（13 152 人次），占比 2.74%；市场营销人员（12 402 人次），占比 2.58%；科研人员（11 843 人次），占比 2.46%；QHSE 人员（10 482 人次），占比 2.18%；客户服务人员（5 071 人次），占比 1.05%；供应链管理人员（4 051 人次），占比 0.84%；财会人员（1 969 人次），占比 0.41%；设计人员（1 575 人次），占比 0.33%；法务人员（369 人次），占比 0.08%。其中有 10.42%的人员因数据信息缺少而无法统计，纳入其他类别。

各岗位 PMP®等认证报考人数占比统计如图 2.35 所示。

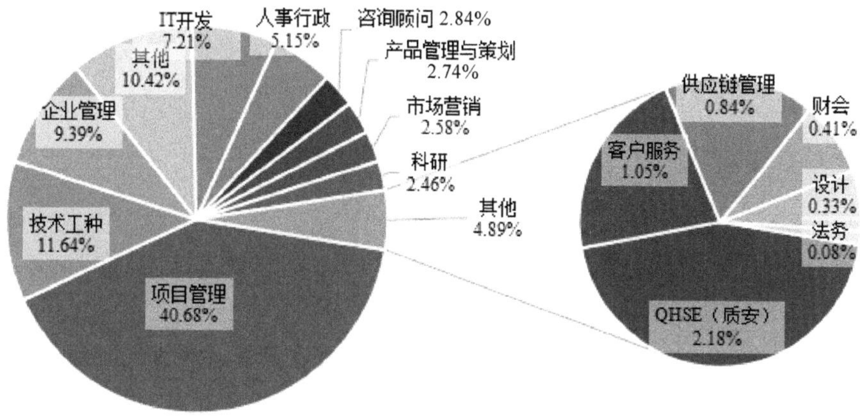

图 2.35　截至 2018 年年底各岗位 PMP®等认证报考人数占比统计

从各岗位历年 PMP®等认证报考人数变化统计中可以看出（见图 2.36），从 2010 年开始，项目管理岗位的报考人数迅猛增长，拉开了与其他岗位之间的差距，而其他岗位的增长相对平稳。

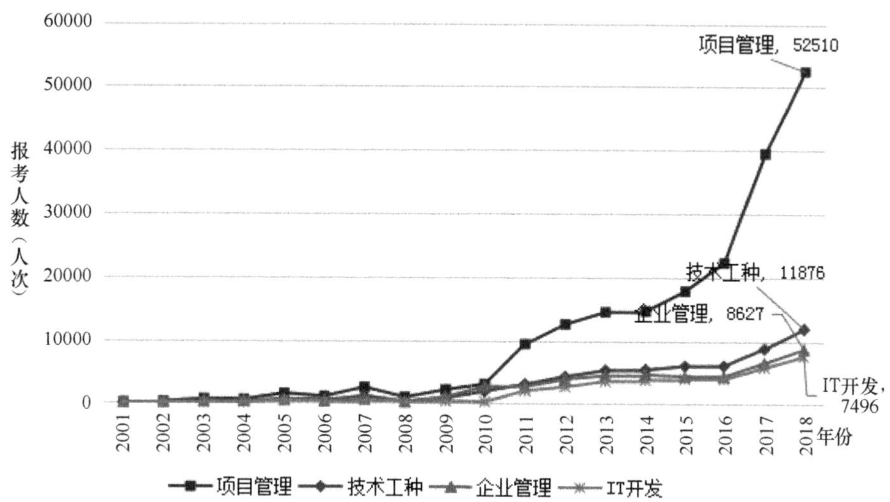

图 2.36　各岗位历年 PMP®等认证报考人数变化

七、PMP®等认证报考性别分布统计

调研说明：

（1）对截至 2018 年年底参加 PMP®等认证报考人员的性别进行统计。

（2）性别以身份证为判别依据。在身份证缺失或信息不全的情况下，以相关人员报考时填报的性别为统计依据。如果两者皆没有（极少量），以姓名进行主观判断。

男性报考人数超过 2/3，是报考的主力军，男女报考比例差异逐年缩小

截至 2018 年年底，男性参加 PMP®等认证报考人数为 333 540 人次，占报考人数总量的 69.38%。而女性报考人数为 147 216 人次，占报考人数总量的 30.62%（见图 2.37，因早期数据的性别信息不全，在此项统计上，与总数略有差异）。

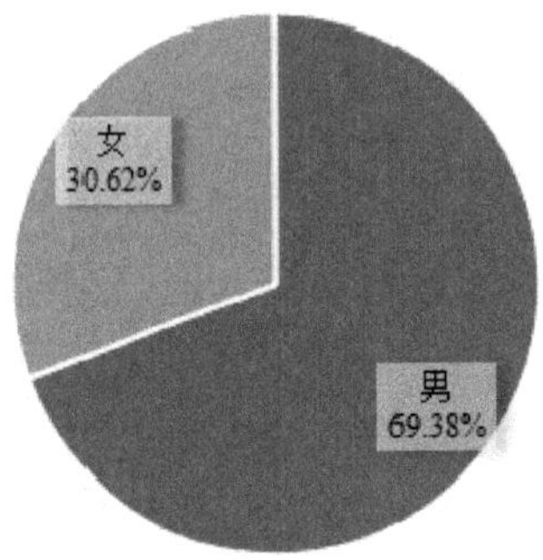

图 2.37　截至 2018 年年底参加 PMP®等认证报考人员性别占比统计

通过对历年 PMP®等认证报考人员性别占比变化的统计发现（见图 2.38），男女比例的差距正在逐渐缩小。男女比例差异最大的是在 2003 年，男性的报考人数占比为 84.36%，女性占比为 15.64%，两者差异比例为 5.4∶1。而到了 2018 年，男性的占比为 63.80%，女性的占比为 36.20%，两者比例缩小到了 1.7∶1。

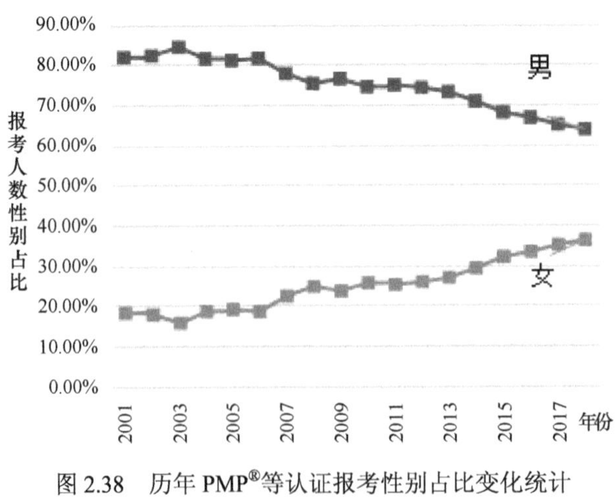

图 2.38　历年 PMP®等认证报考性别占比变化统计

八、PMP®等认证报考学历分布统计

调研说明：

（1）从“专科及以下”“本科”“硕士”“博士及以上”四个学历等级对截至2018年年底参加PMP®等认证报考人员的学历展开统计。

（2）因2011年前数据信息不完整，无法获取少部分人员的学历信息，学历统计人数与总人数稍有差异。

（一）大部分PMP®等认证报考人员为本科学历，占比65.1%，专科及以下学历和硕士学历的报考人数基本相当，少部分报考人员为博士及以上学历

从报考学历看，超过半数PMP®等认证报考人员为本科学历，截至2018年年底，累计报考人数为310 312人次，占比为65.1%。其后依次为硕士，累计报考人数81 811人次，占比为17.2%；专科及以下81 164人次，占比17%，两者的报考人数基本相当。少部分报考人员的学历为博士及以上，有3 136人次，占比只有0.7%（见图2.39）。本科学历的累计报考人数是博士及以上学历的99倍，是硕士和专科及以下学历的3.8倍。

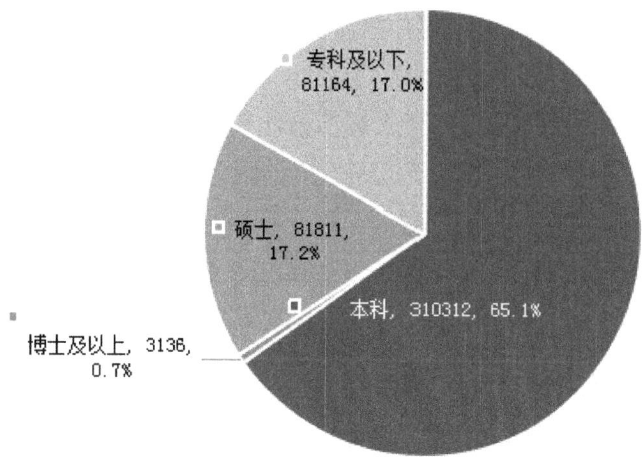

图2.39 截至2018年年底PMP®等认证报考人员学历情况统计

在我国国民的学历分布中，本科和专科及以下学历的人数占有最大部分，但专科及以下学历人员的从业特征及工作性质决定了其从事项目管理类岗位人数相对比本科少，因此，本科学历人员成为报考的主力军。

通过对历年PMP®报考学历人数变化的统计发现（见图2.40），本科学历在2007—2008年、2010—2013年及2016年以后都呈现快速增长，年报考人数从2001年的308人次到2018年的68 913人次，增长了224倍。而博士每年报考人数变化不大，2018年只有420人次，是本科学历的0.6%。

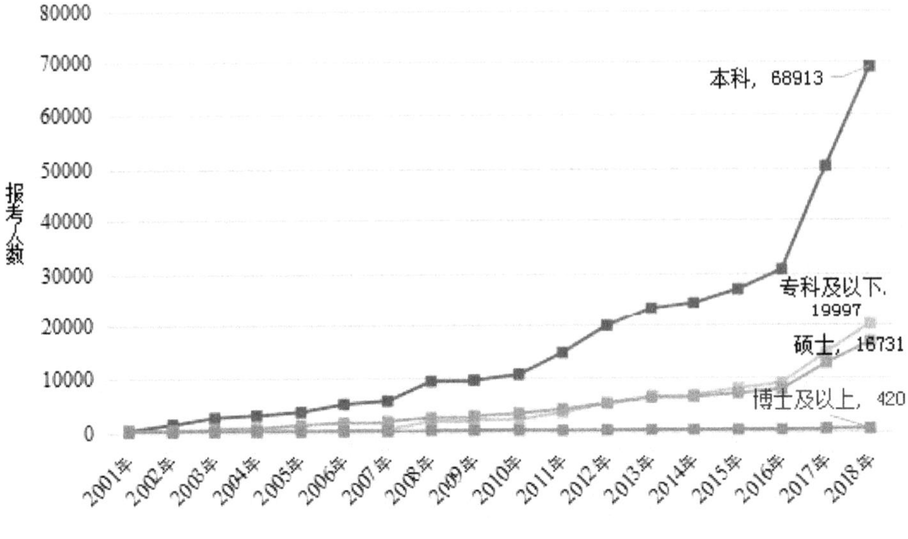

图 2.40　历年 PMP®等认证报考学历的人数变化统计

（二）历年各学历 PMP®等认证报考人数的占比相对平稳，专科及以下有稳步上扬趋势，而硕士以上的高学历占比逐年下降

如图 2.41 所示，历年各学历参加 PMP®等认证报考人数占比相对平稳。博士及以上学历报考人数虽然从曲线上看从最高的 1.7%降到 0.4%，但实际上只是因为博士及以上学历统计基数过小，统计差异性造成的。

专科及以下学历 PMP®等认证报考人数的占比逐年稳步上升，而硕士学历报考人数的占比逐年下降。从 2012 年开始专科及以下学历的报考人数超过了硕士学历的报考人数。这两个学历的报考人数有相应的规模数量，具有统计意义。结合博士及以上学历的统计曲线，可以得出硕士以上高学历人员的报考人数增幅不及专科及以下学历报考人数的增幅。

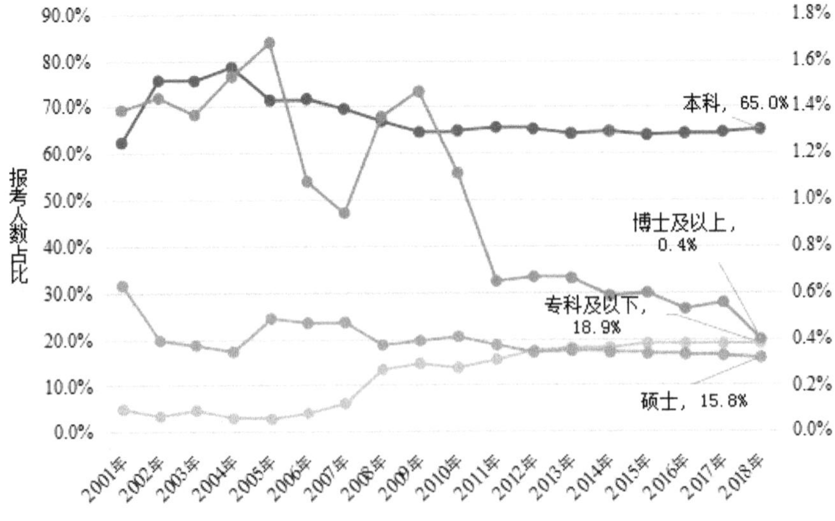

图 2.41　历年 PMP®等认证报考学历人数占比变化统计

第三节 小 结

在中国国际人才交流基金会及其授权合作的培训和考试机构的努力下，PMP®等项目管理专业资格认证及知识体系在中国推行取得的成绩斐然，得到了众多项目管理从业者的认可。截至 2019 年 9 月，已经有超过 2 000 万人参与培训学习，约有 60 万人报考 PMP®等认证，且每年以 30%左右的增幅高速增长，极大地推动了项目管理在中国的发展。但是，统计分析也显示，均衡性是我国目前项目管理推广和普及过程中需要解决的首要问题。主要存在以下三方面的不均衡：

第一，地域的不均衡，绝大部分 PMP®等认证报考人员集中在经济发达的沿海省自治区、直辖市和国家重点一线城市，单北京一地就占了全国 PMP®等认证报考总人数的 1/4。

第二，企业的不均衡，PMP®等认证报考人数排名前 10 位的企业，就占了全国 PMP®等认证报考总人数的 13%。

第三，行业的不均衡，信息传输、软件和信息技术服务业占了全国 PMP®等认证报考总人数的近 50%。

我们必须重视不均衡性问题，把缓解不均衡性问题作为未来项目管理普及和推广过程中的努力方向，这也是未来发展的机遇所在。

从地域推广与普及的均衡性看，东部一直是国家经济发展的重点区域，其经济规模、人均 GDP 与企业管理水平日益与国际先进水平接轨。因此，在这些地区，国际通用的项目管理知识体系的学习与应用更受欢迎。

对于中、西部而言，在国家战略的推动下，对项目管理的需求也逐渐增大，近些年中、西部与东部的经济发展差距也逐渐缩小。统计分析结果显示，从 2015 年开始，中、西部地区 PMP®等认证报考人数所占的比重逐年上扬，说明中、西部地区也逐渐重视项目管理的推广和普及工作。

“一带一路”倡议是我国提出的国际战略框架，致力于亚欧非大陆及附近海洋的互联互通，建立和加强沿线互联互通伙伴关系，实现沿线各国多元、自主、平衡、可持续的发展。国家的中、西部正处于“一带一路”倡议的战略要冲上，只有东、中、西部良性且均衡发展，才能在其中起到支撑和互助互联作用。因此，也急需在中、西部加强管理创新能力，这也是近 3 年来中、西部地区报考人数所占的比重逐年上扬的关键影响因素之一。

从企业项目管理推广的不均衡性看，“一带一路”倡议也给中国工程建设、IT 通信等各类企业带来新的历史机遇。这些企业承担着对沿线国家的基础设施建设、智力输出的重任。它们大多来自央企和规模型民企，它们是项目管理学习、推广与应用的主力军。就如在 PMP®等认证报考人数占比前 10 位的企业中，有 6 家是国有控股企业，它们也是“走出去”企业的典范。在这些典型企业的辐射带动作用下，对其供应或支撑配合的中下游企业也会逐步跟进项目管理知识体系的学习与应用。可以说，在企业开展项目管理推广的前期，不均衡性是必然的产物，我们只有从典型出发，才能以点带面地全面推动项目管理在全国各类型企业的发展。

从行业项目管理推广的不均衡性看，中国正引领着全球的互联网革命，国家也正在大力倡导智慧城市的建设，以提升资源运用的效率，优化城市管理和服务，以及改善市民生活质量，这些都需要极强的技术创新与管理创新型人才的支撑。因此在行业的 PMP®等认证报考人数中，信息传输、软件和信息技术服务业占有近 50%的比例。

同时，科技创新和管理创新是未来发展的新趋势，只有高质量的发展，才能推动高速度的可持续发展。以研究院、设计院及科技创新服务为代表的科学研究和技术服务业的 PMP®等认证报考人数比例也占到了全行业的前 5 位。项目管理在行业中的推广和发展，极其符合现行国家发展模式的特征。

项目管理在中国普及和推广之路还有极大的机遇与空间，如在各行各业、在中西部地区、在没有参与项目管理学习的 99%企业，这些都是未来项目管理推广的努力方向。

作为从国际诸多成功大项目的管理经验出发，经过长期知识总结与迭代而形成的普适性思考模型及管理方法，国际先进的项目管理知识体系可为各类组织发展提供支持。因此，扩大这些领域、地区的各类组织对先进项目管理的认可度，加强专业人才的培养力度，就能切实推进项目管理在中国的发展。

第三章　项目管理与国家经济发展的相关性

改革开放 40 多年来，我国经济社会发展取得举世瞩目的辉煌成就，已成为世界第二大经济体，综合国力和国际影响力实现历史性跨越。

近年来，国家通过不断深化对经济社会发展规律的认识，着力处理好经济发展与结构调整的关系，不断推进经济结构优化升级，使我国的经济结构实现重大变革，经济发展的协调性和可持续性不断增强，为推动高质量发展建设现代化经济体系奠定了良好基础。在国家经济结构的转型过程中，科技创新和管理创新能够起到引领的作用。

无论是国家还是企业的发展都离不开各个项目的成功实施。我国高速发展的基础性建设是由一个个建设工程项目的成功实施来实现的，发达的通信网络由一个个软件开发及通信工程项目的部署来完成。而项目管理是指导项目正确、高效实施的指南，是实行科技创新和管理创新的重要理论实践工具，项目管理的应用正是这些项目成功交付的最基础的保障。

自 1999 年起，PMP®等国际化项目管理专业资格认证及相关知识体系先后引入中国后，经过对项目管理的普及与推广，其所含项目管理的流程、方法与理念已经得到大量项目从业者的支持和认可。PMP®等国际化项目管理专业资格认证及相关知识体系的推广极大地提高了项目管理人员的整体从业水平和能力，为我国培养了一大批国际化项目管理专业人才，推动了项目管理在各行各业的应用，从而促进了国家经济的发展。本章从 PMP®等国际化项目管理专业资格认证及相关知识体系引入中国所取得的成果与国家经济建设发展的关联性角度，论证该体系的引进对国家经济建设所起的作用，这也是最能体现项目管理的核心价值之所在。

第一节　调研说明及主要结论

一、调研说明

本章以从全国到地方、从整体到局部、从一般到特殊的方式，抽丝剥茧，层层深入地论了证项目管理与国家经济发展的相关性。

（一）论证维度

我们将从以下四方面展开分析：

第一，通过对历年国家 GDP、人均 GDP、人均工资等经济发展指标和历年的 PMP®等认证报考人数的相关性分析，来呈现 PMP®等认证发展与国家经济发展的相关性。

第二，通过对国家“三大地带”“八大经济区域”“省域”“一、二线重点城市”等地域历年来的 GDP、人均 GDP、平均工资、发展前景、经济增长指数、劳动生产率等经济发展指标和历年的 PMP®等认证报考人数的相关性分析，来呈现 PMP®等认证发展与地域经济发展的相关性。

第三，通过对典型行业的历年行业产值、法人单位数、行业人均工资等数据和历年的 PMP®等认证报考人数的相关性分析，来论证 PMP®等认证发展与行业发展的相关性。

第四，通过对历年我国对外承包工程合同金额、对外承包工程完成营业额和历年的 PMP®等认证报考人数的相关性分析，说明项目管理对“走出去”战略的支撑作用。从参与“一带一路”海外项目开发建设的典型企业的《PMBOK®指南》等相关项目管理知识体系的学习情况，来说明 PMP®等认证发展对国家级战略的支持作用。

（二）变量选择

在选取变量指标时，自变量为历年各地区 PMP®等认证的报考人数，因变量为国家、行业及各地区的经济发展指标，如 GDP、劳动生产率、人均工资、区域性经济发展指数等，其资料来自国家统计局、Wind 经济数据库、《中国经济增长报告（2017—2018）》、EPS 数据库和中国经济社会大数据等宏观经济数据研究平台。

在本次统计中，GDP 指标采用了更能反映真实经济情况的不变价 GDP（指剔除物价上涨因素影响后计算出来的真实 GDP），以 2001 年的 GDP 为基期价格计算，与国家统计局数据库中的现价 GDP 数据（未剔除物价上涨因素）有所差异。

国家级和区域经济数据较为齐全，因此其经济指标数据与 PMP®等认证报考数据资料从 2001 年统计到 2018 年；行业的经济数据由于行业统计标准的变更和数据更新时差，只统计了自 2005 年到 2017 年的。

（三）论证方法

在论证过程中，使用图示法、对比法和皮尔逊检验法，既保证了论证过程的严密性，又保证了结论的科学性和可靠性。具体方法说明如下：

（1）图示法：直观地呈现 PMP®等认证发展过程和国家经济发展走势。

（2）对比法：横向对比各行业、各年份、各地域的 PMP®等认证报考数据和经济发展数据，来说明统计分析的结果。

（3）皮尔逊检验法：分析两个变量之间的相关性的方法，用来验证项目管理与国家经济发展的相关性。

- 首先，计算皮尔逊系数 r 来说明两个变量存在的相关性情况，r 值介于-1 到 1 之间，正值代表正相关，负值代表负相关。绝对值越接近于 1，相关性越强。一般认为$|r|$在 0.6～0.8 是强相关，$|r|$在 0.8～1.0 是极强相关。
- 其次，用 T 检验说明存在的相关性是偶然因素的影响还是必然结果，其值 P 代表关联性结论是由偶发因素导致的概率。本次报告设定的显著性水平为 5%，表示 P<5%时，即说明结论由于系统因素导致而非偶然因素的影响。

当然，国家经济的高速发展是众多因素综合影响的结果，项目管理只是其中之一。因此，在本次统计过程中，我们无法选定合适的控制变量[①]来进一步证明统计分析的有效性，只是通过相关性系数的计算和分析，说明两者之间存在必然关联性，双方之间存在相互促进的作用。

二、主要结论

经过对数据资料的统计分析，计算 PMP®等认证报考人数与各个维度经济发展指标的相关性，以此说明项目管理对国家经济发展的促进作用。得到的主要结论如下：

（1）在国家总体层面，PMP®等认证报考人数与全国 GDP、全国人均 GDP 呈极强的正相关关系，表明 GDP 增长推动了 PMP®等认证的发展，PMP®等认证发展也促进了 GDP 的增长。

（2）在区域层面，“三大地带”“八大经济区域”“各省（自治区、直辖市）”“一、二线重点城市”历年的 PMP®等认证报考人数与经济发展均呈增长态势，且存在极强的正相关关系，但随着区域范围的缩小，相关性会有所下降，表明 PMP®等认证发展与各区域的 GDP、人均 GDP 和平均工资的增长互相支撑，共同增长。

（3）在行业层面，PMP®等认证报考人数与行业的产值、法人单位数量、人均工资呈极强的正相关关系。产值增速快、法人单位数多的行业，PMP®等认证报考人数也多。随着行业经济发展，各行业 PMP®等认证报考人数是不断增长的，PMP®等认证报考人数的增长，又会反过来推动行业劳动生产率和人均工资的提高。

（4）在国家政策与战略层面，大部分“走出去”的典型企业，其 PMP®等认证报考人数位于全国报考企业的前列，项目管理铸就“走出去”企业人才高地。“一带一路”企业越来越重视项目管理的作用，“一带一路”企业影响力排名前 10 位的企业，其合计 PMP®等认证报考人数约占总报考人数（排除外资企业）的 10%，项目管理为“一带一路”企业提供有针对性的管理支持，为海外工程建设项目保驾护航。

第二节　项目管理与国家经济发展的相关性分析

一、PMP®等认证引入成果与全国经济发展的相关性分析

（一）PMP®等认证报考人数与全国 GDP 呈极强的正相关关系，GDP 增长推动了 PMP®等认证的发展，PMP®等认证发展也促进了 GDP 的增长

国内生产总值（Gross Domestic Product，GDP）是被公认为衡量国家经济状况的最佳

---

① 控制变量是指那些除实验因素（自变量）以外的所有影响实验结果的变量，这些变量不是实验所要研究的变量，又称无关变量、非实验因素。

综合性指标，也是我国新国民经济核算体系中的核心指标，它反映了一国（或地区）的经济实力和市场规模。

GDP 是由各行各业的产值综合而成的，而项目管理是通过项目的成功，为组织创造价值，从而促进行业产值增长的管理学科。它能为建筑业的工程项目的建设和交付使用提供增值服务；也能为信息传输、软件和信息技术服务业的 IT 项目提供敏捷应对，快速迭代协同管理的方法；更能为科学研究和技术服务业的科研项目提供创新方法的支撑；可以说项目管理无时无刻不在影响着各行各业的最终产值，从而支持国家经济建设的发展。因此，以 GDP 作为一个关键的因变量指标进行关联性分析，具有极其重要的意义。

对历年全国 GDP（不变价）与 PMP®等认证报考人数的统计分析数据显示（见图 3.1），2001—2018 年全国的 GDP 与 PMP®等认证报考人数均呈稳健增长的态势。全国的 GDP 从 2001 年的 10.87 万亿元增长到 2018 年的 61.93 万亿元，增长了 5.69 倍。PMP®等认证报考人数从 2001 年的 735 人次增加到 2018 年的 106 061 人次，增长了 144.30 倍。虽然两者之间的倍率数据相差很大，但从图形中两条折线的趋势走向可以看出，在 2001—2016 年，折线的拟合程度很高。而在 2016—2018 年，PMP®等认证报考人数开始快速增长，GDP 仍旧呈平稳增长的趋势，出现一定程度的不一致性。因此，我们将通过统计函数来进一步检验两者之间的相关性。

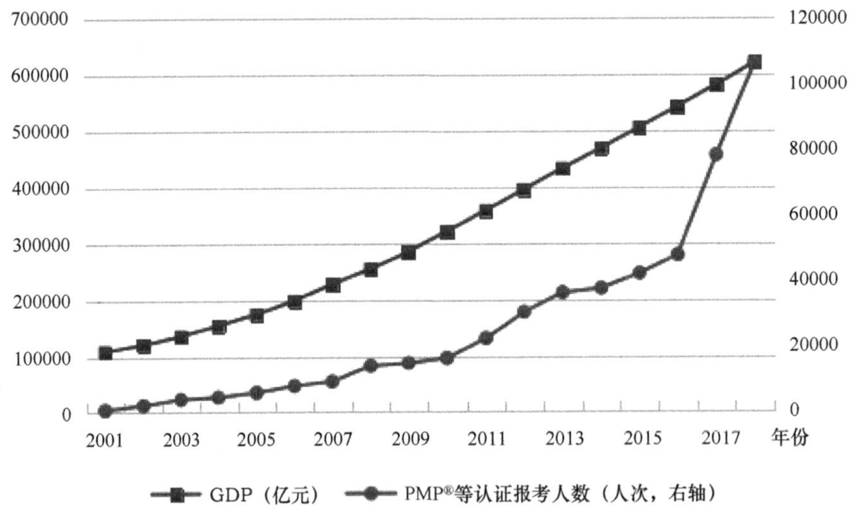

图 3.1　历年全国 GDP 与 PMP®等认证报考人数情况统计

用散点图统计 2001—2018 年 GDP（x 轴）与 PMP®等认证报考人数（y 轴）之间的数量关系，对历年全国 GDP 与 PMP®等认证报考人数进行相关性分析（见图 3.2）。两组数据的皮尔逊相关系数 r 值的计算结果为 0.91，初步说明全国 GDP 与 PMP®等认证报考人数之间具有极强的正相关关系，并且当经济增长时，PMP®等认证报考人数增长速度高于 GDP 增长速度。通过进一步的 T 检验来证明其相关关系的偶然性，T 检验结果 P 值为 0.0000011%，远小于显著性水平 5%，说明全国 GDP 与 PMP®等认证报考人数之间存在的关系不是偶然发生的，而是的确存在极强的关联关系。

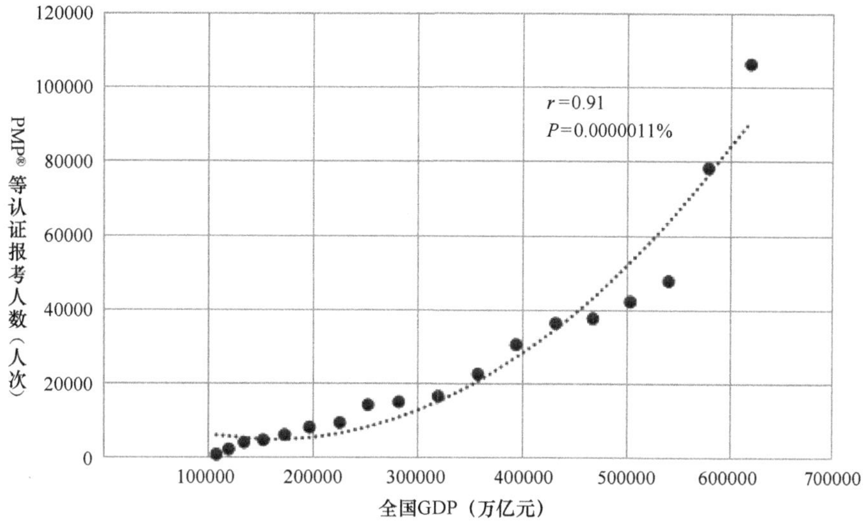

图 3.2 全国 GDP 与 PMP®等认证报考人数的相关性分析

影响 GDP 的因素众多，上面的论述只是片面地论证了其关联性。不可否认的是，通过管理创造效益是众所周知的常识，管理创新也是国家落实科技强国战略的基础性保障。而体系化的项目管理方法，通过前期规范化的启动与计划，合理制定项目目标，优化资源配置；通过实施过程的高效执行与全程监控，确保过程符合目标；通过项目结束阶段的规范化收尾为组织留存过程资产，从而提升未来项目的绩效，提高组织的履约能力，最终使项目成功，为组织创造效益，为国家贡献 GDP。

本报告的第一章中也指出，在经济发达的沿海省（自治区、直辖市），国家重点一、二线城市的 PMP®等认证报考人数也是遥遥领先于其他地区，这也进一步证明了项目管理的推广与 GDP 的增长之间存在必然的正向关联性。

（二）PMP®等认证报考人数与全国人均 GDP 呈极强正相关关系，经济发展推动了项目管理的推广，同时项目管理普及也反过来推动了经济更好更快发展

人均 GDP 是发展经济学中衡量经济发展状况的指标，比较客观地反映了一个国家社会的发展水平和发展程度。人均 GDP 的计算方式为全国 GDP 总量除以全国总人口数量，一定程度上反映了人均劳动生产效率。

项目管理是提高个人工作效率的科学管理方法。据不完全统计，在同一个企业中具有项目管理知识储备且能熟练应用的人士，比同岗位其他人员的人均 GDP 高出 65%。因此，分析人均 GDP 与 PMP®等认证发展的关联性极具意义。

对历年人均 GDP 与 PMP®等认证报考人数的统计分析数据显示（见图 3.3），2001—2018 年全国的人均 GDP 与 PMP®等认证报考人数均呈稳健增长的态势。人均 GDP 从 2001 年的 8 717 元增长到 2018 年的 64 644 元，增长了 6.42 倍。PMP®等认证报考人数从 2001 年的 735 人次增加到 2018 年的 106 061 人次，增长了 144.30 倍。虽然两者之间的倍率数据相差很大，但从图形中可以看出在 2001—2016 年，两条折线趋势高度拟合。

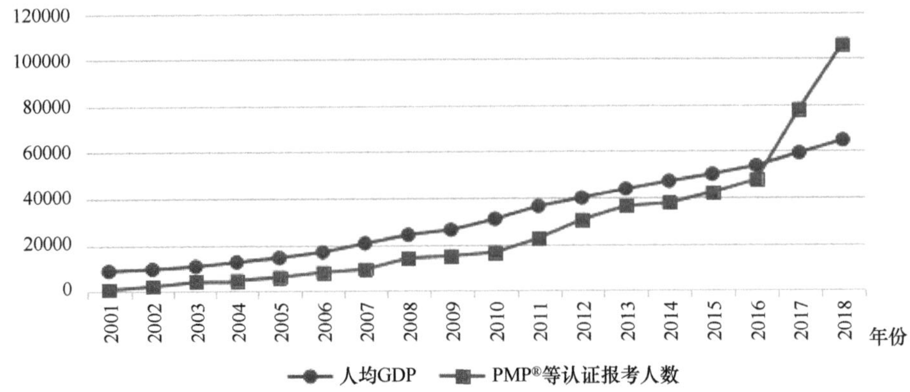

图 3.3　全国历年人均 GDP 与 PMP®等认证报考人数情况统计

通过用散点图分析 2001—2018 年人均 GDP 与 PMP®等认证报考人数之间的数量关系（见图 3.4），计算得出两组数据的皮尔逊相关系数 r 为 0.92，初步说明全国人均 GDP 与 PMP®等认证报考人数具有极强的正相关关系，并且 PMP®等认证报考人数增长速度高于人均 GDP 增长速度。全国人均 GDP 与 PMP®等认证报考人数 T 检验结果 P 值为 0.031%，远小于 5%，说明两者之间存在的关系不是偶然发生的，而是的确存在极强的关联关系。

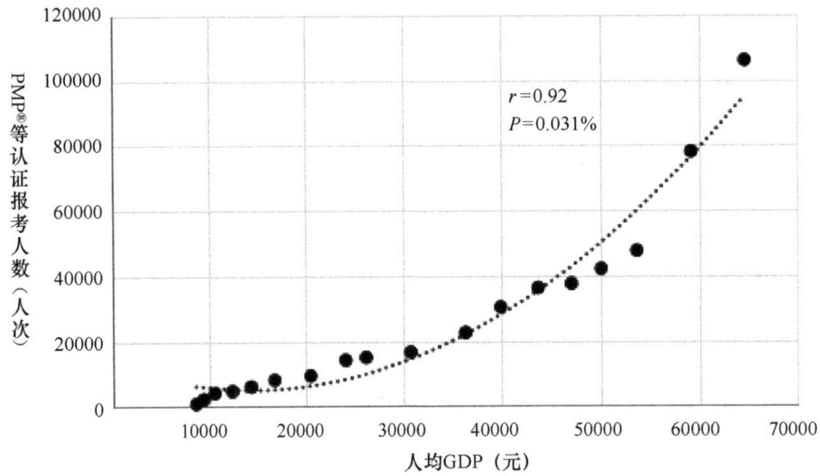

图 3.4　全国人均 GDP 与 PMP®等认证报考人数相关性分析

（三）《PMBOK®指南》学习带来的平均薪酬增幅为 18%，PMP®等认证发展与全国平均工资变化呈极强正相关关系

全国平均工资能在一定程度上反映国民生活的水平。本次对 17 000 余名曾报考学习 PMP®等认证的人士随机调研结果显示，53.26%以上的人员认为学习《PMBOK®指南》对薪酬的增长很有帮助，其中 46.51%的人员认为其带来的薪酬增幅在 10%以内，36.00%的人员认为其带来的薪酬增幅在 10%～30%，12.30%的人员认为其带来的薪酬增幅在 30%～60%，而 4.21%的人员认为其带来的薪酬增幅在 60%以上，另有不足 1%的人员认为薪酬增幅在 100%以上。综合而言，经《PMBOK®指南》学习带来的平均薪酬增幅为 18%。这

些数据充分说明了《PMBOK®指南》学习对个人工资的增长有促进作用，分析这两者之间的关联性能佐证项目管理发展对国家整体国民生活水平提高的作用。

对 2001—2018 年全国城镇单位就业人员平均工资与 PMP®等认证报考人数情况变化的统计分析数据显示（见图 3.5），2001 年就业人员平均工资为 10 834 元/年，PMP®等认证报考人数为 735 人次，2018 年分别增长到 82 461 元/年和 106 061 人次，分别增长了 7.61 倍和 144.30 倍。用散点图分析这期间平均工资与当年 PMP®等认证报考人数之间的数量关系，通过计算两组数据的皮尔逊相关系数 r，结果为 0.94，初步说明全国人均 GDP 与 PMP®等认证报考人数具有极强的正相关关系。全国平均工资与 PMP®等认证报考人数 T 检验结果 P 值为 16.9%，大于 5%，说明全国平均工资与 PMP®等认证报考人数的增长有 16.9%的概率存在偶然性，没有达到预设的 5%假设水平。但是从对 17 000 余名曾报考 PMP®等认证的人士随机调研结果中一定程度上证明了两者之间是存在相互关联作用的。

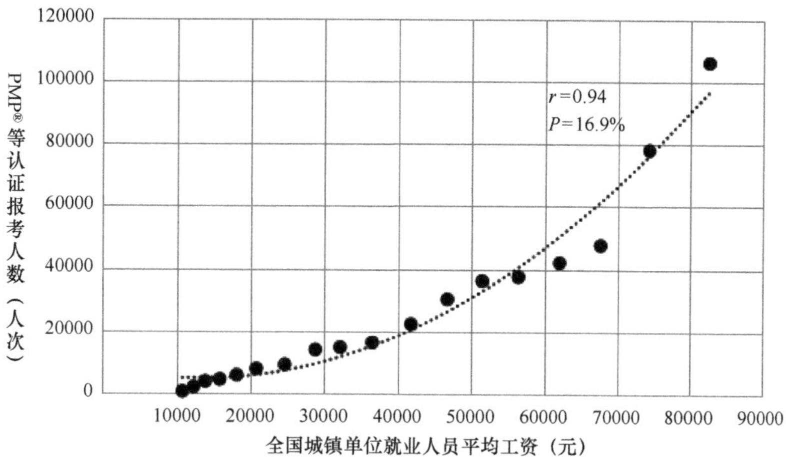

图 3.5 全国平均工资与 PMP®等认证报考人数相关性分析

综上，在对全国 GDP、人均 GDP、人均工资等经济发展指标与 PMP®等认证发展的相关性分析中，我们可以得出国家经济的发展与以 PMP®等认证为代表的项目管理的普及与推广程度存在必然的极强正向关联，项目管理对我国整体经济发展具有一定的促进作用，两者相辅相成。

二、PMP®等认证引入成果与区域经济发展相关性分析

调研说明：

（1）PMP®等认证与区域经济发展的相关性分析，按照区域范围逐渐缩小的顺序，从“三大地带”“八大经济区域”“省（自治区、直辖市）”“重点城市”四个维度分别进行。

（2）“三大地带”“八大经济区域”按照国家统计局的划分标准开展统计，“省（自治区、直辖市）”以各省（自治区、直辖市）的 PMP®等认证报考人数排名与其经济发展做横向对比。“重点城市”选择了北上广深四个国家重点一线城市，以及 PMP®等认证报考

人数相对较多的新一线城市以做分析，如杭州、武汉等。

（3）项目管理是以目标为导向的，通过对各管理维度的整合实现对目标的有效管理，从而提升个人与企业创新能力和产出效率的管理方法论。各区域项目管理能力的整体提升能极大地增强该区域的综合竞争力。因此，课题组认为项目管理与中国经济发展的相关性除上节提到的GDP核心评价指标外，还应以劳动生产率与TFP[①]增长为基准对创新和效率进行评估，强调可持续性和包容性的增长。其评估结果对认识项目管理给国家经济带来创新能力和产出效率的提升具有一定的指导意义。

根据上述要求，我们还选定了各区域的“发展前景指数”“经济增长指数”等指标，以“三大地带”为区域代表，分析这些指标与该区域PMP®等认证报考人数的变化之间可能存在的关联性。这些指标的数据来自《中国经济增长报告（2017—2018）》。

“发展前景指数”是以劳动生产率与TFP增长为基准，对中国经济的创新和效率进行评估的结果，也是以区域的经济增长量、增长潜力、政府效率、人民生活和环境质量为考量标准的综合性评价指标。

“经济增长指数”是从产出效率、经济结构和经济稳定三个方面对区域经济进行评估。产出效率是该区域内GDP增长率、城镇调查失业率、第二和第三产业劳动生产率增长率、资本回报率等评价标准综合而成的。经济结构是以GDP2（第二产业增加值占GDP的比重）、GDP3（第三产业增加值占GDP的比重）、城市化率和资本化率等各类评价标准综合而成的。经济稳定是以CPI波动率、汇率波动率、净出口波动率、房地产价格波动率、居民/企业/政府负债水平等各类评价指标综合而成的。

除各区域的“发展前景指数”“经济增长指数”等指标外，我们还加入了“劳动生产率”指标，劳动生产率是反映个人生产效率的经济性指标，而项目管理的学习对个人的作用之一就是提升个人的工作效率。通过各区域劳动生产率与该地区项目管理推广程度的分析，可以得出两者之间是否存在关联性。

（一）PMP®等认证引入成果与“三大地带”经济发展的相关性分析

我国东部、中部和西部这“三大地带”的经济发展程度不一，以《PMBOK®指南》为代表的项目管理知识体系的推广与普及差异也呈不均衡状态。通过比较“三大地带”的PMP®等认证报考人数与该区域的各类经济指标数据的差异和历年变化规律，来分析两者之间的相关性，以佐证PMP®等认证发展与区域经济发展的相互促进作用。

（1）从总体上看，“三大地带”的GDP数据差异与PMP®等报考人数差异呈相似性特征，区域经济发展更能带动PMP®等认证报考人数的增长。

2018年中国东部地带（含北京、天津、河北、辽宁、上海、江苏、浙江、福建、山东、广东、海南等）的GDP为35.2万亿元，远超中、西部的GDP。而中部（含山西、吉

① TFP指全要素生产率，是指企业作为系统中的各个要素的综合生产率，是企业技术升级、管理模式改进、产品质量提高、企业结构升级的综合功能指标。

林、黑龙江、安徽、江西、河南、湖北、湖南等）与西部（含内蒙古、广西、重庆、四川、贵州、云南、西藏、陕西、甘肃、青海、宁夏、新疆等）的 GDP 差异不大，分别为 14.8 万亿元和 11.9 万亿元。

截至 2018 年年底，东部地带累计 PMP®等认证报考人数为 41.5 万人次，远超中、西部的报考人数，而中、西部之间的累计 PMP®等认证报考人数差异同样不大，分别为 3.5 万人次和 3.1 万人次，“三大地带”累计 PMP®等认证报考人数与 GDP 数据差异性分布呈相似性特征（如图 3.6）。

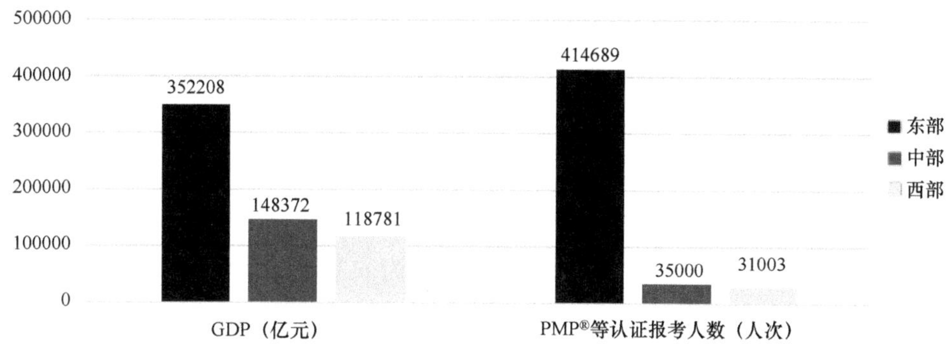

图 3.6　2018 年中国“三大地带”GDP 与累计 PMP®等认证报考人数统计

从所占比例来看（见图 3.7），东部地带 GDP 占全国 GDP 总量的 56.87%，为最大比重。中、西部地带的 GDP 占比差异不大，分别为 23.96%和 19.18%；东部地带的 PMP®等认证报考累计人数占全国总报考人数的 86.27%，而中、西部仅占 7.28%和 6.35%。从中我们可以看出，区域经济的发展对 PMP®等认证报考影响更大，经济发展更能带动 PMP®等认证报考人数的增长。

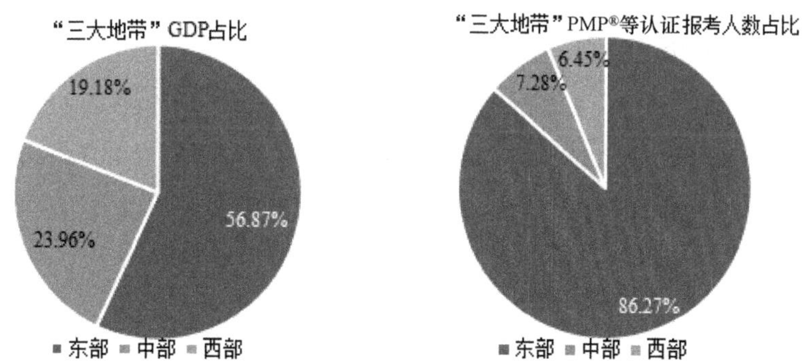

图 3.7　2018 年中国“三大地带”GDP 与 PMP®等认证报考累计人数占比统计

（2）从历年变化趋势看，“三大地带”的 GDP 与 PMP®等认证报考人数呈极强正相关，PMP®等认证报考人数对“三大地带”GDP 的增长有促进作用。PMP®等认证报考人数增长速度显著高于 GDP 的增长速度。

对历年“三大地带”GDP 与 PMP®等认证报考人数的统计分析显示（见图 3.8），2001—2018 年东部、中部和西部地带 GDP 与 PMP®等认证报考人数均呈增长态势，东部地带的 GDP 始终高于中部和西部地带，东部地带 PMP®等认证报考人数和增长速度也始终高于中、西部地带。

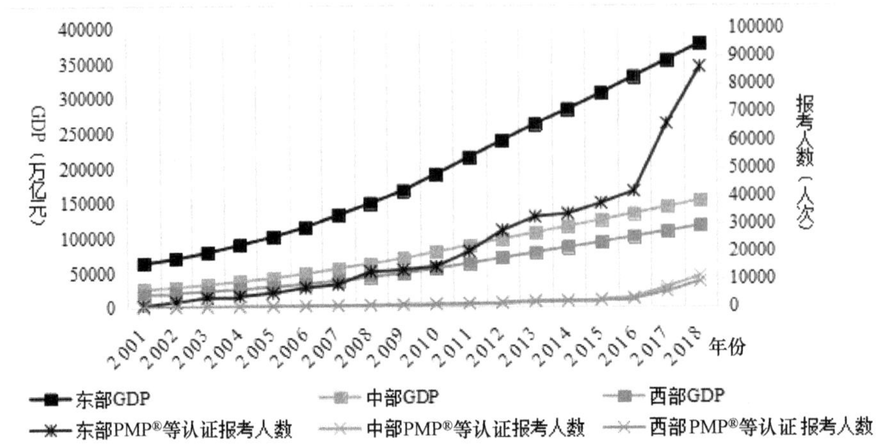

图 3.8　历年“三大地带”GDP 与 PMP®等认证报考人数变化情况

2001 年，东部、中部和西部地带的 GDP 分别为 6.36 万亿元、2.62 万亿元和 1.89 万亿元，占比分别为 58.33%、24.07%和 17.59%；PMP®等认证报考人数因刚刚起步的缘故，数量很少，分别为 637 人次、58 人次和 38 人次，占比分别为 86.90%、7.91%和 5.18%。

而到了 2018 年，东部、中部和西部地带的 GDP 分别增长到了 35.22 万亿元、14.84 万亿元和 11.87 万亿元，占比分别为 56.87%、23.96%和 19.18%；PMP®等认证报考累计人数也分别增长到了 86 112 人次、10 954 人次和 8 995 人次，占比分别为 81.19%、10.33%和 8.48%。GDP 和 PMP®等认证报考人数的占比变化基本不大，两者的相似程度很高。

用散点图分析这期间“三大地带”的 GDP 与 PMP®等认证报考人数之间的数量关系（见图 3.9），东部 GDP 与 PMP®等认证报考人数相关系数 r 为 0.93，中部为 0.80，西部为 0.84，都呈现极强的正相关关系。T 检验结果分别为 0.00001%、0.0000003%和 0.000001%，都远远小于 5%。说明从 GDP 的维度，“三大地带”的经济发展和 PMP®等认证报考人数的增长之间存在的关联性并非偶然发生。PMP®等认证发展对“三大地带”GDP 的增长有促进作用，而 PMP®等认证报考人数增长速度显著高于 GDP 的增长速度。

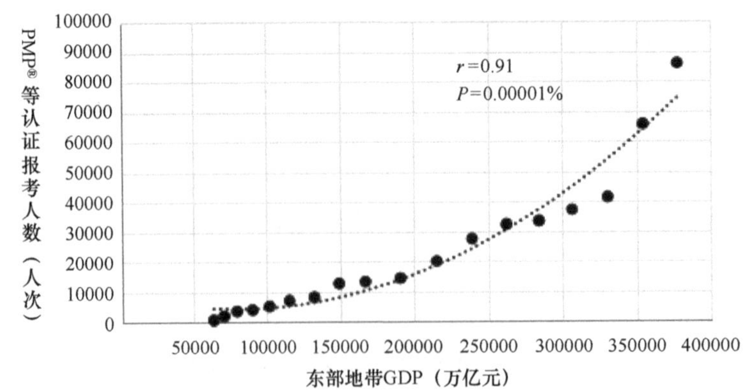

图 3.9　“三大地带”的 GDP 与 PMP®等认证报考人数相关性分析

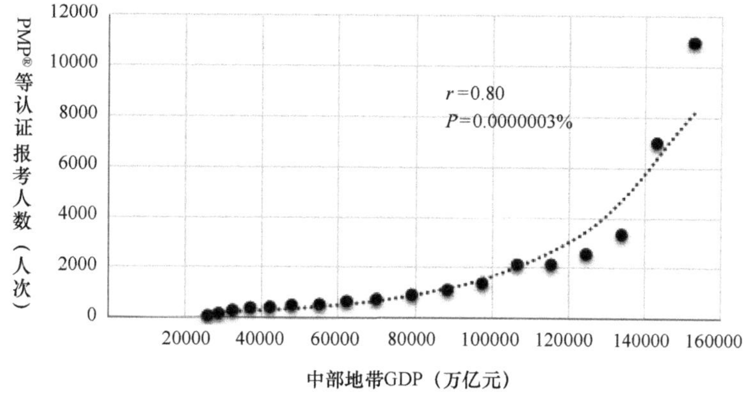

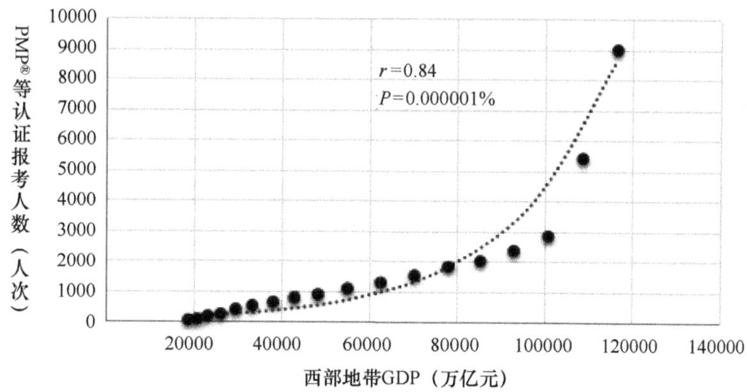

图 3.9 “三大地带”的 GDP 与 PMP®等认证报考人数相关性分析（续）

中国的东部地带在发展、转型、改革等方面都走在前列，为全国的改革开放起到先行先试、搭桥铺路的引领作用。全国的产业结构从第一、第二产业，逐渐向第三产业倾斜发展，东部地带尤其明显。因此，现代项目管理体系更能够被接受和运用，东部地带经济发展与项目管理的推广优于中、西部地带。

（3）“三大地带”的发展前景对 PMP®等认证发展有一定的带动作用，发展前景好的区域，PMP®等认证报考人数增长速度快。

对“三大地带”的发展前景指数和 PMP®等认证报考人数增长率的统计结果显示（见表 3.1），“十一五”期间，西部地带发展前景评估为 109，明显高于中、东部地带，PMP®等认证报考人数增长率也是西部地带最高，为 322%。究其原因，在这期间，正是国家开始贯彻落实“西部大开发”战略的关键时期，2006 年 12 月 8 日，国务院常务会议审议并原则通过《西部大开发“十一五”规划》，目标是努力实现西部地带经济又好又快发展，人民生活水平持续稳定提高。因此，西部地带的发展前景一度超越了东部与中部地带，在 PMP®等认证报考人数增长率上也得到了最直接的体现。

“十三五”期间（仅截至 2018 年的数据），中、西部地带发展前景评估均为 106，高于东部地带的发展前景，而东部地带 PMP®等认证报考人数增长率也最低，仅为 28%。

在“十一五”“十二五”“十三五”期间，“十一五”的“三大地带”的发展前景评估最高，分别为 107、107、109，PMP®等认证报考人数增长率也是在“十一五”期间发展最快，东、中、西部地带的增长率分别为263%、161%、322%，远高于“十二五”和“十三五”期间的增长速度。由于发展前景统计指标复杂，很难将只有关于PMP®等认证影响的数据剥离出来，因此在局部上有与结论不符的地方，但这并不影响各区域的发展前景对该区域PMP®等认证发展增速有一定的带动作用的结论。

表3.1　历年PMP®等认证报考人数增长率与“三大地带”发展前景统计

时　间	PMP®等认证报考人数增长率			发展前景指数		
	东部	中部	西部	东部	中部	西部
“十一五”	263%	161%	322%	107	107	109
“十二五”	171%	184%	132%	102	100	101
“十三五”	28%	130%	92%	105	106	106

数据来源：《中国经济增长报告（2017—2018）》

（4）“三大地带”经济的增长对PMP®等认证发展有一定的正面影响，经济增长指数高的区域，PMP®等认证报考人数增长速度快。

对“三大地带”经济增长指数和PMP®等认证报考人数增长率的统计结果显示（见表3.2），“十一五”期间，东、西部地带经济增长指数评估都为102，高于中部地带的评估结果101。PMP®等认证报考人数增长率也是东、西部地带比中部地带高，东、西部地带PMP®等认证报考人数增长率分别为263%、322%，中部地带仅为161%。

表3.2　历年PMP®等认证报考人数增长率与“三大地带”经济增长指数统计表

时　间	PMP®等认证增长率			经济增长指数		
	东部	中部	西部	东部	中部	西部
“十一五”	263%	161%	322%	102	101	102
“十二五”	171%	184%	132%	100	101	100
“十三五”	28%	130%	92%	102	102	103

数据来源：《中国经济增长报告（2017—2018）》

“十二五”期间，中部地带经济增长指数评估最高，为101，高于东、西部地带的经济增长指数100。相对地，中部地带PMP®等认证报考人数增长率也最高，为184%，高于东部的171%和西部的132%。此外，“十一五”期间的东、中和西部地带经济增长指数评估皆高于“十二五”期间，而PMP®等认证报考人数增长率也是“十一五”期间比“十二五”期间增长更快。

由于“十三五”期间的数据仅统计到2018年，尚有两年的发展空间，因此，此处分析中“十三五”期间的数据仅为部分数据，但这与各区域经济的增长对该区域PMP®等认证发展的增速有一定的正面影响的结论不冲突。

（5）“三大地带”劳动生产率与PMP®等认证报考人数呈正相关关系，PMP®等认证发展快的区域，劳动生产率高；劳动生产率高的区域，经济发展就快。

根据国家统计局2008—2017年的经济数据，计算得出“三大地带”劳动生产率（GDP/城镇单位就业人数），并结合PMP®等认证报考人数进行统计（见图3.10）。2008—2017年，东部地带的劳动生产率和PMP®等认证报考人数明显高于中、西部地带。2017年东、中和西部地带劳动生产率分别为51万元/人、46万元/人和43万元/人，PMP®等认证报考人数分别为65 711人次、6 972人次和5 407人次。

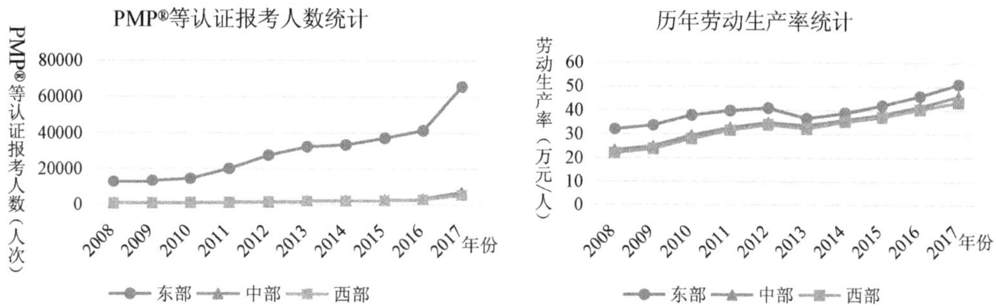

图3.10　历年PMP®等认证报考人数与劳动生产率变化统计

劳动生产率和PMP®等认证报考人数均逐年递增，2008—2017年，东部地带劳动生产率从32万元/人增长到51万元/人，PMP®等认证报考人数从12 670人次增长到65 711人次。中部地带劳动生产率从23万元/人增长到46万元/人，PMP®等认证报考人数从641人次增长到6 972人次。西部地带劳动生产率从22万元/人增长到43万元/人，PMP®等认证报考人数从775人次增长到5 407人次。从图3.10可以看出，历年的PMP®等认证报考人数和劳动生产率的数据分布特征相似，东部地带的数据都高于中部与西部地带，而中、西部地带的两条折线基本重合，数据特征表现出的拟合性非常高。

通过计算“三大地带”劳动生产率与PMP®等认证报考人数相关关系得出东部地带r值为0.9，中部为0.86，西部为0.86，这进一步说明了两者之间具有极强的正相关关系，并且PMP®等认证发展对东部劳动生产率的促进作用更大，表明了“三大地带”PMP®等认证报考人数多的区域，劳动生产率高；劳动生产率高的区域，经济发展就快。

综上对“三大地带”的GDP、发展前景指数、经济增长指数和劳动生产率等经济发展指标与PMP®等认证发展的相关性分析所示，“三大地带”的经济发展与以PMP®等认证为代表的项目管理学科的普及与推广程度存在必然的极强正向关联。经济总量越高的区域，PMP®等认证报考人数越多，经济增长越快的区域，相应的PMP®等认证报考的增长率也越高。这些都说明了提升区域的项目管理能力是提高区域经济发展速度的基础条件之一。

（二）PMP®等认证引入成果与“八大经济区域”经济发展的相关性分析

国务院发展研究中心在“十一五”期间把中国内地划分为八大经济区域，分别为东部沿海、北部沿海、南部沿海、长江中游、黄河中游、东北地区、西南地区、大西北地区。各个经济区域各自有不同的发展特色，如东北地区是重型装备和设备制造业基地，全国性的专业化农产品生产基地；黄河中游经济区是煤炭开采和煤炭深加工基地、天然气和水能开发基地、钢铁工业基地、有色金属工业基地、奶业基地；南部沿海是外向型经济发展的基地、消化国外先进技术的基地。各经济区域的经济发展程度也不同，沿海经济区域的发展明显高于内陆及西北地区的经济区域。

同时，在这些经济区域中，以《PMBOK®指南》为代表的项目管理知识体系的推广与普及也存在差异。我们通过横向比较这些经济区域的PMP®等认证报考人数与该区域经济指标数据的差异和历年变化规律，来分析其中的相关性，佐证两者之间的相互促进作用。

因发展前景指数、经济增长指数与劳动生产率等指标的关联性分析与“三大地带”的统计方法一致，在本节中不重复关联分析。

（1）“八大经济区域”的GDP排名与PMP®等认证报考人数的排名基本一致，经济越发达区域，项目管理的推广与普及程度越高。

如图3.11所示，截至2018年年底，在东部沿海（含上海、江苏、浙江等）的PMP®等认证报考累计人数（154 347人次）和GDP（11.92万亿元）都在“八大经济区域”中排名第1位。

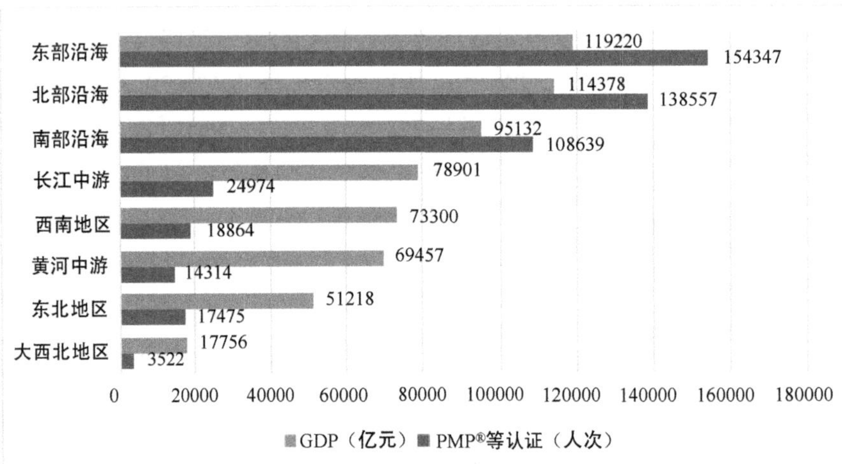

图3.11　2018年中国“八大经济区域”GDP及PMP®等认证报考累计人数统计

北部沿海（含北京、天津、河北、山东等）与南部沿海（含福建、广东、海南等）PMP®等认证报考累计人数分别为138 557人次和108 639人次，GDP分别为11.44万亿元和9.51万亿元，这两个区域的PMP®等认证报考累计人数和GDP排名分别在第2位和第3位。在北部沿海中，北京的GDP和PMP®等认证报考人数都占了最大的比重。在南部沿海中，广东的GDP和PMP®等认证报考人数同样占了最大比重。可见，这两个区域的GDP和项目管理发展呈正向相关性。

长江中游（含安徽、江西、湖北、湖南等）与西南地区（含广西、重庆、四川、贵州等）报考人数分别为24 974人次和18 864人次，GDP分别为7.89万亿元和7.33万亿元，这两个区域的PMP®等认证报考累计人数和GDP排名分别是第4位和第5位。在长江中游中，GDP和PMP®等认证报考人数所占比重最大的都是湖北。在西南地区，四川的GDP

和 PMP®等认证报考人数都占最大比重。可见，这两个区域的 GDP 和项目管理发展也呈正向相关性。

东北地区（含辽宁、吉林、黑龙江等）、黄河中游（含山西、内蒙古、河南、陕西等）和大西北地区（西藏、甘肃、青海、宁夏、新疆、云南等）报考人数分别为 17 475 人次、14 314 人次和 3 522 人次，而这三个地区 2018 年的 GDP 分别为 5.12 万亿元、6.95 万亿元和 1.78 万亿元。虽然 GDP 和 PMP®等认证报考累计人数的排名在黄河中游和东北地区并不一致，但从当年 PMP®等认证报考人数而非 PMP®等认证报考累计人数层面而言，与 GDP 的排名是一致的，黄河中游的 2018 年 PMP®等认证报考人数高于东北地区。

从上述的结论看，"八大经济区域"的 GDP 与 PMP®等认证报考人数排名基本一致，东部沿海、南部沿海和北部沿海 GDP 与 PMP®等认证报考人数远高于其他区域，说明经济越发达区域，项目管理的推广与普及程度越高。经济发展数据与 PMP®等认证报考人数呈同方向变化。

（2）东部沿海、南部沿海和北部沿海 GDP 与 PMP®等认证报考人数远高于其他区域，这些区域的 PMP®等认证报考人数与 GDP 之间呈极强正相关，表明 PMP®等认证的发展对"八大经济区域"的 GDP 增长有促进作用。

由于东部沿海、北部沿海、南部沿海的合计 PMP®等认证报考人数占总报考人数的 79.32%，经济规模也占了绝对的权重。因此选择东部沿海、北部沿海、南部沿海作为典型，分析 GDP 与 PMP®等认证发展的相关关系。

如图 3.12 所示，2001—2018 年，东部沿海、北部沿海和南部沿海的 GDP 走势和排名与 PMP®等认证报考人数的走势与排名基本一致，历年东部沿海的 GDP 和 PMP®等认证报考人数稍高于北部沿海，但相对接近，且都高于南部沿海。

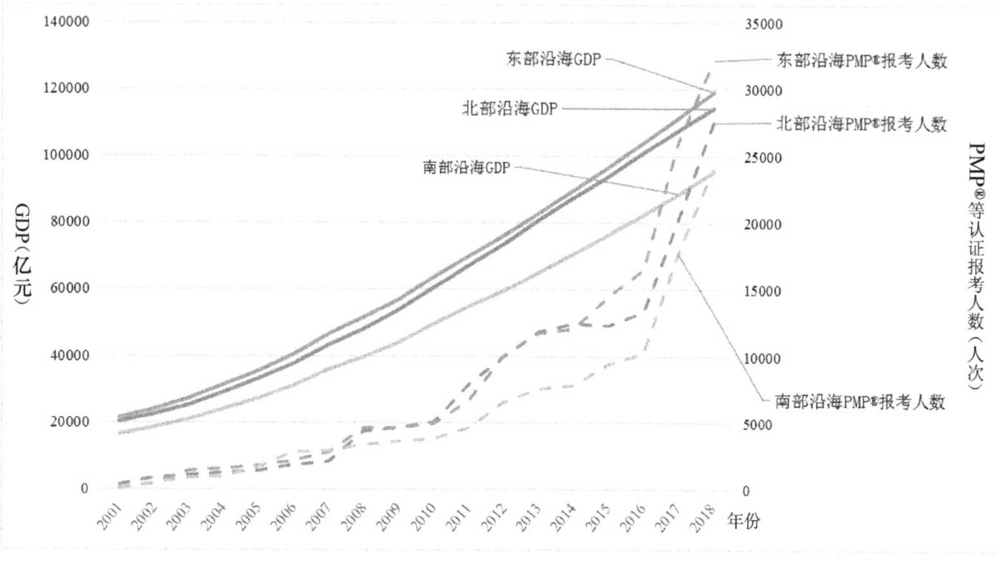

图 3.12　东部沿海、北部沿海和南部沿海的历年 GDP 与 PMP®等认证报考人数统计

用散点图分析"三个典型经济区域"的 GDP 与 PMP®等认证报考人数之间的数量关

系（见图 3.13），东部沿海的 GDP 与 PMP®等认证报考人数皮尔逊相关系数 *r* 值为 0.93，北部沿海为 0.94，南部沿海为 0.90，从数据上看，都呈极强的正相关关系。

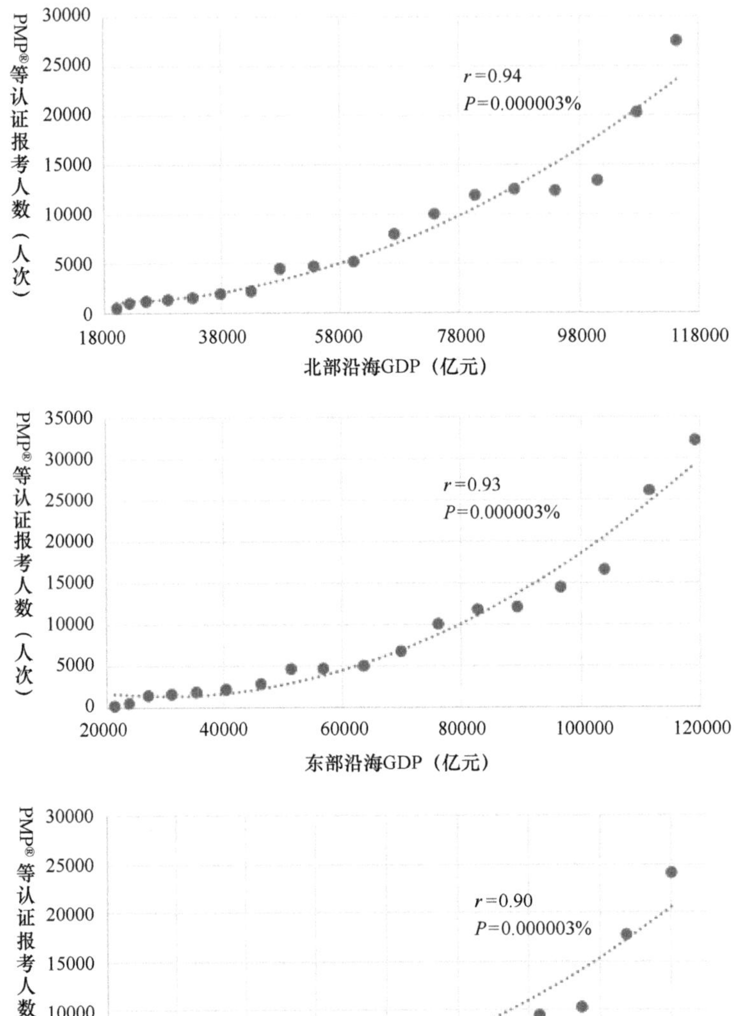

图 3.13 “三个典型经济区域” GDP 与 PMP®等认证报考人数相关性

通过进一步的 T 检验来证明其相关关系的偶然性，得出东部沿海、北部沿海、南部沿海的 GDP 与 PMP®等认证报考人数的 T 检验 *P* 值结果皆为 0.000003%，都远远小于 5%。说明从 GDP 的维度，“三个典型经济区域”的经济发展和 PMP®等认证报考人数的增长之间存在的关联性不是偶然发生的。

通过对其他经济区域的 *r* 值计算与 T 检验，结论与上述的三个典型经济区域一致，本文不再复述。“八大经济区域”的 GDP 与 PMP®等认证发展从统计学原理上证明了其相辅相成的极强正相关性。

（三）PMP®等认证引入成果与经济发展的相关性分析

课题组通过对2018年年底各省（自治区、直辖市）的GDP、人均产值与该省份累计PMP®等认证报考人数的横向对比，说明省域范围内的经济与项目管理推广及普及程度的关联性。

（1）虽然各省（自治区、直辖市）的PMP®等认证报考人数与GDP并非纯正的正相关关系，但其人均产值、现代化程度、内部发展均衡性及第三产业GDP占比对项目管理的推广与普及影响较大。

对2018年各省份GDP与该省份累计PMP®等认证报考人数进行统计后，将各省（自治区、直辖市）的GDP按从高到低的顺序开展排列（见图3.14）。结果显示，PMP®等认证报考人数的排列顺序与GDP排列顺序有较大不一致性。GDP最高的广东为67 183亿元，其次分别为江苏、山东和浙江，分别为57 913亿元、55 072亿元和36 945亿元。上海和北京因受地域面积和人口的限制，GDP分别只排在第10位（24 362亿元）和第15位（17 403亿元）。虽然各省（自治区、直辖市）的GDP排列顺序与PMP®等认证报考人数的顺序有一定的差异，但以上这些省份PMP®等认证报考的人数都排在前10位，一定程度上说明了在GDP高的省份，PMP®等认证报考人数也相对较多。

PMP®等认证报考人数主要集中在北京、上海、广东和江苏四地，这些地区有共同的特征，即人均产值、现代化程度、地域内部的发展均衡性及第三产业的GDP占比都相对较高。有些省份虽然GDP高，但PMP®等认证报考人数相对较低，说明在省级维度上，PMP®等认证报考人数与GDP并非纯正的正相关关系。究其原因，PMP®等认证报考人数还受其他因素的影响，例如，各地的优势产业不同，对精细化管理重视程度不同，使得对项目管理的需求也存在差异，依靠劳动密集型产业的省份会出现GDP高但PMP®等认证报考人数少的情况。但是从图3.14中也可以看出，虽然关联性不强，但从平均分布而言，GDP高的省份，PMP®等认证报考人数相对也较多。

（2）各省（自治区、直辖市）的人均产值排名与PMP®等认证报考人数的排名基本一致，人均产值高的省份，PMP®等认证报考人数也相对较多。

为排除地域面积与人口的影响因素，课题组采用了各省（自治区、直辖市）人均产值（GDP/城镇常住人口）指标，以更准确地反映各省（自治区、直辖市）的经济与项目管理发展的相关性。

如表3.3所示，人均产值最高的前10个省份依次为北京（140 761元）、上海（134 818元）、天津（120 575元）、江苏（115 011元）、浙江（979 56元）、福建（908 50元）、广东（85 738元）、山东（76 112元）、内蒙古（68 229元）、湖北（66 531元）。除福建与内蒙古外，其他省份的PMP®等认证报考人数都超过万人次，在PMP®等认证报考人数的省份排名中同样是排在前10位，和人均产值的排名基本一致。

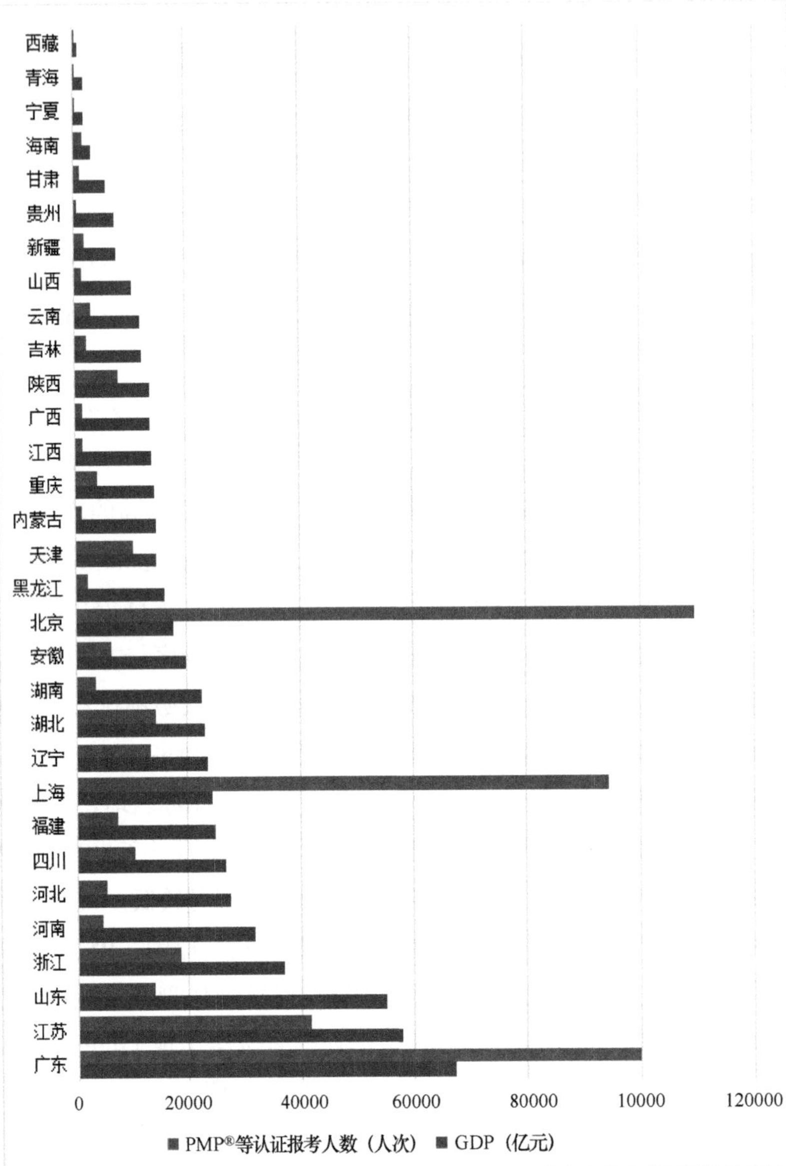

图 3.14　2018 年各省（自治区、直辖市）GDP 与累计 PMP®等认证报考人数情况

表 3.3　2018 年各省（自治区、直辖市）人均产值与 PMP®等认证报考累计人数统计

省份（按人均产值排名）	PMP®等认证报考累计人数（人次）	2018 年人均产值（元）
北京（1）	109 661	140 761
上海（2）	94 362	134 818
天津（3）	10 142	120 575
江苏（4）	41 579	115 011
浙江（5）	18 406	97 956
福建*（6）	7 027	90 850
广东（7）	99 913	85 738
山东（8）	13 748	76 112

（续表）

省份（按人均产值排名）	PMP®等认证报考累计人数（人次）	2018 年人均产值（元）
内蒙古*（9）	982	68 229
湖北（10）	14 207	66 531
重庆	3 783	65 645
陕西	7 635	63 246
辽宁	13 146	58 076
吉林	2 189	55 749
宁夏	291	53 854
湖南	3 418	52 799
海南	1 699	51 735
河南	4 469	50 032
新疆	1 950	49 051
四川	10 221	48 769
河北	5 006	47 658
青海	207	47 516
安徽	6 026	47 449
江西	1 323	47 299
山西	1 228	45 234
黑龙江	2 140	43 365
西藏	85	42 954
广西	1 342	41 317
贵州	676	41 129
云南	2 842	37 021
甘肃	989	31 271

在这 10 个省份中，福建 2018 年的第三产业增加值比重为 45.2%，是人均产值最高的前 10 个省份中唯一一个第三产业增加值比重小于 50%的，这进一步说明了第三产业增加值比重对项目管理推广的影响。内蒙古因地广人稀，旅游及畜牧业发达，因此，人均产值较高，而项目管理的推广因地域分布及产业结构等因素影响，其报考人数并不多。

从上述对 GDP 与人均产值两个维度的分析结果可以得出相关结论。从平均结果看，GDP 高的省份，PMP®等认证报考人数相对也较多，但关联性不强，受省份的人均产值、现代化程度、地域的发展均衡性及产业结构的影响较大。人均产值、现代化程度、地域的发展均衡性及第三产业的 GDP 增加值比重高的省份，PMP®等认证报考人数也较多，呈现正向关联。

（四）PMP®等认证引入成果与一、二线重点城市经济发展的相关性分析

一、二线重点城市以住房和城乡建设部提出的国家中心城市及潜在的中心城市为基础，结合国家统计局的主要城市列表中的 GDP 排名进行选定。选定的城市按 2018 年的

GDP 排名依次为上海、北京、深圳、广州、重庆、苏州、天津、成都、武汉、杭州。课题组通过横向比较各个城市之间的 GDP、劳动生产率（GDP/城镇就业人口）与 PMP®等认证报考人数的关联性，纵向分析以北上广深这 4 个国家重点一线城市代表的各城市历年 GDP 与其 PMP®等认证报考人数的变化，来整体说明 PMP®等认证与城市经济建设的相关性。

（1）重点城市的 GDP 与 PMP®等认证报考人数的排名基本一致，GDP 高的城市，PMP®等认证报考人数也相对较多，对项目管理知识的学习与认可程度也越高。

根据国家统计局数据，在 2018 年主要城市经济数据列表中，GDP[①]排名前 10 位的城市分别为上海（32 679.87 亿元）、北京（30 319.98 亿元）、深圳（24 221.98 亿元）、广州（22 859.35 亿元）、重庆（20 363.19 亿元）、苏州（18 597.47 亿元）、天津（18 809.64 亿元）、成都（15 342.77 亿元）、武汉（14 847.29 亿元）、杭州（13 509.2 亿元）。而截至 2018 年年底，累计 PMP®等认证报考人数排名前 10 位的城市分别为北京（109 661 人次）、上海（94 362 人次）、深圳（54 852 人次）、广州（31 174 人次）、南京（15 526 人次）、苏州（14 399 人次）、武汉（12 982 人次）、杭州（12 802 人次）、天津（10 142 人次）、成都（8 817 人次）（见表 3.4）。

表 3.4　2018 年 GDP 排名前 10 位的城市及其累计 PMP®等认证报考人数统计表

排　名	城　市	GDP（亿元）	排　名	城　市	PMP®等认证报考人数（人次）
1	上海	32 680[②]	1	北京	10 661
2	北京	30 320	2	上海	94 362
3	深圳	24 222	3	深圳	54 852
4	广州	22 859	4	广州	31 174
5	重庆*	20 363	5	南京*	15 526
6	苏州	18 597	6	苏州	14 399
7	天津	18 810	7	武汉	12 982
8	成都	15 343	8	杭州	12 802
9	武汉	14 847	9	天津	10 142
10	杭州	13 509	10	成都	8 817

注：① 此处为现价 GDP 数据
　　② 表中数字取整数

从表 3.4 中可以发现，GDP 和 PMP®等认证报考人数前 10 位的城市中，除 GDP 排名第 5 位的重庆与 PMP®等认证报考人数排名第 5 位的南京外，其他的 9 个城市是一致的。值得说明的是，南京的 GDP（12 820 亿元）排在第 11 位，重庆的 PMP®等认证报考人数（3 783 人次）排在第 16 位。从另一个角度说明，除重庆 GDP 和 PMP®等认证报考人数偏离较大外，排名前 10 位的城市，基本是一样的。特别是 GDP 和 PMP®等认证报考人数排名前 4 位的都是北京、上海、广州和深圳这 4 个国家重点一线城市。这说明了城市的建设

① 此处为现价 GDP 数据

② 表中数字取整数

和发展与该城市对项目管理的认知及普及程度存在极强的正向关联性。

（2）一线城市的 GDP、人均工资、劳动生产率与 PMP®等认证报考人数呈极强正相关，项目管理的普及对城市经济增长有显著的促进作用。

对北京、上海、广州和深圳这 4 个国家重点一线城市历年的经济发展数据与 PMP®等认证报考人数变化的统计分析结果显示，2001—2018 年，4 个城市的 GDP、人均工资与劳动生产率与 PMP®等认证报考人数均呈增长态势，PMP®等认证报考的人数在这 4 个城市的增幅远高于经济指标的增幅。这说明了即使在我国最发达的城市，一开始时项目管理的认知与认可程度还是不够的。因此，在前期 PMP®等认证报考基数较小，导致后期出现巨大的增幅，特别是 2011 年以前，PMP®等认证的报考累计人数还不及 2018 年单年的报考人数。但是，从另一个方面也说明了这些城市已经逐渐意识到项目管理对提高企业履约能力，提升企业综合市场竞争力的巨大作用。因此，越来越多的项目从业者和企业愿意投入时间与资金去学习项目管理知识，以迭代其知识储备，提高个人与企业的综合能力，这些最终都会反映到一个城市的经济增长上来。这导致了近年来，即使这四大城市的 PMP®等认证报考数量已有一定的基数，在 2016—2018 年，PMP®等认证报考人数还是翻了一番。

因各城市历年的人均工资、劳动生产率和 PMP®等认证报考人数的图示及相关性系数的结果，与 GDP 和 PMP®等认证报考人数的结论极其相似，为避免大量篇幅的重复，本节只做 GDP 与 PMP®等认证报考人数关联性的论述

统计分析结果表明，北京、上海、广州和深圳这 4 个城市的 GDP 与 PMP®等认证报考人数的相关性系数 r 都很高，分别为 0.96、0.96、0.92 和 0.94，表明了在 GDP 和 PMP®等认证报考人数的变化中，两者存在极强的正相关性。通过 T 检验得到的北上广深 P 值分别为 0.11%、0.0017%、0.0002%和 0.0147%，皆远低于选定的显著性水平 5%，说明这四大城市的 GDP 与 PMP®等认证报考人数存在的关联性不是偶然发生的，而是的确存在极强的正相关性（见图 3.15 至图 3.18）。

同时，对 PMP®等认证报考人数与人均工资、劳动生产率的历年数据变化进行关联性分析，其结论与 GDP 分析的结论是一致的，说明了一线城市的 GDP、人均工资与劳动生产率与 PMP®等认证报考人数呈极强正相关，项目管理对城市经济增长有显著的促进作用。

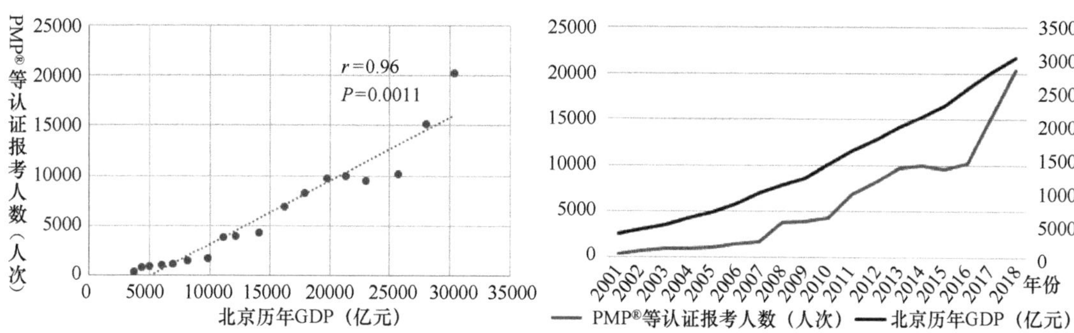

图 3.15　北京 GDP 与 PMP®等认证报考人数情况

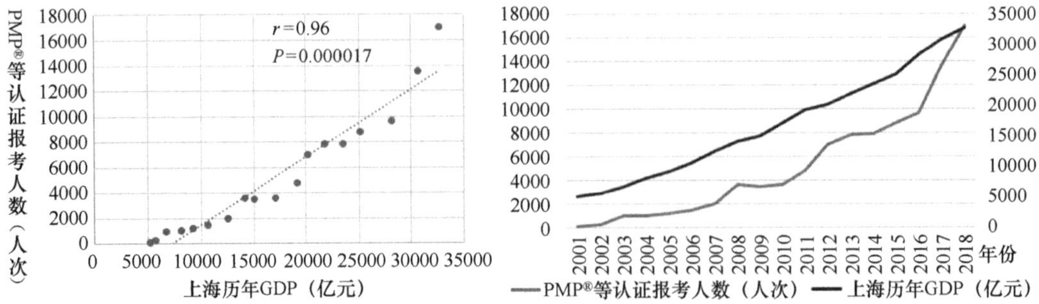

图 3.16　上海 GDP 与 PMP®等认证报考人数情况

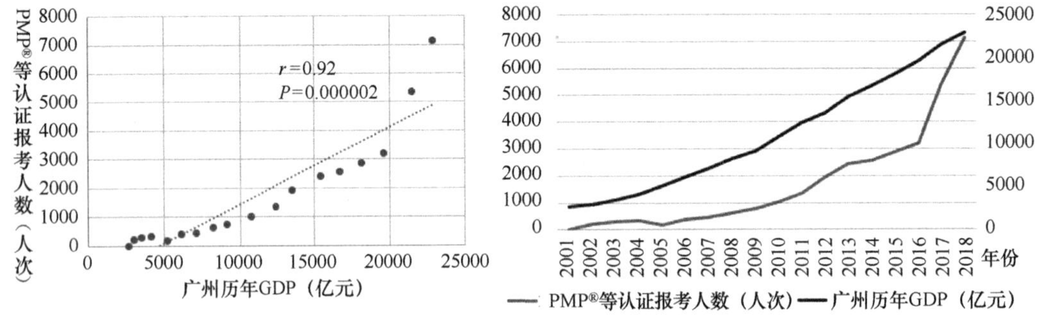

图 3.17　广州 GDP 与 PMP®等认证报考人数情况

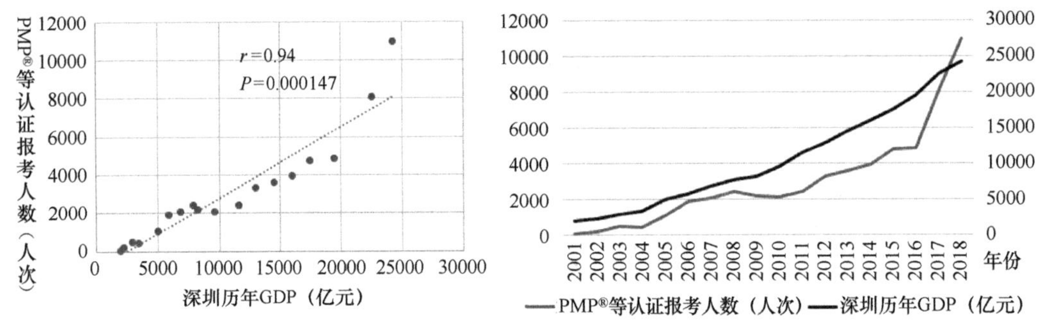

图 3.18　深圳 GDP 与 PMP®等认证报考人数情况

三、PMP®等认证引入成果与行业经济发展相关性分析

调研说明：

（1）本章从行业的角度分析论证各行业的经济发展与该行业项目管理普及和推广程度的相关性，行业分类依据为国标《国民经济行业分类》（GB/T 4754—2017）。

（2）因各行业性质和特征不同，无法在各行业之间开展横向的比较（见下段说明）。因此，本章选取近些年相对热门、国家重视且 PMP®等认证报考人数排名靠前的典型行业[①]（“信息传输、软件和信息技术服务业”“制造业”“科学研究和技术服务业”），通过典型

① 建筑业有非常完善的国家强制性的执业资格认证体系，如建筑师、建造师、造价工程师、监理工程师、安全工程师、咨询工程师、消防工程师等。而在各类建筑业的执业资格认证考试中大都设置有项目管理类科目，PMP®等认证并不能替代其项目管理类科目的成绩，一定程度上也影响《PMBOK®指南》在建筑业的推广。因此，在本次统计中，建筑业的数据结果不具有参考性，不在选择之列。

行业历年经济数据变化，从“行业产值”“行业的人均工资”“行业法人单位数量”三个维度，纵向比较项目管理与该行业经济发展的相关性。

其他说明：

如何准确有效地选择行业发展的指标，是准确分析项目管理的推广与普及和行业发展的相互影响关系的关键。

“行业的产值总量”是反映一定时间内该行业生产的总规模和总水平，是一个绝对量指标。因我国不同时期行业发展的历史背景及行业的应用特征存在差异，各行业的初始产业规模不一，新兴行业在规模上就不如传统的老牌行业，如农、林、牧、渔业因其直接与民生相关，其产出是最直接的消费产品，规模产量会很大，但 PMP®等认证报考人数并不会很多。行业产值并不代表行业的产出效率性，直接用各行业总产值横向对比各行业 PMP®等认证报考人数会无法真实地反映该行业的项目管理发展与行业经济发展的相关性。

“行业人均产值”指标（行业产值/行业就业人口）因受各行业特征及行业技术应用的影响，就业人口差异性非常大，也无法反映出效率性问题。如农、林、牧、渔业已从传统的小规模人工农耕，发展为机械化、自动化的规模性耕种，在极大地扩大产能的同时，也大幅度缩减了就业的人口（从 2003 年的 484 万人缩减到 2017 年的 255 万人），导致该行业“行业人均产值”在 20 个行业门类中最高（约 266 万元/人）。而制造业是属于劳动力密集型产业，据 2017 年国家统计局的统计数据，制造业就业人口为 4 635 万人，是农、林、牧、渔业的 18 倍。又如教育业，就业人口也具有庞大的基数。因此，用“行业人均产值”进行各行业间的横向比较，无法准确反映各行业之间的经济发展状况，也无法论证项目管理发展与行业经济发展的关联性。

课题组尝试选用“行业法人单位数量”来对比各个行业之间的 PMP®等认证报考人数与该指标的关联性。但因行业性质与发展的特点，用“行业法人单位数量”横向比较各行业的发展情况并不准确，如住宿和餐饮业，因各种小规模住宿和餐饮单位，如旅馆和小餐馆，导致该行业“法人单位数量”特别大，因此，无法从数量上横向关联与项目管理发展的相关性。

行业间的横向比较存在如上所述的制约和限制，因此，本报告通过各行业内部的历年经济发展数据与 PMP®等认证发展的纵向比较来论证项目管理与行业经济发展的相关性。

根据数据的可获得性，选取 2005—2017 年的行业经济数据，经济数据主要来源于国家统计局数据库、Wind 数据库、EPS 数据库和中国经济社会大数据研究平台。

（一）典型行业的行业产值与 PMP®等认证报考人数呈极强正相关关系，两者之间互相促进，共同发展

“信息传输、软件和信息技术服务业”主要包括电信、广播电视和卫星传输服务、互联网和相关服务、软件和信息技术服务业，是我国现阶段发展最快、最具代表性的行业之一。从 1994 年中国实现了与国际互联网的连接开始，行业的应用从简单的网页浏览到互联网社交媒体，再到目前的全网移动互联，与其相关的软硬件也呈爆发式增长。目前，我

国的移动设备数量、网络接入量、互联网生活化应用程度都是全球第一，引领全球发展趋势。移动互联关联并改变着我们的生活方式。

截至 2018 年年底，“信息传输、软件和信息技术服务业”的累计 PMP®等认证报考人员在全行业中排名第 1 位，占 47.81%（229 841 人次）。年报考量从 2001 年的 180 人次增长到 2018 年的 48 961 人次，增长了 272 倍，是报考增长速度最快的行业。行业产值从 2005 年的 4 904 亿元增长到 2017 年的 36 802 亿元，增长了 7.5 倍，是行业产值增长速度最快的行业之一（见表 3.5）。

表 3.5　信息传输、软件和信息技术服务业历年 PMP®等认证报考人数与行业产值统计

年份	产值（亿元）	PMP®等认证报考人数（人次）
2005	4 904	2 972
2006	5 683	5 026
2007	6 706	5 161
2008	7 860	7 343
2009	8 164	7 247
2010	8 882	8 506
2011	9 780	11 987
2012	11 800	15 159
2013	13 549	17 831
2014	15 940	17 372
2015	18 546	19 648
2016	21 899	22 116
2017	36 803	37 004
2018	/	48 961

该行业的从业人员呈年轻化趋势，外部调研数据统计显示，行业从业者的平均年龄在 27.5 岁，这个年龄段的行业从业者受传统管理思维和方法的影响小，更能接受新的观念和知识。该行业的特征表明，他们需要敏捷快速地开发产品，需要高效地识别客户和用户的需求，需要团队之间的无缝衔接与合作，这些都是项目管理的方法论能为他们提供的。

课题组在对一些该行业中的典型企业（网易、阿里巴巴、华为）的访谈中获悉，在这些知名的 IT 企业中，《PMBOK®指南》是项目职员入职后的必修课程，是开展项目工作的最基本知识底线，是项目团队之间沟通的术语体系标准。同时，本行业的从业者是前沿项目管理理论（如敏捷、极限项目管理）的贡献者和开创者，他们为推进项目管理理论体系的发展做出了卓越的贡献。

如图 3.19 所示，信息传输、软件和信息技术服务业的历年行业产值和 PMP®等认证报考人数的两条折线高度拟合，初步显示产值与 PMP®等认证报考人数的关联性非常强。通过计算得出两组数据的 r 值为 0.98，P 值为 0.021%，远小于 5%，更说明了两者之间具有非偶然性的极强正相关关系。

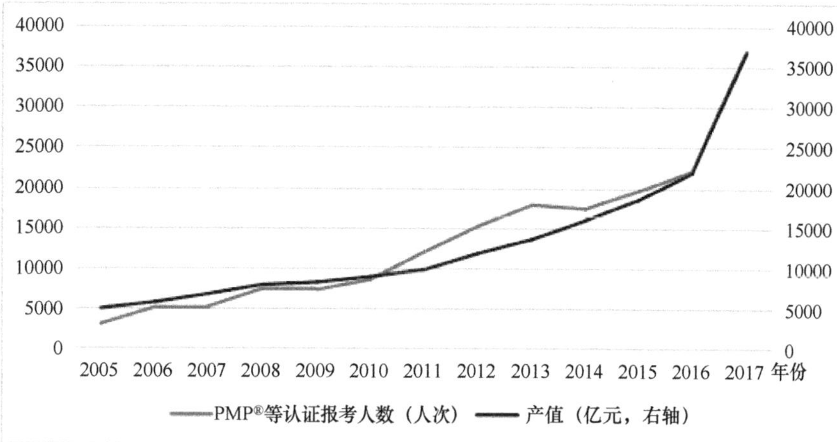

图 3.19　信息传输、软件和信息技术服务业历年产值与 PMP®等认证报考人数情况统计

“制造业”是指对资源（物料、能源、设备、工具、资金、技术、信息和人力等）按照市场要求，通过制造过程，转化为可供人们使用和利用的大型工具、工业品与生活消费产品的行业。制造业直接体现了一个国家的生产力水平，制造业在世界发达国家的国民经济中占有重要份额。

制造业作为我国的支柱产业，一直保持较好的发展态势。然而，随着我国人口红利的消失，人工费用的增长，传统制造业依靠人力发展的道路已经越走越窄。与此同时，以工业机器人为代表的智能装备，正为传统的装备制造及物流等相关行业的生产方式带来革命性的产业变革。因此制造业是传统模式与新型模式的结合体，是具有典型意义的代表行业。特别是 2014 年年底国家提出的中国制造 2025 战略，提出了坚持“创新驱动、质量为先、绿色发展、结构优化、人才为本”的基本方针，更是要求制造业需要具备科技创新与管理创新的人才来引领产业升级。

如表 3.6 所示，截至 2018 年年底，制造业的累计 PMP®等认证报考人员在全行业中排名第 2 位，占 18.94%（91 046 人次）。年报考量从 2001 年的 183 人次到 2018 年的 216 58 人次，增长了 118 倍，项目管理在制造业越来越受到重视。

表 3.6　制造业历年 PMP®等认证报考人数与行业产值统计

年　份	产值（亿元）	PMP®等认证报考人数（人次）
2005	60 118	937
2006	71 213	1 034
2007	87 465	1 565
2008	102 539	2 655
2009	110 118	3 001
2010	130 325	3 362
2011	150 597	3 428
2012	165 653	5 413
2013	177 013	6 297

（续表）

年　份	产值（亿元）	PMP®等认证报考人数（人次）
2014	195 620	6 639
2015	202 420	7 838
2016	214 289	9 388
2017	264 820	15 431
2018	/	21 658

数据来源：行业产值来自 EPS 数据库

2005 年制造业的行业产值 60 118 亿元，而到了 2017 年年底，行业产值为 264 820 亿元，增长了 4.41 倍。制造业历年产值与 PMP®等认证报考人数情况统计结果显示，两条折线高度拟合，初步显示行业产值与 PMP®等认证报考人数的关联性非常强（见图 3.20）。通过计算两组数据的皮尔逊相关系数 r，结果为 0.95，更说明了制造业行业产值与 PMP®等认证报考人数具有极强的正相关关系。通过 T 检验结果 P 值为 0.0000014%，远小于 5%，表明两者之间存在的关联性不是偶然发生的。

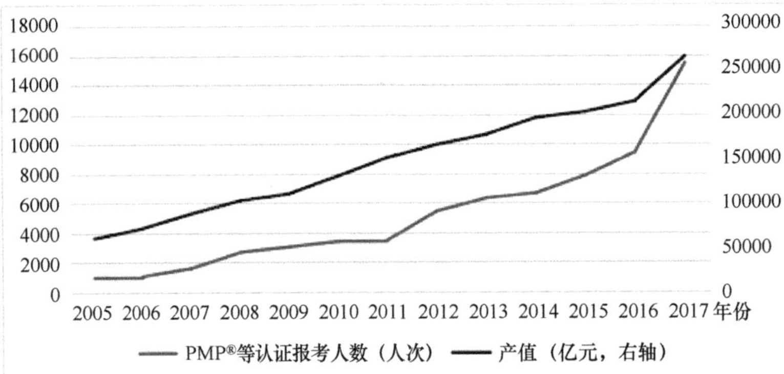

图 3.20　制造业历年产值与 PMP®等认证报考人数情况统计

“科学研究和技术服务业”包含研究和试验发展、专业技术服务业、科学研究和技术服务业，它代表一个国家科技投入、科技创新及科技转化的能力，是国家实现现代化、科技化，使国家综合国力得以提升的基础性行业，是科技强国的核心基础与保障。

2018 年 3 月，第十三届全国人民代表大会第一次会议通过国务院改革方案，方案提出，将原科学技术部、国家外国专家局的职责整合，重新组建科学技术部，充分说明国家对科技研究、发展与应用的重视。现阶段国与国之间的竞争，更多的是科技的竞争。

因此，分析项目管理的推广对行业发展所起的作用具有典型的代表意义。

如表 3.7 所示，截至 2018 年年底，科学研究和技术服务业的 PMP®等认证报考人员在全行业中排名第 4 位（第 3 位为金融业），占 4.06%（19 512 人次）。年报考量从 2001 年的 48 人次到 2018 年的 3 831 人次，增长了近 80 倍，特别是在 2010 年、2013 年和 2015 年都呈跳跃式增长。

表 3.7 科学研究和技术服务业历年 PMP®等认证报考人数与行业产值统计

年 份	产值（亿元）	PMP®等认证报考人数（人次）
2005	2 164	448
2006	2 685	358
2007	3 441	485
2008	3 993	570
2009	4 722	503
2010	5 637	580
2011	6 966	859
2012	8 356	1 131
2013	9 737	1 581
2014	12 251	1 569
2015	13 480	1 769
2016	14 591	1 902
2017	16 987	3 054
2018	/	3 831

2005 年科学研究和技术服务业的行业产值 2 164 亿元，而到了 2017 年年底，行业产值为 16 987 亿元，增长了 7.85 倍。

历年产值与 PMP®等认证报考人数情况统计结果显示，两条折线高度拟合，初步显示行业产值与 PMP®等认证报考人数的关联性非常强（见图 3.21）。通过计算两组数据的皮尔逊相关系数 r，结果为 0.96，更说明科学研究和技术服务业行业产值与 PMP®等认证报考人数具有极强的正相关关系。通过 T 检验结果 P 值为 0.0041%，远小于 5%，表明两者之间存在的关联性不是偶然发生的。

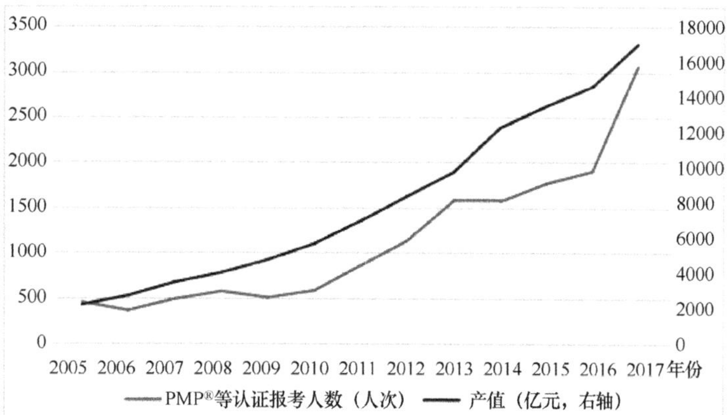

图 3.21 科学研究和技术服务业历年产值与 PMP®等认证报考人数情况统计

从以上三个典型行业的行业产值与 PMP®等认证报考人数的相关性分析中可以看出，典型行业的行业产值与 PMP®等认证报考人数呈极强正相关关系，两者之间互相促进，共同发展。

（二）典型行业的法人单位数与当年 PMP®等认证报考人数呈极强正相关关系，法人单位数增长的同时拉动了 PMP®等认证报考人数的增加

我们以“信息传输、软件和信息技术服务业”“制造业”“科学研究和技术服务业”为典型行业代表，统计了历年典型行业法人单位数与该行业的 PMP®等认证报考人数变化的相关性。

对“信息传输、软件和信息技术服务业”历年的法人单位数量与该行业的 PMP®等认证报考人数变化的统计显示（见表 3.8），2005 年“信息传输、软件和信息技术服务业”法人单位数为 85 499 个，PMP®等认证报考人数为 2 972 人次，2017 年分别增长到 719 150 个和 37 004 人次，分别增长了 8.41 倍和 12.45 倍。

表 3.8 信息传输、软件和信息技术服务业历年 PMP®等认证报考人数与法人单位数量统计

年　份	法人单位数量（个）	PMP®等认证报考人数（人次）
2005	85 499	2 972
2006	100 614	5 026
2007	115 101	5 161
2008	153 290	7 343
2009	176 326	7 247
2010	191 182	8 506
2011	208 867	11 987
2012	245 669	15 159
2013	226 107	17 831
2014	289 162	17 372
2015	387 842	19 648
2016	507 674	22 116
2017	719 150	37 004

通过皮尔逊相关性的分析计算，“信息传输、软件和信息技术服务业”的法人单位数与 PMP®等认证报考人数之间的相关性系数 r 值为 0.96，P 值为 0.0048%（见图 3.22），说明该行业的 PMP®等认证报考人数与法人单位数之间存在非偶然性的极强正相关关系。

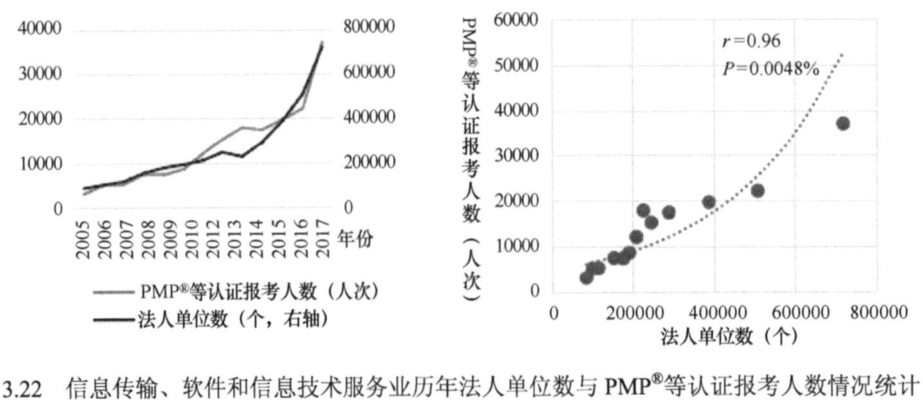

图 3.22　信息传输、软件和信息技术服务业历年法人单位数与 PMP®等认证报考人数情况统计

对“制造业”历年的法人单位数与该行业的 PMP®等认证报考人数变化的统计显示（见表 3.9），2005 年“制造业”法人单位数为 1 451 556 个，PMP®等认证报考人数为 937 人次，2017 年分别增长到 3 483 617 个和 15 431 人次，分别增长了 2.40 倍和 16.47 倍。

表 3.9 制造业历年 PMP®等认证报考人数与法人单位数量统计

年　份	法人单位数量（个）	PMP®等认证报考人数（人次）
2005	1 451 556	937
2006	1 579 406	1 034
2007	1 702 455	1 565
2008	1 818 370	2 655
2009	1 959 254	3 001
2010	2 098 370	3 362
2011	2 240 315	3 428
2012	2 380 759	5 413
2013	2 252 225	6 297
2014	2 616 671	6 639
2015	2 801 143	7 838
2016	3 019 269	9 388
2017	3 483 617	15 431

通过皮尔逊相关性的分析计算，“制造业”的法人单位数与 PMP®等认证报考人数之间的相关性系数 r 值为 0.97，P 值为 0.00001%（见图 3.23），说明该行业的 PMP®等认证报考人数与法人单位数之间存在非偶然性的极强正相关关系。

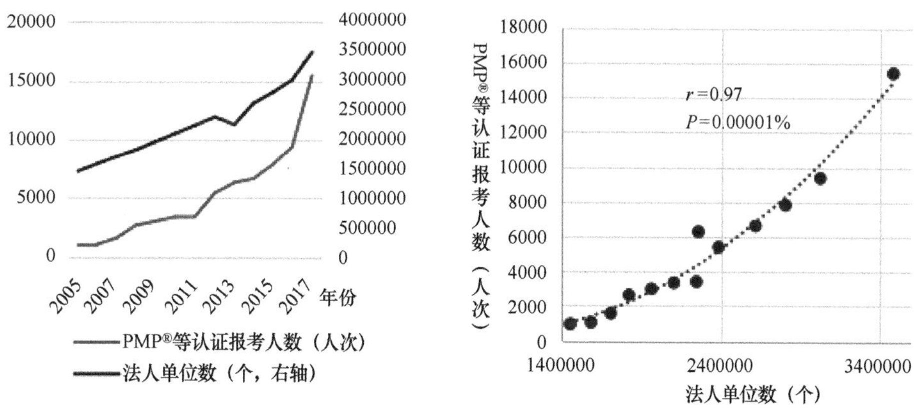

图 3.23　制造业历年法人单位数与 PMP®等认证报考人数情况统计

对“科学研究和技术服务业”历年的法人单位数与该行业的 PMP®等认证报考人数变化的统计显示（见表 3.10），2005 年“科学研究和技术服务业”法人单位数为 153 076 个，PMP®等认证报考人数为 448 人次，2017 年分别增长到 1 035 170 个和 3 054 人次，分别增长了 6.76 倍和 6.82 倍。

表 3.10 科学研究和技术服务业历年 PMP®等认证报考人数与法人单位数量统计

年 份	法人单位数量（个）	PMP®等认证报考人数（人次）
2005	153 076	448
2006	166 240	358
2007	176 677	485
2008	201 689	570
2009	233 221	503
2010	256 865	580
2011	283 777	859
2012	324 932	1 131
2013	455 778	1 581
2014	544 309	1 569
2015	661 022	1 769
2016	813 251	1 902
2017	1 035 170	3 054

通过皮尔逊相关性的分析计算，“科学研究和技术服务业”的法人单位数与 PMP®等认证报考人数之间的相关性系数 r 值为 0.98，P 值为 0.00221%（见图 3.24），说明该行业的 PMP®等认证报考人数与法人单位数之间存在非偶然性的极强正相关关系。

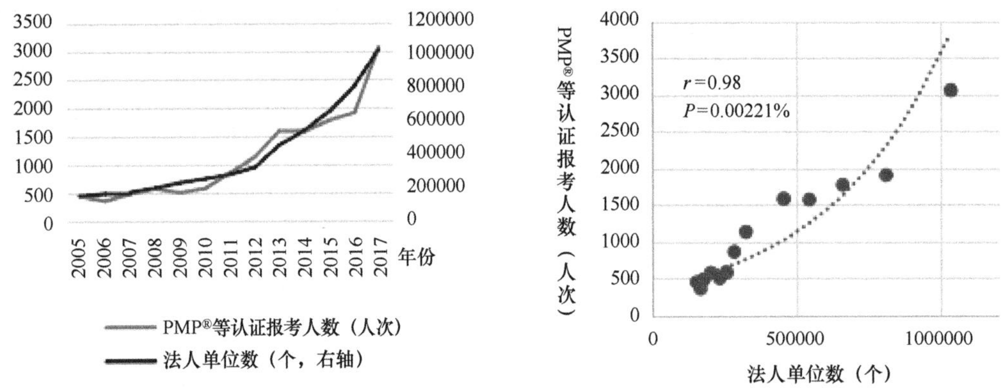

图 3.24 科学研究和技术服务业历年法人单位数与 PMP®等认证报考人数情况统计

从以上三个典型行业的历年法人单位数与 PMP®等认证报考人数的相关性分析中可以看出，典型行业的法人单位数与当年 PMP®等认证报考人数呈极强正相关关系，两者之间互相促进，法人单位数增长的同时拉动了 PMP®等认证报考人数的增加。

（三）典型行业的人均工资与当年 PMP®等认证报考人数呈极强正相关关系，人均工资高的行业，PMP®等认证报考人数多，人均工资与 PMP®等认证报考人数相互促进

据国家统计局数据，2017 年“信息传输、软件和信息技术服务业”的人均工资最高，为 136 988 元；其次为“金融业”，为 128 781 元；“科学研究和技术服务业”排在第 3 位，

为 117 092 元；“制造业”为劳动密集型产业，平均工资为 64 271 元，在该项的行业排名处于中下游的位置（见图 3.25）。

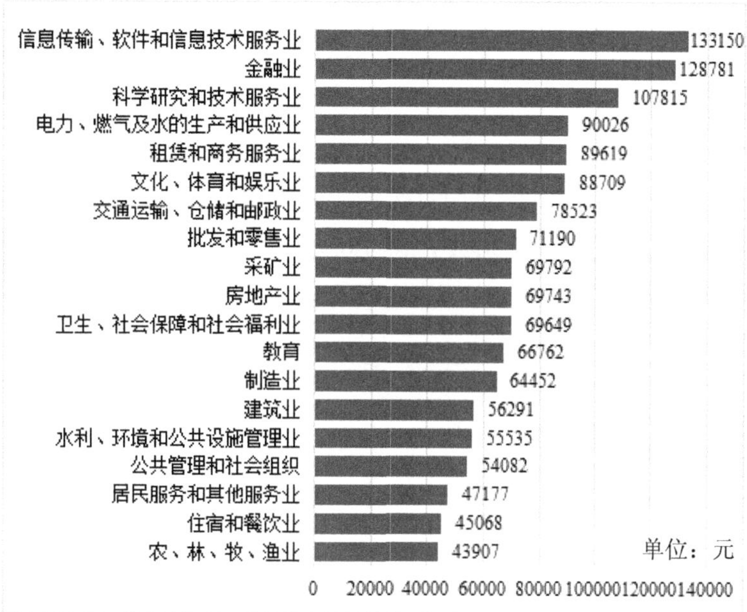

图 3.25　各行业 2017 年平均工资统计

而在 PMP®等认证报考人数中，“信息传输、软件和信息技术服务业”的报考人数最多，其次为“制造业”“金融业”“科学研究和技术服务业”。在排名上，因“制造业”产业人员的劳动性质特殊，其他行业报考人数和该行业的人均工资排名基本吻合，一定程度上说明了人均工资高的行业，PMP®等认证报考人数相对较多。

对“信息传输、软件和信息技术服务业”的历年人均工资与该行业的 PMP®等认证报考人数变化的统计结果显示（见表 3.11），2005 年“信息传输、软件和信息技术服务业”的人均工资为 38 799 元，PMP®等认证报考人数为 2 972 人次，2017 年分别增长到 133 150 元和 37 004 人次，各自增长了 3.43 倍和 12.45 倍。

表 3.11　信息传输、软件和信息技术服务业历年 PMP®等认证报考人数与人均工资统计

年　份	人均工资（元）	PMP®等认证报考人数（人次）
2005	38 799	2 972
2006	43 435	5 026
2007	47 700	5 161
2008	54 906	7 343
2009	58 154	7 247
2010	64 436	8 506
2011	70 918	11 987
2012	80 510	15 159
2013	90 915	17 831

（续表）

年份	人均工资（元）	PMP®等认证报考人数（人次）
2014	100 845	17 372
2015	112 042	19 648
2016	122 478	22 116
2017	133 150	37 004

通过皮尔逊相关性的分析计算，“信息传输、软件和信息技术服务业”的人均工资与PMP®等认证报考人数之间的相关性系数 r 值为 0.95，P 值为 0.00021%（见图 3.26），说明该行业的PMP®等认证报考人数与人均工资之间存在非偶然性的极强正相关关系。

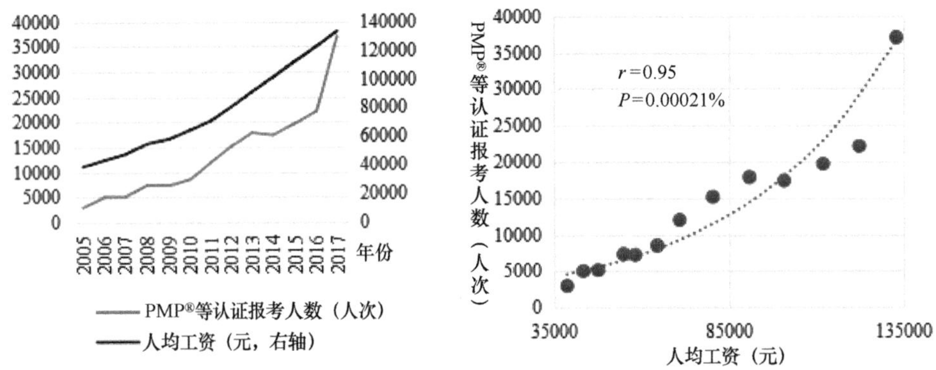

图 3.26　信息传输、软件和信息技术服务业历年人均工资与PMP®等认证报考人数情况统计

对“制造业”的历年人均工资与该行业的 PMP®等认证报考人数变化的统计结果显示（见表 3.12），2005 年“制造业”人均工资为 15 934 元，PMP®等认证报考人数为 937 人次，2017 年分别增长到 64 452 元和 15 431 人次，各自增长了 4.04 倍和 16.47 倍。

表 3.12　制造业历年 PMP®等认证报考人数与人均工资统计

年　份	人均工资（元）	PMP®等认证报考人数（人次）
2005	15 934	937
2006	18 225	1 034
2007	21 144	1 565
2008	24 404	2 655
2009	26 810	3 001
2010	30 916	3 362
2011	36 665	3 428
2012	41 650	5 413
2013	46 431	6 297
2014	51 369	6 639
2015	55 324	7 838
2016	59 470	9 388
2017	64 452	15 431

通过皮尔逊相关性的分析计算，“制造业”的人均工资与 PMP®等认证报考人数之间的相关性系数 r 值为 0.93，P 值为 0.000033%（见图 3.27），说明该行业的 PMP®等认证报考人数与人均工资之间存在非偶然性的极强正相关关系。

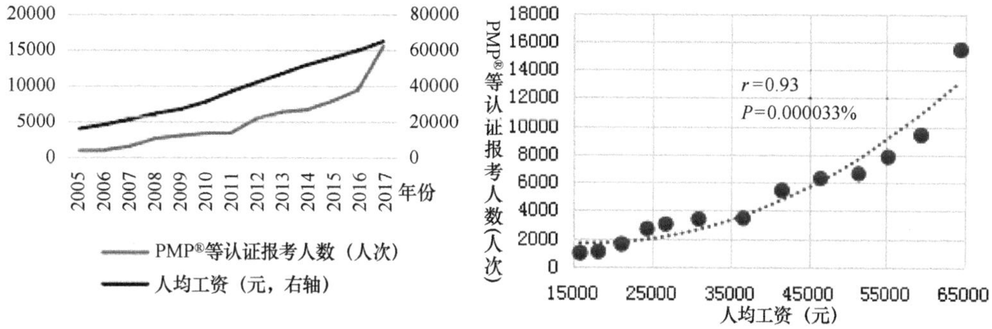

图 3.27　制造业历年人均工资与 PMP®等认证报考人数情况统计

对“科学研究和技术服务业”的历年人均工资与该行业的 PMP®等认证报考人数变化的统计结果显示（见表 3.13），2005 年“科学研究和技术服务业”人均工资为 27 155 元，PMP®等认证报考人数为 448 人次，2017 年分别增长到 107 815 元和 3 054 人次，各自增长了 3.97 倍和 6.82 倍。

表 3.13　科学研究和技术服务业历年 PMP®等认证报考人数与人均工资统计

年　份	人均工资（元）	PMP®等认证报考人数（人次）
2005	27 155	448
2006	31 644	358
2007	38 432	485
2008	45 512	570
2009	50 143	503
2010	56 376	580
2011	64 252	859
2012	69 254	1 131
2013	76 602	1 581
2014	82 259	1 569
2015	89 410	1 769
2016	96 638	1 902
2017	107 815	3 054

通过皮尔逊相关性的分析计算，“科学研究和技术服务业”的人均工资与 PMP®等认证报考人数之间的相关性系数 r 值为 0.94，P 值为 0.00000043%（见图 3.28），说明该行业的 PMP®等认证报考人数与人均工资之间存在非偶然性的极强正相关关系。

从以上相关性分析中可以看出，典型行业的人均工资与当年 PMP®等认证报考人数呈极强正相关关系，人均工资高的行业，PMP®等认证报考人数多。人均工资增长拉动了 PMP®等认证报考人数的增加，PMP®等认证又反过来促进员工工资增长。

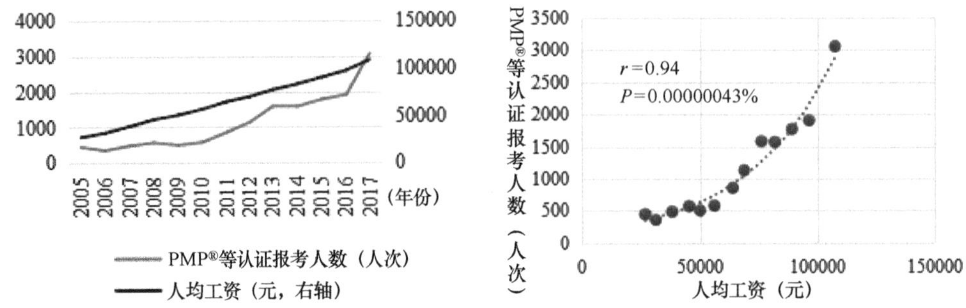

图 3.28　科学研究和技术服务业历年人均工资与 PMP®等认证报考人数情况统计

四、PMP®等认证与国家经济发展战略相关性分析

调研说明：

（1）通过分析 PMP®等认证报考人数与全国对外承包合同金额和已完成营业额之间的关联性，论证对国家“走出去”战略的支持作用。同时，通过“一带一路”中参与海外项目开发建设的典型企业的《PMBOK®指南》学习情况，来说明引入成果对国家级战略的支持。

（2）“一带一路”倡议相关的资料来自一带一路官网：“中国一带一路网”（https://www.yidaiyilu.gov.cn）。

（一）大部分“走出去”的典型企业，其 PMP®等认证报考人数位于全国报考企业的前列，项目管理铸就“走出去”企业人才高地

“走出去”战略是党中央、国务院根据经济全球化新形势和国民经济发展的内在需要做出的重大决策，是发展开放型经济、全面提高对外开放水平的重大举措，是实现我国经济与社会长远发展、促进与世界各国共同发展的有效途径。

在战略落地上，“走出去”是以中国的公司为主导，服务于中国公司参与全球竞争战略的一种跨国整合模式。当前，无论是从开拓市场空间，优化产业结构，获取经济资源，争取技术来源，还是突破贸易保护壁垒，培育中国具有国际竞争力的大型跨国公司，“走出去”都是一种必然选择，也是中国对外开放提高到一个新水平的重要标志。

在“走出去”的中国企业中，80%的企业属于工程建设企业。全国对外承包工程合同金额与全国对外承包工程完成营业额代表着我国工程建设企业“走出去”最直接的业绩，是最能反映“走出去”战略实施成果的关键指标。各涉外工程项目的成功实施是贯彻落实“走出去”战略的基础和关键，项目的成功实施能给我国企业带来更好的声誉，提升整体竞争力，并能获取更多的合同，也为各“走出去”的企业带来相应的经济效益。

在海外实施项目中，最大难题是各国的事业环境因素与我国市场环境的差异，且涉及不同文化、不同背景的相关方。因此，我们的外派项目人员更需要具备与国际接轨的项目管理知识储备，在项目的实施过程中，从项目的独特性出发，充分识别内外部风险，规范项目管理方法，统一国际通用项目管理术语，为项目的成功实施提供保障。《PMBOK®指

南》是国际通行的项目管理方法，十分契合“走出去”战略实施对项目管理方法的需求。

对 2001—2018 年全国对外承包工程合同金额、全国对外承包工程完成营业额与PMP®等认证报考人数进行统计分析，发现三者总体都呈增长的态势（见图 3.29）。

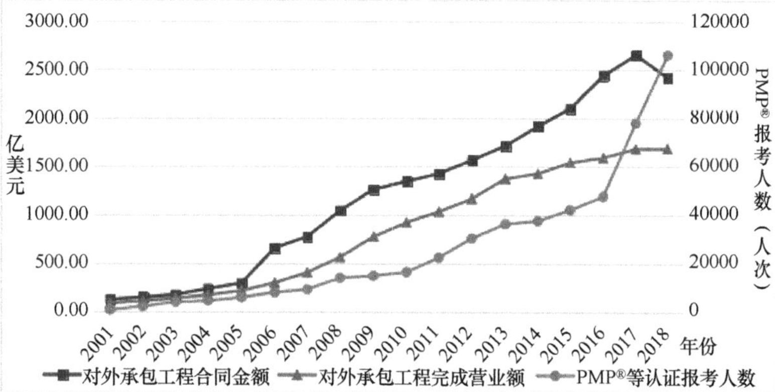

图 3.29 全国历年对外承包工程合同金额、完成营业额与 PMP®等认证报考人数统计

全国对外承包工程合同金额从 2001 年的 130 亿美元增长到 2018 年的 2 418 亿美元，增长了 19.3 倍，成绩斐然。从图 3.29 中可以看出，2018 年以前，全国对外承包工程合同金额逐年上升，2018 年受中美贸易摩擦的影响，全国对外承包工程合同金额略有下降。

全国对外承包工程完成营业额从 2001 年的 89 亿美元增长到 2018 年的 1 690 亿美元，增长了 17.9 倍。整体曲线与对外承包工程合同金额的曲线在趋势上基本一致。因签订合同与完成营收之间一般存在 1～2 年的时间差异，因此，在 2018 年完成的营业额中尚未出现大幅度下滑的趋势，但也因受中美贸易摩擦的影响，并没有出现和往年一样的增长。

PMP®等认证的报考人数呈高速增长趋势，特别是 2016—2018 年，在质量和效率型的国家经济发展模式的引导下，企业对项目管理学习的积极性更加高涨，PMP®等认证报考人数从 2016 年的 47 629 人次增加到 2018 年的 106 061 人次，报考人数翻了一番。

用散点图分析这期间全国对外承包工程合同金额、全国对外承包工程完成营业额与当年 PMP®等认证报考人数之间的数量关系（见图 3.30）。全国对外承包工程合同金额、全国对外承包工程完成营业额与 PMP®等认证报考人数的 r 值分别为 0.86、0.84，表明都存在极强的正相关关系。而 T 检验结果分别为 0.054%和 0.046%，都远小于 5%，说明存在的关系不是偶然发生的。

在工程领域，根据商务部 2019 年发布的《2018 年我国对外承包工程业务新签合同额前 100 家企业》名单，以及相关企业的 PMP®等认证报考人数统计，发现大部分对外承包工程业务新签合同额排名靠前的“走出去”企业，其 PMP®等认证报考人数同样也排名靠前。如华为 2018 年对外承包工程业务新签合同额为 152.5 亿美元，排列在第 3 位，而华为在 PMP®等认证报考人数中排在第 1 位。又如，中国石化、中国石油、中兴通讯、中国海油、中国中冶、特变电工等企业，它们的 PMP®等认证报考人数都是排在全国企业的前列，特别是中国石化、中国石油、中国海油、中兴通讯，更是排在前 10 位。

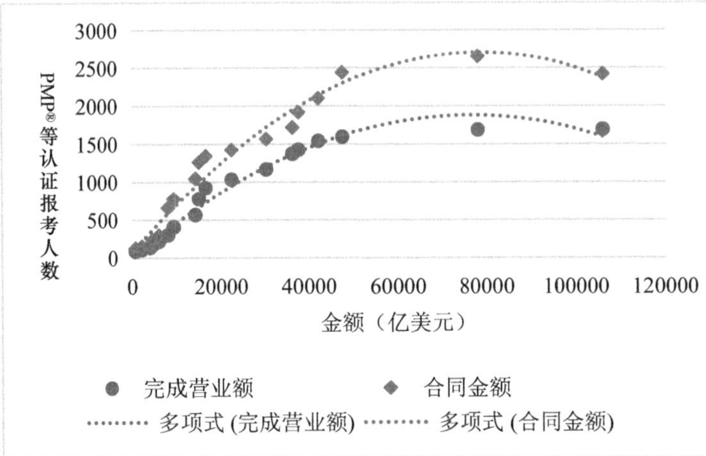

图 3.30　全国历年对外承包工程合同金额、完成营业额与 PMP®等认证报考人数统计

在 IT 通信领域，除上述华为与中兴通讯外，联想集团、阿里巴巴、京东、腾讯、中国电信、中国移动、网易也是“走出去”的典范。它们的 PMP®等认证报考人数同样排在全国企业的前列（前 40 位），而中国移动、中国电信和联想集团更是排在了第 2 位、第 4 位和第 8 位。这些数据都说明了这些典型“走出去”企业对项目管理的重视程度。

“走出去”的企业，为了更好地履约项目，提升项目管理能力已成为迫切的需求，而学习《PMBOK®指南》和报考 PMP®等认证，特别有助于这些企业提升项目管理能力。

（二）助力“一带一路”，项目管理为海外工程建设项目保驾护航

“一带一路”是习近平主席于 2013 年 9 月和 10 月提出的共建“丝绸之路经济带”和“21 世纪海上丝绸之路”的合作倡议。它依靠中国与有关国家既有的双多边机制，借助既有的、行之有效的区域合作平台，积极发展与沿线国家的经济合作伙伴关系，共同打造政治互信、经济融合、文化包容的利益共同体、命运共同体和责任共同体。在谋求自身发展的同时，为其他国家发展贡献了顺应历史潮流的中国智慧。

经过 5 年多的发展，共建“一带一路”正在成为我国与全球开发合作、改善全球经济治理体系、促进全球共同发展繁荣、推动构建人类命运共同体的中国方案。

截至 2019 年 4 月，目前已有 150 多个国家和国际组织同中国签署 173 份合作协议，“一带一路”倡议及其核心理念更已被写入联合国、G20、APEC 等国际组织的有关文件中。5 年多来，我国与“一带一路”相关国家贸易总额超 6 万亿美元，投资超 800 亿美元。

同时，“走出去”战略也逐渐融入“一带一路”大格局。中国和沿线国家一道，在港口、铁路、公路、电力、航空、通信等领域开展了大量合作。截至 2018 年年底，在已开工和计划开工的基础设施项目中，单是央企就承担了“一带一路”共建 3 116 个项目。国务委员兼外交部长王毅更是在外交部论坛上阐述要推动共建“一带一路”实现高质量发展。这些都将导致对项目管理高端人才需求的大幅度增长。

在“一带一路”倡议的海外项目实施中，各类项目分布在不同国家，跨越不同的文化背景，国内常用的项目管理模式、技术标准和合同文本与国际惯例有很大的差异，对我国

“走出去”企业和外派人员项目管理能力也提出了越来越高的要求，使我国的海外项目从业者面临着更多的挑战。在国际化市场竞争过程中，不只是资金与规模的竞争，更多的是技术水平与管理能力的竞争。因此，近年来与国际接轨的项目管理知识体系越来越受重视。2016—2018 年，学习《PMBOK®指南》等项目管理知识体系的人员翻倍增长，合计 PMP®等认证报考人数占 20 年来总报考人数的 50%，2018 年的年报考量更是相当于 2000—2011 年累计报考人数的总和。

对 17 000 余名随机抽样的 PMP®等认证报考人士调研数据显示，有 1/3 的 PMP®等认证报考人员具有海外项目经验。这都表明了项目管理的学习对“一带一路”倡议项目的实施提供强而有力的支撑。

（三）“一带一路”企业影响力排名前 10 位的企业，其合计 PMP®等认证报考人数约占总报考人数（排除外资企业）的 10%；“一带一路”企业越来越重视项目管理的作用，项目管理为“一带一路”企业提供有针对性的管理支持

国家信息中心“一带一路”大数据中心发布的《“一带一路”大数据报告（2017)》中，首次对“一带一路”企业影响力榜单进行排名。如表 3.14 所示，排名前 10 位的企业分别为国家电网公司、国家电力投资集团公司、中国石油、中国石化、阿里巴巴、中铁建、中国中车、华为、中国银行和中国移动。而在这些企业中，华为、中国石油、中国石化、中国移动的 PMP®等认证报考累计人数在参加 PMP®等认证的近 5 万家企业中排名前 10 位。其他剩余的 6 家影响力排名前 10 位的企业，在其 PMP®等认证报考累计人数的排名中也是位列前茅。影响力排名前 50 位的企业累计 PMP®等认证报考人数占报考总量的近 1/4(排除外资企业的报考人数)。这些数据都充分表明了“一带一路”企业越来越重视项目管理的作用，项目管理为“一带一路”企业提供有针对性的管理支持。

表 3.14　“一带一路”企业影响力前 50 名榜单

排　名	企业名称	排　名	企业名称
1	国家电网公司	13	北京首都创业集团有限公司
2	国家电力投资集团公司	14	腾讯控股有限公司
3	中国石油	15	中国华电集团公司
4	中国石化	16	国泰人寿保险股份有限公司
5	阿里巴巴	17	华侨城集团公司
6	中铁建	18	交通银行
7	中国中车	19	中国电力建设集团有限公司
8	华为	20	光明食品（集团）有限公司
9	中国银行	21	马钢（集团）控股有限公司
10	中国移动	22	海航集团
11	碧桂园控股有限公司	23	比亚迪股份有限公司
12	北京建工集团有限责任公司	24	绿地控股集团股份有限公司

（续表）

排　名	企业名称	排　名	企业名称
25	美的集团股份有限公司	26	广东粤海控股集团有限公司
27	河北津西钢铁集团股份有限公司	39	上海复星高科技（集团）有限公司
28	联想控股股份有限公司	40	中国建设银行
29	中天钢铁集团有限公司	41	上海建工集团股份有限公司
30	河钢集团有限公司	42	三一集团
31	北京汽车股份有限公司	43	广东省航运集团有限公司
32	恒大集团	44	中国农业银行
33	东风汽车集团股份有限公司	45	江西铜业集团公司
34	海信集团有限公司	46	京东集团
35	万达集团	47	广州汽车集团股份有限公司
36	中国海洋石油总公司	48	广州越秀集团有限公司
37	中国交通建设集团有限公司	49	TCL 集团股份有限公司
38	中国化工集团公司	50	山东如意集团

第三节　小　　结

综上所述，项目管理在各行业、各区域的推广和普及与该行业、区域的经济发展呈现极强的正相关关系，经济越发达的地区，人均工资及劳动生产效率越高，项目管理的普及和推广程度也越高。同时，项目管理的普及与推广则进一步提高其生产效率，为地区、行业的经济建设贡献价值。然而，调查也显示，现阶段我国对项目管理的普及和推广的重视程度尚有欠缺，往往是依靠各个企业自发自觉地组织项目管理知识体系的培训与学习，在国家层面并没有出台相应的扶持政策，项目管理人才储备量远未能匹配国家对整体项目管理能力的需求。

我国有很多企业，规模大，但人均效率和利润率很低。因此，虽然我国的 GDP 现在已经位列世界第二位，但 2018 年中国人均 GDP 排名只有第 74 位。总体而言，我国企业的资金利用效率、技术研发速度、生产能源转换效率、人员劳动绩效都远远不如发达国家。企业经营的总体质量不高、效率低下和成本过高，已经成为我国经济发展的主要瓶颈，这更说明了项目管理还需要进一步推广和普及。

项目管理的主要价值在于整合各门类的管理知识，在资源受限、外部环境多变的情况下，提高效率、减少风险，高质量地达成目标。全面实行项目管理的工作与不实行的相比，据估计，工作效率平均会提高 60%以上，风险平均减少 80%以上。

我国目前真正具有国际竞争力的企业还很少，不少企业在海外的发展往往因管理水平不到位而受挫。除政治与环境等不可抗力因素外，这些企业还没有完全建立起一套理性、科学、精准的项目管理思维模式和方法体系是导致项目失败的最主要因素。

项目管理学科经过 20 年的发展，在中国已经取得了不错的成绩，获得项目管理专业资格证书、学习过项目管理知识体系的人员已经达到了 2 000 多万人。但是这些人员也主要集中在 IT 通信、建设、制造、科研等少数领域，并且这个数字与我国的经济发展需求相比，只不过是杯水车薪。全面普及项目管理知识体系，不仅可以提高工作效率，还可以减少损耗和浪费。这种项目管理普及活动，是以提高生产效率、资源利用率为途径的，不存在货币供应增加的问题，也不会导致通货膨胀和泡沫经济，其综合成本和资源损耗都大大小于基础设施投资和货币刺激投资，更加符合节能环保和低碳经济的国家战略，符合建设和谐社会的发展方向。这正是中国国际人才交流基金会引入和推广国际项目管理知识体系的初衷、价值与贡献所在。

第四章　项目管理与个人成长的相关性

当今世界，科技创新已经成为提高综合国力的关键支撑，在全球科技创新空前活跃的时期，新一轮科技革命和产业变革正在重构全球创新版图、重塑全球经济结构。在此背景下，围绕人才、科学、知识、创新治理与创新环境等方面的竞争更加激烈，人才的重要性在国家战略层面日益凸显，国家对具有全球视野和国际化水平的专业人才的需求正在不断加大。引进国（境）外先进、适用和成熟的知识体系，开展国际化人才培养，作为“请进来”和“派出去”引智方式之外的优秀引智途径代表，为培养我国高层次国际化人才，推动经济社会发展提供了有效支持。

自 1999 年起，PMP®等项目管理专业资格认证及相关知识体系引入中国以来，PMP®等认证报考人数逐年增加，截至 2019 年 9 月累计报考人数近 60 万人次，覆盖全国各省（自治区、直辖市）。什么原因促使 PMP®等认证，特别是 PMP®认证报考人数快速增加？哪些行业、哪些岗位的人员在参加项目管理的学习和 PMP®等认证考试？他们对《PMBOK®指南》和 PMP®证书的价值感知如何？他们是否在日常工作和生活中经常运用项目管理的相关知识？PMP®证书是否有助于提升他们的市场竞争力？《PMBOK®指南》的学习和 PMP®等认证对个人的思维、能力、工作和生活提升带来了什么样的影响？这些问题迫切需要用确切的数据来回答和说明。

因此，非常有必要针对《PMBOK®指南》学习和 PMP®认证报考给相关人员的思维理念、个人能力及工作生活等各方面带来的影响进行调研。这个调研既是对《PMBOK®指南》和 PMP®认证在中国 20 年发展的成果展现，也能够为未来项目管理知识体系的价值宣传与推广工作提供强而有力的科学数据支持。

第一节　调研说明及主要结论

一、调研说明

本章从行业、岗位、职级、企业性质及规模等维度对经过《PMBOK®指南》的学习或参与 PMP®认证相关人员的思维理念、个人能力及工作生活等各方面的改变与提升进行分析总结，以调查项目管理与个人发展之间的相关性。

受调查者是自 2000 年始到 2019 年 6 月止的所有报考 PMP®认证的人员。

本次调研由中国国际人才交流基金会牵头，在中国国际人才交流基金会授权合作的全国各 PMP®培训和考试服务机构的鼎力支持下，通过短信、微信、微博、基金会官网、PMI 中国官网、各培训机构网站等媒介的宣传，开展网络调研。调研历时一月有余，共回收有效问卷 17 021 份。

在调研过程中，对问卷的量表进行信度和效度检验，检验结果具有较高的信度与效度水平，说明调查结果是可信且有效的，样本情况可以较好地反映整体的情况。

本章中涉及的分析均基于对问卷数据的统计结果展开，具体调研内容如下分述。

（1）受调查者对《PMBOK®指南》的总体认知程度，包括：

- 《PMBOK®指南》的学习是否有助于个人成长。
- 持有 PMP®证书是否有助于提升企业的市场竞争力（区分海内外环境）。
- 是否在实际工作和生活中运用《PMBOK®指南》的理念、工具和术语。
- 哪些项目管理的工具或方法使用频率较高，帮助最大。

（2）《PMBOK®指南》对个人管理思维及理念的建立或提升的影响，包括对细分、整合、以终为始、计划先行、明确基准、全程监控、预防为重、审慎变更、凝聚共识及持续积累等的管理思维。

（3）《PMBOK®指南》对个人能力提升的影响，包括项目管理能力、计划能力、问题解决能力、组织及监管能力等各方面的能力。

（4）《PMBOK®指南》对个人工作与生活的影响，包括工作效率提升、职位升迁及薪酬提升等各方面的影响。

二、主要结论

本章呈现客观的数据和资料，以及经客观统计得到的结果。经过对数据、资料和结果的整理，得到如下主要结论：

（1）78.51%的受调查者所属单位鼓励其员工学习《PMBOK®指南》或参加 PMP®认证，其中以报销相关费用为主要支持手段。企业是促进项目管理普及与推广的最重要力量。

（2）90%以上的受调查者认为《PMBOK®指南》的学习非常有助于个人成长，他们对《PMBOK®指南》的价值有极高的肯定。

（3）近 80%的受调查者认为企业或个人持有 PMP®证书非常有助于提高企业的市场竞争力，PMP®证书的含金量得到极大的认同，特别是在企业参与国内外的市场竞争、开展商务合作等各个方面都能起到关键的作用。

（4）受调查者对《PMBOK®指南》的实际运用程度很高，十分有利于知识体系的落地，助力个人成长。86.01%的受调查者认为自己在实际工作和生活中，较多运用相关的思维理念思考问题；77.00%的受调查者认为会运用相关工具、模板和方法规范项目的管理；76.75%的受调查者认为会运用通用的标准术语体系进行沟通协作。

（5）81.11%的受调查者认为《PMBOK®指南》的理念、工具、方法的应用在很大程度上提高了他们的工作效率。

（6）项目管理的很多实用工具已经深入人心，内化为工作和生活中的习惯。其中 WBS 被认为是最有用的项目管理工具，其后依次为职责分配矩阵、问题日志、关键路径法。不同岗位和不同职级对工具应用的选择差异性不大。

（7）81.95%的受调查者认为《PMBOK®指南》的学习对个人项目管理思维理念的形成或提升有很大影响，其中尤以“计划先行”思维的影响程度最大。

（8）85%以上的受调查者认为《PMBOK®指南》的学习对个人管理能力有很大的提升作用，尤其对综合“项目管理能力”的提升最大。而有海外项目经验的人员认为该体系的学习更能提升其个人的管理能力，特别是对“风险管理能力”的培养。

（9）56.87%的受调查者认为考取PMP®证书很大程度上有利于职位的升迁。在对该体系的学习有相关政策支持的单位中，PMP®证书对员工职位升迁的影响程度相对更高。

（10）《PMBOK®指南》的学习对个人薪酬增长有极大的促进作用，其带来的平均薪酬增幅为18%。《PMBOK®指南》的应用已经实实在在地帮助了个人生活水平的提高。

（11）《PMBOK®指南》的学习无论是在对个人的思维理念、管理能力还是工作生活等方面提升的影响，均是高层管理者的认可程度最高，中层管理者次之，普通职员认为受到的影响相对较小。

（12）有海外项目经验的人员在《PMBOK®指南》对个人思维理念、能力、工作生活等方面提升的影响力评估均高于无海外项目经验的人员。与《PMBOK®指南》在海外的认可程度相比，国内的项目管理发展仍有较大的发展空间。

第二节　项目管理与个人成长的相关性分析

一、调研对象的基本信息

调研说明：

（1）调研对象是自2000年始到2019年6月止的所有参与过PMP®认证考试的人员，总计回收有效问卷17 021份。

（2）行业按《中华人民共和国国家标准：国民经济行业分类》（GB/T 4754—2017）的分类标准进行统计，共20个门类。

（3）岗位按中国国际人才交流基金会的PMP®报考数据库中报考人员所填报的岗位，结合国内目前一般企事业单位的岗位设置情况进行二次归类后统计。

（4）职级按普通职员、中层管理者、高层管理者进行统计。

（5）报考人员所属单位从企业性质（国有企业、民营企业、外商独资、中外合资、国家机关、事业单位、社会团体）及企业规模两个方面进行统计。

（一）受调查者的行业分布呈现出非常明显的偏向性。信息传输、软件和信息技术服务业占50%以上的比例，参与人数最少的国际组织仅占0.05%

在接受调查的17 021人中，从事信息传输、软件和信息技术服务行业的共有8 527

人，占受调查总数的 50.10%；其次为制造业 3 904 人，占 22.94%（见图 4.1）。这两个行业参与调研的合计人数在受调查者总体中的占比接近 3/4，占了绝对优势。其后依次为金融业（5.42%）、科学研究和技术服务业（5.14%）、电力、热力、燃气及水生产和供应业（3.61%）、建筑业（2.33%）。这些数据和对全体 PMP®报考人员开展所属行业分布的统计结论基本一致。

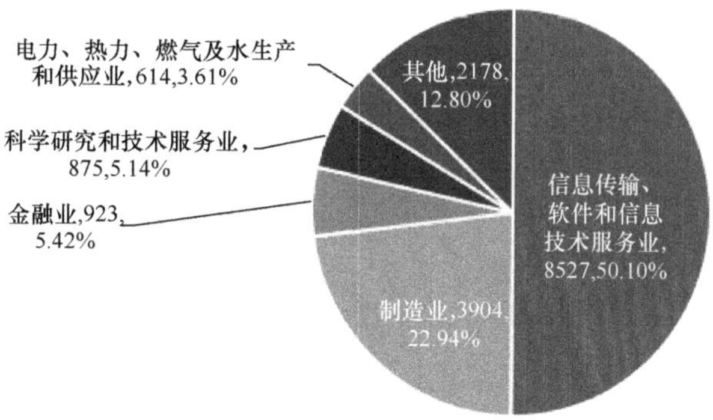

图 4.1　受调查者的行业分布占比统计

文化、体育和娱乐业（0.68%）、卫生和社会工作（0.66%）、租赁和商务服务业（0.53%）、采矿业（0.43%）、水利、环境和公共设施管理业（0.35%）、公共管理、社会保障和社会组织（0.34%）、农、林、牧、渔业（0.33%）、居民服务、修理和其他服务业（0.26%）、住宿和餐饮业（0.22%）和国际组织（0.05%）等行业的调研人数占比不足 1%，合计的人数占比不足 5%。这固然与各行业从业人群基数、调研渠道的影响存在关联，但也在一定程度上反映出《PMBOK®指南》及 PMP®认证在不同行业中的推广及影响力差异。

（二）近 50%的受调查者从事项目管理相关工作，而在其余岗位中，即使占比最大的 IT 开发岗位，也仅占被调研总量的不到 10%

调研结果统计显示（见图 4.2），在 17 021 份回收问卷中，有近 50%的人员（8 478 人，占 49.81%）从事项目管理类[①]工作。其后依次为 IT 开发类（1 657 人，占 9.74%）、研究与开发类（1 382 人，占 8.12%）、产品管理与策划类（1 035 人，占 6.08%）及咨询顾问类（898 人，占 5.28%）。此外，还有三类岗位占比不足 1%，分别是 QHSE 管理类（84 人，占 0.49%）、财会类（63 人，占 0.37%）及法务类（14 人，占 0.08%）。

（三）超过 50%的受调查者为普通职员，高层管理人员不足 5%。项目管理学习已经由引入初期的高层普及发展到现在的全面普及

在参与调研的 17 021 人中，普通职员 9 365 人，占受调查者总量的 55.02%；中层管理人员参与程度也比较高，共 7 048 人参与调研，占比 41.41%；高层管理人员参与

① 项目管理类指从事项目管理工作的一切人员，不仅限于项目经理，包含发起人、项目部的管理人员、工程监理、IT 开发的项目管理者等。

不足千人（608人），仅占受调查者总量的3.57%（见图4.3）。这与各职级人员在一般企事业单位中的数量分布比例基本一致，呈金字塔结构。本次调研覆盖了各职级人员，说明了项目管理学习已经由引入初期的高层普及发展到现在的全面普及。

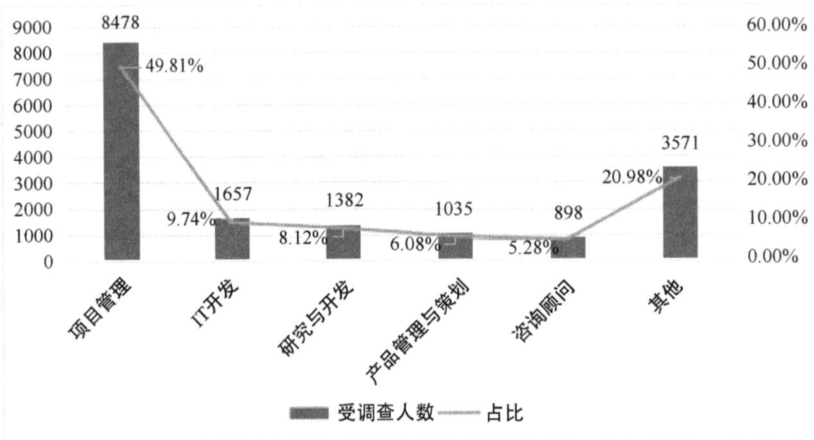

图4.2 受调查者的岗位分布占比统计

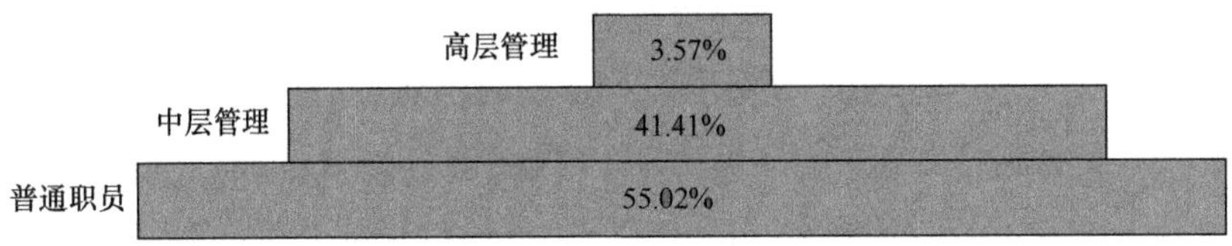

图4.3 受调查者的职级分布占比统计

（四）在受调查者中，民营企业的人员占比超过总人数的50%，其次是国企和外商独资企业，占比分别为22.33%和13.73%

在参与调查的人员中，民营企业的人员占比超过半数，达54.90%；其后依次是国有企业和外商独资企业，占比分别为22.33%和13.73%（见图4.4）。以上三类企业合计参与调研的人数超过总数的90%以上，可见项目管理知识体系不仅在外资企业被比较多的从业人员认可，也被大量民营企业、国有企业从业人员认可，已经在中国本土扎根。

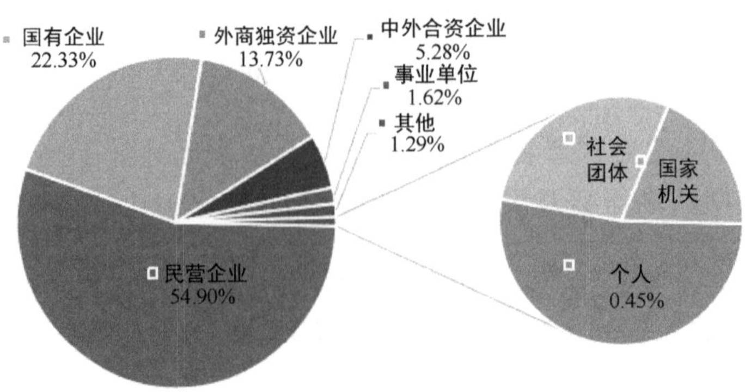

图4.4 受调查者所属单位的企业性质分布统计

参与调研的事业单位、个人、社会团体及国家机关的从业人员，占受调查者总量的不足 1%。需要特别说明的是，国家机关和事业单位的受调查人员所占比重相对较低，这既与本调研仅是以《PMBOK®指南》学习这个单一维度来代表项目管理学习的总体情况，并没有全面覆盖项目管理各方面的培训有关；也与国家机关及事业单位本身有很多内容相似的项目管理类培训且又不要求参与国际性认证考试有很大关系。

随着国际竞争的加剧，创新与效率需求的不断提升，国家对项目管理人才的重视程度越来越高，也出台了很多政策性的文件大力推行管理创新和科技创新，加大机构改革，强调执政效率。中国国际人才交流基金会大力开展《PMBOK®指南》的推广普及工作，对项目管理的普及和推广、理论体系的发展及应用落地起着决定性的作用。

（五）参与调研的人数与所属企业的规模呈强相关性，大型企业参与人数占50%以上，而微型企业参与人数不足 10%

本次调研依据《统计上大中小微型企业划分标准（2017）》，从企业职员数量这一单项指标对企业的规模进行划定①。

如图 4.5 所示，隶属大型企业（职员人数≥1 000）的人员数量占受调查者总量比例最高，达到 50%以上，其中有 28.93%的人员来自超大型企业（职员人数≥5 000）；隶属中型企业（100≤职员人数＜1 000）的人员数量占受调查者总量比例为 34.03%。隶属小型企业（20≤职员人数＜100）的人员数量占受调查者总量比例为 13.25%。隶属微型企业的人员占受调查者总量比例最低，仅为 2.24%。

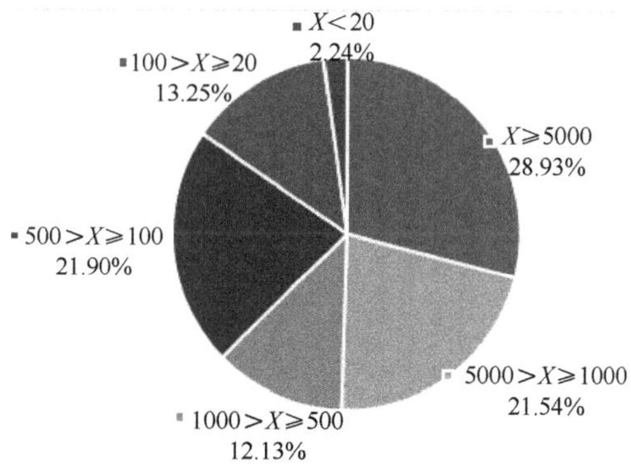

注：X=职员人数

图 4.5 受调查者所属企业的规模分布统计

可见在过去 20 年，大型企业的从业人员学习《PMBOK®指南》或参加 PMP®认证考试的人数，与中、小、微型企业的人数相比，明显更多，这与大型企业有更完整的培训体

---

① 统计上对大中小微企业的划分标准依据不同行业，需要同时考虑营业收入、从业人员及资产总额等指标，此次调研仅考虑企业职员数量这一单项指标。

系和人员培养计划，以及更需要体系规范化的项目管理方法去支持完成一些大型的项目有很大的关系。

（六）在参与调研的人员中，1/3 具有海外项目经验，为更全面的调查与分析提供了数据基础

《PMBOK®指南》作为全球通用的项目管理标准，它对国内外项目的管理具有普适的作用。但在针对国内项目与海外项目的管理实施中，《PMBOK®指南》及 PMP®证书的应用及认可程度可能存在差异，因此本次调研将是否有过海外项目经验作为一项参考指标。统计结果显示（见图 4.6），在参与调研的人员中，有近 1/3 的人员曾有过海外项目经验，剩余 2/3 则无海外项目经验。后续的进一步分析显示，有无海外项目经验确实影响了受调查者对项目管理价值的相关认知和评价。

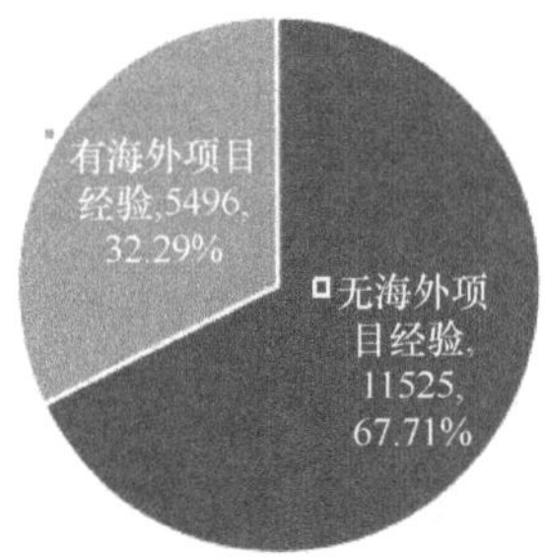

图 4.6　受调查者有无海外项目经验分布占比统计

（七）约有 75%的受调查者考取了 PMP®证书，80%以上的受调查者是在 2017 年及以后年份参与学习和认证的

《PMBOK®指南》的学习成效以是否获取 PMP®证书作为一个显性考核指标。在此次参与调研的人员中，74.68%的人员已获取 PMP®证书，占了绝大部分（见图 4.7）。

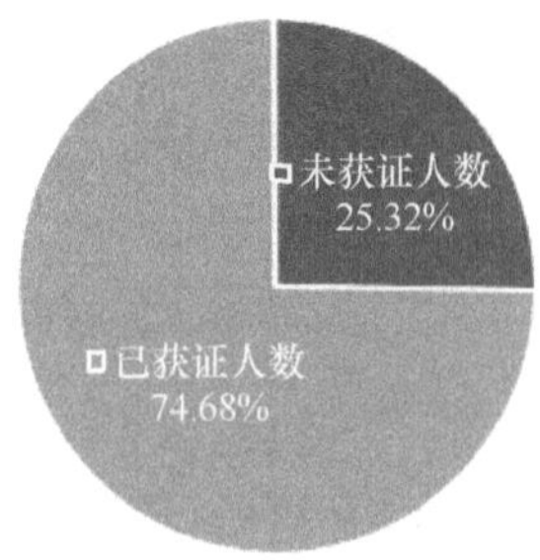

图 4.7　受调查者获证情况统计

从受调查者参与培训及获证的时间分布图中可以看出（见图 4.8），参与调研人员接受培训和考取证书的人数随年份而增长①，这与中国国际人才交流基金会 PMP®报考数据库

① 受调研时间限制，2019 年的培训及获证人员仅涵盖 3 月为止的获证人员及 6 月为止的受训人员。

中的历年报考人数增长趋势基本一致。

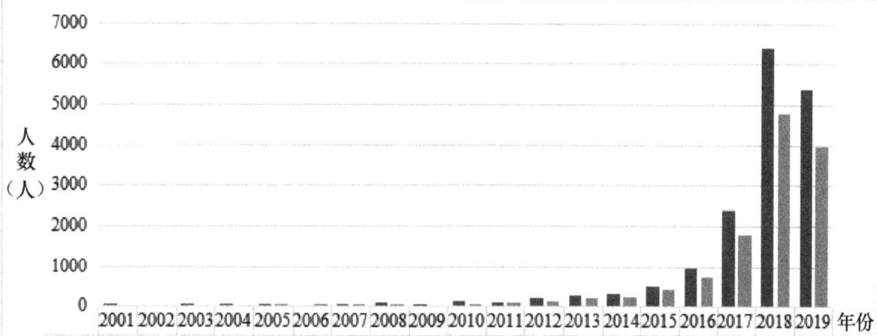

	2001	2002	2003	2004	2005	2006	2007	2008	2009	2010	2011	2012	2013	2014	2015	2016	2017	2018	2019
■培训	18	5	14	18	30	45	25	90	63	126	121	203	275	317	520	967	2376	6420	5388
■获证	8	6	9	6	20	18	21	47	40	81	88	156	227	242	434	760	1810	4777	3961

图 4.8　受调查者参加培训及获证时间分布统计

其中 2017 年及以后参加培训人数为 14 184 人，占受调查者总培训人数的 83.33%；获证人数为 10 548 人，占受调查者总获证人数的 82.98%。2010 年及以前的培训人数仅为 434 人，占受调查者总培训人数的 2.55%；获证人数仅 256 人，占受调查者总获证人数的 2.01%，分布非常极端。PMP®报考数据库中较早年份的报考人员的联系方式有效性低，影响了调研可及性，但也反映出 PMP®认证在最近几年获得了爆发式增长。

一般而言，参与《PMBOK®指南》学习或 PMP®认证的时间离本次调研的时间间隔越长，相关人员经过长期的理论与实践印证结合，该体系带来的作用更加能显现出来。而近期刚完成学习与认证的人员，因时间过短，由此对生活与工作带来的提升与改变，可能尚未凸显。因此受调查者的受训和认证年限的分布情况对本次调研结论有一定的影响。

二、企事业单位对项目管理学习的支持情况

企事业单位（后统称企业或单位）是否鼓励其员工学习《PMBOK®指南》或参加 PMP®认证，以及能够提供何种具体的支持性政策，对于员工学习的积极性及《PMBOK®指南》的推广起到至关重要的作用。本节对参与调查对象所属单位是否鼓励其员工参加项目管理的学习，以及会提供何种支持政策进行统计分析，一方面了解个人报名学习项目管理自发意愿性的情况，另一方面了解企业对项目管理支持与认可的程度。

（一）78.51%受调查者的所属单位鼓励其员工学习《PMBOK®指南》或参加PMP®认证，而在这部分人员中，有 71.06%人员所在单位会提供相应的支持性政策，报销相关费用是主要支持手段。企业是促进项目管理普及与推广的最重要力量

在受调查者中，有 78.51%（13 363 人）的人员所属单位鼓励员工学习《PMBOK®指南》或考取 PMP®证书（见图 4.9）。而在这部分人员中，有 71.06%（9 496 人）的人员表示自己所在单位会提供相应的支持性政策。

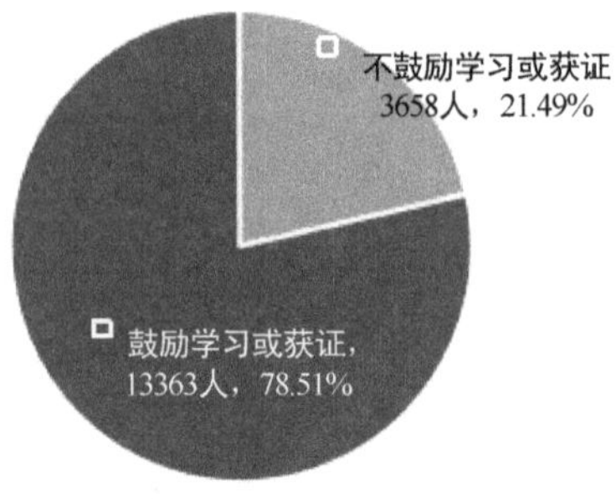

图 4.9 受调查者所属单位对其员工学习项目管理的态度

在提供支持性政策的单位中，报销相关费用是主要支持手段，占比为 66.18%；其次，42.50%的受调查者所在单位会在晋升时优先考虑 PMP®获证人员；16.00%的受调查者所在单位愿意提供加薪奖励；另有 6.08%的受调查者表示，所在单位会提供其他相关支持性政策，如现金奖励或作为岗位任职资格的必要条件（见图 4.10）。进一步的统计显示，45.79%的单位会同时提供 2 项及以上支持性政策，如报销相关费用的同时，也会在晋升时优先考虑 PMP®获证人员。

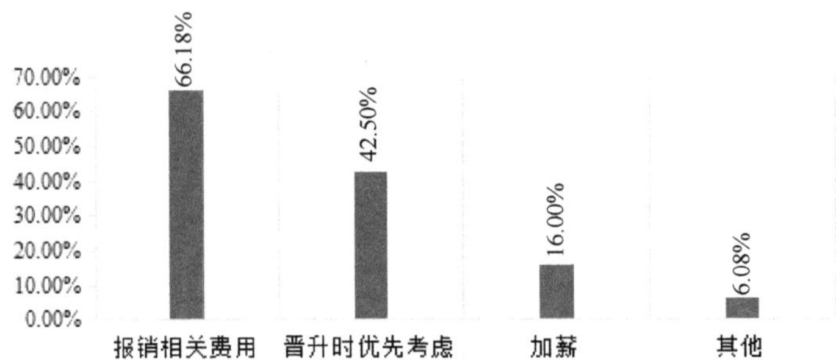

图 4.10 受调查者所属单位提供支持性政策情况

从上述数据可见，经过 20 年的发展，已经有很多企业认可《PMBOK®指南》和 PMP®证书，并通过相应政策鼓励员工参与项目管理学习与 PMP®认证，这对《PMBOK®指南》和 PMP®认证的进一步推广起到了重要的促进作用。当越来越多的企业认可该体系时，企业间的商务合作会以相关人员是否学过《PMBOK®指南》或获取 PMP®证书作为衡量评价指标之一，从而形成雪球效应，促使项目管理在中国更快更好地增长。

（二）各行业对学习《PMBOK®指南》或考取 PMP®证书的鼓励程度都很高。其中，尤以信息传输、软件和信息技术服务业的企业支持程度最高

经对各行业的单位是否鼓励其员工学习《PMBOK®指南》或考取 PMP®证书的比例（该行业认为有鼓励政策的受调查者人数/该行业受调查者总人数）进行统计分析所见（如图 4.11），除农、林、牧、渔业比例略低于 50%外，其他行业均高于 50%，有的甚至超过 80%，各行业平均值也高达 78.51%。总体来说，各行业对学习《PMBOK®指南》或参加 PMP®认证的鼓励程度都很高。

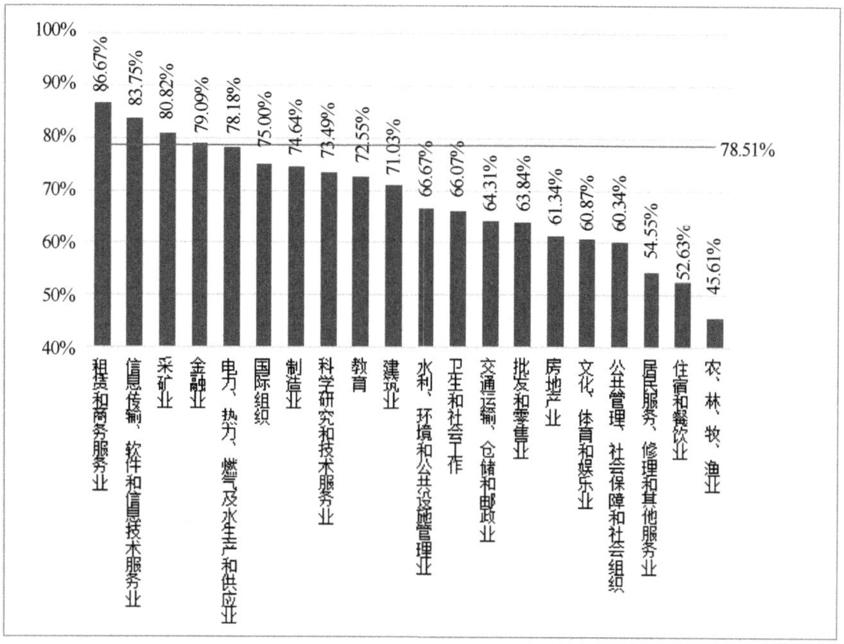

图 4.11　各行业鼓励员工学习项目管理或参与 PMP®认证的情况统计

由于各行业参与调研的人数占比差异性很大，从行业参与调研的人数上就说明各行业对项目管理学习与应用的认可程度。因此，我们在图 4.11 的基础上根据各行业参与调研人数的权重进行了调整，结果如图 4.12 所示。其中信息传输、软件和信息技术服务业的支持度最高，其后依次是制造业，金融业，科学研究和技术服务业，电力、热力、燃气及水生产和供应业。

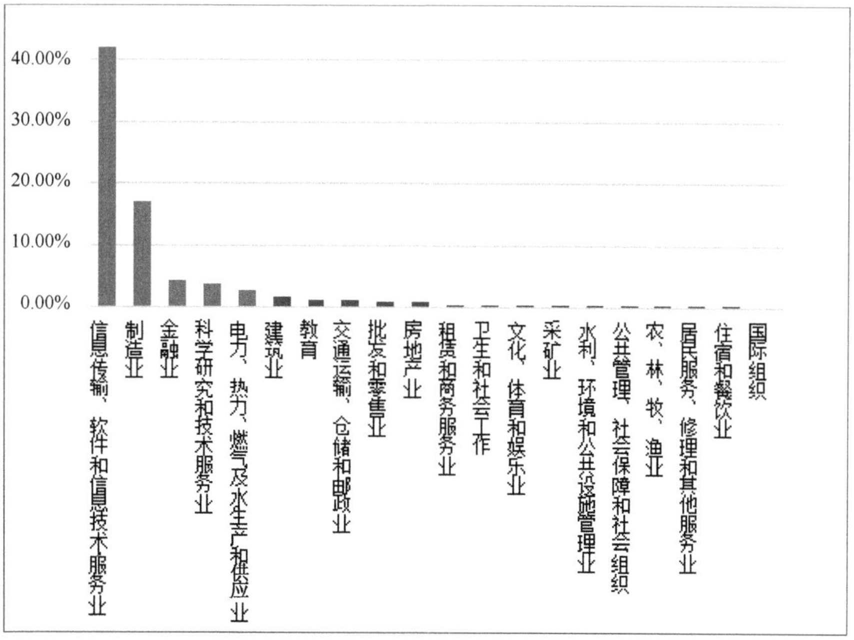

图 4.12　各行业鼓励员工学习项目管理或参与 PMP®认证的情况统计（按行业参与的调研人数权重调整）

（三）各类性质的单位对其员工学习《PMBOK®指南》或考取 PMP®证书的支持程度都很高，国有企业尤为突出

从单位的性质看，即使占比最低的国家机关，也有 57.14%的人员所在的单位愿意支持员工学习《PMBOK®指南》或考取 PMP®证书。大部分其他性质的单位占比在 75%以上，各类性质单位的平均占比为 78.51%（见图 4.13）。可见不同性质的单位在对员工学习《PMBOK®指南》或考取 PMP®证书的支持程度上都很高。而国家机关因上节所述的受调研维度所限，虽然占比数上不具优势，但从政策导向和战略支撑上对整个国家项目管理事业的发展起决定性作用，是项目管理创新和推广的主导者。

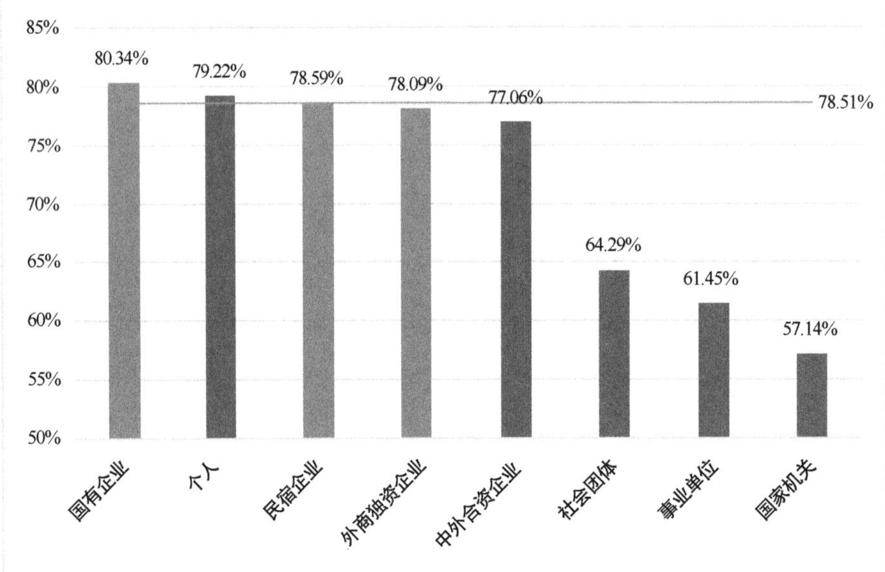

图 4.13　不同性质的单位鼓励项目管理学习或考证的人员数量占比

来自民营企业、国有企业及外商独资企业的受调查者占受调查者总量的 90%以上，此三类企业在对员工的鼓励程度上与平均值较为接近，其中以国有企业最高，达 80.34%。这与国家一直强调以管理创新和科技创新为本，打造高质量国家经济发展之路的策略不无关系。国有企业作为响应国家政策号召的排头兵，在深化管理改革、优化资源配置以提高资源利用率、提升企业效益方面都起到了领头带动的作用，因此，会更加支持项目管理能力的提升培训。

以国有企业为例，对其所提供的具体支持性政策进行统计分析，结果如图 4.14 所示，国有企业更多地以补偿性政策为主，即报销相关费用，此项占比达 75.70%，比总体平均水平 66.18%高出近 10 个百分点，说明国有企业更愿意为其员工的学习支付相应成本。而其他奖励性政策，诸如晋升时优先考虑及加薪两项，占比分别为 34.79%和 12.54%，均低于平均水平，这和国企本身对晋升与加薪有政策上的限制有极大的关系。

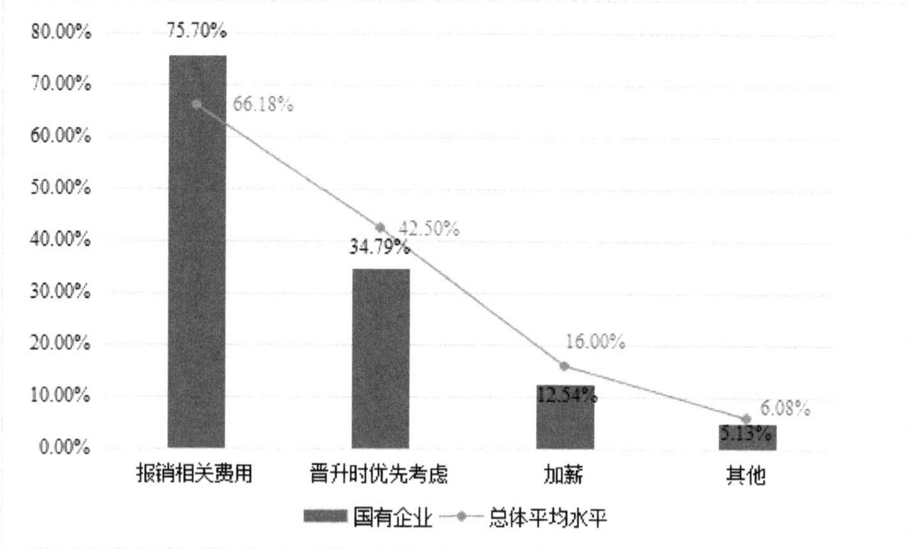

图 4.14　国有企业各支持性政策比例统计

（四）不同人员规模的企业对于《PMBOK®指南》学习或考取 PMP®证书的支持程度均很高，尤以大型企业的支持程度最高。大型企业在支持性政策方面，更加侧重于报销相关费用

如图 4.15 所示，企业规模越大，对于鼓励其员工学习项目管理或考取 PMP®证书的支持程度越高，结果呈阶梯形显示。各类人员规模企业的支持程度均在 70%以上，大型企业鼓励项目管理的学习或参与 PMP®认证的人数占该类企业受调查者总人数的比例高达 82.04%，这与大型企业的国际化程度和规范化程度较高有关。

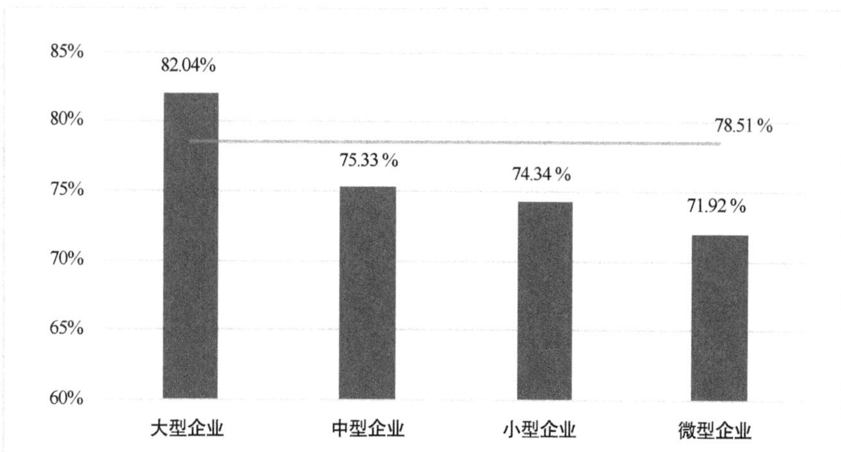

图 4.15　不同规模企业鼓励其员工学习项目管理或考取 PMP®证书的人数占比统计

不同规模企业均以补偿性政策为主，即报销相关费用；以奖励性政策为辅，如晋升时优先考虑、加薪等。相比中小微型企业，大型企业更加侧重于报销相关费用作为支持政策，而晋升时优先考虑、加薪和其他措施低于其他各类规模的企业（见图 4.16）。

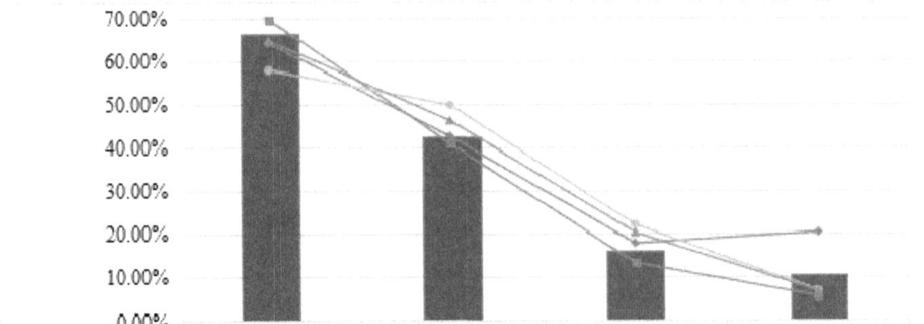

	报销相关费用	晋升时优先考虑	加薪	其他
调研总体	66.18%	42.50%	16.00%	10.64%
大型企业	69.53%	40.74%	13.31%	5.54%
中型企业	64.01%	42.43%	17.77%	20.34%
小型企业	57.85%	49.70%	22.06%	6.87%
微型企业	64.61%	46.07%	20.22%	6.74%

图 4.16　不同规模企业各项支持性政策比例统计

三、对《PMBOK®指南》的总体认知程度

调研说明：

（1）对《PMBOK®指南》的总体认知程度调研主要从以下四个维度开展：

- 《PMBOK®指南》学习对个人成长的作用。
- PMP®证书对提升企业竞争力的作用（区分海内外环境）。
- 《PMBOK®指南》的理念、工具与术语的应用程度。
- 各类项目管理的工具或方法的应用程度。

（2）采用 5 分制的主观评分法来评价受调查者对调查选项的认可程度，1 分代表几乎没影响，2 分代表非常小的影响，3 分代表有一定的影响，4 分代表较大的影响，5 分代表非常大的影响。

（一）90%以上的受调查者认为《PMBOK®指南》学习对个人成长帮助很大，他们对该体系的价值有极高的肯定。尤以卫生和社会工作的从业者、QHSE 管理人员、高层管理者对其认可程度最高

调查结果显示，52.57%的受调查人员认为《PMBOK®指南》中相关的知识、理念、工具和术语非常有助于个人成长（5 分），另有 39.67%的人员认为比较有助于个人成长（4 分），6.10%的人员认为目前还看不到成效（3 分），尚不确定，其余不到 2%的人员不太认可体系的学习给个人成长带来的帮助（见图 4.17）。总体而言，90%以上（评分 4 分以上）的受调查者认为《PMBOK®指南》的学习对个人成长帮助很大，他们对该体系的价值有极高的肯定，其综合评分为 4.42 分。

各行业的受调查者对项目管理的价值感知差异不大，都基本认同项目管理知识的学习对其个人成长的帮助很大，评分都在 4 分以上（见图 4.18）。即使平均评分最低的农、

林、牧、渔业在该项的评价分值也达到了 4.26 分，卫生和社会工作从业者的评价最高，评分为 4.55 分。

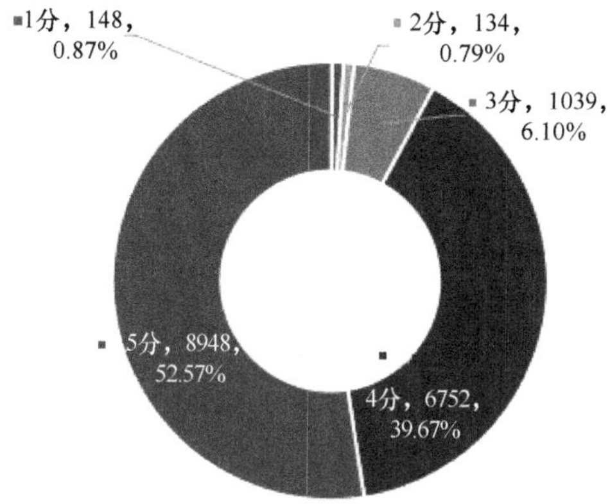

图 4.17　项目管理知识体系学习对个人成长的影响力评估

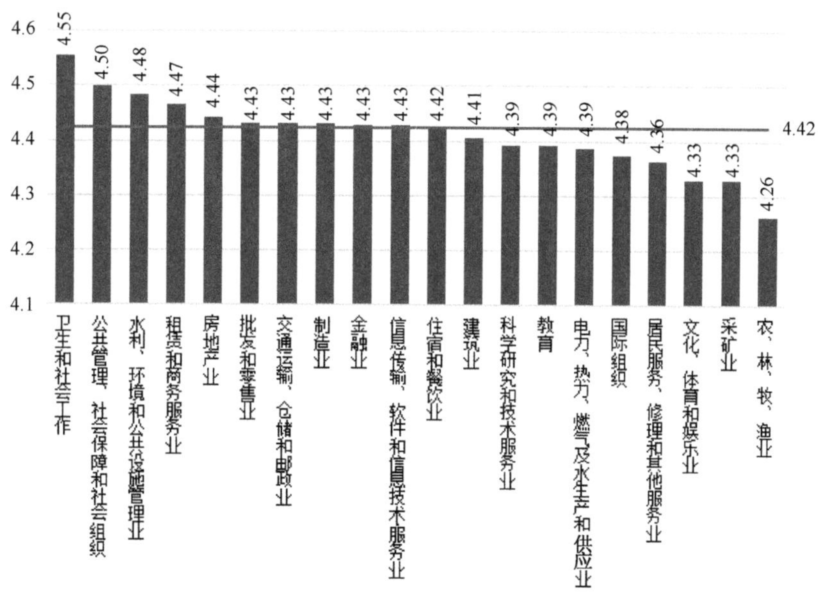

图 4.18　不同行业从业人员项目管理知识学习对个人成长影响力评估（单位：分）

如图 4.19 所示，从事 QHSE 管理、经营管理、研究与开发、项目管理、咨询顾问工作的受调查者认为体系的学习对个人成长更有帮助，评分分别为 4.56 分、4.53 分、4.45 分、4.45 分和 4.43 分，均高于总体平均评分 4.42 分。虽财会、设计及技工人员在此项上的评价相对较低，但也均在 4 分以上，评分分别为 4.32 分、4.29 分和 4.24 分。从数据上可以看出，不同岗位人员对《PMBOK®指南》中所涉及的相关知识、理念、工具的价值感知都很高。

《PMBOK®指南》的学习对个人成长的影响力需要在实际应用中得到体现，岗位差异所带来的认知差异在一定程度上印证了这一点。自我评分更高的岗位从业人员会涉及更多沟通及项目化的工作任务，而自我评分相对较低的岗位从业人员在日常工作中更多地以个人任务或运营工作为主。总体而言，各个岗位对统计结果的差异不大，且都基本认同项目管理知识体系的学习对其个人成长有很大的帮助。

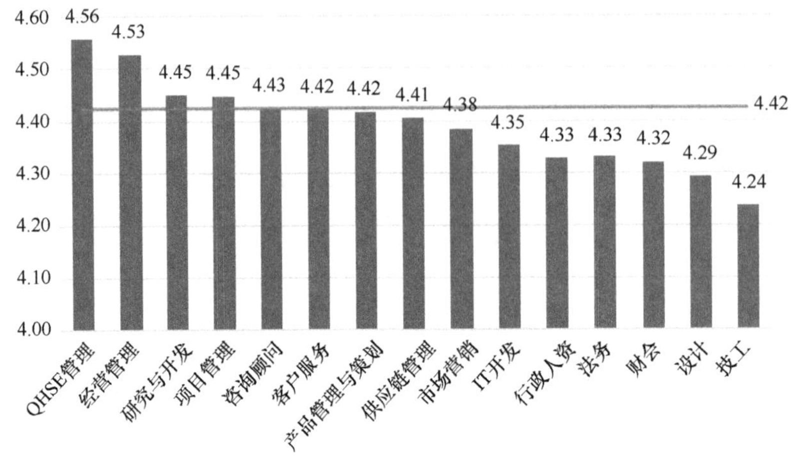

图 4.19　不同岗位人员项目管理知识学习对个人成长影响力的评估（单位：分）

任何管理体系的推行与落地都离不开企业政策的支持和管理层的带领作用，上行下效，才能使《PMBOK®指南》体系得到切实有效的推广和发展。

此次调研发现，不同职级人员在此项上的评分呈现出规律性，所处的职级越高，对项目管理知识体系学习所带来的个人成长方面的影响评价越高（见图 4.20）。高层管理人员在该项的评价最高，评分为 4.56 分；中层人员次之，评分为 4.46 分，普通职员相对较低，评分为 4.39 分。

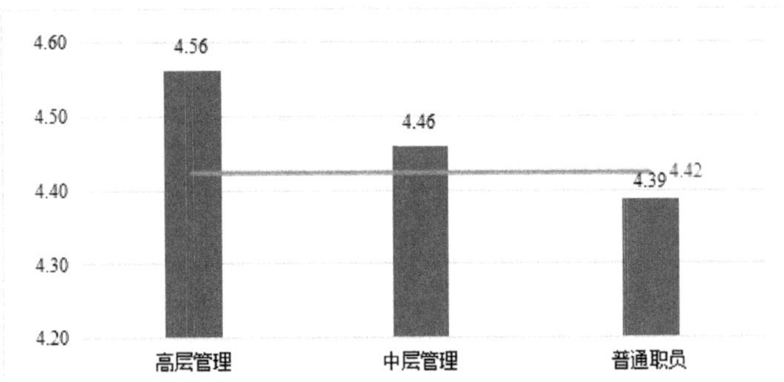

图 4.20　不同职级人员项目管理知识学习对个人成长影响力评估（单位：分）

与普通职员相比，高层管理人员需要更多考虑的是如何进行管理与沟通，而非具体任务的执行。《PMBOK®指南》作为一种方法论，更多的是从全局性的角度提供管理问题的解决方案，与高层管理人员的工作环境和知识需求更为契合。因此他们对《PMBOK®指南》的价值感知也普遍较高。

（二）近 80%的受调查者非常认可持有 PMP®证书有助于提高企业的市场竞争力，在海外工作的受调查者对 PMP®证书的价值感知评价相对更高

在 17 021 名受调查者中，38.36%的受调查者认为企业员工持有 PMP®证书非常有助于提高企业的市场竞争力；39.92%的受调查者认为有比较大的帮助；17.96%的受调查者持

中立态度；不到4%的受调查者认为对提高企业市场竞争力基本没有帮助（见图4.21）。总体而言，近80%的受调查者非常认可持有PMP®证书有助于提高企业的市场竞争力。这说明了 PMP®证书的含金量在报考人员中得到极大的认同，它在开展国内外商务谈判与合作、提高市场竞争力、提升个人形象等方面都能起到重要的作用。例如，在国内招投标项目中，除参与竞标的企业及拟参与项目的个人需要具备国家强制性要求的资质条件外，企业和个人PMP®证书持有情况也逐渐成为评标时的一个重要加分选项。而在一些国际性的招投标项目中，PMP®证书更可能是一个投标必要条件。又如，在商务合作或洽谈中，合作各方在首次会面时，PMP®资质的身份能给自己在专业形象上加分。

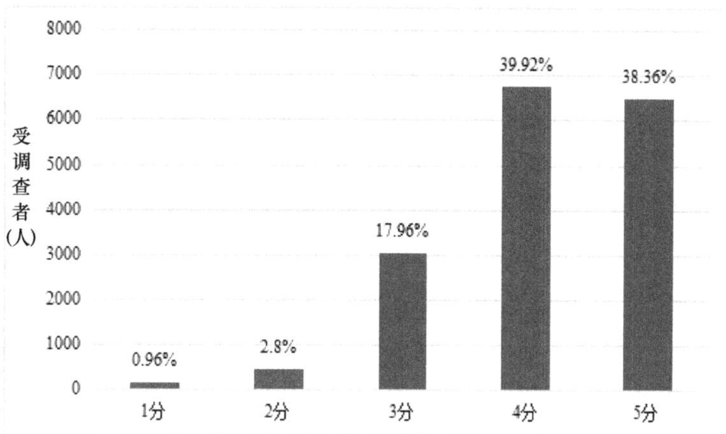

图4.21 持有PMP®证书对于提高企业的市场竞争力的评估

而对PMP®证书的价值感知，受被调查人员是否有过海外项目经验与目前所处的项目实施环境的影响明显。

统计结果显示，目前正在海外实施项目的受调查者对PMP®证书的价值认可度最高，认为非常有助于企业参与市场竞争，评分为4.29分（见表4.1）。

表4.1 不同环境下PMP®证书对企业市场竞争力的影响评分

选　项	1分	2分	3分	4分	5分	小计	平均分
国内环境中（无海外项目经验，人）	66	189	1 380	3 405	3 459	8 500	4.18
国内环境中（有海外项目经验，人）	58	231	1 176	1 709	1 087	4 261	3.83
海外环境中（人）	38	57	501	1 682	1 983	4 261	4.29
小计	163	477	3 057	6 795	6 529	17 021	4.12

在海外项目实施中，选择正确的合作方是成功达成项目目标的关键。而合作方的选择评价往往从对方的历史业绩、财务情况与履约能力等多方面考虑。因各个国家项目实施环境不同，需求方很难从合作方所在国的历史业绩中去评判一个企业或人员的项目履约能力，除非该企业在国际上已经具有一定的业内品牌知名度。我国的大部分“走出去”的企

业在参与国际性的竞争中，品牌效应不高，海外履约业绩也不理想，极大地限制了从业绩方面的评价考量。而一个企业的 PMP®证书持有情况及参与项目人员 PMP®资质，代表了其相关人员已通过国际认可的标准项目管理知识体系的考核，掌握国际通用的项目管理知识，并达到了专业水准，具备国际认可的履约国际项目的项目管理能力。这有助于需求方从客观维度对合作方给予直接且公正的评判。这也是在海外环境中的作业人员非常认可 PMP®认证的关键因素之一。

在国内环境下，本报告又区分了“曾经有海外项目经验”和“无海外项目经验”两个方面。

曾有过海外项目经验的受调查者在此项上的评分为 3.83 分，反而低于无海外项目经验的受调查者（4.18 分）。这种评价符合有海外项目经验的受调查者回到国内项目环境时，PMP®证书的普及性及应用环境的差异带来的心理落差。说明在国内项目环境中，尽管《PMBOK®指南》已经得到了比较广泛的应用与认同，但是和海外相比仍显不足。

以受调查人员数量前三的行业为代表（信息传输、软件和信息技术服务业，制造业，金融业），分别对不同行业与在不同实施环境下对 PMP®证书价值感知情况进行统计分析，观察不同行业对 PMP®证书价值感知的差异。

统计结果如图 4.22 所示，在 PMP®证书对企业的市场竞争力影响上，典型行业的受调查者在不同环境下对 PMP®证书的价值感知基本和调研总体呈现的趋势保持一致，说明其不受相关人员所从事行业的影响。

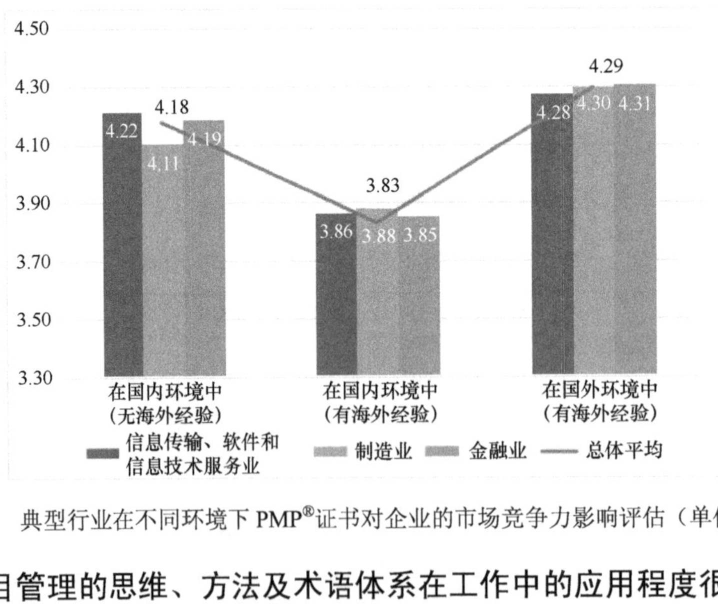

图 4.22 典型行业在不同环境下 PMP®证书对企业的市场竞争力影响评估（单位：分）

（三）项目管理的思维、方法及术语体系在工作中的应用程度很高，十分有利于知识体系的落地，助力个人成长。其中，尤以高层管理者的应用程度最高。《PMBOK®指南》在实践中缺失外部的应用环境

《PMBOK®指南》在工作和生活中的应用主要体现在以下三方面：

（1）运用项目化的思维及相关理念思考问题。

（2）运用标准的项目管理流程、工具、模板、方法规范项目的管理。

（3）运用通用的标准术语体系进行沟通协作。

调查结果显示，86.01%的受调查者认为自己在实际工作和生活中，较多运用相关的思维理念思考问题（评分 4 分及以上），该项平均评分为 4.24 分。77.00%的受调查者认为会运用相关工具、模板和方法规范项目的管理，76.75%的受调查者认为会运用通用的标准术语体系进行沟通协作，这两项平均评分皆为 4.05 分（见表 4.2）。总体而言，受调查者对《PMBOK®指南》的实际运用程度都比较高，这十分有利于项目管理知识体系的落地，真正内化为工作和生活的习惯，助力个人成长。

表 4.2　项目管理的思维理念、工具方法及术语应用程度评估

选　　项	5 分	4 分	3 分	2 分	1 分	平均分
运用《PMBOK®指南》的思维理念思考问题	40.68%	45.33%	11.62%	1.56%	0.81%	4.24
运用标准的项目管理流程、工具、模板和方法规范项目的管理	33.33%	43.67%	18.93%	3.25%	0.82%	4.05
运用通用的标准术语体系进行沟通协作	34.62%	42.12%	18.38%	3.85%	1.02%	4.05

从各项评分中可以看到，《PMBOK®指南》中的工具、模板、方法和项目管理术语的应用程度稍低于思维理念，这和它们在实际应用中，不仅要依赖个人的主观意愿，而且受到外部项目环境、公司环境等制约和影响有关。

在对多位项目管理方面的典型个人的访谈中了解到，大部分人员虽然经过系统的项目管理知识学习与考核认证，已经掌握了项目管理的方法论、工具及标准术语体系，但在实际工作中，因外部应用环境的欠缺，所学知识往往得不到非常有效的应用。虽然他们可以利用项目化的思维，提高个人的工作效率，但较难整体改善组织的绩效。这侧面反映出目前项目管理在国内应用的一个普遍性问题：缺乏全员普及性项目管理培训，使很多公司还没有形成良好的项目管理应用环境。大部分企业虽然会引入国际先进的项目管理知识体系培训以提升公司的管理能力，但是往往因员工时间安排和培训经费的问题，很少有企业实际开展全员普及性的培训，而只是在中高层与核心骨干中开展培训。因此受训人员在组织内部利用所学方法开展沟通协作时存在一定的断层，造成应用阻碍。即使有些企业已经开展全员普及的项目管理知识培训，且在组织内部已经达成应用共识，改进了其管理方法，但是因为外部合作方的因素，在整体项目的实施过程中，《PMBOK®指南》方法的应用也会受阻。这是影响该体系价值感知和应用落地的关键因素之一。经调研发现，有的企业不仅在内部开展项目管理培训，培养项目管理专业人才，同时也要求供应商具有相应数量的 PMP®持证人员，或直接把供应商纳入其培训体系中来，构建一个完整的项目实施环境。

对处于不同职级的受调查者对该项评价的统计发现（见图 4.23），高层管理人员不管是在思维理念还是在工具、模板、方法及术语的应用程度上，都处于最高水平，评分最高，中层管理人员次之，普通职员位列最末。此结果与前述《PMBOK®指南》的学习对个人成长的总体影响力评估结果一致，高层管理人员不论是在项目管理的价值感知方面还是在实际应用层面，最终的评价结果均高于普通职员，这与高层管理人员和普通职员的工作性质差别有关。

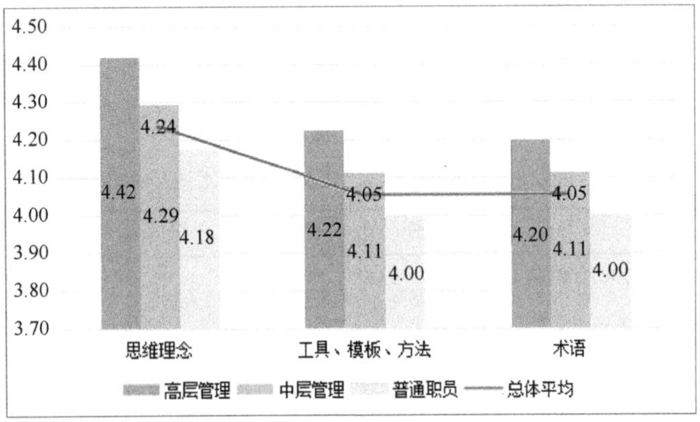

图 4.23　不同职级人员对项目管理的相关思维理念、工具方法及术语应用程度评估（单位：分）

（四）WBS 被认为是使用频率最高、最有用的项目管理工具，其后依次为职责分配矩阵、问题日志、关键路径法。不同岗位和职级对工具应用的选择差异性不大

在此次调研中，对《PMBOK®指南》中所涉及的常见项目管理工具或方法进行考察，采用多项顺序选择法。每位受调查者按顺次选择认为日常工作中使用频率最高或最有帮助的 3 项工具。根据顺序的设定权重开展评分。

如表 4.3 所示，73.73%的受调查者认为，在实际工作或生活中，WBS 是最有用、使用频率最高的项目管理工具，而其中 58.77%的受调查者把 WBS 选定为第一顺次，其综合评分为 4.81 分。WBS 通过对项目范围的分解，进一步明确项目范围的定义，是开展项目的进度和成本估算、资源配置、任务分配的基础，是项目相关各方开展沟通的平台，也是进行项目控制的基准。

表 4.3　常见项目管理工具或方法使用频率评估

项目管理的工具或方法	平均综合得分（分）	比　例
A. 工作分解结构	4.81	73.73%
B. 职责分配矩阵	4.53	36. 80%
C. 问题日志	4.51	33.83%
D. 关键路径法	4.47	31.36%
E. 风险登记册	4.44	29.30%
F. 冲突管理技术	4.41	23.89%
G. 滚动式规划	4.39	22.33%
H. 核对表	4.35	13.14%

（续表）

项目管理的工具或方法	平均综合得分（分）	比　　例
I. 资源日历	4.23	11.76%
J. 挣值管理技术	4.21	10.13%
K. 相关方参与度评估矩阵	4.18	9.29%
L. 关键链法	4.15	3.82%
其他	4.09	0.2%

其后依次为职责分配矩阵、问题日志和关键路径法，平均综合得分分别为 4.53 分、4.51 分和 4.47 分。各项目管理工具或方法中，相关方参与度评估矩阵和关键链法位列末两位，平均综合得分为 4.18 分和 4.15 分。

进一步的统计分析表明，大部分的工具或方法在不同岗位上的应用水平并无显著差异，不同职级人员对工具或方法的应用程度也大体相同。但在职责分配矩阵、挣值分析和问题日志三项上存在较明显差异（见图 4.24）。

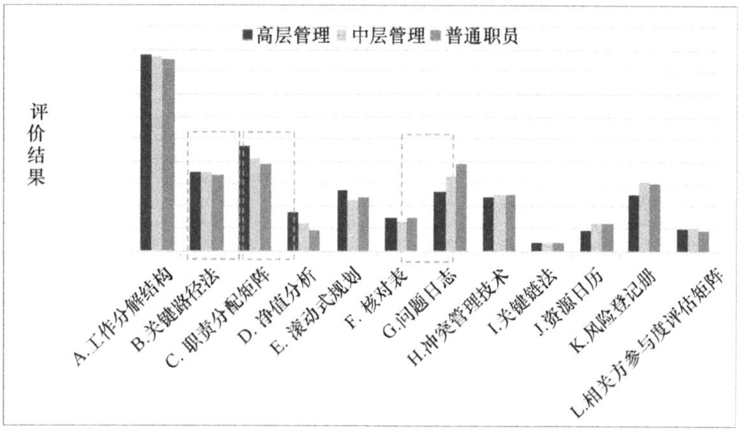

图 4.24　不同职级人员对各项目管理工具或方法的综合评价

在职责分配矩阵和挣值管理技术两项上，高层管理人员的应用程度最高，中层管理人员次之，普通职员的应用程度最低。而在问题日志的应用上正好相反，普通职员在此项上的平均综合得分最高，中层管理人员次之，高层管理人员最低。这与高层管理人员和普通职员的工作性质表现出来的特征基本相符，高层管理者更多地关注项目资源的统筹协调与综合绩效的监控，而职责分配矩阵和挣值管理技术正是行之有效的管理工具。而普通职员的工作多为执行具体任务，可以利用问题日志来记录、分析和处理具体的问题，并记录成经验教训，因此，在问题日志上的评价，普通职员最高。

四、《PMBOK®指南》学习对个人思维理念的影响

调研说明：

（1）本节主要评估《PMBOK®指南》的学习对相关人员建立或提升各种管理思维理念

的影响。

（2）受调查者对各思维理念的建立或提升进行主观性评分，通过统计各思维理念的平均评分和评分结果分布，比较《PMBOK®指南》的学习对思维理念的影响程度。

（一）《PMBOK®指南》的学习对个人管理思维理念的形成或提升都有很大帮助，其中以对“计划先行”思维的影响程度最大

《PMBOK®指南》的学习对各项思维理念的形成与提升评价得分显示，各项思维理念的平均评分均在4分以上，即受调查者认为《PMBOK®指南》的学习在很大程度上影响了这些思维理念的形成和提升。

1．细分思维

“细分”指对复杂的工作或问题进行逐层分解，以便更好地认清工作的本质，是开展任务估算、分配及考核的基础。它是项目管理中最基本的方法论，是制作WBS的核心。

81.44%的受调查者认为通过《PMBOK®指南》的学习对“细分思维”的建立或提升有很大的影响（评分4分以上），只有不到2%的受调查者认为影响非常小或几乎没有影响，综合得分为4.17分（见表4.4）。

表4.4 《PMBOK®指南》学习对“细分思维”建立或提升的影响评价

影响“细分思维”的形成或提升	小计（人）	比　例
几乎没有影响（1分）	50	0.29%
影响非常小（2分）	251	1.47%
有一定影响（3分）	2 858	16.79%
影响比较大（4分）	7461	43.83%
影响非常大（5分）	6401	37.61%
本题有效填写人次	17021	本项平均分：4.17

2．整合思维

“整合”指对各管理要素及内外部环境进行有机的整合，平衡矛盾性的需求，协调各计划之间的关联性，以达到整个项目管理过程的统一和协调。

80.03%的受调查者认为通过《PMBOK®指南》的学习对“整合思维”的建立或提升有很大的影响（评分4分以上），只有不到2%的受调查者认为影响非常小或几乎没有影响，综合得分为4.13分（见表4.5）。

表4.5 《PMBOK®指南》的学习对“整合思维”建立或提升的影响评价

影响“整合思维”的形成或提升	小计（人）	比　例
几乎没有影响（1分）	35	0.21%
影响非常小（2分）	291	1.71%
有一定影响（3分）	3074	18.06%

（续表）

影响“整合思维”的形成或提升	小计（人）	比　例
影响比较大（4 分）	7676	45.10%
影响非常大（5 分）	5945	34.93%
本题有效填写人次	17021	本项平均分：4.13

3. 以终为始思维

“以终为始”是指做任何事，都要以目标为导向，从最终要达成的目标出发思考所有问题。

82.95%的受调查者认为通过《PMBOK®指南》的学习对“以终为始思维”的建立或提升有很大的影响（评分 4 分以上），只有不到 2%的受调查者认为影响非常小或几乎没有影响，综合得分为 4.21 分（见表 4.6）。

表 4.6 《PMBOK®指南》的学习对“以终为始思维”建立或提升的影响评价

影响“以终为始思维”的形成或提升	小计（人）	比　例
几乎没有影响（1 分）	43	0.25%
影响非常小（2 分）	256	1.50%
有一定影响（3 分）	2602	15.29%
影响比很大（4 分）	7304	42.91%
影响非常大（5 分）	6816	40.04%
本题有效填写人次	17021	本项平均分：4.21

4. 计划先行思维

“计划先行”指做事前先有计划，谋定而后动。以计划指导实际行动，做到有章有法，计划也是各相关方开展协同合作、项目沟通的基础。

86.19%的受调查者认为通过《PMBOK®指南》的学习对“计划先行思维”的建立或提升有很大的影响（评分 4 分以上），只有不到 1.5%的受调查者认为影响非常小或几乎没有影响，综合得分为 4.3 分（见表 4.7）。

表 4.7 《PMBOK®指南》的学习对“计划先行思维”建立或提升的影响评价

影响“计划先行思维”的形成或提升	小计（人）	比　例
几乎没有影响（1 分）	36	0.21%
影响非常小（2 分）	209	1.23%
有一定影响（3 分）	2106	12.37%
影响比较大（4 分）	6967	40.93%
影响非常大（5 分）	7703	45.26%
本题有效填写人次	17021	本项平均分：4.3

5. 明确基准思维

“基准”指经各方确认批准的各分解目标及工作标准，它用于与实际结果进行比较，是项目控制的依据。基准应该严肃化，只有通过正式的变更控制程序才能进行基准的变更。

任何项目管理计划均应基准化，至少应规定项目的范围、进度和成本方面的基准，以据此考核项目执行情况和管理项目绩效。

80.77%的受调查者认为通过《PMBOK®指南》的学习对“明确基准思维”的建立或提升有很大的影响（评分 4 分以上），只有 2.17%的受调查者认为影响非常小或几乎没有影响，综合得分为 4.16 分（见表 4.8）。

表 4.8 《PMBOK®指南》的学习对“明确基准思维”建立或提升的影响评价

影响“明确基准思维”的形成或提升	小计（人）	比　　例
几乎没有影响（1 分）	51	0.30%
影响非常小（2 分）	319	1.87%
有一定影响（3 分）	2903	17.06%
影响比较大（4 分）	7364	43.26%
影响非常大（5 分）	6384	37.51%
本题有效填写人次	**17021**	**本项平均分：4.16**

6．全程监控思维

“全程监控”指对项目实施全过程的控制，即分节点监控目标的实现情况，及时发现偏差，并采取纠偏措施给予纠正。合理的监控是确保工作按计划实施，提高工作绩效的最直接、最有效的手段。

82.22%的受调查者认为通过《PMBOK®指南》的学习对“全程监控思维”的建立或提升有很大的影响（评分 4 分以上），只有 2.10%的受调查者认为影响非常小或几乎没有影响，综合得分为 4.18 分（见表 4.9）。

表 4.9 《PMBOK®指南》的学习对“全程监控思维”建立或提升的影响评价

影响“全程监控思维”的形成或提升	小计（人）	比　　例
几乎没有影响（1 分）	48	0.28%
影响非常小（2 分）	310	1.82%
有一定影响（3 分）	2668	15.67%
影响比较大（4 分）	7439	43.70%
影响非常大（5 分）	6556	38.52%
本题有效填写人次	**17021**	**本项平均分：4.18**

7．预防为重思维

“预防为重”指强调前期的预防，避免后期的返工，前期的预防成本往往比后期的补救成本低很多。预防为重理念的另一个重要方面是强调前期显性投入与后期隐性收益之间的平衡。在工作与生活中，人们一般不愿为未来不确定的隐性收益而事先投入显性的预防成本，当不良事件发生后，却愿意花很大的代价去补救，造成了极大的资源浪费与效率降低。

83.31%的受调查者认为通过《PMBOK®指南》的学习对“预防为重思维”的建立或提升有很大的影响（评分 4 分以上），只有 2.16%的受调查者认为影响非常小或几乎没有影响，综合得分为 4.22 分（见表 4.10）。

表 4.10 《PMBOK®指南》的学习对“预防为重思维”建立或提升的影响评价

影响“预防为重思维”的形成或提升	小计（人）	比　例
几乎没有影响（1 分）	41	0.24%
影响非常小（2 分）	327	1.92%
有一定影响（3 分）	2473	14.53%
影响比较大（4 分）	7202	42.31%
影响非常大（5 分）	6978	41.00%
本题有效填写人次	17021	本项平均分：4.22

8. 审慎变更思维

“审慎变更”指任何对基准的变更，需要全面考虑各个方面的影响，做到各个要素的整合。审慎变更的另一层含义是开展变更要严格遵循变更控制程序，做到任何变动都有理有据，并得到各受影响的关键相关方的共识与书面认可。

78.74%的受调查者认为通过《PMBOK®指南》的学习对“审慎变更思维”的建立或提升有很大的影响（评分 4 分以上），有 3.36%的受调查者认为影响非常小或几乎没有影响，综合得分为 4.12 分（见表 4.11）。

表 4.11 《PMBOK®指南》的学习对“审慎变更思维”建立或提升的影响评价

影响“审慎变更思维”的形成或提升	小计（人）	比　例
几乎没有影响（1 分）	113	0.66%
影响非常小（2 分）	459	2.70%
有一定影响（3 分）	3047	17.90%
影响比较大（4 分）	6973	40.97%
影响非常大（5 分）	6429	37.77%
本题有效填写人次	17021	本项平均分：4.12

9. 凝聚共识思维

“凝聚共识”指通过分析相关方的需求，找到共同点，团结一切可以团结的力量，这是相关方管理及资源管理的核心要点，对项目的成功起到至关重要的作用。

81.43%的受调查者认为通过《PMBOK®指南》的学习对“凝聚共识思维”的建立或提升有很大的影响（评分 4 分以上），有 2.37%的受调查者认为影响非常小或几乎没有影响，综合得分为 4.18 分（见表 4.12）。

表 4.12 《PMBOK®指南》的学习对“凝聚共识思维”建立或提升的影响评价

影响“凝聚共识思维”的形成或提升	小计（人）	比例
几乎没有影响（1 分）	57	0.33%
影响非常小（2 分）	347	2.04%
有一定影响（3 分）	2757	16.20%
影响比较大（4 分）	7251	42.60%
影响非常大（5 分）	6609	38.83%
本题有效填写人次	17021	本项平均分：4.18

10. 持续积累思维

“持续积累”指经常进行反思和总结，通过长期的积累与持续改进，使结果从量变到质变。在积累的同时，充分利用组织的知识库，在整个组织内分享组织过程资产，提高组织的综合管理能力。

82.48%的受调查者认为通过《PMBOK®指南》的学习对“持续积累思维”的建立或提升有很大的影响（评分 4 分以上），有 2.24%的受调查者认为影响非常小或几乎没有影响，综合得分为 4.20 分（见表 4.13）。

表 4.13 《PMBOK®指南》的学习对“持续积累思维”建立或提升的影响评价

影响“持续积累思维”的形成或提升	小计（人）	比 例
几乎没有影响（1 分）	55	0.32%
影响非常小（2 分）	326	1.92%
有一定影响（3 分）	2601	15.28%
影响比较大（4 分）	7204	42.32%
影响非常大（5 分）	6835	40.16%
本题有效填写人次	17021	本项平均分：4.20

综上所述，《PMBOK®指南》的学习对于个人管理思维理念的形成或提升都有很大帮助。其中对“计划先行思维”的影响程度最大，其后依次为“预防为重思维”“以终为始思维”“持续积累思维”。“审慎变更”的影响程度相对较低（见图 4.25）。可喜的是，思维理念的评分之间虽然存在差异，但差距不大，且评分都很高，皆在 4 分以上。

调研统计的结论与我国大部分项目的实施现状相符合，大多数的项目从业者会意识到前期计划的重要性，但在实际操作中，因项目进度的约束、管理方法不良、历史积累资料不全或其他相关方的干扰等因素，编制的项目管理计划指导性并不强，计划本身不具备可操作性，形成了“计划不如变化快”的习惯。因此，对于变更的态度上也有所松弛。而随意的变更，也是影响项目目标达成的最大因素，这些都需要通过强化意识和学习科学管理方法来改善。

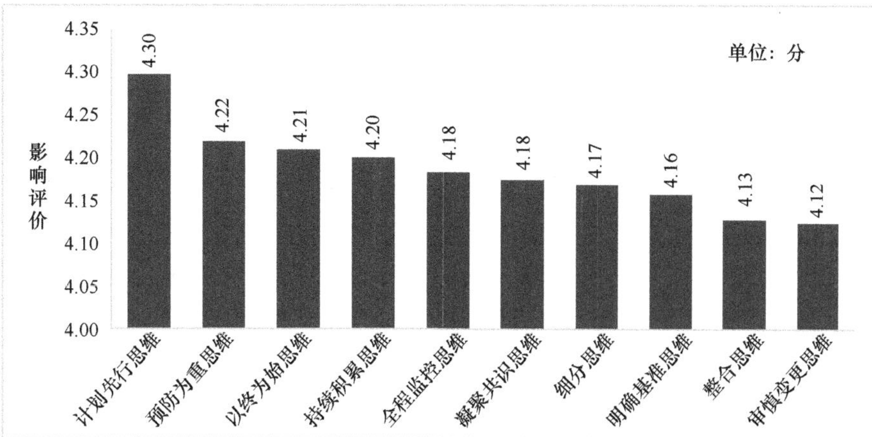

图 4.25 项目管理的学习对各管理思维理念形成与提升的影响评价

（二）高层管理人员更认可项目管理学习对其管理思维理念形成和提升的影响，中层管理人员次之，普通职员受到的影响相对较小

如图 4.26 所示，不同职级的受调查者对于《PMBOK®指南》的学习对其管理思维理念的形成和提升影响程度的评价存在差异。有 87.38%的高层管理人员认为该体系的学习对思维理念的建立或提升有很大的帮助，平均评分为 4.35 分；其次为中层管理人员，平均评分为 4.23 分，83.95%的中层管理人员认可该体系的学习对管理思维理念建立或提升的帮助；最后为普通职员，平均评分为 4.14 分，80.10%的普通职员认可该体系的学习对管理思维理念建立或提升的帮助。总体而言，虽然各职级人员在该项上的评分虽稍有差异，但都非常认同项目管理的学习在管理思维理念方面带来的帮助，高层管理人员之所以认可度最高与其工作的定位有关。

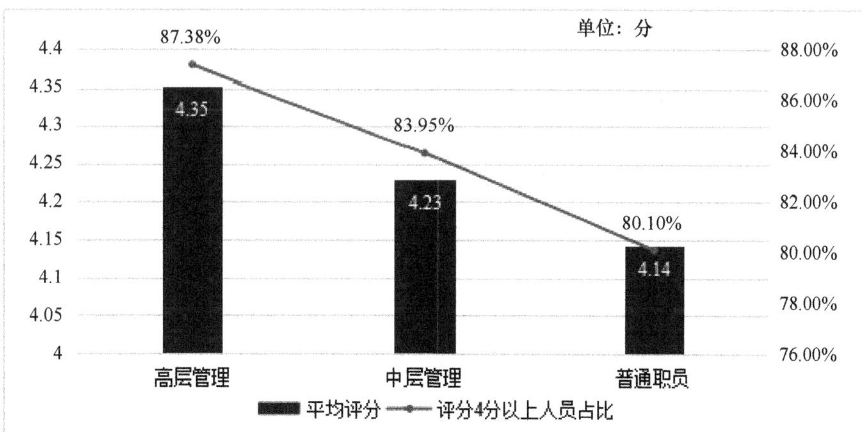

图 4.26 不同职级人员对管理思维理念影响的总体评价

在该体系对各项具体思维理念的影响评价上，各项均呈现阶梯式的结果分布，和总体的评价结论是一致的，即高层评价最高，中层次之，普通职员评价相比最低（见图 4.27）。

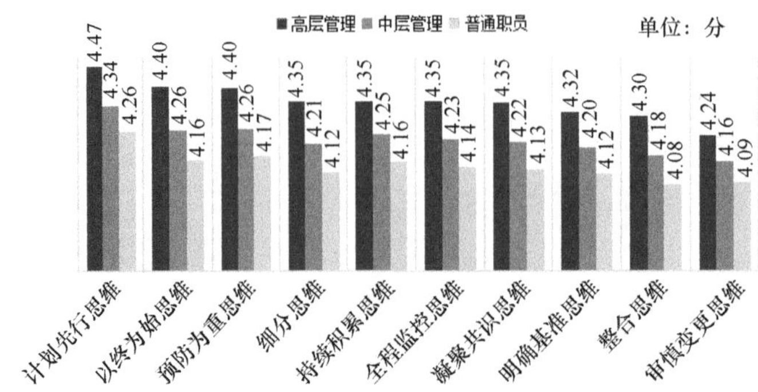

图 4.27　不同职级人员对各管理思维理念的影响评价

（三）从事 QHSE 管理岗位人员认为《PMBOK®指南》的学习对其管理思维理念的提升帮助最大，从事项目管理岗的人员调查结果都高于平均水平

在各岗位中，从事 QHSE 管理岗位人员认为其项目管理思维理念受《PMBOK®指南》学习的影响程度最高，平均评分为 4.28 分，其中有 84.64%的受调查者认为该体系的学习很大程度上影响了相关思维理念的形成和提升（见图 4.28）。而从事项目管理岗位的人员在各项思维理念上的评分都高于总体的平均评分（见图 4.29）。

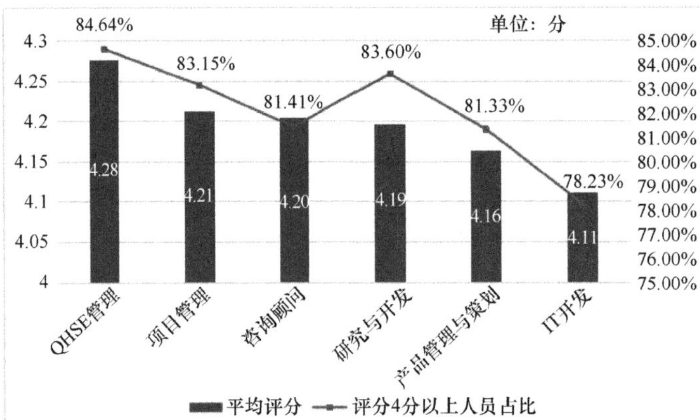

图 4.28　不同岗位人员对《PMBOK®指南》学习影响管理思维理念形成与提升的评价

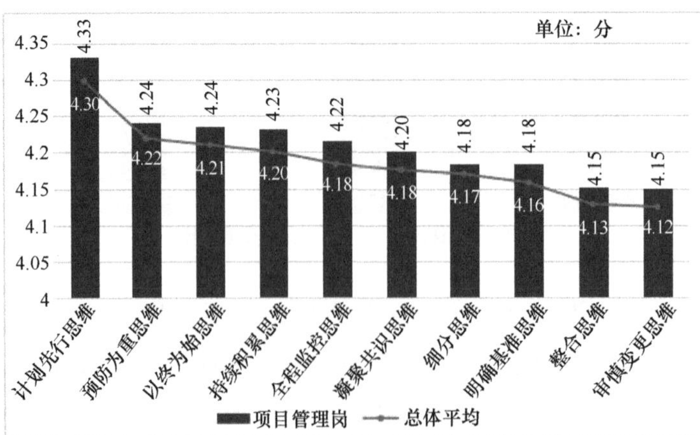

图 4.29　从事项目管理岗位人员对《PMBOK®指南》学习影响各思维理念形成与提升的评价

五、《PMBOK®指南》学习对个人能力提升的影响评估

调研说明：

（1）《PMBOK®指南》对个人能力提升的影响程度评估主要通过考察受调查者在进行该体系的学习前后，在以下 9 项能力上是否有所提升：

- 项目管理能力。
- 整合能力。
- 计划能力。
- 执行能力。
- 问题解决能力。
- 沟通能力。
- 组织及监管能力。
- 归纳总结能力。
- 风险管理能力。

值得说明的是，项目管理能力是一项综合性的管理技能，它包括在项目管理过程中需要具备的方方面面管理能力，不是其他分列的单项能力可以全面覆盖的。在《PMBOK®指南》（第 6 版）中也特别强调了项目经理的能力三角形，包含了技术项目管理能力、领导力、战略和商务管理能力三个维度，从整体上衡量项目管理人员的战略落地能力。因此，此处专门对综合的“项目管理能力”进行调查。

（2）受调查者对各项能力的提升进行主观性评分，通过统计各项能力的平均评分和评分结果分布，分析《PMBOK®指南》学习对个人能力提升的影响程度。

（一）《PMBOK®指南》的学习对个人能力有很大的提升影响，其中对“项目管理能力”提升的影响程度最大，“沟通能力”受到的影响相对较小

85%以上的受调查者认为《PMBOK®指南》的学习对个人能力提升有很大的影响，所调查的 9 项管理能力的综合评分都在 4 分以上。其中，以对“项目管理能力”的影响力评分最高，为 4.31 分，87.47%的受调查者认为该体系学习对自己项目管理能力的提升有很大影响（评分 4 分以上）。其后依次为“计划能力（评分 4.26 分）”“整合能力（评分 4.21 分）”“风险管理能力（评分 4.19 分）”“问题解决能力（评分 4.18 分）”“归纳总结能力（评分 4.17 分）”“执行能力（评分 4.15 分）”“组织及监管能力（评分 4.14 分）”“沟通能力（评分 4.09 分）”（见图 4.30）。

项目管理能力是一项综合性的管理技能，《PMBOK®指南》从项目生命周期、十大管理领域和五个项目管理过程组三个维度出发，为项目从业者提供标准的项目管理知识体系指南，旨在为项目管理人员提供在项目生命周期各阶段的实施中，需要遵循何种管理过程及注意哪些管理要点，需产出何种结果，以及为产出结果应该依据哪些条件，可采用哪些

工具和方法等方面的系统性知识进行指导。因此，受调查者认为对其综合项目管理能力的提升影响最大是完全符合预期的。而沟通能力的提升需要平时工作与生活中的不断演练，因此该项评分相对较低。

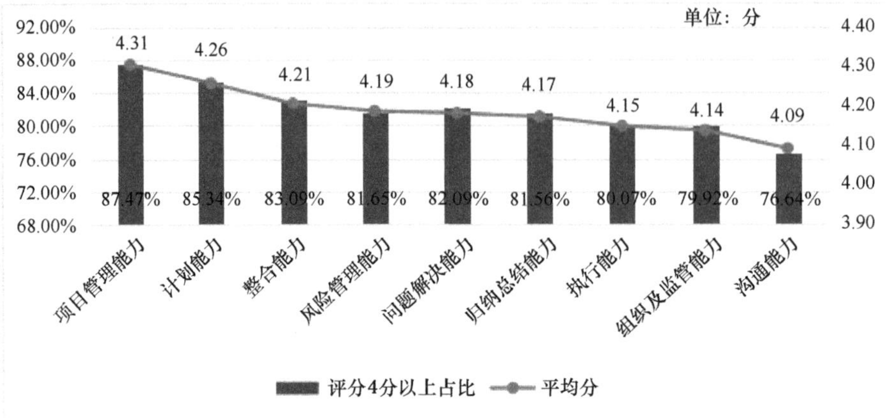

图 4.30 《PMBOK®指南》学习对个人能力提升影响力评分

（二）高层管理人员认为《PMBOK®指南》的学习对其各项能力的提升帮助最大，中层管理人员次之，普通职员认为相对较小。从事项目管理岗位的人员对能力提升的评价高于总体平均水平

如图 4.31 所示，不同职级人员对《PMBOK®指南》的学习在个人能力提升方面的影响力评价存在差异。高层管理人员对评分最高，平均分数为 4.33 分，86.68%的高层管理人员认为该体系学习对个人能力的提升存在很大影响力，且各分项能力的评分都高于受调查者总体的平均水平（见图 4.32）。中层管理人员次之，平均影响力评分为 4.24 分，84.02%的中层管理人员认为存在很大影响，同样，其各分项能力的评分都高于受调查者总体的平均水平。普通职员的评分相对最低，为 4.14 分，80.14%的普通职员认为存在很大影响，其各分项能力的评分都低于受调查者总体的平均水平。不同职级之间所呈现出来的影响力差异与前述《PMBOK®指南》对个人管理思维理念方面的影响差异一致。

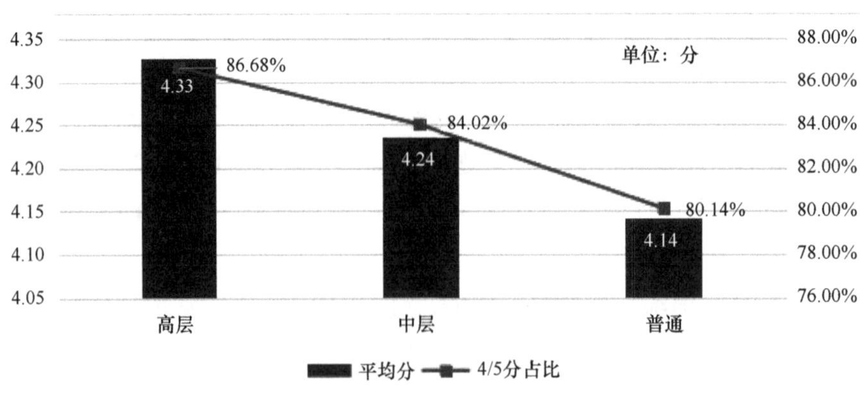

图 4.31 《PMBOK®指南》学习对不同职级人员能力提升影响力的总体评价

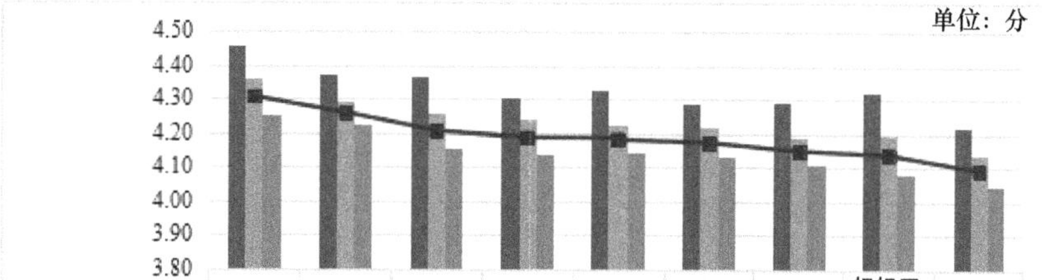

	项目管理能力	计划能力	整合能力	风险管理能力	问题解决能力	归纳总结能力	执行能力	组织及监管能力	沟通能力
高层管理	4.46	4.37	4.37	4.30	4.33	4.28	4.29	4.32	4.22
中层管理	4.36	4.29	4.26	4.24	4.22	4.22	4.19	4.20	4.14
普通职员	4.25	4.22	4.16	4.14	4.14	4.13	4.11	4.08	4.05
总体平均	4.31	4.26	4.21	4.19	4.18	4.17	4.15	4.14	4.09

图 4.32　《PMBOK®指南》学习对不同职级人员能力提升影响力的分项评价

从岗位上看，从事项目管理工作的人员在各项能力上的影响力评分均高于平均水平，且对各项能力的评分趋势与调研总体相近（见图 4.33）。

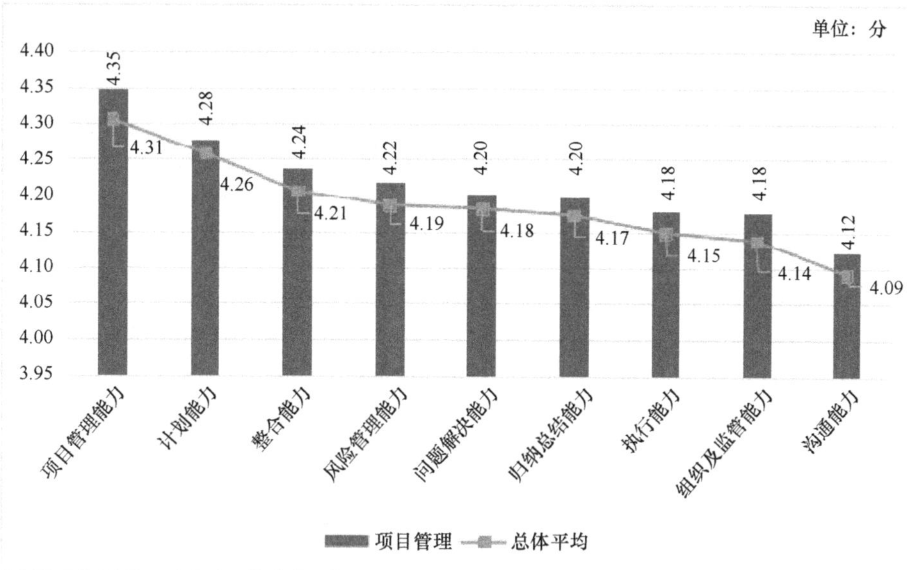

图 4.33　项目管理人员对《PMBOK®指南》影响个人能力的评分

（三）有海外项目经验的人员认为《PMBOK®指南》的学习更能提升其个人的管理能力，特别是对“风险管理能力”的培养

前述统计结果显示，有无海外项目经验对个人在《PMBOK®指南》和 PMP®证书的价值感知上存在差异。经对有无海外项目经验对个人能力受《PMBOK®指南》学习影响程度的评估后发现，有海外项目经验人员在该项的评估分值为 4.20 分，有 83.07%的人员认为该体系学习对个人能力的提升有很大的帮助，略高于无海外项目经验人员的 4.18 分，但差异性不大（见图 4.34）。

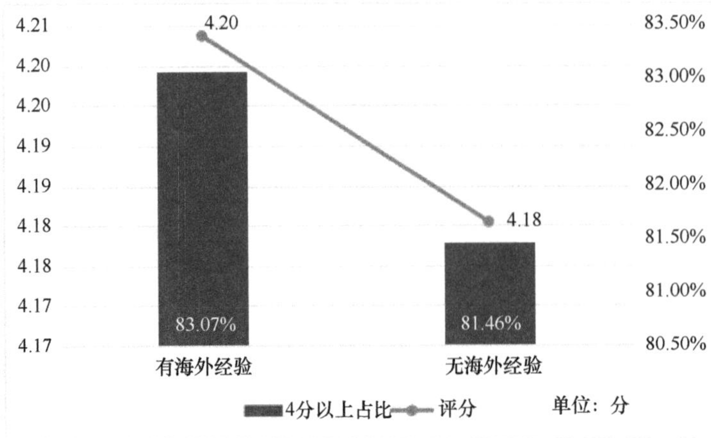

图 4.34 有无海外经验对《PMBOK®指南》影响个人能力的评分

如图 4.35 所示，在各项能力的影响力评价中，受调查者有无海外项目经验在“风险管理能力”项上的评分差距相对较大。有过海外项目经验人员的影响力评分为 4.22 分，而无海外项目经验人员的评分为 4.17 分。这体现了在海外项目的管理过程中对风险管理的重视度高于国内项目的管理，《PMBOK®指南》中关于风险管理的知识对海外项目环境中的学员帮助更大。

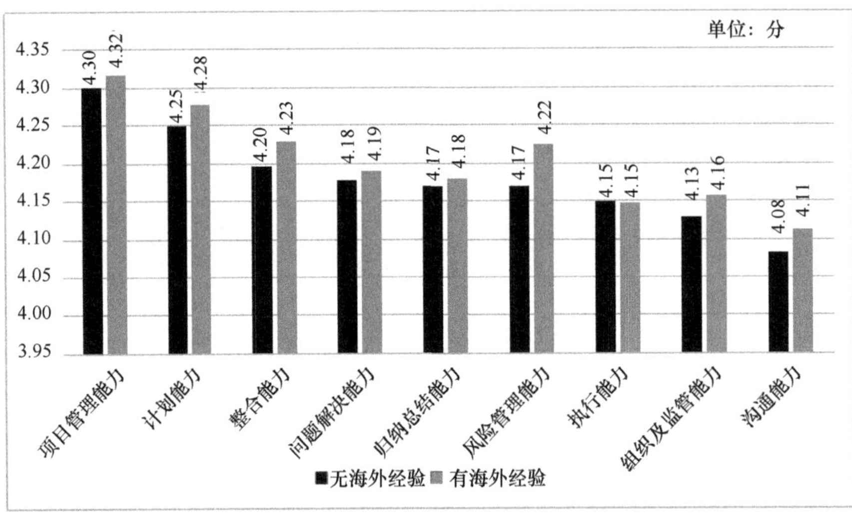

图 4.35 《PMBOK®指南》对有无海外项目经验人员能力提升影响力评分

六、《PMBOK®指南》对个人发展的影响评估

调研说明：

（1）在本次调研中，《PMBOK®指南》对个人发展的影响主要通过对个人的工作效率提高、职位升迁和薪酬提升三方面进行评估，并对《PMBOK®指南》的理念、工具和方法如何帮助个人提高工作效率开展进一步调查。

（2）采用 5 分制的主观评分法来评价受调查者对调查选项的认可程度，1 分代表几乎没影响，2 分代表非常小的影响，3 分代表有一定的影响，4 分代表较大的影响，5 分代表非常大的影响。

（一）《PMBOK®指南》的理念、工具和方法的应用很大程度上提高了工作的效率。通过学习能够更好地定义项目的范围、进度、成本和质量等目标，是提高工作效率的最佳实践

81.11%的受调查者认为通过对《PMBOK®指南》的理念、工具、方法的应用，很大程度上提高了工作效率（评分 4 分以上），只有 2.24%的受调查者认为无影响或影响较小，其平均评分为 4.16 分（见图 4.36）。

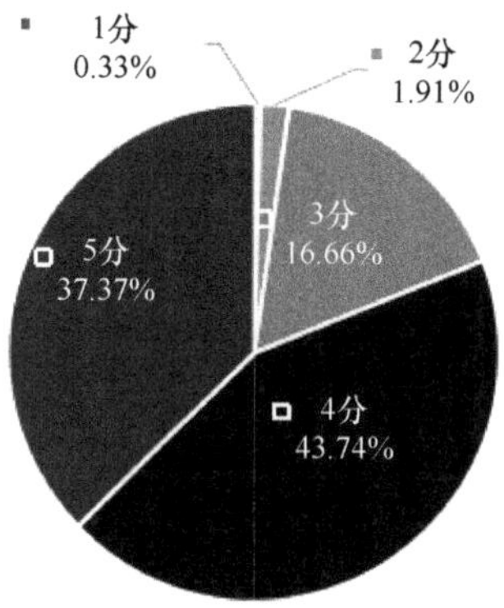

图 4.36 《PMBOK®指南》学习对工作效率提高影响力评分比例分布

如表 4.14 所示，73.00%的受调查者认为通过《PMBOK®指南》学习，能够更好地定义项目的范围、进度、成本、质量等目标，从而提高工作效率；60.74%的受调查者认为能够更好地按进度计划完成项目；另有 51.82%和 50.77%的受调查者认为通过学习能够更好地管理需求和管控项目风险。这充分体现了该体系的理念、方法及工具对于项目的基准计划制订与管理的巨大作用，尤其是对范围及进度管理的重要意义。同时，通过学习，强化了项目从业人员风险意识，为项目风险的管控提供了全面的管理流程与方法。

46.81%的受调查者认为通过《PMBOK®指南》的学习能够有效地防止项目范围蔓延。《PMBOK®指南》非常强调范围基准的可控性及对基准变更的严肃性，它避免了无序的变更导致范围不可控。

43.74%的受调查者认为通过《PMBOK®指南》的学习能够更好地进行项目资源配置。在《PMBOK®指南》（第 6 版）中，对项目资源的配置及管理做了极大的更新，除原先对人力资源的优化配置及管理外，更是补充了对实物资源的管理，以更好地提高资源利用效率。这些都对避免资源浪费、提高工作效率提供了很好的方法和工具的支持。

而预算内完成项目、满足或超预期满足客户和其他相关方的需求、减少因质量问题造成的返工或索赔这三项选择的人数相对较少，占比分别为 24.59%、23.33%及 21.41%。

除调研所提及的工作效率提高方式外，部分受调查者还提出，通过《PMBOK®指南》的学习，能对项目整体有更明确的认知，在工作中提升了自己的结构化思维，能够更好地控制项目变更，从而起到提升工作效率的作用。

表 4.14 《PMBOK®指南》的学习对提高工作效率方式的占比统计

选项（多项选择）	人数（人）	比　例
更好地定义项目的范围、进度、成本、质量等项目目标	12426	73.00%
按进度计划完成项目	10339	60.74%
管理项目需求	8820	51.82%
更好地管控项目风险	8641	50.77%
防止范围蔓延	7968	46.81%
更好地进行资源配置	7445	43.74%
充分调动和发挥了团队的力量	5700	33.49%
在预算内完成项目	4185	24.59%
满足或超预期满足客户和其他相关方的需求	3971	23.33%
减少了因质量问题造成的返工或索赔	3644	21.41%
其他	108	0.63%
本题有效填写人次	**17021**	**本项平均分：4.16**

在不同职级的人员中，高层管理人员认为《PMBOK®指南》对工作效率提高的影响程度最大，评分为 4.35 分，88.65%的高层管理人员认为项目管理相关工具和方法的运用能够在很大程度上提高工作效率；中层管理人员次之，影响程度评分为 4.20 分，有 82.87%的人员认为影响程度很大；普通职员虽然排名最末，但评分也在 4 分以上，为 4.12 分，有 79.28%的人员认为影响程度很大（见图 4.37）。

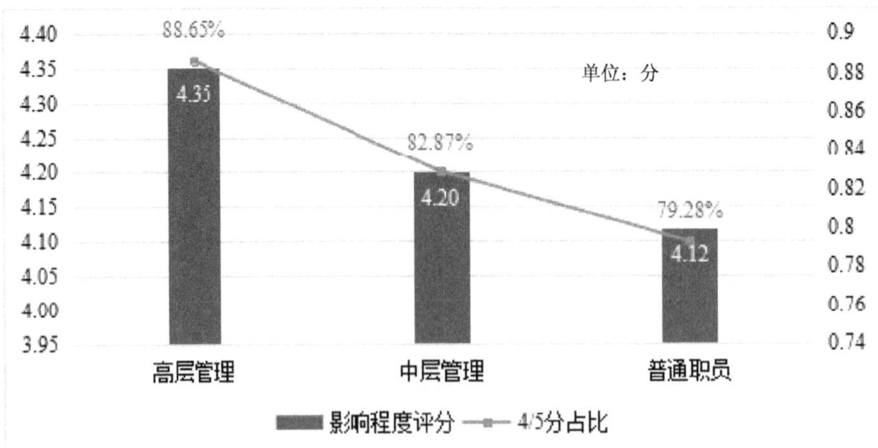

图 4.37 不同职级人员对《PMBOK®指南》学习提高工作效率影响程度评估

值得关注的是，不同职级的人员对通过《PMBOK®指南》的学习能“按进度计划完成项目”“充分调动和发挥团队的力量”“在预算内完成项目”三项提高工作效率的方式评分差异较大（见图 4.38）。

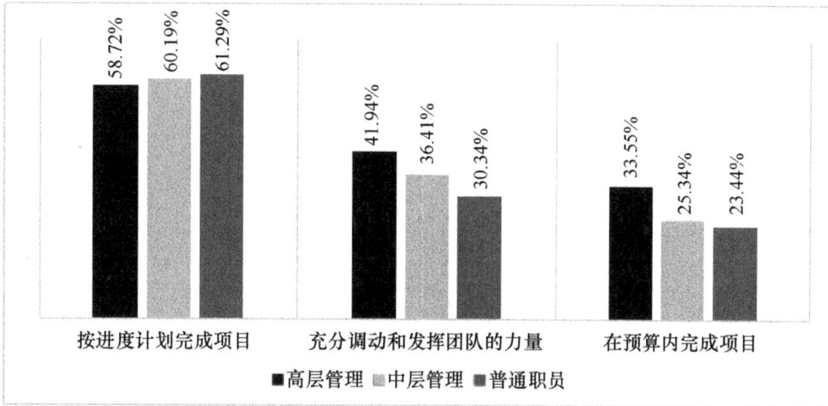

图 4.38 不同职级人员对工作效率提高方式认可程度占比

61.29%的普通职员认为通过学习能更好地“按进度计划完成项目”以提高工作效率；而中、高层管理人员选择该项的人数比例分别为 60.19%、58.72%。三者排序与其他工作效率提高方式的选择比例相反。这与普通职员的工作多为按进度计划执行项目的工作性质有关。

在“充分调动和发挥团队的力量”的评价上，高、中层管理人员及普通职员的该项人数选择比例差异较大，分别为 41.94%、36.41%和 30.74%，高层管理人员比普通职员高出 10 个百分点。通过“在预算内完成项目”以提高工作效率一项中，中层管理人员与普通职员的人数选择比例相近，分别为 25.34%和 23.44%，而高层管理人员在此项上的占比明显高于中层管理人员和普通职员，为 33.55%。这一定程度上体现了管理人员更注重团队管理和整体项目效益，管理职级越高，重视的程度也越高。

（二）超过半数的受调查者认为考取 PMP®证书很大程度上有利于职位的升迁。在《PMBOK®指南》学习有相关政策支持单位中，PMP®证书对员工职位升迁影响程度更高

如图 4.39 所示，56.87%的受调查者认为考取 PMP®证书很大程度上有利于职位的升迁；另有 14.01%的人员认为无影响或是影响较小。可见各单位已逐步开始将员工是否持有 PMP®证书作为职位升迁的一个考评项，但相对来说还是比较谨慎的，这和我国企业的管理变革之路相符合。随着改革开放的发展，国内企业极大地加强了国际间的竞争与合作，企业管理的思维与方式在受国际先进管理思潮的冲击和洗礼后，针对职员升迁的考量更加理性与合理，一改以往片面的排资论辈、资历为先的现象，在对员工考核上更注重的是业绩、技术及管理能力，学历与资质只是作为参考的辅助条件。

在该体系的学习有相关政策支持的单位中，PMP®证书对员工的职位升迁影响程度更高，比总体平均水平高出近 20%，有 75.45%的受调查者认为存在很大影响。

不同岗位人员对于持有 PMP®证书是否有助于职位提升的评价也存在差异（见图 4.40）。其中咨询顾问、技工、客户服务、项目管理相关人员的评价高于平均水平，以咨询顾问从

业人员的评分最高，为 3.77 分；而法务、设计、行政人资、QHSE 管理等岗位人员的评价相对偏低。

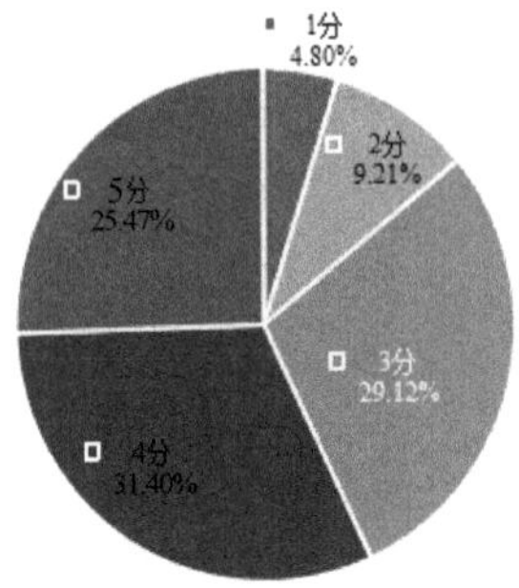

图 4.39　PMP®证书对人员职位升迁的影响力评分占比

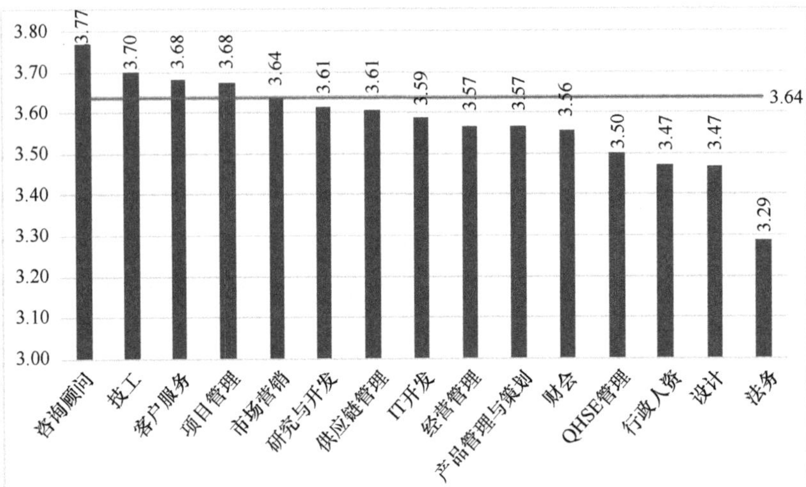

图 4.40　《PMBOK®指南》学习对不同岗位的职位升迁影响力评分

（三）《PMBOK®指南》学习对个人薪酬增长有极大的促进作用，其带来的平均薪酬增幅为 18%

53.26%以上的受调查者认为学习《PMBOK®指南》对其薪酬的增长有很大帮助（评分 4 分以上）（见图 4.41）。其中 46.51%的人员认为其带来的薪酬增幅在 10%以内，36.00%的人员认为其带来的薪酬增幅在 10%～30%，12.30%的人员认为其带来的薪酬增幅在 30%～60%，4.21%的人员认为其带来的薪酬增幅在 60%以上，另有近 1%的人员认为薪酬增幅的影响在 100%以上。综合而言，经项目管理知识的学习带来的平均薪酬增幅为 18%。这些数据充分说明了该体系对个人薪酬的增长有极大的促进作用。

各岗位、各行业及各职级的人员在对薪酬提升影响的评估上，并没有明显的差异性。而对所在单位愿意提供相应支持性政策来鼓励项目管理学习的受调查者的统计中发现，其对薪酬提升影响明显高于总体平均评分，薪酬的平均增长幅度在 28%以上，有 80.78%的受调查者认为该体系学习或考取 PMP®证书对薪酬的提升帮助很大。

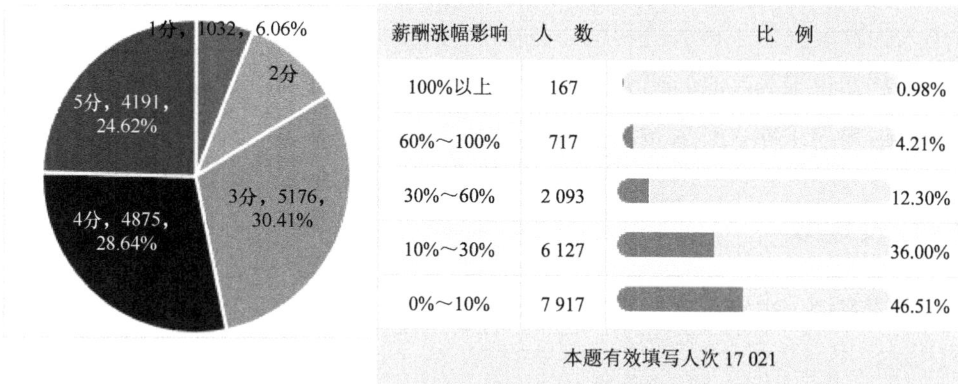

图 4.41　《PMBOK®指南》的学习对薪酬提升的影响评估

第三节　小　　结

一、总体情况

在人类社会发展进程中，人才是社会文明进步、人民富裕幸福、国家繁荣昌盛的重要推动力量。当今世界正处在大发展、大变革、大调整时期。世界多极化、经济全球化深入发展，科技进步日新月异，知识经济方兴未艾，加快人才发展是在激烈的国际竞争中赢得主动的重大战略选择。我国正处在改革发展的关键阶段，深入贯彻落实科学发展观，全面推进经济建设、政治建设、文化建设、社会建设及生态文明建设，推动工业化、信息化、城镇化、市场化、国际化深入发展，全面建设小康社会，实现中华民族伟大复兴，必须大力提高国民素质，在继续发挥我国人力资源优势的同时，加快形成我国人才竞争比较优势，逐步实现由人力资源大国向人才强国的转变。

在 2010 年 6 月中共中央、国务院印发的《国家中长期人才发展规划纲要（2010－2020年）》中也提到了“积极应对日趋激烈的国际人才竞争，主动适应我国经济社会发展需要，坚定不移地走人才强国之路”。而近年，国家也陆续发布了一些关于人才建设与培养的文件，如《关于深化人才发展体制机制改革的意见》（中发〔2016〕9 号）、《关于分类推进人才评价机制改革的指导意见》（中共中央办公厅、国务院办公厅 2018 年 2 月印发）等，国家对人才的培养越来越重视。

国际上人才的竞争主要是科技人才和管理人才的竞争，中国国际人才交流基金会引入的 PMP®等项目管理专业资格认证及相关知识体系是培养具有国际视野和国际项目管理专业水准的管理人才的良方。在相关政府部门、国内外行业协会、优秀企业组织、授权合作的培训与考试机构等各方支持和努力下，截至 2019 年 9 月，在国内已经有超过 2 000 万人参加过相关国际项目管理知识体系的学习，且 42 万人考取了 PMP®等证书。从此次调研中可以看出，《PMBOK®指南》和 PMP®证书对于受调查者在项目管理思维理念的形成、个人管理能力的提升、工作效率的提高、职位升迁及薪酬增长方面均存在非常正面的影响力，为个人的发展提供了极大的帮助。各个参训企业和个人对《PMBOK®指南》和 PMP®证书的价值感知也很高，他们把所学知识应用到实际工作中去，在提升了个人的综合管理能力的同时，也为企业、社会带来了较大的经济效益。

二、问题及建议

在调研过程中，也发现了在《PMBOK®指南》推广和应用方面的改进余地，主要内容如下分述。

（一）以日常运维为主的人员对《PMBOK®指南》和 PMP®证书的价值感知相对较低，在推广过程中应强化日常工作项目化的思维

调研结果显示，以日常运维为主的人员或企业对《PMBOK®指南》和 PMP®证书的价值感知相对较低。而事实上很多运营性质的工作其实也是一个个小型项目，如组织一次会议、写一个报告、发表一篇通讯稿等，都可以用《PMBOK®指南》的工具和方法去分解与管理，从而提高工作效率。《PMBOK®指南》（第 6 版）也强调了运营与项目之间的交叉关系。有一些项目管理的培训老师因自身对项目管理知识理解程度的限制，在授课时非常强调项目与运营的区别，强行割裂项目与运营的交叉融合关系，缩小项目管理的应用范畴。因此，在未来项目管理的培训及推广过程中，各培训机构需加强培训师资之间的交流与学习，准确把握项目管理知识的精髓，拓宽项目管理的应用范畴，强调一切工作皆是项目的思想，强化项目化的思维，使项目管理在运营性质的工作单位中得到更进一步的认可与普及。

（二）不同行业、不同岗位对《PMBOK®指南》的应用存在差异。应针对不同行业和岗位的特点，提供差异化培训

不同行业、不同岗位对《PMBOK®指南》的应用存在差异。这些从业人员因涉及的项目类型不同，在项目实施过程中，需要关注的重点和解决的问题也有所不同。挑选合适的项目管理工具和方法对实现最终的项目目标起着至关重要的作用。因此建议在项目管理的培训过程中针对不同的行业和岗位，结合行业或岗位特点，提供差异化培训，这对于项目管理的推广和知识落地会起到非常有效的作用。

（三）普通职员对《PMBOK®指南》和 PMP®证书的价值感知相对于中、高层管理人员较低。在培训过程中应增加工具模板、案例和实践经验的应用，提升基层作业人员的认可度和应用程度

不同职级人员对于《PMBOK®指南》和 PMP®证书的价值感知存在明显差异，呈现出明显的规律性。其中以高层管理人员受到的影响和启发最大，在日常工作中的应用程度也最高，中层管理人员次之，而普通职员在各方面的评价和应用程度都处于最末。尽管企业领导层在《PMBOK®指南》的推广和落地上起着至关重要的作用，但是实际开展项目实施

的还是以基层作业人员居多，在此次调研中，也以普通职员人数占比最高，超过 1/2。因此，如何增加《PMBOK®指南》在普通职员中的认可和应用程度，是亟待解决的一个问题。对于普通职员而言，更多的是希望通过项目管理知识体系的学习，有一套成熟方法和流程可直接借鉴，帮助其改进工作方法，提高工作效率。这就要求在培训过程中要增加更多的应用案例及相应的工具模板。

本次调研也显示，受调查者对于思维理念等的应用程度高于具体的工具、方法和模板，这也说明在具体知识的落地上，尚有所欠缺。

对受调查者的实地访谈中也提及《PMBOK®指南》过于理论化，因此，为更好地把知识落地，建议在培训时增加一些具体的案例及相应的工具模板，通过与实际工作经验的结合，使其与具体的工作更加贴近，也能够更好地运用到具体工作和项目中。

（四）增加《PMBOK®指南》推广的广度和深度，使体系的应用落到实处

《PMBOK®指南》及 PMP®认证引入中国 20 年来，在国内已经有着非常广泛的应用基础，但是很多企业和个人虽然对该体系有所了解，但并没有很好地对其进行贯彻和落实。这一点在有无海外项目经验人员对于《PMBOK®指南》的影响力评估差异上有所体现。对于参加过海外项目的人员而言，《PMBOK®指南》在海外项目的影响力高于国内项目。由此可见，与海外环境相比，国内现今的项目环境对于《PMBOK®指南》的接受和应用程度仍有所欠缺。

而在参与调研的人员中，中大型企业占 84.03%，占了绝对比例。这说明了体系在小微企业中推行程度不足，其对项目管理认知程度不高。

另有很大部分的受调查者在谈及对知识体系实际应用落地的时候，普遍提到两个问题，一是因公司内部或各合作方对于项目管理知识的普及程度不足，缺少应用环境。二是公司高层没有参与相关的体系培训，对项目管理重视程度不足，影响在公司的推行与应用。

因此，在项目管理的推广方面，既要做到深度的推广，从上至下贯穿公司各个层级人员，也要做到广度的推广，全面覆盖各行各业、不同规模的企业，让全员了解项目管理体系的价值。

要做到深度与广度结合，一方面，要不断提升各机构的培训质量，培训是让参训人员或企业认可体系价值，愿意为之投入时间和成本的最直接、最有效的途径。另一方面，需要培训机构增加更多公益性的宣传，如在各媒介或线下公共场所开设主题活动，宣传和普及项目管理体系价值。同时需要基金会举办更多的全国性或地方性分享论坛、线下的宣讲及送知识下企业、下基层等活动，以做到全面、全员普及。

第五章　项目管理与企业发展的相关性

我们生活在一个快速变化的时代，生活在一个项目管理蓬勃发展的时代。20 年前，尽管中国的企业已经有了项目管理，但多限于工程建设行业。20 年后，项目管理已经成为各行各业管理事务的一种基本方法。

为了深入认识企业当前的项目管理现状，我们花了半年的时间，对国内企业的项目管理情况进行了一次调研，通过实地调研、企业相关文献研究、企业项目管理专家访谈及问卷调查，对国内企业项目管理状况的总体认识是：

第一，项目管理助推中资大国企走出去。我们在中石油、中海油、联合工程、国核工程等企业中看到，它们已经早已从传统的会战指挥部式项目管理转化成了现代的组织级项目管理部，不仅仅在国内的项目建设中取得了成功，而且在海外，特别是在“一带一路”国家的项目中也取得了成功。这些大型国有企业，对标一流，持续创新项目管理方法，对项目实施全面风险管控，从区域项目集管理走向项目组合管理时代。

第二，项目管理成为促进公司发展，实现商业价值助力器。我们在华为、中兴通讯、阿里巴巴、网易、国网信息通信产业集团有限公司、中国东方航空公司等企业的调研中看到，这些企业都把项目管理作为一种基本的管理方法，通过项目管理活动的成果进行绩效评估和激励。

第三，项目管理助推新兴企业快速成长和转型升级。我们在天士力、金风科技、京东商城等企业的调研中看到，企业把项目管理作为定位愿景、支撑战略的有力工具。

第四，项目管理助推企业正确地做事，做正确的事。我们在低碳研究院、歌尔集团、吉利汽车等企业的调研中看到，它们在项目筛选中建立起了各自管用的评估机制和流程。

第五，在华外企的项目管理实践为我们学习提供了范本。我们在爱默生成都公司、舍弗勒大中华区、英格索兰亚太工程技术中心、吉凯恩（中国）投资有限公司/上海纳铁福传动系统有限公司、柯马（上海）工程有限公司等调研中看到，它们的项目管理体系相对完整，项目管理工具、模板和过程更为完善。

第一节　调研说明及主要结论

本章为中国项目管理发展 20 年成果总结的企业篇，本章的目的是向大家展示引入项目管理的中国大陆企业或在华外资企业推广应用项目管理的情况，企业如何看待项目管理对企业发展发挥的作用，取得了哪些实践成果，在推广项目管理过程中遇到了哪些困难及解决的方式。为了获取以上这些信息，课题组采取企业实地调研和企业问卷调查双管齐下：

一方面前往各地对 24 家代表企业进行实地访谈调研，另一方面通过线上和线下两种方式进行企业问卷调查。企业实地调研和企业问卷调查的基本情况如下分述。

一、调研说明

（一）企业实地调研

实地调研企业的名单的最终确定经历了开放式推荐和会议评选两个阶段。

由 PMP®培训机构、PMI（中国）、中国国际人才交流基金会和项目管理 20 年企业篇课题组进行推荐。PMP®培训机构推荐项目管理工作突出、行业地位突出的企业。PMI（中国）根据其对大陆地区企业（也是其重要的大客户）项目管理情况的了解，在其往年的项目管理 PMO 大奖获奖企业中进行推荐。中国国际人才交流基金会根据其对企业的项目管理实践的了解推荐了 6 家大陆地区的 PMI 全球高级理事会成员企业和北京低碳技术研究院、金风科技、天士力、吉利动力总成研究院等企业。课题组在专家讨论的基础上推荐了歌尔集团、中石油海工事业部、国电信通集团和中电普华信息技术有限公司四家企业。

最终确定了实地调研企业的选择标准：①企业引进《PMBOK®指南》时间较早，PMP®认证人数在 100 人以上；②企业的项目管理实践得到了同行的认可，原则上要求企业设置了 PMO 或相关的项目管理部门；③能积极配合中国国际人才交流基金会和课题组的调研；④企业的项目管理理念先进，工具与方法科学规范，项目管理成效显著；⑤项目管理工作突出，获得过 PMI 项目管理奖（PMO 奖）的企业优先。

依据以上标准，并充分考虑到调研企业性质多样化、所属行业和所属区域的代表性和多样性，最终确定了以下访谈企业名单。课题组历时约三个月对这 24 家企业逐一进行了访谈调研。表 5.1 为实地调研企业名单，排名不分先后。

表 5.1　访谈企业名单

所在地	企业数量	企业名单
深圳	2	华为、中兴通讯
北京	7	中海油总公司、中国石油工程建设公司、国网信息通信产业集团有限公司、北京低碳技术研究所、北京中电普华信息技术有限公司、京东商城、金风科技研究院
杭州	3	阿里巴巴、中国联合工程有限公司、网易杭州研究院
上海	7	舍弗勒大中华区 PMO、国核工程、吉凯恩（中国）投资有限公司/上海纳铁福传动系统有限公司、柯马（上海）工程有限公司、英格索兰亚太工程技术中心、中国银联股份有限公司、中国东方航空公司信息部
潍坊	1	歌尔集团
成都	1	成都费希尔久安输配设备有限公司
宁波	1	吉利动力总成研究院
青岛	1	中国石油海工事业部
天津	1	天士力

（二）企业问卷调查

我们还设计了《关于项目管理（《PMBOK®指南》）在企业中应用情况调查》的问卷，期望通过样本企业的情况来反映目标企业总体的情况。问卷共分为三个部分：第一部分为被调查企业的基本情况，主要了解企业所在区域、性质、规模、所在行业等基本信息，以及企业引入项目管理的基本情况。第二部分测量项目管理（《PMBOK®指南》）应用对企业发展发挥的作用，分别从对企业的科技创新能力提升、管理能力提升、人员能力提升、品牌价值提升和经济效益提升等五个方面进行测量，量表按李克特五级量表打分，选项从弱到强分别赋值为“1～5”，1 表示不太符合，5 表示超过预期。第三部分是开放式问题，主要了解企业在项目管理实践过程中遇到的困难及解决的办法。

问卷调查的目标对象为各行业已经引入项目管理并积极应用的企业。问卷调查通过线下和线上两种方式进行。线下调查：利用去全国各地 20 余家企业实地访谈的机会，向企业发放纸质问卷。线上调查：通过问卷星等网站，在中国国际人才交流基金会的支持下寻找目标企业群体填写问卷。本次问卷调查剔除填写不完整等无效问卷后，最终获得有效问卷 374 份。我们将获取的数据通过 Excel、SPSS 等软件进行汇总，并进行数据分析。

二、主要结论

本章只呈现客观的数据和资料，以及经客观计算得到的结果，并对数据、资料和结果进行客观的文字描述。报告主要结论如下分述。

（1）企业引入项目管理方面：中外合资企业、外商独资企业较早引入项目管理，但近五年引入项目管理的企业以民营企业为主；大型企业已引入项目管理多年，并持续发挥作用，近五年内引入项目管理的企业以微型和小型企业为主；采矿业、建筑业较早引入项目管理，科学研究和技术服务业、批发和零售业虽较晚引入项目管理，但近五年这两个行业引入项目管理的企业数量的占比最多。

（2）企业对项目管理培训的需求：组织过项目管理培训的企业绝大多数表示培训还需强化，未组织过项目管理培训的企业绝大多数表示未来需要培训，企业对项目管理培训的需求很强烈，相应的项目管理培训市场的空间很大。大、中型企业比小、微型企业更重视项目管理培训，但未组织过项目管理培训的小微企业对项目管理培训的需求也非常强烈。

（3）企业对员工参与 PMP®认证的鼓励与支持：从企业性质角度来看，国有企业更支持员工参加 PMP®认证考试，且更多的是以报销相关费用的形式来支持，PMP®人员在民企中更可能在晋升或提职时被优先考虑；从企龄角度来看，成立五年以上的老企业多半以报销全部或部分费用的形式进行鼓励和支持，相比之下，近五年成立的新企业提供报销费用形式支持的不足三成，但提供晋升优先考虑形式支持的企业中新企业的占比是最高的，可以认为 PMP®人员在新企业中更可能在晋升或提职时被优先考虑；从企业规模的角度来看，提供报销相关费用形式支持的企业以大型企业占比最高，PMP®人员在中型企业中更可能在晋升或提职时被优先考虑，不提供任何支持政策的以微型企业占比最高。

（4）企业应用项目管理工具方面：企业最常使用的项目管理工具是工作分解结构，其次是相关方管理方法和责任分配矩阵。

（5）从企业对从项目管理中受益方面的排序来看，项目管理对企业的进度控制、前期策划和范围变更控制等方面的帮助最大，对合同管理和采购管理方面的帮助相对较小。

（6）企业对项目管理在企业发展中发挥作用的总体评价：除一家企业外，调研企业均认可项目管理在企业发展中发挥的作用，近八成企业认为发挥了较大或很大作用。不同性质、不同企龄、不同规模的企业的评价没有呈现出显著的差异性。不同地区的企业评价有显著差异，平均意义上，西北地区的企业对项目管理发挥作用的评价最高，其次是东北地区的企业；不同行业的企业评价也存在显著性差异，平均意义上，交通运输、仓储和邮政业及房地产业的评价最高，其次是科学研究与技术服务业、采矿业，评价最低的是批发和零售业。

（7）项目管理的应用对企业各方面提升发挥的作用：

1）七成企业认为项目管理对企业科技创新能力的提升发挥较大或很大作用。相较于未设立项目管理机构的企业，已设立项目管理机构的企业的评价更高。相较于小型、微型企业，大型企业更认可项目管理对增加科技成果的促进作用。

2）近八成企业对项目管理提升企业管理能力的作用评价很高。不同性质、不同行业、不同企龄的企业的评价差异不显著，但规模越大的企业，给出的评价越高。

3）超过七成的企业对项目管理提升企业员工能力的作用评价很高，且不同性质、不同行业、不同规模、不同成立年限的企业的评价差异不显著。

4）近七成企业认为项目管理对提升企业品牌价值发挥较大或很大作用。从企业规模角度，各类规模的企业对项目管理在此方面发挥的作用都非常认可，但比较而言，微型企业评价相对较低。从企业性质角度，外商独资企业更认可企业项目管理化有利于树立企业形象，也更认为项目管理对提升企业品牌价值发挥越来越重要的作用。

5）超七成企业认为项目管理对提升企业经济效益发挥较大或很大作用。

- 引入项目管理较早的企业大多数设立了项目管理机构。相比未设立项目管理机构的企业，设立项目管理机构的企业更鼓励员工参加 PMP®认证，更认可项目管理的应用在企业发展过程中发挥的作用，尤其是在科技创新能力提升、员工的工作能力提高、经济效益提升方面的作用。
- 流程优化是企业在项目管理落地实践中受益最大的方面，其次企业反映通过学习项目管理知识，使其培养了项目管理的体系化和规范化思维，有利于掌控项目进度等。企业反映项目管理落地实践过程中的困难主要体现在落地阻力大、资源配置能力较弱、对项目管理具体工具不够熟悉、对相关方管理不够理解等几个方面。

本章最后总结了部分企业的项目管理最佳实践案例，涉及组织级项目管理体系的建设、项目全面风险管控、事业单位科研项目管理、项目管理机构的组织变革、项目人力资源管理等各方面的优秀实践和做法。希望这些企业的项目管理实践的分享，可以促进企业间的相互交流和学习，指导企业管理人员梳理和优化现有项目管理流程，建立有效的项目管理体系和运行框架，共同推动中国企业项目管理水平不断提升。

第二节　项目管理与企业发展的相关性分析

本次调研总共收集374份有效问卷，分别来自不同区域、不同性质、不同行业、不同发展阶段和不同规模的企业。

本节首先从企业是否组织员工参加项目管理方面的培训及参加培训的人数、对员工参加PMP®认证考试的支持性政策、企业使用最多的项目管理工具、项目管理对企业帮助最大的方面等角度切入，呈现项目管理在不同企业中的应用情况。接着从企业的科技创新能力、管理能力、员工能力、品牌价值和经济效益五个维度来呈现项目管理应用在不同区域、不同性质、不同行业、不同发展阶段和不同规模的企业中发挥的作用。

一、调研企业的情况介绍

本次问卷调查最终获得374份有效的企业问卷。从调查问卷收集到的数据来看，参与本次问卷调查的企业主要来自华东和中南地区，占比七成多；从企业性质来看，参与企业以民营企业占比最多，其次是国有企业；参与企业七成来自制造业和信息传输、软件和信息技术服务业这两个行业，而且来源于两个行业的企业数量占比相当。参加本次问卷调查的企业超过半数是行业内的大型企业，近三成属于中型企业。而且本次问卷调查的参与企业中有近半数的企业是成立时间超过20年的企业，还有三成企业的成立年限超过10年。参与调研企业的具体情况请详见下文。

（一）七成企业来自华东地区和中南地区

由图5.1可知，从企业所在区域看，华东地区（上海、江苏、浙江、安徽、福建、江西、山东）的企业所占比重最大，达38.0%；其次是中南地区（河南、湖北、湖南、广东、广西、海南），占33.7%，华东地区和中南地区的企业占比超过70%，其中华东地区超过五成的企业来自上海和山东，中南地区接近六成的企业来自广东的广州和深圳；还有不到30%的企业从数量上来看依次属于华北地区（北京、天津、河北、山西、内蒙古）、西南地区（四川、重庆、贵州、云南、西藏）、西北地区（山西、甘肃、青海、宁夏、新疆）和东北地区（辽宁、吉林、黑龙江）。不难看出，各区域参与问卷调查的企业数量与该区域的经济发展水平基本呈正相关关系，这也从一定程度上说明经济越发展的地区越重视项目管理的引入和应用。

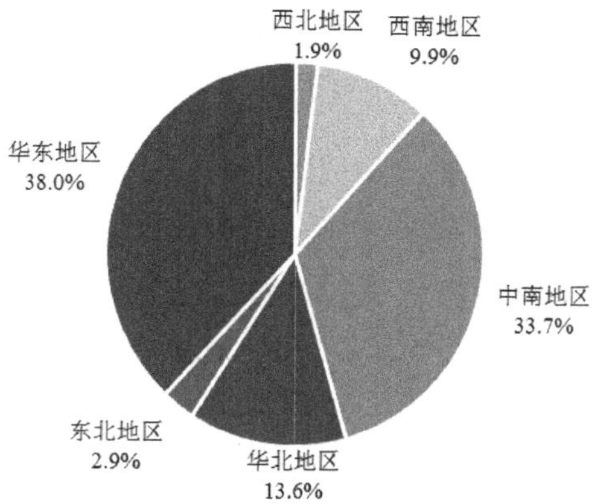

图 5.1　调研企业区域分布情况

（二）民营企业居多，其次是国有企业

由图 5.2 可知，参与本次问卷调查的企业中民营企业所占比重最大，为 47.6%；其次是国有企业，这里不再区分国有独资企业和国有控股企业，占比 35.6%；外商独资企业和中外合资企业占比共计 16.9%。从本报告第二章可知，2011—2018 年年底报考 PMP®人员总数的统计显示，报考人员有四成多来自民营企业，其次是外资企业和国有企业，各占 23.53%和 20.18%。参加本次问卷调查的各类企业性质占比与参加 PMP®认证人员的所属企业性质的占比大致相当，这表明本次参与问卷调查的样本企业是很有代表性的。

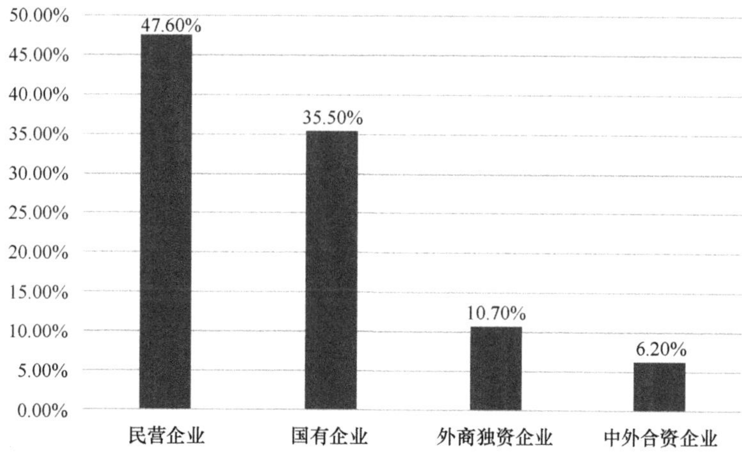

图 5.2　调研企业所属企业性质的数量占比

（三）调研企业覆盖全部行业，近七成企业来自制造业和信息传输、软件和信息技术服务业

我们按《中华人民共和国国家标准：国民经济行业分类》（GB/T 4754—2017）的分类标准对参与问卷调查的企业所属行业进行了统计，结果如图 5.3 所示。根据对各行业应用项目管理情况的初步认识，我们将农林牧渔业、住宿和餐饮业、租赁和商务服务业、教育、文化体育和娱乐业、国际组织、公共管理、社会保障和社会组织这八个行业归类为其他。

从以上统计数据可以看出，参与本次问卷调查的企业主要来自制造业和信息传输、软件和信息技术服务业这两个行业，占比分别为35.60%和34.20%，合计占到总样本企业量的七成。统计结果与本报告的第二章中对报考人员所在行业的统计结果相互映衬，两组数据的相对一致性进一步表明了参与本次问卷调查的企业是很具有代表性的。样本企业除大部分来自这两大行业外，其他主要来自建筑业，电力、热力、燃气及水生产和供应业，金融业等。

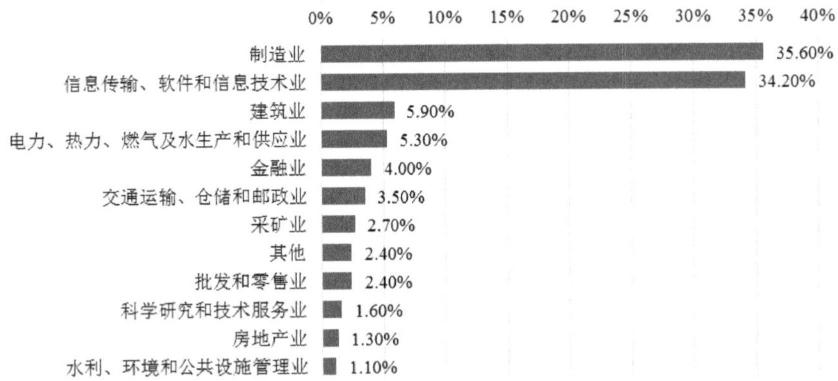

图5.3 调研企业所属行业的数量占比

（四）调研企业中近半数企业成立年限超过20年，过半数为大型企业

从所在企业成立年限来看，样本企业中成立年限超过20年的企业所占的比重最大，达到47.10%，其次是成立年限为11～20年的企业，占比为30.20%，成立年限小于10年的企业所占比例只有22.7%（见图5.4）。这表明了参与本次问卷调查的大部分企业的发展阶段已经进入成熟和稳定期，对于项目管理在企业中发挥的作用的认识也更为深刻，可以较好地实现本次问卷调查的目的。

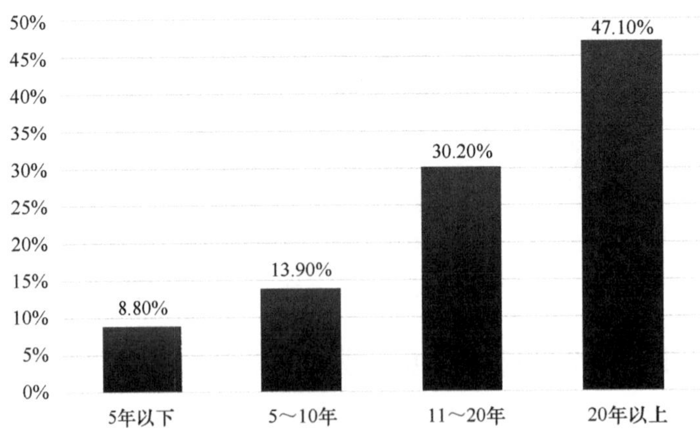

图5.4 调研企业的成立年限

由图5.5可知，在参与本次问卷调查的样本企业中，大型企业①所占比重最大，占到总样本企业数的53.70%，其次是中型企业，占到28.10%，小微型企业合计占比不到20%。

① 依据《统计上大中小微型企业划分办法（2017）》标准确认企业规模。

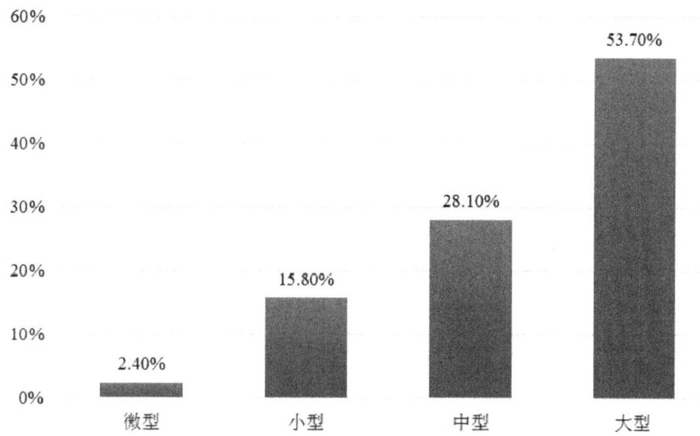

图 5.5 调研企业的企业规模情况

（五）调研企业中有近七成的企业设立了项目管理机构

调查企业中有接近七成的企业设立了项目管理机构（见图 5.6）。在刚刚举办的 2019 年中国 PMO 高峰论坛上，PMI 中国董事总经理陈永涛先生指出，56%的中国大陆组织设立了 PMO，中国大陆 85%的 PMO 是近 10 年内成立的（见图 5.7）。由此可见，调研的样本企业符合我们最初对调研对象的要求，样本企业项目管理能力高于平均水平，是应用项目管理的典范企业。

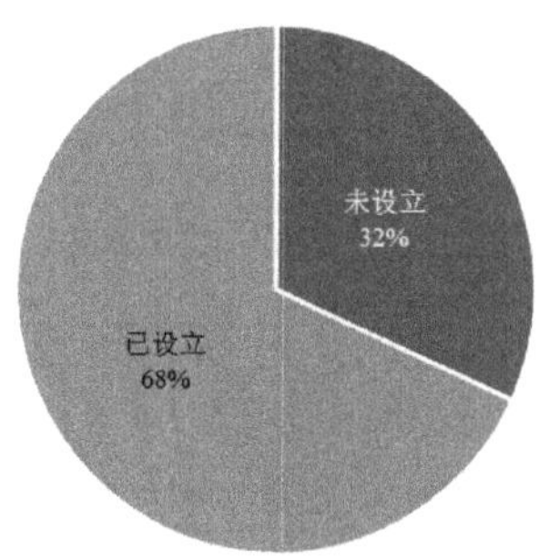

图 5.6 调研企业是否设立项目管理机构的情况

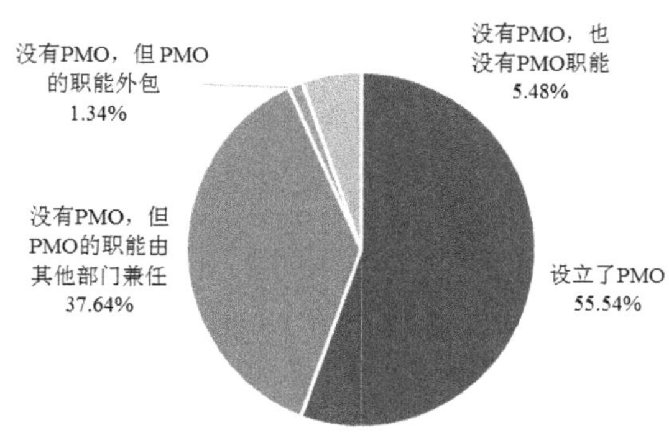

图 5.7 中国大陆组织设立 PMO 的情况（数据来源于 PMI）

二、项目管理在企业的应用情况

（一）企业引入项目管理的情况

通过对调研企业引入项目管理的年限的统计（见图 5.8）。可以看出，引入项目管理已有 20 年的企业占比为 7.5%；超过五成的企业引入项目管理的年限不超过 10 年，其中引入项目管理为期恰好 10 年的企业最多，占比为 11.2%，引入项目管理为期 5 年的企业，占比 8.0%。近两年才引入项目管理的企业占比约 10%。

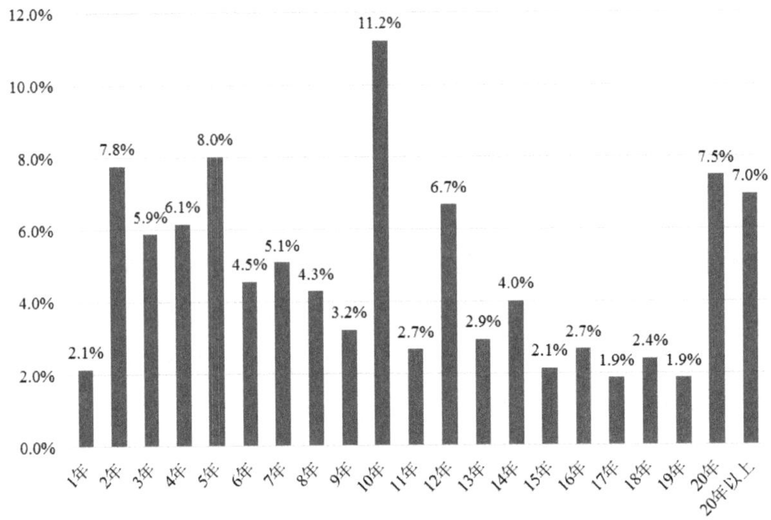

图 5.8　企业引入项目管理年限的统计

我们将企业引入项目管理的年限数据，按照“5 年以下”“5～10 年”“11～15 年”“16～20 年”“20 年以上”进行分组，将数据重新归类整理，结果如图 5.9 所示。可以看出，引入项目管理年限“5 年以下”的企业数量占比（29.7%）和年限“5～10 年”的企业数量占比（28.3%）基本一致，在 30%左右。引入项目管理年限“11～20 年”的企业数量占比（35%）远低于引入该体系 10 年以下的企业数量占比（58%）。引入项目管理年限超过 20 年的企业数量仅占 7.0%。

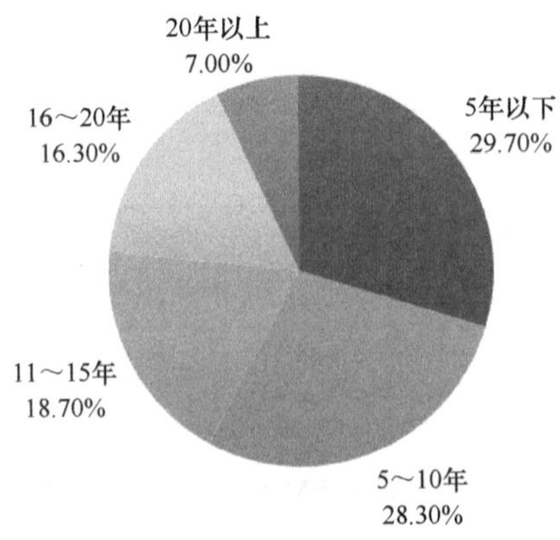

图 5.9　企业引入项目管理年限的区间统计

（1）西南地区和华北地区的企业较早引入项目管理，西北地区引入项目管理较晚，近五年引入项目管理企业数量占比最多的为中南地区。

图 5.10 为不同区域的企业引入项目管理的时间期限的统计结果。

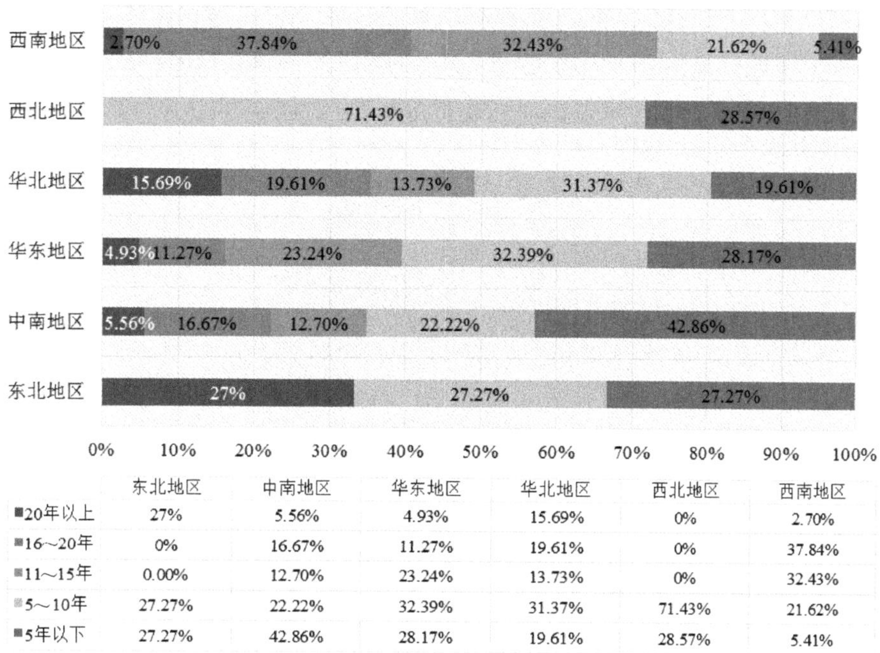

图 5.10 各区域企业引入项目管理时间的统计

我们首先采用卡方分析，即交叉分析，分析定类数据与定类数据之间的关系情况。根据卡方检验结果的 P 值可以判断两组数据之间是否具有显著性差异，一般当 $P<0.05$ 就认为两组数据具有显著性差异，具体差异可通过选择百分比进行对比判断。

利用卡方检验分析不同区域的企业在引入项目管理的时间是否存在显著差异，检验结果如表 5.2 所示，可知 $P=0.00<0.05$，表明不同区域的企业引入项目管理的时间呈现显著差异性。

表 5.2 不同区域的企业与企业引入项目管理的时间期限的卡方检验结果

企业引入项目管理的时长	企业所在区域(%)						总计	X^2	P
	东北地区	中南地区	华东地区	华北地区	西北地区	西南地区			
11～15 年	2(18.18)	16(12.70)	33(23.24)	7(13.73)	0(0.00)	12(32.43)	70(18.72)	64.906	0.000**
16～20 年	0(0.00)	21(16.67)	16(11.27)	10(19.61)	0(0.00)	14(37.84)	61(16.31)		
20 年以上	3(27.27)	7(5.56)	7(4.93)	8(15.69)	0(0.00)	1(2.70)	26(6.95)		
5～10 年	3(27.27)	28(22.22)	46(32.39)	16(31.37)	5(71.43)	8(21.62)	106(28.34)		
5 年以下	3(27.27)	54(42.86)	40(28.17)	10(19.61)	2(28.57)	2(5.41)	111(29.68)		
总计	11	126	142	51	7	37	374		

注：$P^{**}<0.01$

因与上文同理，下文若涉及卡方检验，具体检验过程不再详述。

由图 5.11 可知，引入项目管理 15 年以上的企业数量在地区分布上差异性较大，其中西南地区占比 29%，华北地区占比 25%，西北地区占比为零。由此可见，西南、华北地区较早引入项目管理。在我国，军工企业和水利项目较早引入项目管理，而这些企业和项目早期也多集中在西南地区，如作为现代项目管理引入中国契机的鲁布革水电站项目就在西南地区的云南省罗平县和贵州省兴义市交界处。

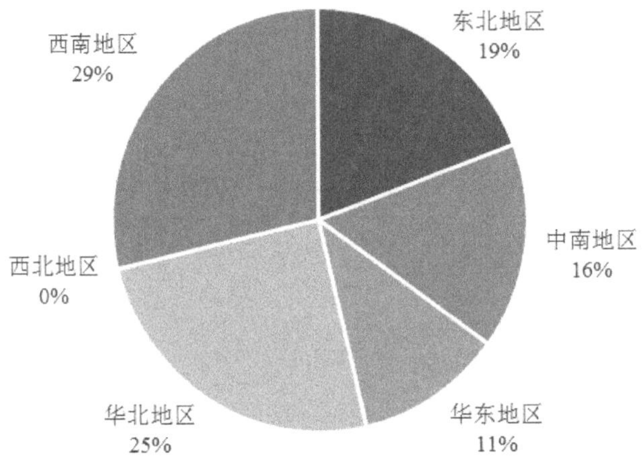

图 5.11　引入项目管理 15 年以上企业的区域分布

由图 5.12 可知，西北地区引入项目管理超过 10 年的企业数量占比为 0，可见西北地区引入项目管理从近 10 年才开始，引入项目管理的时间较晚，落后于其他地区。由图 5.13 可知，近 5 年引入项目管理企业数量占比最大的为中南地区，达 28%，这说明中南地区的企业近年来越来越意识到项目管理在企业中发挥的作用。

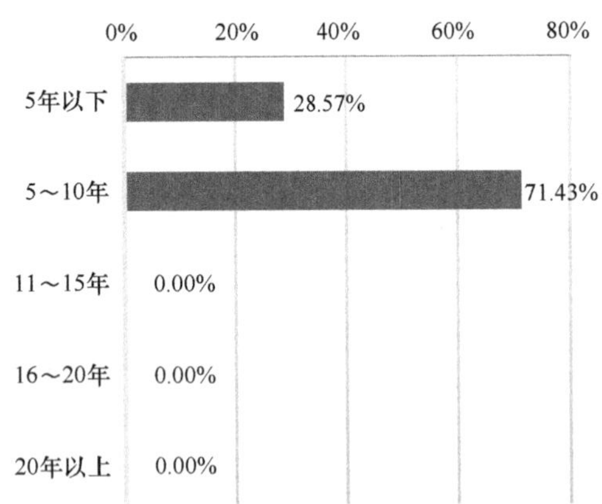

图 5.12　西北地区企业引入项目管理的年限分布

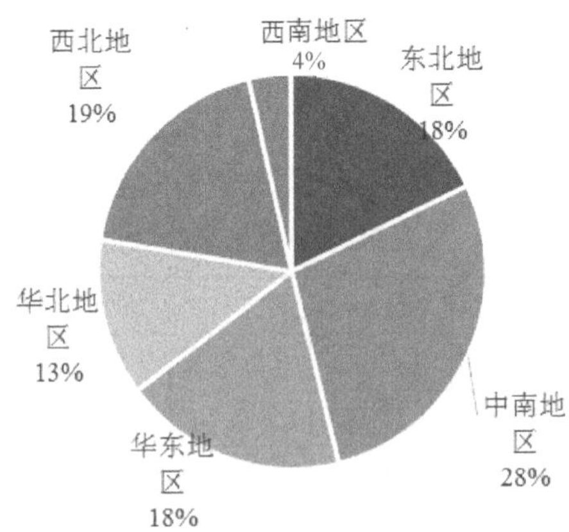

图 5.13　引入项目管理不超 5 年企业的区域分布

（2）中外合资企业、外商独资企业较早引入项目管理，但近 5 年引入项目管理的企业以民营企业为主。

图 5.14 为不同性质的企业引入项目管理的年限统计结果。

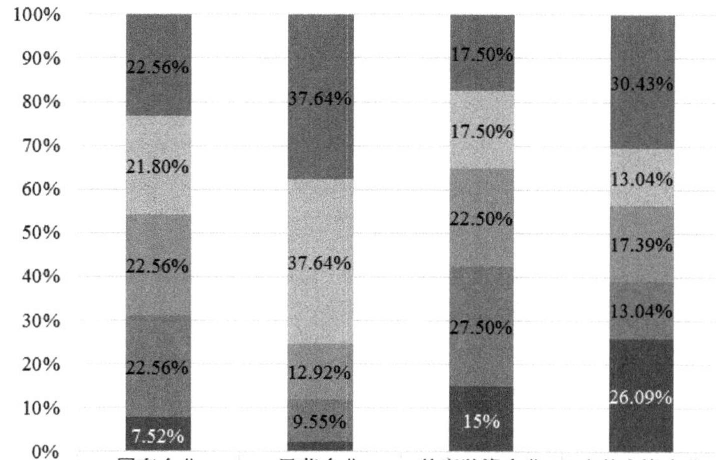

	国有企业	民营企业	外商独资企业	中外合资企业
5年以下	22.56%	37.64%	17.50%	30.43%
5~10年	21.80%	37.64%	17.50%	13.04%
11~15年	22.56%	12.92%	22.50%	17.39%
16~20年	22.56%	9.55%	27.50%	13.04%
20年以上	7.52%	2.25%	15%	26.09%

图 5.14 不同性质企业引入项目管理年限的分布情形

卡方检验（$P<0.05$）表明，不同性质的企业引入项目管理的时间存在着显著性差异。

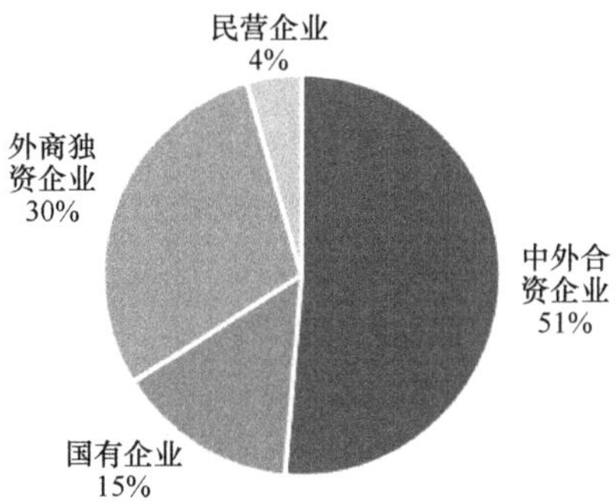

图 5.15 引入项目管理超过 20 年企业性质的分布情况

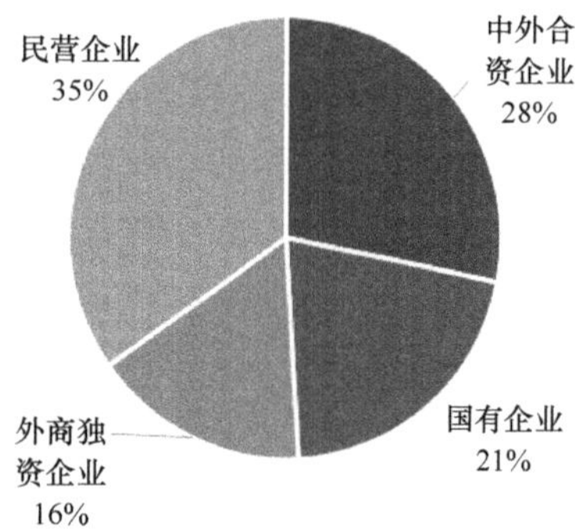

图 5.16 近 5 年引入项目管理的企业分布情况

由图 5.15 可知，在引入项目管理超过 20 年的企业中，不同性质的企业的分布差异较大。中外合资企业占比最大，超过 50%。其次为外商独资企业，占比 30%。国有企业、民营企业占比较低，分别为 15%和 4%。可见中外合资企业和外商独资企业较早引入项目管理。由图 5.16 可知，近 5 年引入项目管理的企业以民营企业为主，占比达到 35%。其次为国有企业，占比为 21%。

（3）采矿业、建筑业较早引入项目管理，科学研究和技术服务业、批发和零售业虽较晚引入项目管理，但近 5 年这两个行业引入项目管理的企业数量的占比最多，说明这两个行业引入项目管理的意识逐步增强。

图 5.17 为不同行业的企业引入项目管理时限上的统计结果。

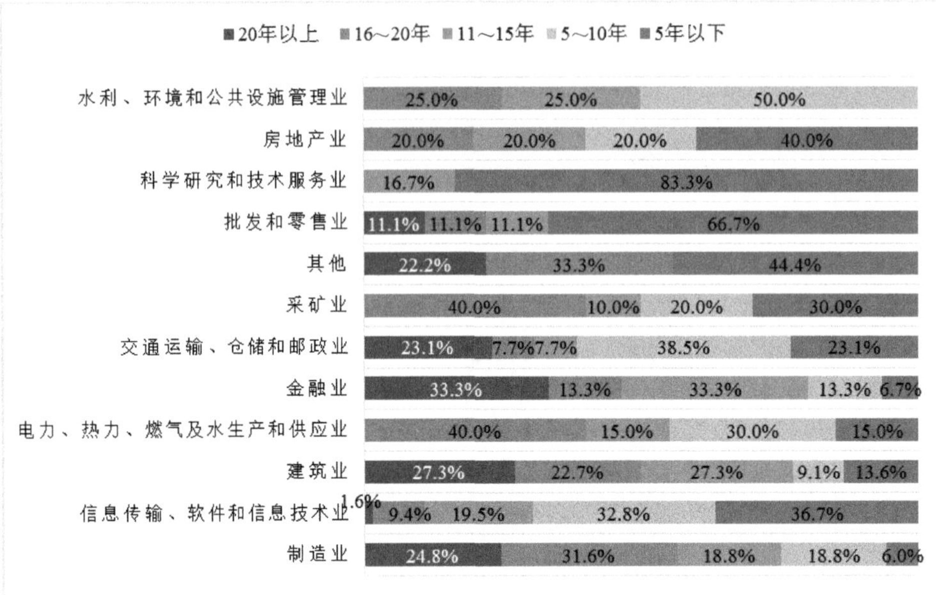

图 5.17　各行业企业引入项目管理时间期限统计

由卡方检验的结果，不同行业引入项目管理的时间期限有显著的差异。

由图 5.18 可知，在引入项目管理时间期限超过 20 年的企业中，采矿业、建筑业、交通运输、仓储和邮政业的占比较大，分别为 30.00%、27.27%、23.08%。科学研究和技术服务业、房地产业等引入项目管理的时间较晚，引入 20 年以上的企业数量占比为 0。

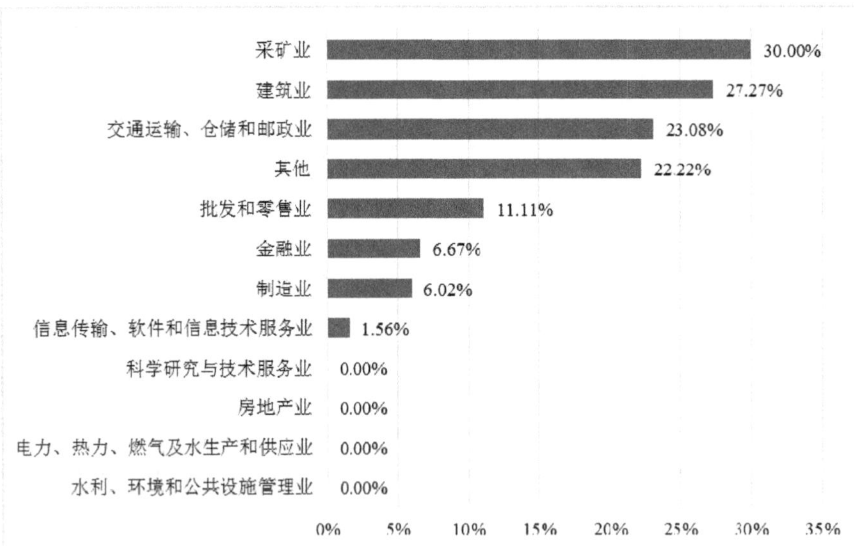

图 5.18　引入项目管理超过 20 年的企业的行业分布

项目管理在各行业发展的成熟度不同，由图 5.19 可以看出，批发和零售业、科学研究和技术服务业这两个行业中的企业在近 5 年引入项目管理的企业数量占比最大，可见这两个行业引入项目管理的意识越来越强。相反，较早引入项目管理的采矿业、建筑业在近 5 年引入项目管理的企业数量占比较低，分别为 0 和 4%，说明在这两个行业中的调研企业，引入年限基本都超过 5 年以上，项目管理在两个行业的调研企业中相对已经得到成熟的发展。

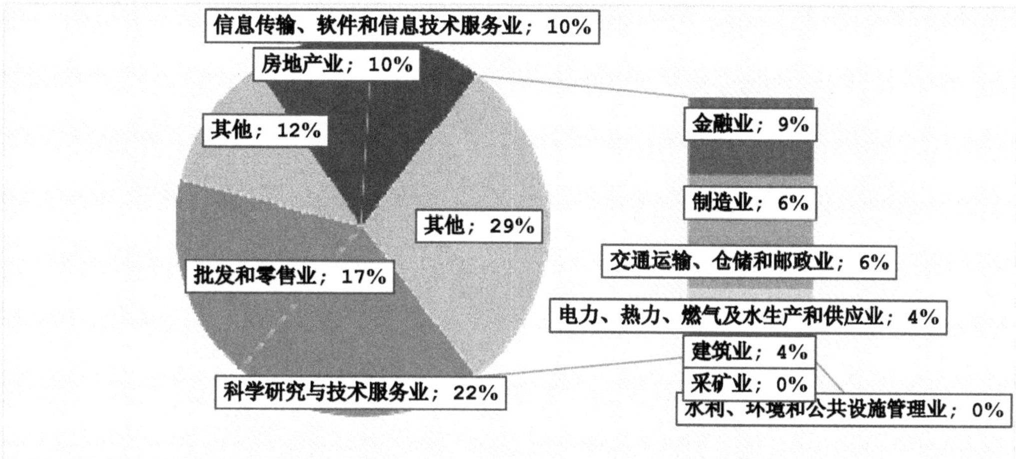

图 5.19　近 5 年内引入项目管理企业的行业分布情形

（4）大型企业已引入项目管理多年，并持续发挥作用，近 5 年内引入项目管理的企业以微型和小型企业为主。

图 5.20 为不同规模的企业引入项目管理时间期限的统计结果。

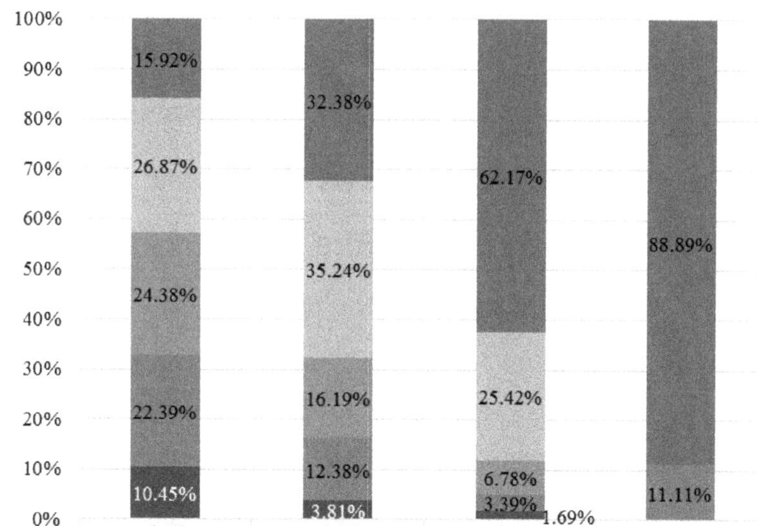

	大型	中型	小型	微型
5年以下	15.92%	32.38%	62.17%	88.89%
5～10年	26.87%	35.24%	25.42%	0%
11～15年	24.38%	16.19%	6.78%	0%
16～20年	22.39%	12.38%	3.39%	11.11%
20年以上	10.45%	3.81%	1.69%	0%

图 5.20　不同规模企业引入项目管理的年限分布情况

由图 5.21 可知，在引入项目管理超过 20 年的企业中，大型企业占比最大，约为 65%。说明大型企业开展的项目“大而多”，企业领导管理意识强，较早地重视引进项目管理。由图 5.22 可知，虽然微型、小型企业引入项目管理的时间较晚，但近 5 年微型和小型企业引入项目管理的意识逐步增强，近 5 年微型和小型企业引入项目管理的企业数量占比分别达到 44.47%和 31.37%，远高于平均水平 29.68%。

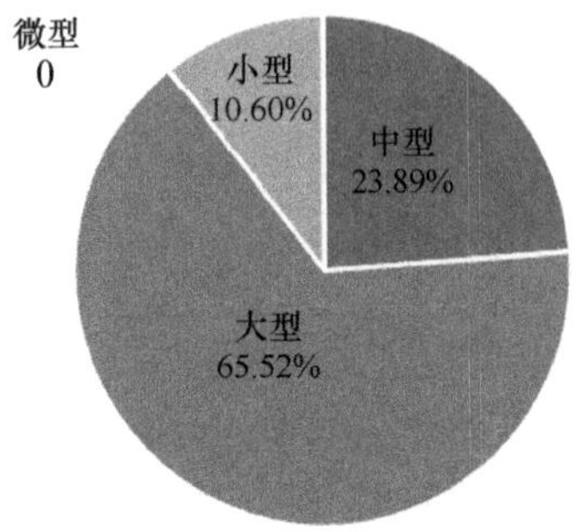

图 5.21 引入项目管理超过 20 年企业规模分布

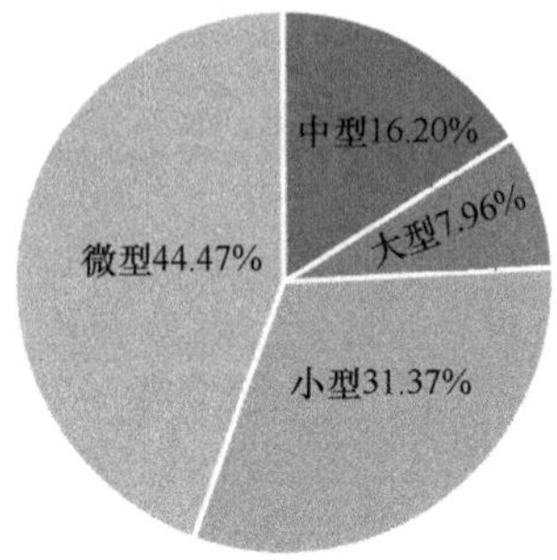

图 5.22 近 5 年引入项目管理的企业规模分布

（5）引入项目管理较早的企业绝大多数设立了项目管理机构。

由图 5.23 可知，近 5 年内引入项目管理的企业中仅有不到半数的企业设立了项目管理机构，相比之下，在引入项目管理超过 5 年的企业中设立项目管理机构的比例要高得多，如引入项目管理 20 年以上的企业中就有 84.26%的企业设立了项目管理机构。

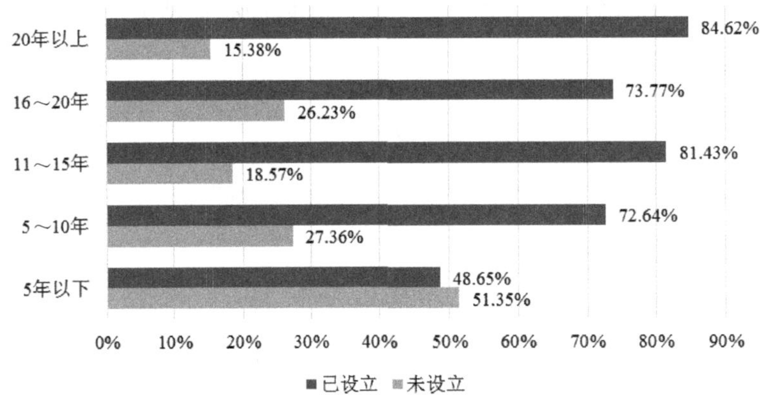

图 5.23 不同时间引入项目管理的企业设立项目管理机构的情形

（二）企业对项目管理培训的需求很强烈，调研企业中近九成（87.4%）组织过项目管理培训。组织过项目管理培训的企业中超过九成的企业认为培训还需要强化，未组织过项目管理培训的企业中近九成认为需要培训

图 5-24～图 5-34 分别描述了调研企业是否组织过项目管理培训的情况，以及企业对于是否需要组织培训或再组织培训的态度。

由图 5.24 可知，有 87.4%的企业组织过项目管理培训，未组织过项目管理培训的企业占总企业数的 12.6%。由图 5.25 可知，在组织过项目管理培训的企业中，92.66%的企业认为还可以再强化，7.34%的企业认为不需要再强化。由图 5.26 可知，未组织过项目管理培训的企业占总企业数的 12.6%，其中 89.34%的企业认为需要组织项目管理培训。可见，企业对项目管理培训的需求很强，项目管理培训市场的发展空间很大。

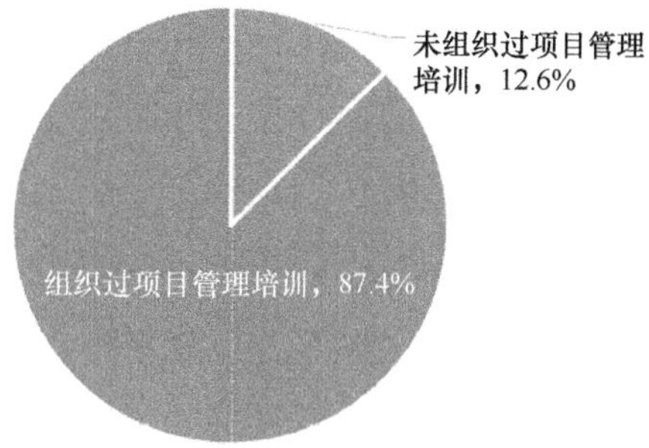

图 5.24　企业组织项目管理培训的情况

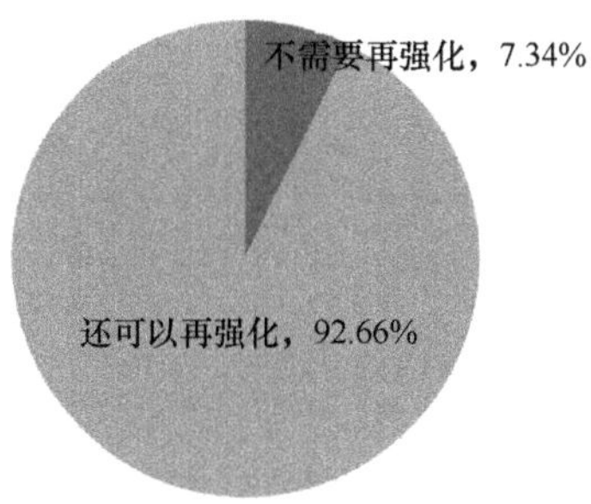

图 5.25　组织过项目管理培训企业的培训需求

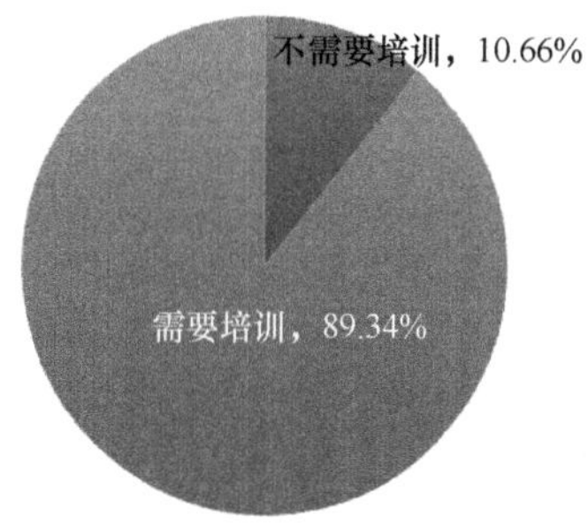

图 5.26　未组织过项目管理培训企业的培训需求

（1）所有组织过项目管理培训的中外合资企业一致表示培训还需强化；所有未组织过项目管理培训的民营企业和外商独资企业表示未来需要培训。

图 5.27 是不同性质的企业回答“是否组织过项目管理培训及是否需要培训”的统计结果。

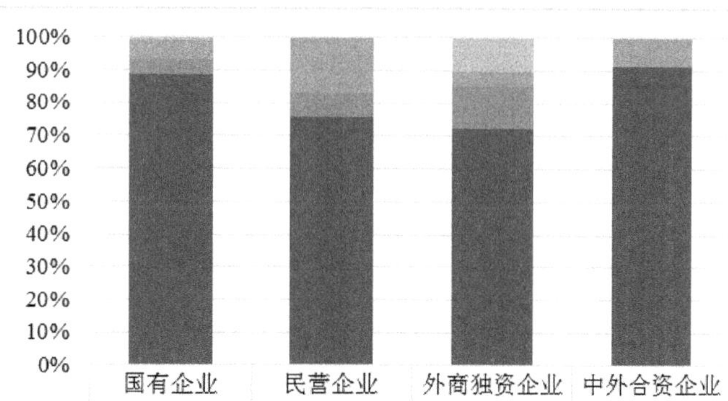

	国有企业	民营企业	外商独资企业	中外合资企业
未组织过项目管理培训，不需要培训	0.75%	0.00%	10.00%	0.00%
未组织过项目管理培训，需要培训	6.02%	16.85%	5.00%	8.70%
组织过项目管理培训，不需要再强化	4.51%	7.30%	12.50%	0.00%
组织过项目管理培训，还可以再强化	88.72%	75.84%	72.50%	91.30%

图 5.27　不同性质的企业参与项目管理培训及对是否强化培训的态度

利用卡方检验去研究所在企业的性质对于所在企业是否组织员工参加项目管理方面的

培训及是否需要强化呈现出显著性（*P*<0.05）。由图 5.27 可知，在组织过项目管理培训的企业中，国有企业和中外合资企业占比较大，分别为 93.23%和 91.30%，明显高于平均水平 87.91%。在未组织过项目管理的企业中，民营企业占比最大，其次是外商独资企业。

由图 5.28 可知，在组织过项目管理培训的企业中，各类性质不同的企业都认为项目管理培训还可以再强化，中外合资企业全部认为还需再强化。由图 5.29 可知，目前未组织过项目管理培训的民营企业和中外合资企业全部认为需要进行项目管理培训。

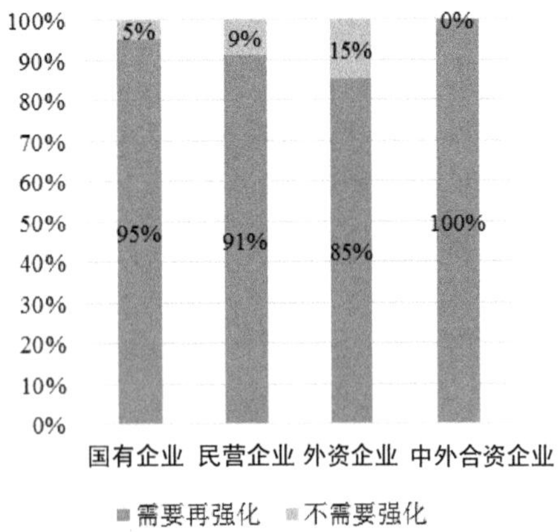

图 5.28　组织过项目管理培训的企业对是否需再强化培训的态度

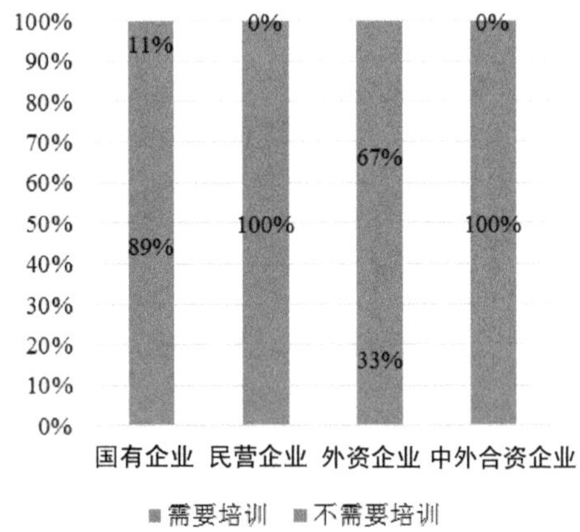

图 5.29　未组织项目管理培训的企业对是否需要培训的态度

（2）大中型企业比小微企业更重视项目管理培训，但未组织过项目管理培训的小微企业对项目管理培训的需求非常强烈。

图 5.30 是不同规模的企业回答“是否组织过项目管理培训及是否需要培训”的统计结果。

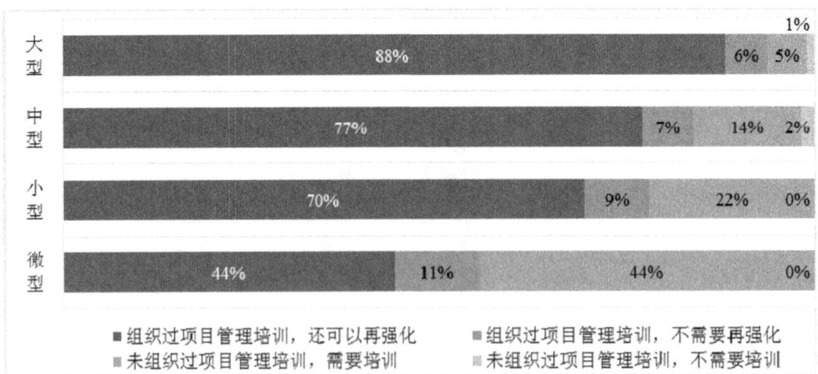

图 5.30　不同规模的企业对项目管理培训的组织情况与态度

由图 5.31 可知，组织过项目管理培训的大型、中型企业认为培训还需要强化的比例较高，分别为 88.06%、77.14%，明显高于平均水平 69.68%。而组织过项目管理培训的微型、小型企业认为培训还需要强化的比例较低，分别为 44.44%和 69.49%，低于平均水平。这从一定程度上也表明，大中型企业比小微企业更重视培训。

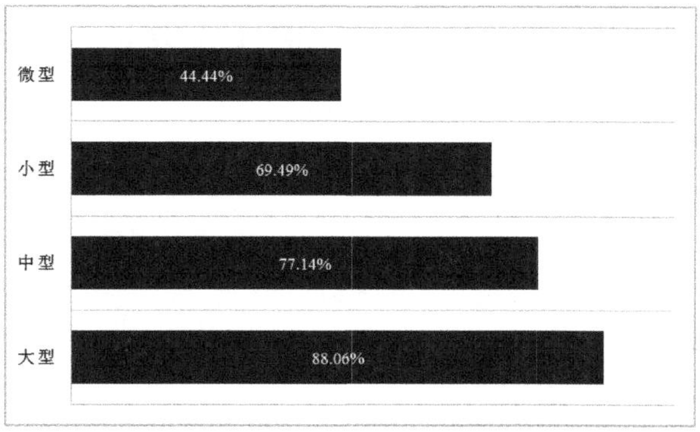

图 5.31 参与过项目管理培训的不同规模企业对培训是否需要强化的态度

由图 5.32 且通过百分比对比差异可知，目前未组织过项目管理培训的微型企业和小型企业表示未来需要项目管理培训的比例分别为 44.44%和 22.03%，明显高于平均水平 11.23%。由此可见，尽管未组织过项目管理培训的企业中以小型、微型企业为主，但以上数据表明小型、微型企业对于组织项目管理培训的需求还是很强烈的，项目管理培训在小型、微型企业中有较大市场空间。

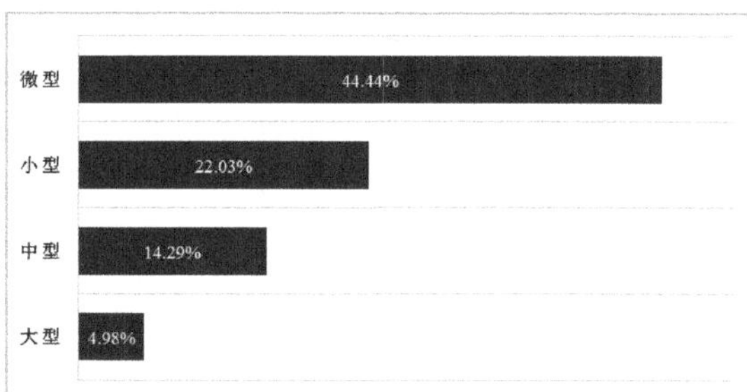

图 5.32 未组织过项目管理培训企业对是否需要培训的态度

（3）相比未组织过项目管理培训的企业，组织过项目管理培训的企业更多地设立了项目管理机构。

由图 5.33 和图 5.34 可知，组织过项目管理培训的企业中 74%的企业设立了项目管理机构，未组织过项目管理培训的企业中只有 28%的企业设立了项目管理机构。由此可见，相比未组织过项目管理培训的企业，组织过项目管理培训的企业更多地设立了项目管理机构。

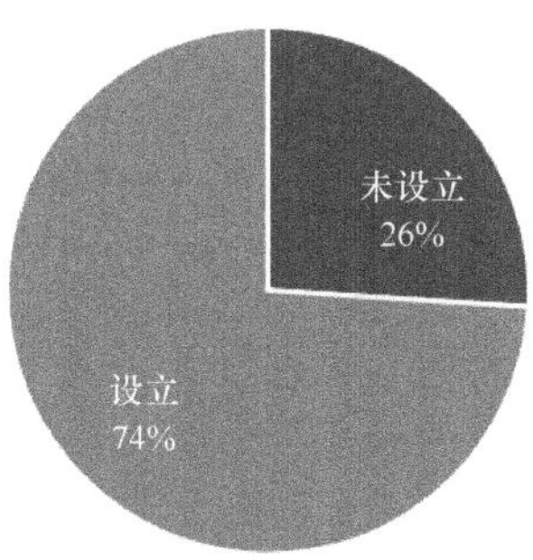

图 5.33 组织过项目管理培训的企业设立项目管理机构的情况

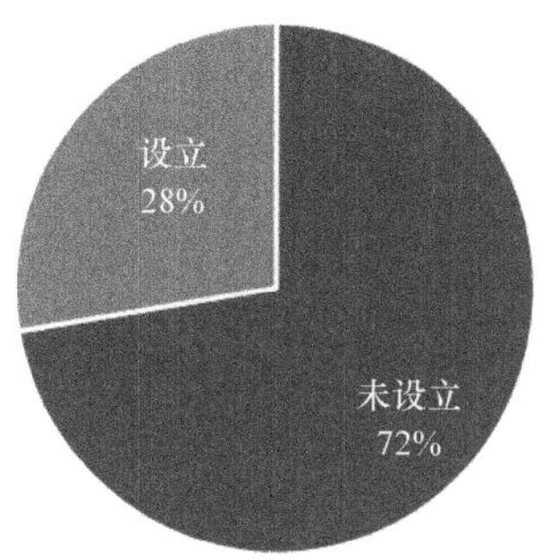

图 5.34 未组织过项目管理培训的企业设立项目管理机构的情况

（三）近八成的调研企业对员工参加 PMP®认证考试提供不同形式的支持与鼓励，以报销全部或部分相关费用的形式为主

图 5.35 是不同企业对员工参加 PMP®认证考试的支持性政策的统计结果。

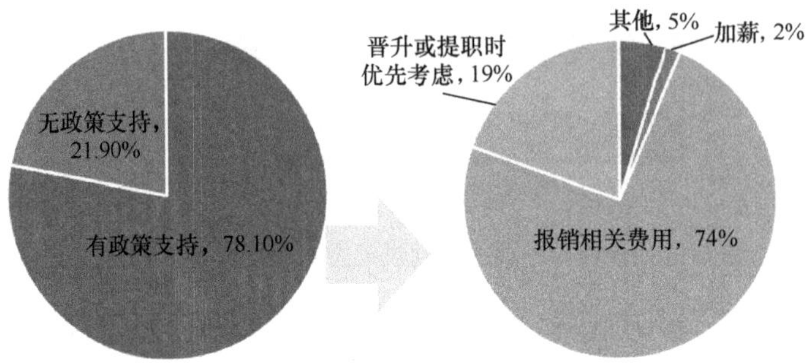

图 5.35　调研企业对员工参加 PMP®认证考试的支持性政策情况

问卷调查的结果显示，仅有 21.90%的调研企业对员工参加 PMP®认证考试不提供任何形式的支持与鼓励，而 78.10%的调研企业对员工参加 PMP®认证考试提供不同形式的支持与鼓励。从图 5.35 可知，企业提供的支持与鼓励以报销相关费用的形式为主，占比 74%，其次是晋升或提职时优先考虑的鼓励形式，占比为 19%。还有 5%的企业采取其他方式鼓励员工参加 PMP®考试，具体包括针对所带项目的效果进行激励、发放一次性现金奖励、发放证书奖励等。通过加薪形式支持的企业仅占 2%。

（1）从企业性质角度来看，与其他性质的企业相比，国有企业更支持员工参加 PMP®认证考试，且更多地以报销相关费用的形式来支持，PMP®人员在民营企业中更可能在晋升或提职时被优先考虑。

由图 5.36 可知，与其他性质的企业相比，更多的国有企业会对参加 PMP®认证考试的员工提供支持，占比 85.71%。由图 5.37 可知，尽管不同性质的企业的支持政策均以报销相关费用的形式为主，但与其他性质的企业相比，国有企业采用这种形式的比例最高为 72.93%，明显高于平均水平 56.96%。

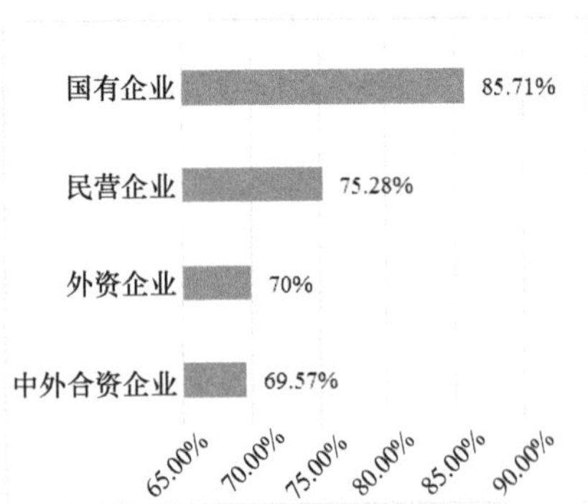

图 5.36　各类企业对员工参加 PMP®认证培训提供支持的比例

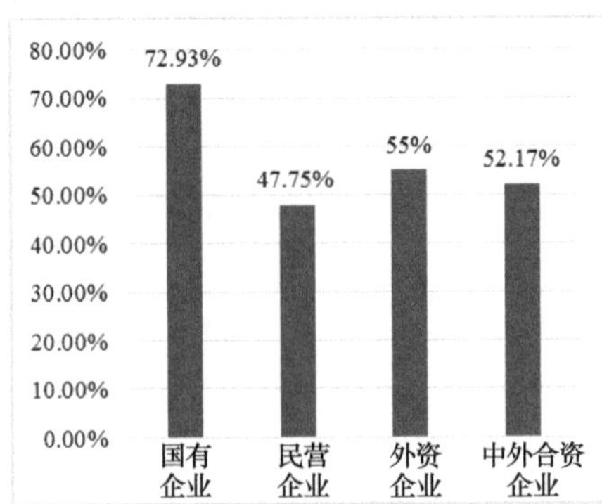

图 5.37　提供支持的各类企业以报销员工全部或部分费用形式进行鼓励的比例

由图 5.38 可知，21.35%的民营企业对参加 PMP®认证考试的员工在晋升或提职时有优先考虑，明显高于平均水平 13.79%，因此 PMP®人员在民营企业中更可能在晋升或提职时被优先考虑。

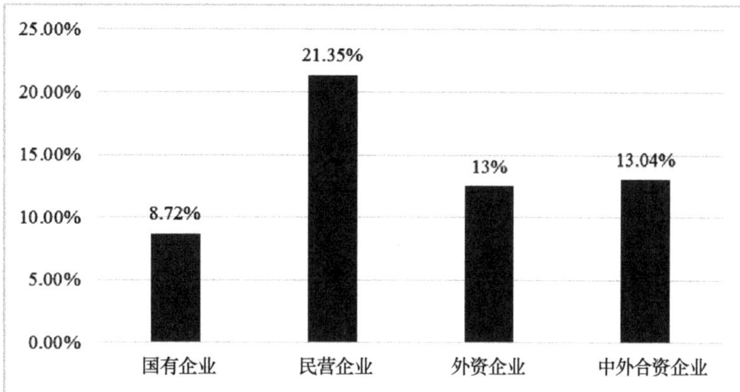

图 5.38 各类企业对参加 PMP®认证考试的员工在晋升或提职时会优先考虑的比例

（2）从企龄角度来看，成立 5 年以上的老企业多半以报销全部或部分费用的形式鼓励员工参加 PMP®认证考试，相比之下，近 5 年成立的新企业提供报销费用形式支持的不足三成，但提供晋升优先考虑形式支持的企业中新企业的占比最高，可以认为 PMP®人员在新企业中更可能在晋升或提职时被优先考虑。

图 5.39 是不同企龄的企业对员工参加 PMP®认证考试的支持性政策的统计结果。

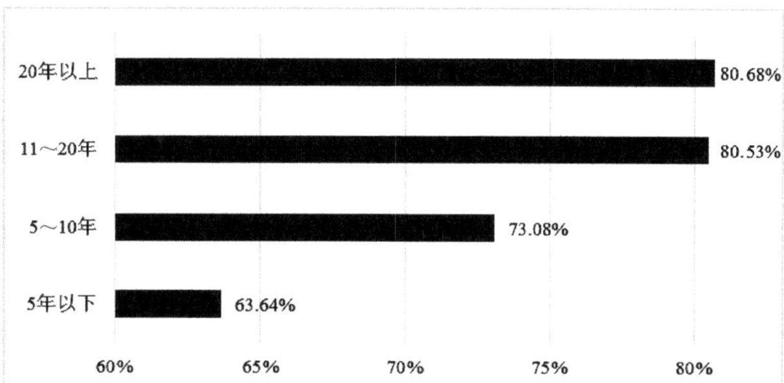

图 5.39 不同企龄的企业中对参加 PMP®认证考试的员工提供支持的数量比例

由图 5.40 可知，调研企业无论是近 5 年成立的新企业还是老企业，大多数都会对员工参加 PMP®考试认证提供支持，而且越是老企业越有可能提供支持。由图 5.40 可知，成立 5 年以上的企业中超过半数的企业以报销员工参加 PMP®认证考试全部或部分费用的形式提供支持，而且企业成立时间越长，越多地利用这种方式鼓励员工参加 PMP®认证考试，成立 20 年以上的企业采用这种鼓励形式的占比达到 64.20%。相比之下，近 5 年成立的新企业较少采用报销费用这种形式的支持政策，占比仅为 27.27%。由图 5.41 可知，在采用“在晋升时优先考虑 PMP®人员”这种形式的支持政策的企业中，近 5 年成立的新企业的占比是最高的，为 21.21%，高于平均水平 16.96%。因此可以认为，PMP®人员在近 5 年成立的企业中更可能在晋升或提职时被优先考虑。

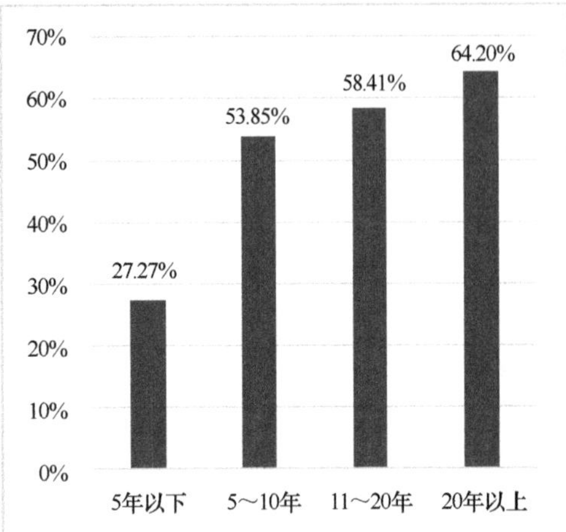

图 5.40　不同企龄的企业中以报销相关费用的形式提供支持的数量比例

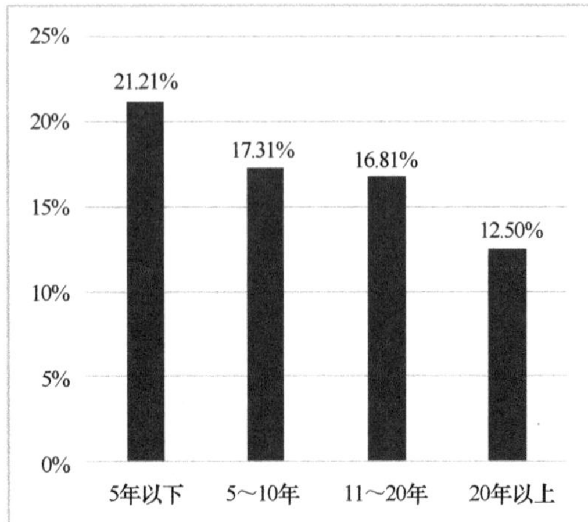

图 5.41　不同企龄的企业中以晋升优先考虑的形式提供支持的数量比例

（1）从企业规模的角度来看，对员工参加 PMP®认证不提供支持的企业以微型企业占比最高，提供报销相关费用形式支持的企业以大型企业占比最高，PMP®人员在中型企业中更可能在晋升或提职时被优先考虑。

由图 5.42 可知，七八成的小型、中型和大型企业对员工参加 PMP®认证提供鼓励和支持，而仅有四成多的微型企业会提供支持政策。由图 5.43 可知，在提供支持的不同规模企业中，大型企业以报销员工全部或部分相关费用形式提供支持的占比最高，为 66.7%，而微型企业中只有 33.33%的企业提供这种形式的支持。由图 5.44 可知，在提供支持的不同规模企业中，21.09%的中型企业会在晋升或提职时对参加 PMP®认证的员工优先考虑，高于平均水平 15.65%。因此，从企业规模角度来看的话，PMP®人员在中型企业中更可能在晋升或提职时被优先考虑。

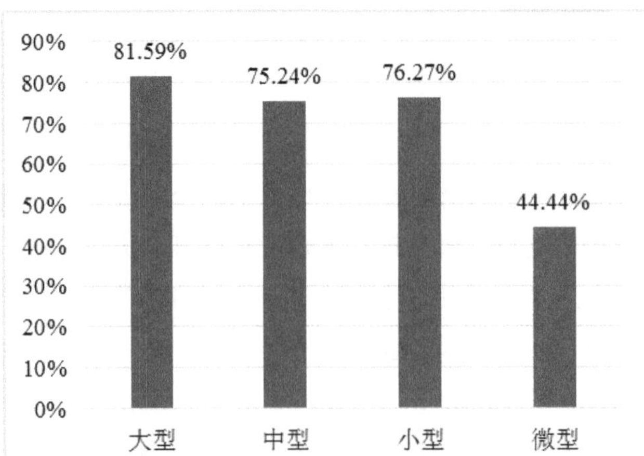

图 5.42　不同规模的企业对员工参加 PMP®认证提供支持的比例

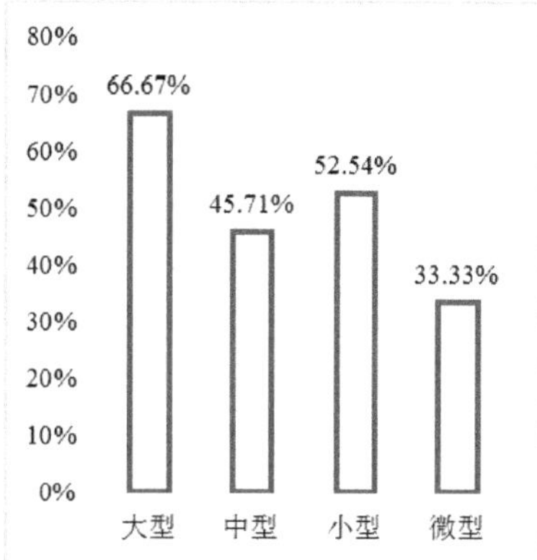

图 5.43　提供支持的各类企业以报销员工全部或部分费用形式进行鼓励的比例

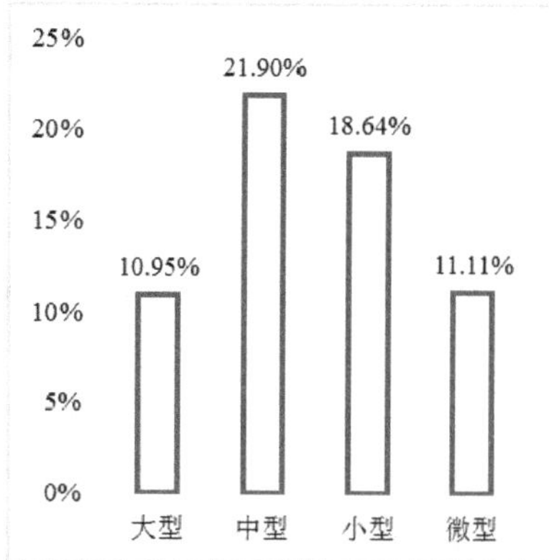

图 5.44　提供支持的各类企业对参加 PMP®认证的员工在晋升时会优先考虑的比例

（2）相比未设立项目管理机构的企业，设立项目管理机构的企业更鼓励员工参加PMP®认证。

由图 5.45 可知，不论企业是否设立项目管理机构，大多数企业对员工参与 PMP®认证提供支持与鼓励。特别是设立项目管理机构的企业提供支持性政策的占比为 85.1%，明显高于没有设立项目管理机构的企业提供支持性政策的占比 63.03%。由此可见，设立项目管理机构的企业更鼓励员工参加 PMP®认证。

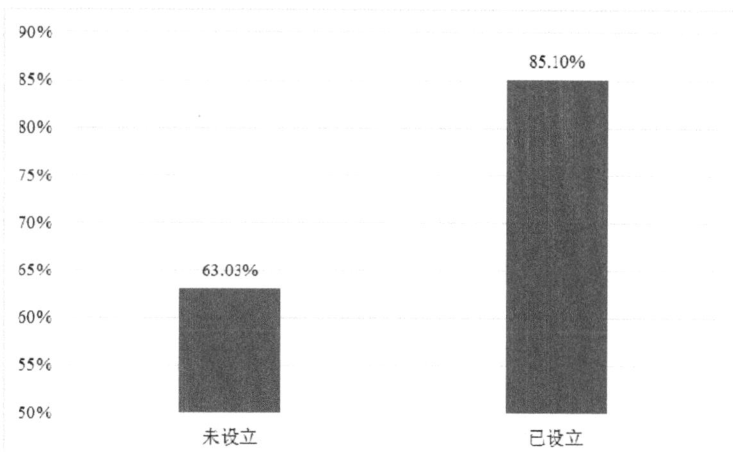

图 5.45　未设立和已设立项目管理机构的企业对员工参加 PMP®认证提供支持的比例

（四）项目管理工具得到广泛使用，其中工作分解结构为大部分企业最常使用的项目管理工具，其次是相关方管理方法和责任分配矩阵

在调查“企业中最常用的项目管理工具（单选）”这个问题时，由图 5.46 可以看出，几乎所列的项目管理工具都有企业选择，这从一定程度上说明了目前项目管理工具在企业得到了广泛使用。其中选择最多的是工作分解结构，占比 56.4%，其次是相关方管理方法和责任分配矩阵，占比分别为 11.50%和 11.00%。而且，卡方检验的结果表明，不同性质（Chi=27.064，P=0.169>0.05）、规模（Chi=24.096，P=0.288>0.05）、成立年限（Chi=14.179，

P=0.862>0.05）的企业之间在企业最为常用项目管理工具的选择上并没有表现出显著差异，这也说明项目管理的工具是普适性的。

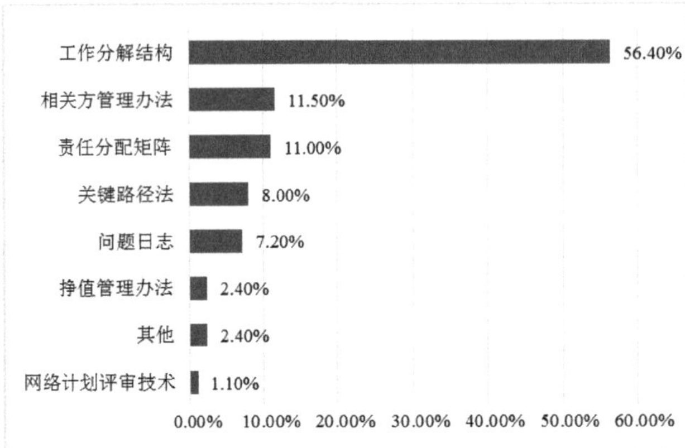

图 5.46　企业最常使用或帮助最大的项目管理工具

（五）大多数企业认为项目管理应用对企业管理能力的提升最有帮助，其次是员工能力的提升，最后是企业品牌价值的提升

依据企业对“企业应用项目管理以来，您认为对以下哪个方面的提升最有帮助？”这一问题的回复数据统计可知，67.6%的企业认为项目管理应用对企业提升最大的方面为管理能力，其次是员工能力，最后是品牌价值的提升（见图 5.47）。在量表部分，我们也从企业的科技创新能力、管理能力、员工能力、品牌价值、经济效益五个维度分析项目管理应用对企业发挥的作用，五个维度的平均得分与此结论呈现出一致性，企业认为项目管理应用对管理能力发挥作用最大，其次是员工能力，最后是品牌价值的提升。

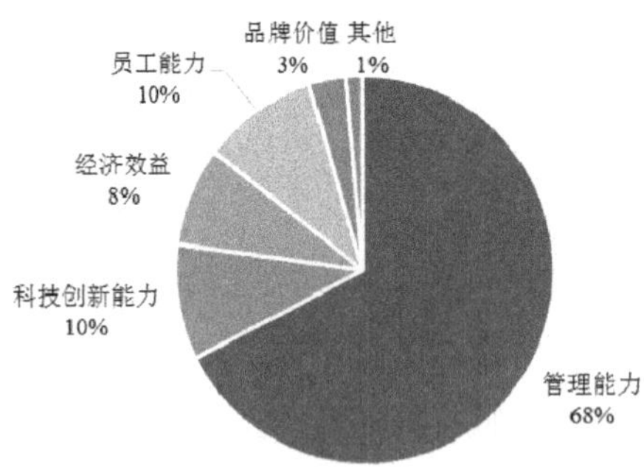

图 5.47　企业选择应用项目管理对企业提升最大方面的回复情况

（六）从企业对从项目管理中受益方面的排序来看，项目管理对企业的进度控制、前期策划和范围变更控制等方面的帮助大，对合同管理和采购管理方面的帮助相对较小

我们罗列出企业有可能从项目管理应用中受益的十多个方面作为选项，企业从中选择出受益最大的前三个方面，并按受益程度由大到小进行排序。依据企业对此问题的回答，计算每个选项的得分。打分方法：选项被选，排首位赋值 3 分，排第二位赋值 2 分，排第

三位赋值 1 分；选项未被选，赋值 0 分。各选项的总得分的高低可以反映企业通过应用项目管理而获得受益程度的大小。计算结果如图 5.48 所示，可以看出，进度控制得分最高，430 分，其后得分较高的依次是前期策划、范围变更控制、风险管控和流程优化，得分分别为 280 分、255 分、235 分、234 分和 195 分。合同管理和采购管理的得分最低，仅为 9 分。因此，项目管理对企业的进度控制、前期策划、范围变更控制、成本控制、风险管控和流程优化等方面的帮助大，对合同管理和采购管理的帮助相对较小。

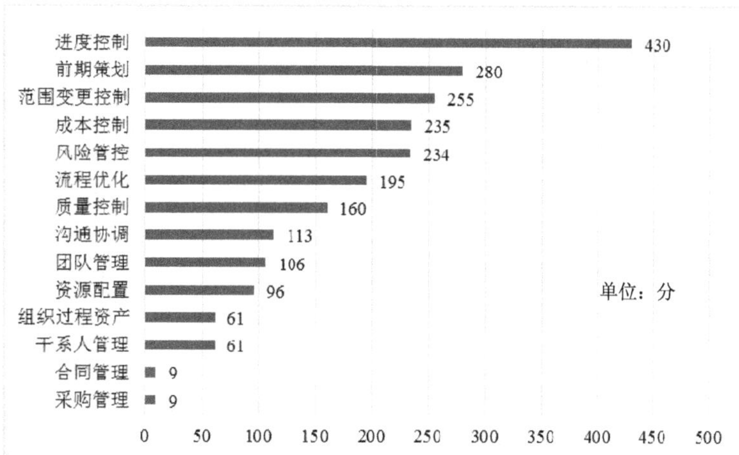

图 5.48　企业应用项目管理的受益方面得分

三、以《PMBOK®指南》为代表的项目管理在企业发挥的作用分析

项目管理应用对企业的发展发挥的作用是方方面面的，本报告将从企业的科技创新能力、管理能力、员工能力、品牌价值、经济效益五个维度分析项目管理应用对企业发挥的作用，探讨企业是如何从项目管理中受益的。

（一）问卷的信度和效度检验

为了测量项目管理（《PMBOK®指南》）应用对企业发展发挥的作用，我们在调查问卷中设计了相应量表，试图通过样本企业填写的量表数据，利用样本企业的相关信息来反映总体的情况，因此为了证明调查问卷的样本信息能较好地反映总体的情况，我们有必要首先对问卷的量表进行信度和效度检验。

1. 问卷的信度检验

信度主要检测所收集数据的可靠性，一致性越高，信度越高。信度主要包括内在信度和外在信度，我们主要测量问卷的内在信度。内在信度指调查表中的一组问题是否测量同一个概念，也就是这些问题之间的内在一致性如何。

信度系数是一种相关系数，是评价问卷质量的重要指标，主要包括稳定系数、等值系数和内在一致性系数等。在相关研究中，测量内在一致性信度的系数法运用得最广泛。对于社会科学研究来说，当 $\alpha \geqslant 0.7$ 时，属于高信度；当 $0.35 \leqslant \alpha < 0.7$ 时，属于信度尚可；当 $\alpha < 0.35$ 时，则为低信度，需要修订量表。本研究利用软件，通过系数对调查问卷测量量表项目的内在一致性信度进行分析。

问卷量表从对企业科技创新能力提升、管理能力提升、员工能力提升、品牌价值提升和经济效益提升五个维度测量项目管理对企业发展发挥的作用。

表 5.3 为第一维度——项目管理应用对企业科技创新能力提升的作用的信度检验。

表 5.3　第一维度的 Cronbach 信度分析

题　　项	校正项总计相关性(CITC)	项已删除的 α 系数	Cronbach α 系数
促进了企业创新文化与环境的形成	0.858	0.961	0.965
大大促进了企业科技创新管理模式转换	0.861	0.96	
企业科技创新管理体系不断完善	0.867	0.96	
企业高度重视研发活动，追求技术或服务领先与创新	0.851	0.961	
研发流程不断优化，研发项目管理水平不断提升	0.856	0.961	
企业科技管理部门工作效率有很大提高	0.868	0.96	
科技成果（专利、获奖等）日益增加	0.841	0.962	
对企业科技创新产生的效果很明显	0.904	0.958	

从表 5.3 可知：信度系数值为 0.965，大于 0.9，因而说明研究数据信度质量很高。针对“项已删除的 α 系数”，分析项被删除后的信度系数值并没有明显提升，因而说明应该保留全部题项，进一步说明研究数据信度水平高。针对“CITC 值”，分析项对应的 CITC 值全部高于 0.8，因而说明分析项之间具有良好的相关关系，同时说明信度水平良好。综上所述，研究数据信度系数值高于 0.9，删除题项后信度系数值并不会明显提高，综合说明数据信度质量高，可用于进一步分析。

以上是测量“项目管理对企业科技创新能力提升的作用”这一维度的量表的信度检验，检验过程同理，因此这里省略测量其他四个维度的量表的信度检验过程。问卷信度检验的最终结果如表 5.4 所示。

表 5.4　量表的 Cronbach 信度分析

量表名称	研究维度	测量题项个数	Cronbach α 系数	量表 Cronbach α 系数
项目管理（《PMBOK® 指南》）应用对企业发展的作用	项目管理应用对企业科技创新能力提升的作用	8	0.965	0.989
	项目管理应用对企业管理能力提升的作用	10	0.964	
	项目管理应用对企业员工能力提升的作用	10	0.959	
	项目管理应用对企业品牌价值提升的作用	7	0.966	
	项目管理应用对企业经济效益提升的作用	5	0.954	

由表 5.4 可知，问卷量表设计的分析项目管理对企业发展发挥作用的五个维度所包含的全部题项，其校正的项总计相关性都超过了 0.7，各维度的信度系数值均大于 0.95，整

个量表的信度系数高达 0.989，表明题项之间具有良好的相关关系，研究数据信度质量很好，全部题项均应该保留，研究数据信度水平高。同时表明此份“项目管理（《PMBOK®指南》）应用对企业发展的作用量表”具有良好的内部一致性，最终通过信度检验。

2．问卷的效度检验

效度又称有效性，它与信度不同。效度是检验测量的结果反映考察内容的程度。体现在本问卷中，即每一个维度下的评价题项能否较好地反映该维度。例如，第一个维度“项目管理应用对企业科技创新能力提升的作用”由八个题项构成，效度便是检验这八个问题能否较好地反映项目管理应用对企业科技创新能力提升的作用这一维度。利用 SPSS 软件，分析样本效度如下。

表 5.5 为第一维度——项目管理应用对企业科技创新能力提升的作用的效度检验。

表 5.5　第一维度的效度分析结果

效度分析结果		
题　　项	**因子载荷系数**	**共同度**
促进了企业创新文化与环境的形成	0.893	0.797
大大促进了企业科技创新管理模式转换	0.896	0.803
企业科技创新管理体系不断完善	0.9	0.811
企业高度重视研发活动，追求技术或服务领先与创新	0.886	0.786
研发流程不断优化，研发项目管理水平不断提升	0.891	0.793
企业科技管理部门工作效率有很大提高	0.901	0.811
科技成果（专利、获奖等）日益增加	0.878	0.771
对企业科技创新产生的效果很明显	0.928	0.861
特征根值（旋转前）	6.432	—
方差解释率（%）（旋转前）	80.400%	—
累积方差解释率（%）（旋转前）	80.400%	—
特征根值（旋转后）	6.432	—
方差解释率（%）（旋转后）	80.400%	—
累积方差解释率（%）（旋转后）	80.400%	—
KMO 值	0.94	—
巴特球形值	3390.666	—
d*f*	28	—
P	0	—

根据 SPSS 中 KMO 和 Bartlett 检验判别标准，KMO 的值如果在 0.5～0.8，则说明样本具有一定效度；若 KMO 值大于 0.8，则样本具有较高的效度。从表 5.5 可知：问卷的 KMO 值为 0.940，大于 0.8，并且 P=0.000<0.05，通过巴特球形检验，意味着效度很高。另外，1 个因子的方差解释率值是 80.400%，旋转后累积方差解释率为 80.400%>50%，意味着研究项的信息量可以有效地提取出来。因子载荷系数绝对值均大于 0.8，并且因子和

研究项对应关系与预期相符，是有效度的。

同理，问卷最终的效度检验结果如表 5.6 所示。

表 5.6　问卷最终的效度检验结果

效度检验				
研究维度	题项数量	KMO 值	df	P
项目管理应用对企业科技创新能力提升的作用	8	0.94	28	0.000
项目管理应用对企业管理能力提升的作用	10	0.956	45	0.000
项目管理应用对企业员工能力提升的作用	10	0.943	45	0.000
项目管理应用对企业品牌价值提升的作用	7	0.939	28	0.000
项目管理应用对企业品牌价值提升的作用	5	0.903	10	0.000

由表 5.6 可知：本次研究共有项目管理应用对企业科技创新能力提升、管理能力提升、员工能力提升、品牌价值提升、经济效益提升的作用五个维度，这五个维度分别由 8、10、10、7、5 个题项表示，通过因子分析进行效度检验时，KMO 值分别为 0.94、0.956、0.943、0.939、0.903，全部大于 0.9，最小为 0.903，最大为 0.956，并且全部通过巴特球形检验（$P=0.000<0.05$），因此本问卷效度非常高，各个题项可以很有效地表达因变量概念信息，即最终说明样本数据有效，可用于后续分析使用。

综上所述，本问卷具有较高的信度与效度水平，说明本问卷的调查结果是可信且有效的，样本企业的情况可以较好地反映整体的情况。

（二）除一家企业外，调研企业均认为项目管理对企业发展发挥作用，近两成企业认为项目管理发挥一定作用，近八成企业认为项目管理发挥较大或很大作用

我们将项目管理对企业发展发挥的作用从弱到强分为“不太发挥作用”“发挥一定作用”“发挥较大作用”“发挥很大作用”“超出预期发挥作用”五个等级。调查企业中近八成企业认为项目管理发挥较大或很大作用，其中 45.99%的企业认为项目管理发挥较大作用，32.62%的企业认为项目管理发挥很大作用（见图 5.49）。

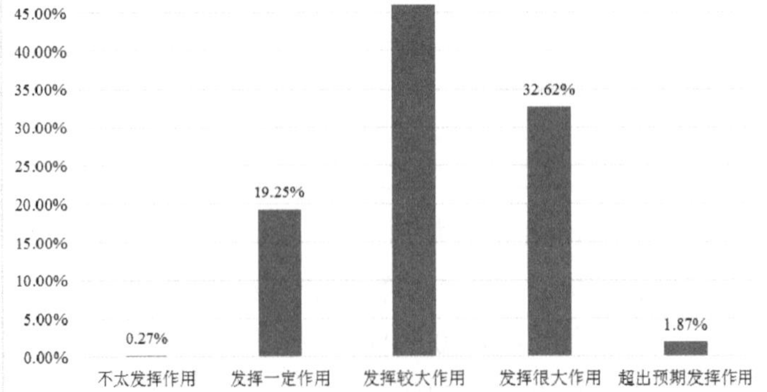

图 5.49　调研企业对项目管理发挥作用的评价

（1）不同地区的企业对项目管理在企业发展中发挥作用的大小的评价有显著差异，平均来讲，西北地区的企业对项目管理发挥作用的评价最高，其次是东北地区的企业。

图 5.50 为不同地区的企业对项目管理在企业中发挥作用大小的评价。

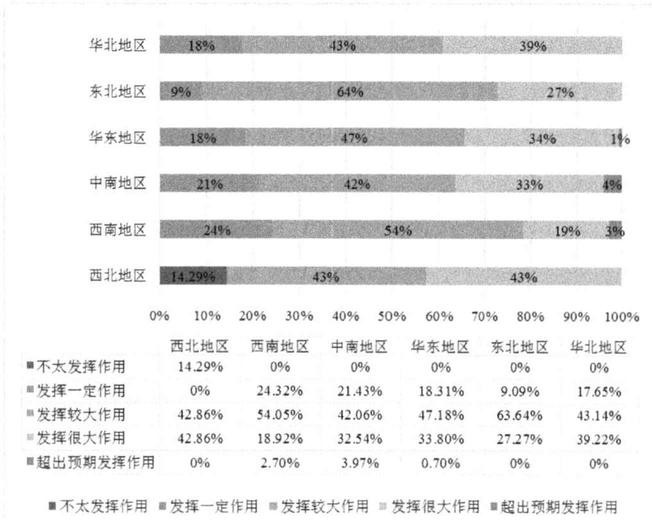

图 5.50　不同地区的企业对项目管理在企业中发挥作用的评价

卡方检验的结果（Chi=65.76，P=0.00<0.01）表明，不同地区的企业对项目管理在企业中发挥作用大小的评价呈现出显著的差异。

由图 5.50 可知，西北地区的企业认为项目管理发挥很大作用的比例为 42.86%，明显高于平均水平 32.62%。东北地区的企业认为项目管理发挥较大作用的比例为 63.64%，明显高于平均水平 45.99%。

（2）不同行业的企业对项目管理在企业发展中发挥作用的评价存在显著性差异。平均来说，交通运输、仓储和邮政业及房地产业的评价最高，其次是科学研究与技术服务业、采矿业，评价最低的是批发和零售业。

图 5.51 为不同行业的企业对项目管理在企业中发挥作用大小的评价。

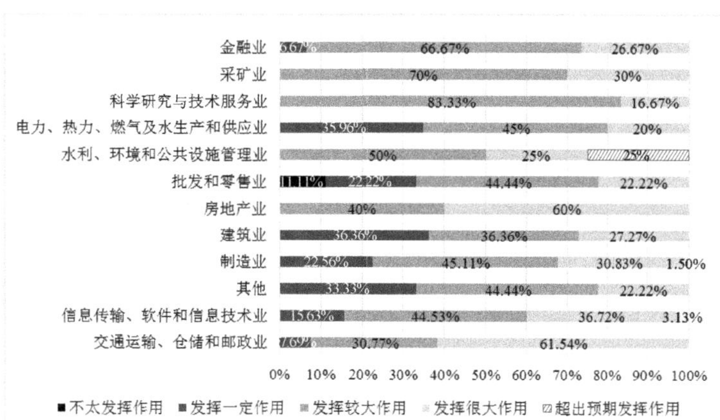

图 5.51　不同行业的企业对项目管理在企业中发挥作用的评价

卡方检验的结果（Chi=84.14，P=0.00<0.01）表明，不同行业的企业对项目管理在企业中发挥作用大小的评价，呈现出显著差异。从平均分来看，批发和零售业评分最低，且调研企业中只有该行业中有企业认为项目管理不太发挥作用。建筑业和电力、热力、燃气及水生产和供应业中更多地认为项目管理发挥一定作用，其选择发挥一定作用的比例分别为 36.36%和 35.00%，均明显高于平均水平 19.25%。只有个别企业认为项目管理超出预期发挥作用。其他大部分企业认为项目管理发挥较大或很大作用，具体分析如下。

图 5.52 表明，科学研究与技术服务业、采矿业和金融业的企业更多地认为项目管理在企业发展中发挥较大作用，其认为发挥较大作用的比例分别为 83.33%、70.00%和 66.67%，均明显高于平均水平 45.99%。

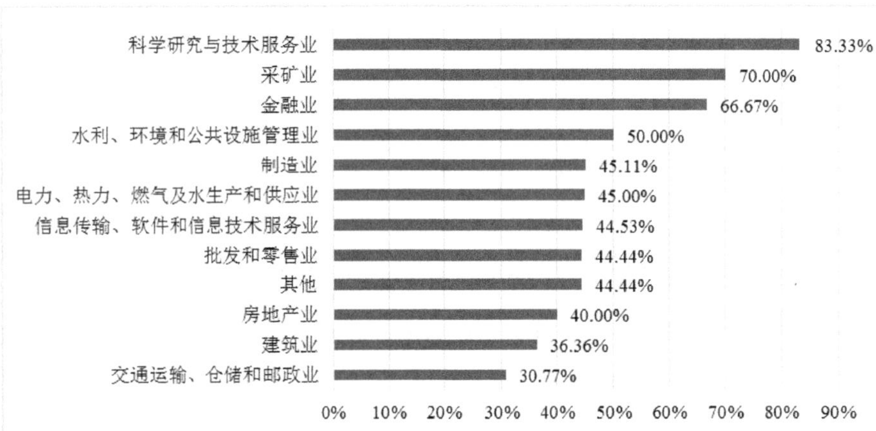

图 5.52 认为项目管理在企业中发挥较大作用的不同行业分布

由图 5.53 可知，交通运输、仓储和邮政业及房地产业的企业更多地认为项目管理在企业发展中发挥很大作用，其认为发挥很大作用的比例分别为 61.54%和 60%，均明显高于平均水平 32.62%。

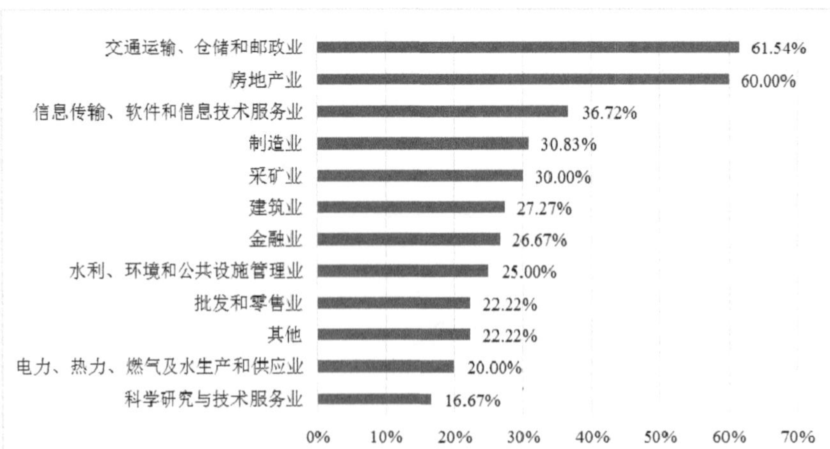

图 5.53 认为项目管理在企业中发挥很大作用的不同行业分布

（3）与未设立项目管理机构的企业相比，设立项目管理机构的企业更认可项目管理在企业的发展中发挥的作用。

图 5.54 为未设立与已设立项目管理机构的企业对项目管理在企业中发挥作用的评价的统计结果。

从图 5.54 可看出，企业无论是否设立项目管理机构，认为项目管理发挥较大作用的比例相当。但是与未设立项目管理机构的企业相比，设立项目管理机构的企业认为项目管理发挥很大作用的比例更高（36.08%>25.21%）。因此从一定程度上可以说明，设立项目管理机构的企业更认可项目管理在企业发展过程中发挥的作用。

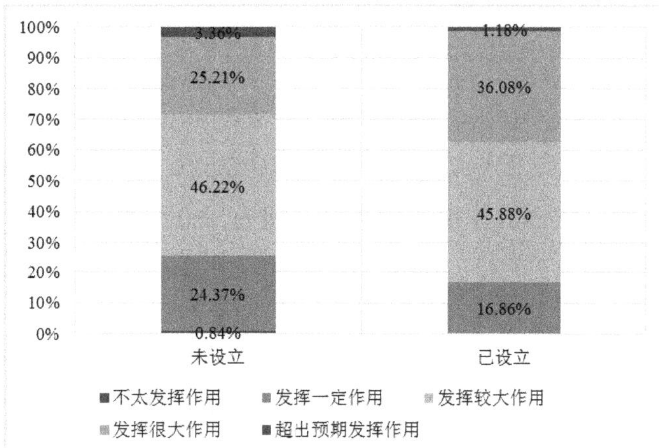

图 5.54　设立与未设立项目管理机构的企业对项目管理作用的评价结果

（4）不同性质、不同企龄、不同规模的企业对项目管理在企业发展中发挥作用大小的评价没有呈现出显著的差异性。

不同性质企业对项目管理在企业发展中发挥作用的评价是否有显著差异？不同成立年限的企业对项目管理在企业发展中发挥作用的评价是否有显著差异呢？为了回答这两个问题，我们进行了卡方检验，检验结果表明，不同性质的企业（Chi=5.110，P=0.954>0.05）和不同企龄的企业（Chi=9.499，P=0.660>0.05）对项目管理在企业发展中发挥作用的评价没有呈现出显著的差异。

而利用卡方检验判断规模不同的企业对项目管理在企业中发挥作用的评价是否具有显著差异性时，尽管 P 值没有超过 0.05，但处于临界值附近。进一步观察不同规模的企业对项目管理在企业中发挥作用的评价结果，如图 5.55 所示。

由图 5.55 可直观地看出，大型、中型和小型企业认为对项目管理在企业中发挥作用的评价基本一致：大型、中型和小型企业认为项目管理在企业的发展中发挥较大作用的比例均接近五成，认为项目管理在企业的发展中发挥很大作用的比例均接近三成，认为项目管理在企业的发展中发挥一定作用的比例均接近两成。微型企业的评价与大型、中型和小型企业的评价差异明显，微型企业的样本量相对其他规模的企业要少，考虑到也许是受样本企业的影响较大，使得微型企业显得与众不同。因此，这里更多地基于大型、中型和小型企业数据表现出的很大一致性，我们认为项目管理在企业中发挥作用与企业规模无关。

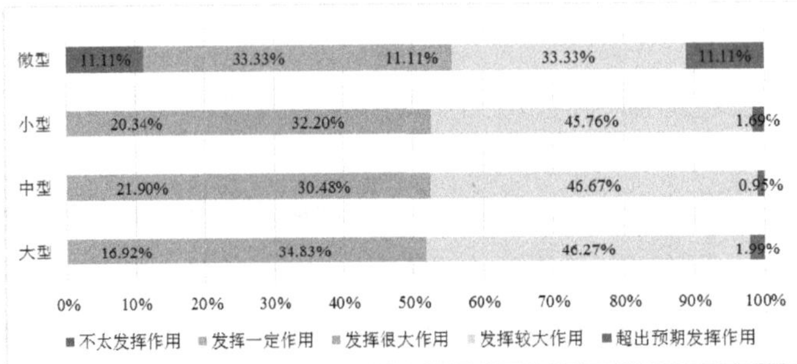

图 5.55　不同规模的企业对项目管理在企业中发挥作用的评价

（三）七成企业认为项目管理对企业科技创新能力的提升发挥较大或很大作用

由图 5.56 可知，认为项目管理应用对提升企业的科技创新能力发挥较大作用的企业数量占比为 36.1%，认为发挥了很大作用的企业占比为 34.2%，还有 5.4%的企业认为项目管理对提升科技创新能力发挥的作用超出预期，仅有 2.9%的企业认为项目管理应用对提升科技创新能力的作用不大。

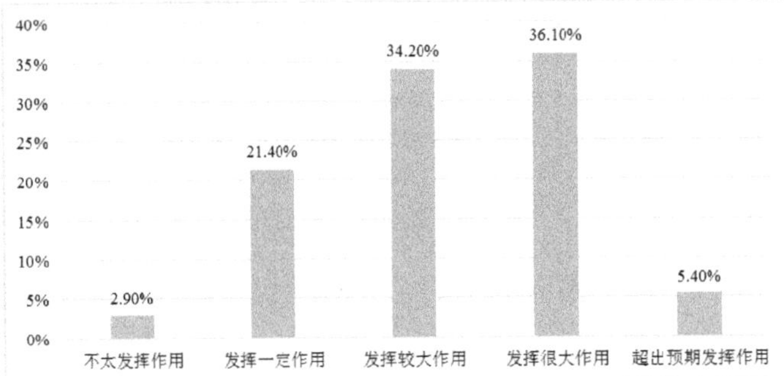

图 5.56　企业对项目管理提升科技创新能力方面发挥作用大小的评价

（1）已设立项目管理机构的企业对项目管理提升企业科技创新能力发挥作用的评价更高。

卡方检验的结果（Chi=12.50，P=0.01<0.05）表明，所在企业是否设立项目管理机构对于“项目管理应用对企业科技创新能力提升的作用”的评价呈现出显著的差异性。

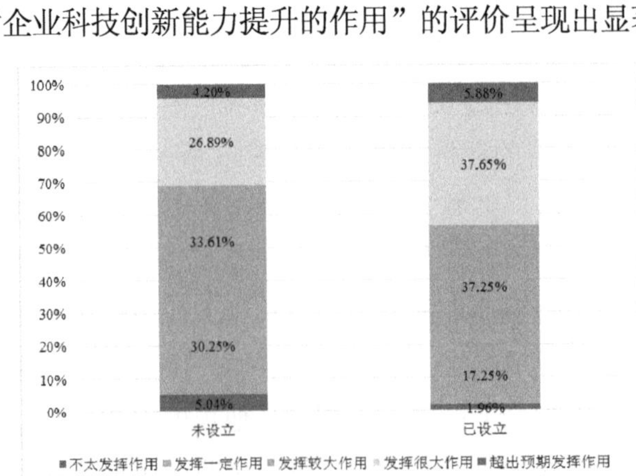

图 5.57　未设立项目管理机构与已设立项目管理机构的企业对项目管理提升科技创新能力作用的评价情况

由图 5.58 且通过百分比对比差异可知，已设立项目管理机构的企业认为项目管理的应用对企业科技创新能力的提升发挥很大作用和超过预期的占比为 43.53%，明显高于未设立项目管理机构的企业的占比 31.09%。由此可见，设立了项目管理机构的企业对项目管理的应用对企业科技创新能力的提升发挥作用的评价更高。

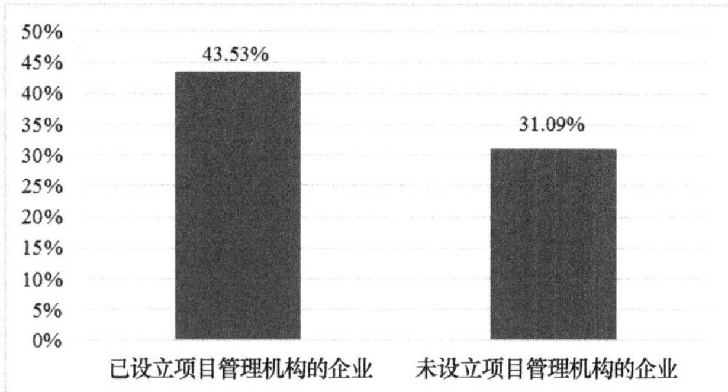

图 5.58　两类企业认为项目管理提升技创新能力发挥很大作用和超过预期的占比

（2）相较于小型、微型企业，大型企业更认为项目管理应用对科技成果的日益增加有帮助。

方差分析有很多类型，本报告采用的是单因素方差分析，即研究 X 对于 Y 的差异性，其中 X 为定类数据，Y 为定量数据。方差分析一般用于分析定类数据和定量数据之间的关系情况，通过 P 值的大小判断是否具有显著差异，一般认为 P 值小于 0.05，就表明不同组别的数据具有显著性差异，具体差异可以通过对比平均值来体现。

例如，用方差分析研究不同规模企业对“项目管理应用对科技成果的日益增加有帮助”的评价是否存在差异性，检验结果如表 5.7 所示，P=0.003<0.05，说明不同规模的企业对“项目管理应用对科技成果的日益增加有帮助”的评价呈现出显著的差异性。

表 5.7　不同规模的企业对项目管理应用对科技成果的日益增加的评价差异

题　项	不同规模企业的评分结果（平均值±标准差）				F	P
	大型	中型	小型	微型		
科技成果（专利、获奖等）日益增加	3.20±0.96	2.95±0.98	2.85±1.01	2.22±1.20	4.841	0.003**

注：P**<0.01

通过对比平均分的差异可知，相较于小型、微型企业，大型企业更认为项目管理应用对科技成果的日益增加有帮助。

（四）近八成的企业对项目管理提升企业管理能力的作用评价很高，且不同性质、不同行业、不同成立年限的企业的评价结果差异不显著，但规模越大的企业给出的评价越高

卡方检验的结果表明，不同性质、不同行业、不同成立年限、引入项目管理时间期限

不同的企业对项目管理在提升企业管理能力中发挥的作用的评价没有显著的差异性。图5.59 的统计结果可知，认为项目管理应用对企业的管理能力提升方面发挥较大作用的企业数量占比为 42.30%，认为发挥很大作用的企业占比为 35.30%，还有 5.10%的企业认为项目管理应用对企业的管理能力提升方面发挥的作用超出预期。认为项目管理应用发挥一定作用和不太发挥作用的企业占比分别为 16.80%和 0.50%。可见，绝大部分企业是非常认可项目管理在提升企业管理能力中发挥的作用的，仅有 0.50%的企业不认可。

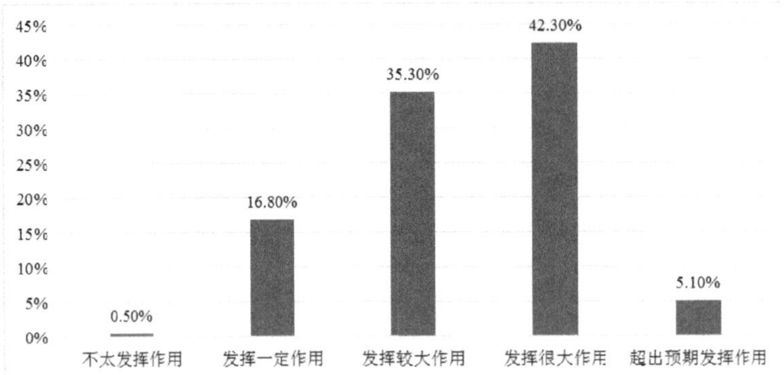

图 5.59 企业对项目管理应用在提升企业管理能力中发挥作用的评价

卡方检验（Chi=27.03，*P*=0.01<0.05）的结果表明不同规模的企业对于“项目管理应用对企业管理能力提升的作用”的评价呈现出显著的差异性。通过观察图 5.60 中不同规模企业认为项目管理对管理能力提升发挥作用为较大和很大的占比差异可知，大型企业认为项目管理对企业管理能力提升发挥较大和很大作用的比例明显高于平均水平，而微型企业给出的评价相比而言是最低的。

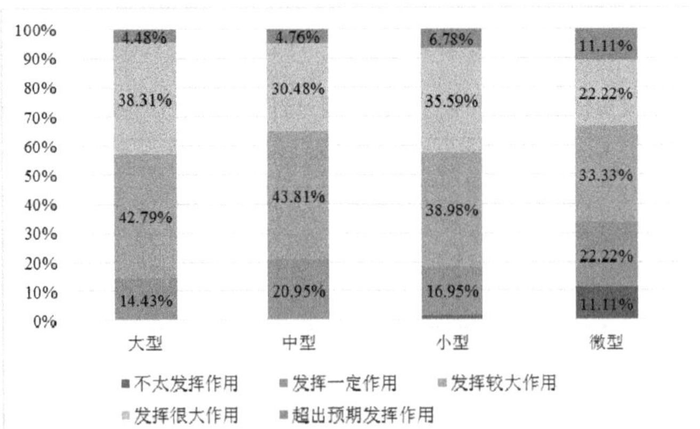

图 5.60 不同规模企业对项目管理对管理能力提升发挥作用的评价情况

（五）超过七成的企业对项目管理提升企业员工能力的作用评价很高，且不同性质、不同行业、不同规模、不同成立年限的企业的评价结果差异不显著，但已设立项目管理机构的企业更认为项目管理使得员工的工作能力不断提高

根据图 5.61 的统计结果可知，认为项目管理应用对企业员工能力提升方面发挥较大作

用的企业数量占比为41.4%，认为发挥了很大作用的企业数量占比为33.4%，共计约75%，超七成。还有5.4%的企业认为项目管理对企业员工能力提升发挥的作用超出预期，认为项目管理应用对员工能力的提升不太发挥作用的企业占极少数，占比仅为0.3%。

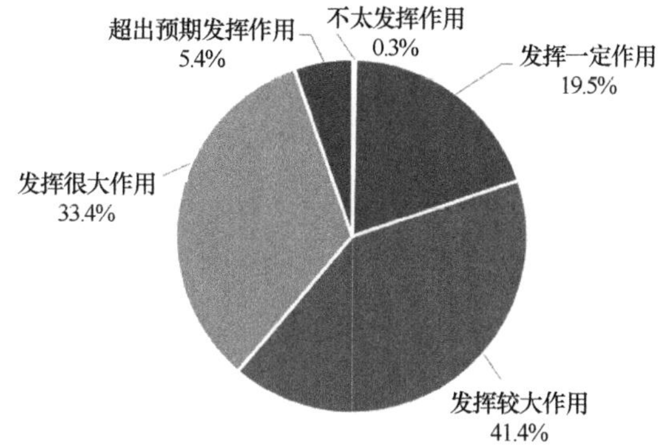

图5.61 企业对项目管理提升员工能力发挥作用的评价

由表5.8可知，方差检验的结果表明，不同性质、不同规模、不同行业、不同成立年限、引入项目管理时间期限不同的企业对项目管理在提升企业员工管理能力中发挥作用的评价没有显著的差异性。从表5.8可知，方差检验的结果（F=10.88，P=0.001）表明所在企业是否设立项目管理机构对于“项目管理的应用使得企业员工的工作能力不断提高”的评价具有显著的差异性。具体对比差异可知，未设立项目管理机构的企业的平均值（3.20），会明显低于已设立项目管理机构的企业的平均值（3.53），由此可见，已设立项目管理机构的企业对项目管理应用使得企业员工的工作能力不断提高的评价更高。

表5.8 两类企业对“项目管理的应用使得企业员工的工作能力不断提高”的评价差异

题 项	两类企业的评分结果（平均值±标准差）		F	P
	未设立项目管理机构的	已设立项目管理机构的		
项目管理的应用使得企业员工的工作能力不断提高	3.20±0.89	3.53±0.88	10.885	0.001**

注：$P^{**}<0.01$

（六）近七成企业认为项目管理对提升企业品牌价值发挥较大或很大作用

根据统计数据可得（见图5.62）项目管理对企业品牌价值提升发挥作用的评价，认为项目管理对企业的品牌价值提升方面发挥较大作用的企业数量占比为37.70%，认为发挥了很大作用的企业数量占比为31.30%，总计69.00%，近七成。另外，还有4.00%的企业认为项目管理对企业的品牌价值提升方面发挥的作用超出预期。认为项目管理应用在品牌价值提升方面不太发挥作用的企业占极少数，比例为2.70%。

（1）从总体来看，各类规模的企业对项目管理在提升企业品牌价值中发挥的作用都非常认可，但评价也存在着显著差异。比较而言，微型企业评价相对较低（见图5.63）。

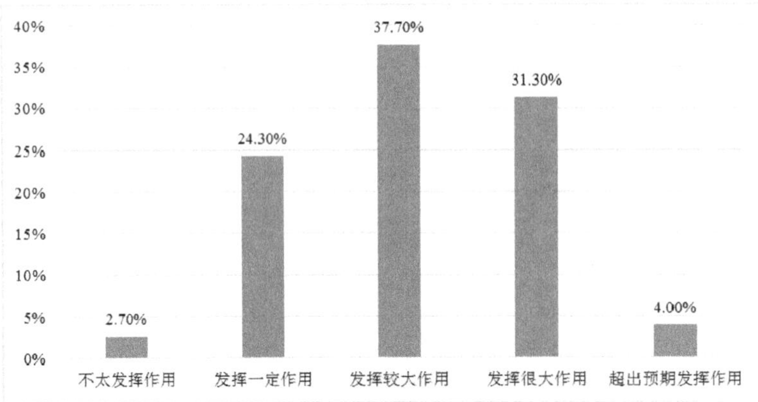

图 5.62　项目管理对企业品牌价值提升发挥作用的评价

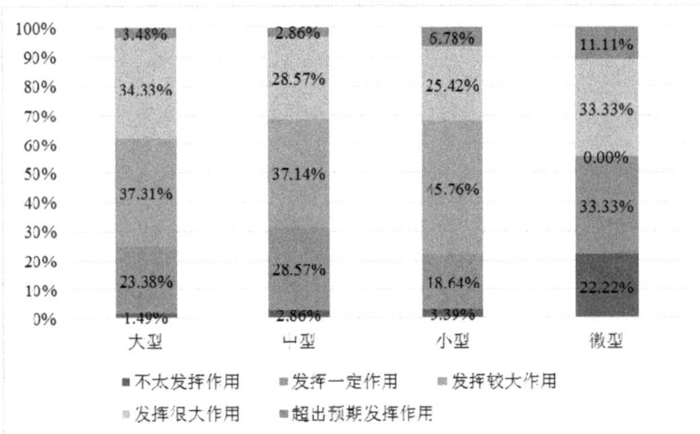

图 5.63　不同规模的企业对项目管理对企业品牌价值提升发挥作用的评价

卡方检验的结果（Chi=24.65，P=0.02<0.05）表明，不同规模的企业对于“项目管理应用对企业品牌价值提升的作用”的态度，呈现出显著的差异性。

通过图 5.64 及图 5.65 可以直观地看出，微型企业认为项目管理应用对企业品牌价值提升不太发挥作用和发挥一定作用的比例明显高于平均水平，更多的微型企业认为项目管理对于提升企业品牌价值的作用有限。

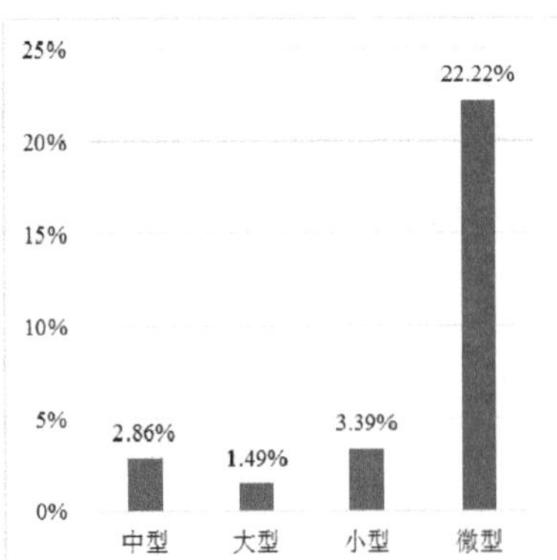

图 5.64　不同规模的企业认为项目管理对企业品牌价值提升不太发挥作用的情况

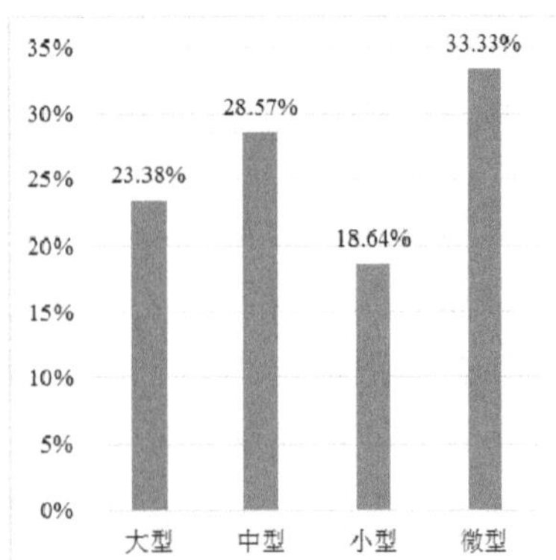

图 5.65　不同规模的企业认为项目管理对企业品牌价值提升发挥一定作用的情况

如图 5.66 所示，小型企业认为项目管理应用对企业品牌价值提升发挥较大作用的比例明显高于平均水平。

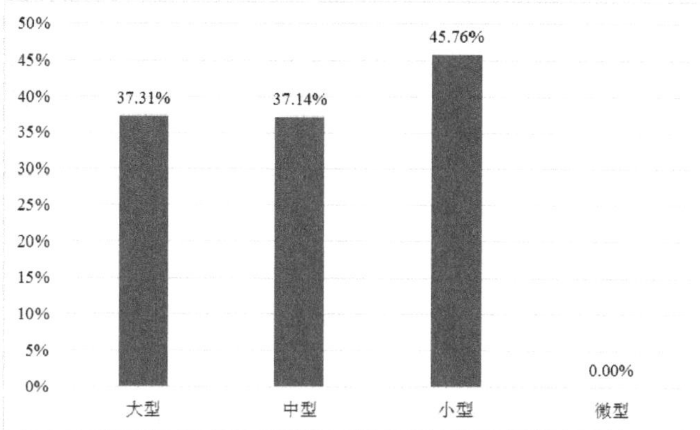

图 5.66　不同规模的企业认为项目管理对企业品牌价值提升发挥较大作用的情况

（2）相比其他性质的企业，外商独资企业更认可企业项目管理化有利于树立企业形象，也更认为项目管理对提升企业品牌价值发挥越来越重要的作用。

从表 5.9 可知，方差检验的结果表明，不同性质的企业对于“企业项目管理化有利于树立企业形象”的评价呈现出显著的差异性。比较表 5.9 中四类企业的平均分可知，相较于中外合资企业和民营企业，外商独资企业更认为企业项目管理化有利于树立企业形象。

表 5.9　不同性质的企业对企业项目管理化有利于树立企业形象和品牌价值提升的评价差异

题　　项	不同性质企业的评分结果（平均值±标准差）				F	P
	国有企业	民营企业	外商独资	中外合资		
企业项目管理化有利于树立企业形象	3.39±0.90	3.22±0.88	3.58±0.87	3.04±0.82	2.896	0.035*
对企业品牌价值的提升起到越来越重要的作用	3.41±0.92	3.13±0.97	3.45±0.99	3.35±1.03	2.695	0.046*

注：P*<0.05

方差检验的结果表明，不同性质的企业对于“对企业品牌价值的提升起到越来越重要的作用”的评价呈现显著的差异性。比较表 5.9 中两个题项的平均分可知，外商独资企业、国有企业比民营企业更认为项目管理应用对企业品牌价值的提升起到越来越重要的作用。

（七）超七成企业认为项目管理对提升企业经济效益发挥较大或很大作用，相比未设立项目管理机构的企业，已设立项目管理机构的企业更认可项目管理对提升企业经济效益发挥的作用

方差检验的结果表明，不同性质、不同规模、不同行业、不同成立年限、引入项目管理时

间期限不同的企业对项目管理在提升企业经济效益中发挥的作用的评价没有显著的差异性。

根据图 5.67 的统计结果可知，认为项目管理对企业的经济效益提升方面发挥较大作用的企业数量占比为 40.10%，认为发挥了很大作用的企业数量占比为 32.40%，总计 72.50%，超七成。还有 4.80%的企业认为项目管理对企业的经济效益提升方面发挥的作用超出预期。认为项目管理对提升企业经济效益不太发挥作用的企业占极少数，占比仅为 2.10%。

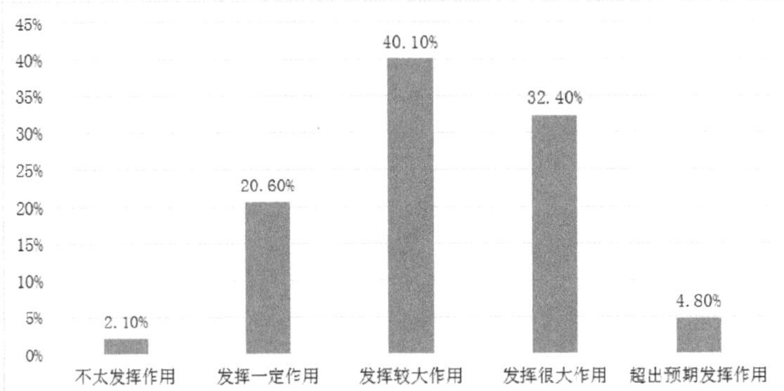

图 5.67　企业对项目管理对企业经济效益提升发挥作用的评价

从表 5.10 未设立与已设立项目管理机构的企业对项目管理提升企业经济效益的作用评价的方差分析可知，方差检验的结果表明，企业是否设立项目管理机构对于“对企业经济效益提升具有显著作用”的评价呈现出显著的差异性。比较表 5.10 中两类企业的平均分，未设立项目管理机构的企业打分的平均值（2.88）明显低于已设立项目管理机构企业打分的平均值（3.29）。

表 5.10　未设立与已设立项目管理机构的企业对项目管理提升企业经济效益作用的评价差异

题　项	两类企业的评分结果（平均值±标准差）		F	P
	未设立项目管理机构的	已设立项目管理机构的		
对企业经济效益提升具有显著作用	2.88±1.05	3.29±0.92	14.473	0.000**

注：$P^{**}<0.01$

四、企业项目管理落地实践中的受益与困难

为了进一步了解我国企业在将项目管理落地实践中的受益及遇到的困难，调查问卷设计了一道开放性问题：“企业引入项目管理（《PMBOK®指南》），在将项目管理落地的实践过程中，受益最大的是什么？在落地实践过程中又遇到过哪些困难，最终如何解决困难？”在 374 份企业问卷中，有少部分企业对此开放式问题的回答是“无”，其他企业对此问题做了部分或全部的简短回复。我们利用词云图来直观地展示企业回复中的关键词。“词云”可对文字中出现频率较高的“关键词”予以视觉上的突出，形成“关键词云层”或“关键词渲染”，从而使我们只要一眼扫过文本就可抓住重要信息。

（一）企业在项目管理落地实践过程中的受益

从词云图（见图 5.68）很清晰地可以看出，“流程优化”是企业在项目管理落地实践中受益最大的方面。具体来讲，374 份企业问卷中有 259 家企业回复了“项目管理落地实践过程中的受益”问题。

图 5.68 企业项目管理实践中的受益

这些回复中有 74 家（28.6%）企业指出项目管理的落地实践促进了企业流程的优化。企业表示“项目管理使其对项目整个流程有了比较深入的理解”“对整个流程的框架的理解更清晰”，并进一步表示“规范有序地组织项目工作，提升了项目绩效和项目履约能力”。

其次，有 58 家（22.4%）企业表示项目管理落地实践中受益最大的是通过学习项目管理知识，使其培养了项目管理的体系化和规范化思维。在项目管理知识的学习过程中，部分企业“了解了体系化的项目管理方法论”“系统地学习了完整的项目管理理论，并与实践应用相结合”。正是这种体系化的规范化的项目管理思维，对工作的开展有更好的指导意义，使得不同部门的员工在不同环节的沟通也更容易互相理解和达成共识。

还有 31 家（12%）企业表示项目管理的落地实践帮助企业掌控项目进度。部分企业表示“项目管理实施后，进度延误减少了”“进度实现可追踪、可预测”。京东表示“通过项目管理，缩短了研发对业务需求的整体交付周期，能确保项目按范围和按期交付”。

除此以外，在项目管理落地实践中，18 家企业在员工能力提升方面、15 家企业在效率提高方面、14 家企业在风险管控方面、14 家企业在沟通协调方面、12 家企业在范围变更控制方面受益。歌尔集团认为在项目管理落地实践中受益最大的方面是项目的风险管理与变更管理，有效改善并促进项目交付；舍弗勒大中华区和柯马（上海）工程有限公司均表示受益最大的是员工能力和素质的提高；还有部分受访企业表示“进度把控和风险预估更多的储备方案可以用来抵御风险”。

（二）企业在项目管理落地实践过程中的困难

根据受访企业的回复，我们将企业项目管理落地实践过程中的困难归纳为以下六点：落地阻力大、资源配置能力较弱、对项目管理具体工具不够熟悉、对相关方管理不够理解、成本意识薄弱和风险意识薄弱（见图 5.69）。

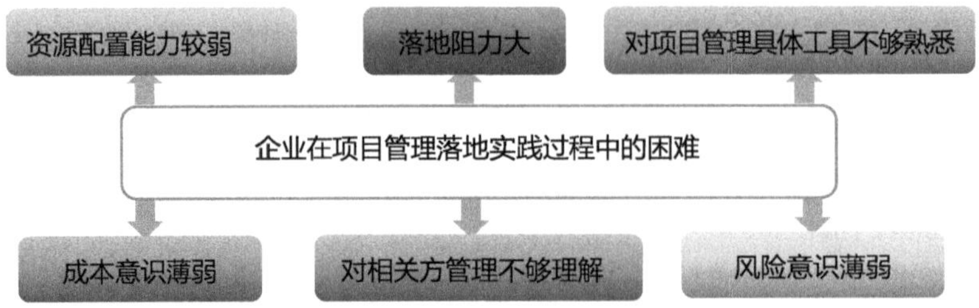

图 5.69　企业项目管理落地实践过程中的困难

项目管理落地阻力大是企业反映最多的在项目管理落地实践中遇到的困难。首要原因是项目人员受固有的思维限制，部分企业表示由于缺乏专家的指导，项目人员没有受过系统的项目管理培训，使得项目管理与传统的管理理念发生冲突，因此项目管理在实际落地过程中（尤其在项目的初期）不被理解和认可，推行阻力大。某企业表示在项目管理引入初期，由于与传统的管理流程存在不一致，项目人员的习惯或经验与体系矛盾，导致部分员工较抵触。落地阻力大的另一个原因是理论与实际状况的差异，部分企业表示虽然对项目管理体系有了系统的认识，但是由于实际情况往往是复杂的、变化的，项目管理也需要根据不同的情况做适当的变通才能适用。

其次，部分受访企业表示调配资源的能力偏弱是项目管理落地时遇到的难题。企业表示在多项目同时运行时存在对资源的竞争，难以实现资源利用效率的最大化，遇到资源协调方面的困难时往往由上层进行沟通和授权方可解决。

除此以外，对项目管理具体工具的应用不够熟练也是部分受访企业在项目管理落地时遇到的困难。部分企业认为由于有些项目管理工具使用起来比较复杂、流程烦琐，这些企业只有通过加强培训及在工作实际中多加练习才能解决。

根据调查显示，尽管部分企业表示受益最大的方面是相关方管理，仍有部分企业对相关方管理的目的和意义不够理解。个别企业表示相关方管理会让工作变得烦琐，还有个别企业表示相关方管理的流程和方法需要学习，因为管理不善会导致项目延后。

最后，个别企业表示，在项目管理实践过程中还需要强化成本意识和风险意识，解决成本过高的难题及增强对不确定性的把控。

第三节　企业项目管理的最佳实践

PMP®等项目管理专业资格认证及相关知识体系引入中国已有 20 年，在中国国际人才交流基金会的大力推动下，在这 20 年间我国越来越多的企业开始关注项目管理，开始广泛应用项目管理方法来管理企业的经营活动，进行“企业项目管理”或者“按项目进行管理”的理念成为企业管理发展的主流方向。目前，项目管理已广泛应用到我国各类型的企业中。为了更好地展示我国企业在过去 20 年学习、推广和应用项目管理的成果，分享企业在项目管理实践中的有价值的经验与做法，引领更多的企业来学习和应用项目管理；除了进行企业问卷调查，我们还对 20 余家典型企业进行了实地调研，与调研企业合作对企业优秀的项目管理实践进行了总结和提炼。本部分的主要内容是分享其中的四家企业的项目管理最佳实践，它们分别是：

低碳院篇：正确地做事，做正确的事，项目管理方法与机制创新。

中石油篇：对标一流，持续创新，CPEEC 的国际项目管理最佳实践。

中兴通讯篇：管理—激励—赋能，中兴通讯的项目管理变革之路。

金风科技篇：定位愿景，支撑战略，金风科技从零到一建设项目管理体系。

以上这些企业的项目管理最佳实践案例，涉及项目管理不同方面的内容。尽管最佳实践案例展示数量有限，但我们希望这些企业的项目管理实践能得到广泛传播，以促进企业间的相互交流和学习，指导企业管理人员梳理和优化现有项目管理流程，建立有效的项目管理体系和运行框架，共同推动中国企业项目管理水平不断提升。

一、低碳院篇：正确地做事，做正确的事，项目管理方法与机制创新[①]

伴随矩阵式组织架构的改革与 PMO 的建立，低碳院对科研项目的管理方法和机制进行了大刀阔斧的革新，现已形成低碳院自身特有的门径项目管理流程（Stage-Gate）和科研全生命周期管理系统（简称 PPM）。门径项目管理流程对科研项目实施动态管理，在降低项目失败率和投入成本的同时提高了资源利用效率和项目的成功率；科研全生命周期管理系统可以实现对全院项目全面和实时的了解、跟进，并从不同角度对各研发项目、项目集、项目组合进行风险管控、项目管理和决策支持。

北京低碳清洁能源研究院（简称低碳院）成立于 2009 年 12 月，是隶属国家能源集团的科技研发机构，也是国家级海外高层次人才创新创业基地。低碳院致力于开发清洁能源及相关领域的先进技术，通过技术创新，支持国家能源集团实现建设具有全球竞争力的世界一流能源集团的战略目标，肩负着“出机制，出成果，出人才”的重要时代使命。

（一）低碳院的组织架构

2015 年，为了实现低碳院全院范围内的无边界合作，提高项目管理水平与员工能力，低碳院建立了矩阵式的组织架构。在矩阵式组织架构中，参加项目的全体人员由各部门的负责人安排，在项目执行期间服从项目经理指挥，其不独立于部门外，但同时配合各项目工作。在这一架构下，低碳院领导层确定整体战略规划，技术委员会管理项目并指导技术，中心主任负责人员培训与人员管理，项目经理则负责项目的具体实施。

低碳院的矩阵式架构的水平层面可分为三部分，分别为科研中心、成果转化研发支持部门、职能部门（及分支机构和集团下挂机构）。院长总揽大局，负责全院的整体布局和

① 本篇资料由北京低碳清洁能源研究院提供。

发展，整体把握三部分的各类工作。科研中心涉及项目研发的“6+1”战略领域，同时设有技术总监，科研项目管理办公室和技术委员会负责低碳研究院各战略领域的研发布局和监督工作，统筹规划总监项目的立项、执行、经费的管理及成果的交付；成果转化研发支持部门紧密配合研发团队，从分析表征、设备设施工程和技术商务三方面，帮助研发团队探寻快速实现技术孵化的适合方式，实现成果转化和技术推广；职能部门从财务资产、人力资源、综合办公和党建工作、运营支持和纪检监察及工会工作等方面共同为科研团队提供全方位支持。

进行整体架构矩阵化的同时，低碳院内各个项目的日常管理也秉承矩阵型管理的精髓，以图最大限度地实现无边界沟通、管理与优化。通过为各类项目提供来自科学研发的灵感培育，辅之以成果转化的引导与各职能部门的全面支持，低碳院充分实现了组织协同效应，发挥了矩阵式架构的最大优势。在职能式的垂直层次上叠加项目式的水平结构，促使低碳院团队的工作目标与任务具体明确，提高了工作效率、资源利用率与反应能力，减少了沟通成本与可能产生的矛盾，加强了团队合作，为资源整合与人才发展提供了一个更加有利的平台。

（二）低碳院的科研管理办公室

为配合新的矩阵式架构，低碳院于 2015 年同时成立科研项目管理办公室（Project Management Office，PMO），希望其发挥改进科研管理流程与提高研发效率的综合作用。低碳院的 PMO 作为一个组织部门，是业务单元 PMO 和战略 PMO 的组合，为组织中的科研项目设定标准、提供管理、厘清责任与建立准则。以下分别介绍低碳院 PMO 的职能、结构与准则。

1）职能方面：PMO 的主要工作包括：设定标准，使科研项目管理标准化、基于大数据追踪统一实行门径管理；提供管理，使内部项目管理过程规律化；管理交付，使科研项目从机构战略到门径管理交付物一致；管理战略，将企业战略合并至项目管理和门径管理中。

2）结构方面：人员结构要求低碳院的项目管理人员均是经过培训的项目管理专家，技术人员是经过战略培训的技术专家；过程结构要求项目管理过程应有清晰的边界，有效且具有意义；工具结构包括使用多种管理方法，如门径管理、沟通培训、六西格玛、TRIZ 等方法指导项目管理。

3）准则方面：PMO 的职责可分为四方面内容：沟通管理，确保矩阵式组织架构中人员可高度有效地进行 360 度的沟通和汇报；资源管理，建立用于矩阵组织的电子资源管理数据库；执行管理，用于财务管理、交付成果管理或关键路径管理的过程和培训；变更管理，用于风险、范围或知识管理的过程和培训。

总体而言，低碳院 PMO 对多个科研项目实行综合管理，同时负责维护组织资源库，支持或管理项目集，协调多个项目并划分优先级。其为低碳院科研部门从业务和战略角度提供项目管理能力，是领导层从决策高度实施项目管理的有效组织手段。

（三）低碳院项目管理的创新实践

1. 门径管理流程

伴随组织架构改革与PMO的建立，低碳院对科研项目的管理模式也进行了大刀阔斧的革新，现已形成根据低碳院自身特点量身定制的门径项目管理流程（Stage-Gate），以适应其“多渠道立项与分类管理”的科研模式。这一革新后的3年间，低碳院门径管理的成果斐然，累计组织近100场门径评审，助力75个新项目立项，并对其中的约280个里程碑和交付物进行细化。2019年新增了总监项目季度评审，全年评审总监项目206场次，通过及时解决项目存在的问题，提高了项目执行率和管理有效性。

门径是由运营阶段（Stage）与作为把关性质的入口（Gate）组成的一个线性流程结构，是指导一个新产品项目从创意的产生到产品上市的全过程路线图。它允许科研项目利用管理决策关卡将新产品开发的工作量划分为几个阶段并分别进行绩效评审。只有负责给定阶段的团队成功完成预先定义的一系列相关活动，项目才可获得批准进入下一个阶段（见图5.70）。

低碳院结合科研项目特征与实际情况，设计了技术开发和新产品开发两种门径管理过程，技术开发路径管理依次分为项目范围研究、实验室研究和中试研究三个阶段；产品开发路径管理依次分为项目范围研究、建立商务案例、产品开发、产品测试和验证及推出新产品五个阶段，二者的共同之处为均将项目发展过程切分为不同阶段，为各阶段设计一套由不同部门的人员同时进行的平行活动并提供代表相应标准与要求的关卡设置。关卡拥有过关、淘汰、暂缓、退回再准备四种状态，可提供对新产品或技术的项目质量评估，确保企业的开发进展正常并进行下一步资源分配。

低碳院设有门径评审会议对项目进行评估并选择关卡状态，会议决策者由技术委员会的领导等组成。项目须在每个阶段的设计上向评审会议提供必要信息，会议对上一阶段的项目成果是否完成进行检查，同时对下一阶段的活动计划进行商议，以使项目顺利进展至下一关卡或及时排除不良项目。

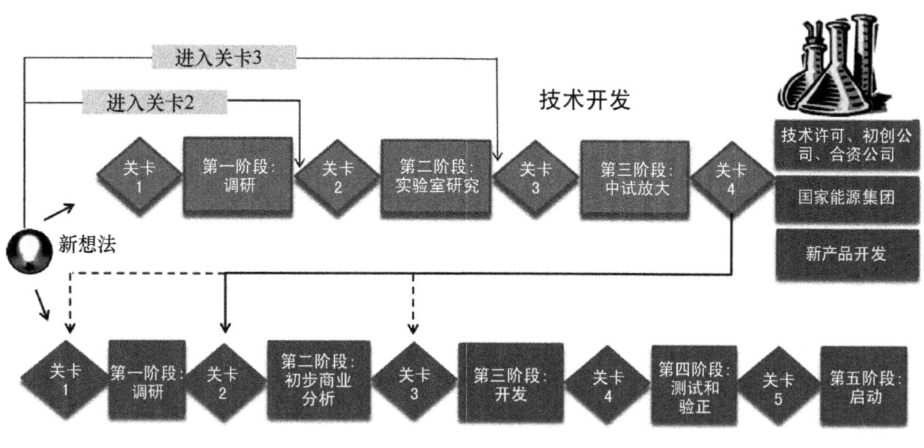

图5.70　低碳院门径管理阶段与关卡

门径管理的基本思想为“正确地做事，做正确的事”。在项目开始前进行构思、调研、沟通与商业机会判断，通过每一阶段关卡进行项目筛选与组合管理，做正确的项目；在认真分析市场需求并完成前期准备的基础上利用跨职能工作团队进行研发，把项目做正确。通过门径管理，低碳研究院在项目立项、计划、实施、变更和交付验收过程中，采取集中透明、高效有序的项目管理模式，运用技术门径管理及优先排序的方法，借助信息化管理手段对项目进行以全人工成本为模式的实时资源管理、变更管理和风险控制，使不同角色人员可以及时掌握项目执行情况，提高科研项目管理的透明化、高效化和规范化，促使科研“早出成果、多出成果、出好成果”。

除门径管理外，低碳院还在早期逐步引入六西格玛与 TRIZ 并进行不断调整与完善，使研发人员脱离传统研发方式束缚，更容易对项目问题提出突破性的解决方案，从而缩短研发周期，提高新项目成功率，使研发过程更加科学有效。

2. 科研全生命周期管理系统

尽管实现了基于门径管理、六西格玛与 TRIZ 的科研管理方法论革新，但在 PMO 成立之初，低碳院内仍尚未建立对项目的高效管理模式。项目均处于“半透明”状态，项目管理主要依靠项目负责人的上传下达，导致项目信息不对称、无法提供有效决策支持、项目执行问题无法及时解决等问题。如何进行科研管理机制革新才能将低碳院矩阵管理模式与业务流程及人员组织有效融合，从而实现对科研发展方向的审核与纠偏成为急需解决的问题。为此，低碳院 IT 部与 PMO 跨部门合作，在门径管理的方法论背景下，于 2016 年年初组建项目团队，经过一年的努力建设了科研全生命周期管理系统 PPM（Project & Portfolio Management System，项目和组合管理系统）。

科研项目的生命周期可分为项目立项启动、实施、结题验收、成果推广及应用后评价四个阶段。科研全生命周期管理系统设计包含管理决策、集成项目组合管理、财务管理、资源管理、时间管理、交付物管理等模块，能够对科研项目实现包括流程管理、资源管理、全人工成本管理、进度管理与交付物管理的全生命周期管理。其将门径流程管理融入项目全生命周期中，实现线上自动化管理的同时，发挥矩阵式组织结构与系统集成化管理优势，保证对全院项目全面和实时的了解、跟进，并从不同角度对各研发项目、项目集、项目组合进行进度跟踪、项目管理与决策支持。

具体而言，PPM 的主要功能包括：落实低碳院目前使用的门径管理模式，规范项目的管理流程；实现集中透明的项目管理，包括预算管理、成本管理、项目进度与风险控制；根据低碳院全人工成本模型进行项目的工时填报和审批，实现全人工成本核算的项目资源管理；调整项目中科研人员的分派、批准和统计；进行包含项目内容、分类、资金投入及分配、资源分布等内容的项目集与项目组合管理，把握全院的科研方向与发展战略。因此，PPM 兼具单一科研工作的计划、预算、费用、进度、报工、资源、风险、里程碑、项目模板、项目预警管理与多项目组合管理的多重功能，它的创立有利于提高项目产能与管理效率。

（四）项目管理创新实践的效果

低碳院自2009年成立以来始终坚持对科研项目管理开展正确理论支撑下的创新性尝试，其于2015年构建矩阵式组织架构并成立PMO，为后续项目管理采取创新举措提供环境便利与主导力量。随着自主引入的门径管理、六西格玛与TRIZ不断本土化，低碳院在门径管理理念指导下创建PPM，其自上线使用以来作为院内核心业务系统，统筹协调各科研项目，为科研成果的顺利发展保驾护航。以下分别介绍PPM对项目管理的作用与上述项目管理方法创新对低碳院的重要意义。

1. PPM的创新效果

（1）协助完善矩阵式组织架构。低碳院根据其研发领域广阔、研发人员众多的特点，于2015年开始实施矩阵式研发组织架构，通过科研中心主任和技术总监对研发人员与项目进行双线管理与横向协作，促进资源灵活分配，更好地发挥组织协调效能。PPM可以实现对研发中心项目和技术总监项目的统筹管理，将项目和资源通过任务无缝结合。同时，系统实时提供项目和资源信息，生成各种可视化图表供管理层及时并准确地掌握项目、项目集、项目组合的全生命周期信息和资源分配状态，便于矩阵式架构的两条渠道对项目及人才共同合作管理。

（2）助力实施门径管理方法。在项目立项后，可通过PPM进行分阶段预算、任务、人员的管理，每个阶段均有把关者对上个阶段的交付物进行审核、验收及打分，并决定是否进入下一阶段，为门径管理提供便捷操作。根据矩阵式组织机构，低碳院实施多渠道立项与分类管理的科研管理模式。与管理模式相对应，PPM中分为技术总监项目和中心项目两大类，涵盖了国家政府项目、集团项目和不同阶段的自主研发项目，并且提供相应的可视化汇总表供管理层审核并决策。

（3）落实全人工成本资源管理模式。低碳院引进了很多高学历人才，为充分发挥院内技术专家的优势、专长与调动员工积极性，低碳院全面推行“全人工成本”管理，以提质增效为原则调动员工的积极性和紧迫感，实现责任与任务落实到人，并已通过PPM成功运行。PPM提供项目的人工预算和人员实际填报工时的实时对比，同时将人员在项目上的工作量分配状态透明地展示给管理层，在一定程度上激发了员工工作的主动性和积极性，实现了人力资源的优化配置。

2. 项目管理的创新作用

（1）科技研发能力进步。低碳院将门径管理模式与科研项目全生命周期管理系统相结合，通过对科研项目从构思、立项、执行、验收等环节的透明高效管理，极大程度上提高了项目完成率，增加了项目成果数量。

在先进的项目管理方法的助力下，低碳院在煤的清洁转化利用、煤化工催化、先进材料、分布式能源、氢能及利用、环境保护和先进技术等领域开发出一批国内外领先的技术，其中，SCR全生命周期解决方案、TPO管材及复合材料、交联聚乙烯、水处理系列技术、智能纳电网等一批成果正在以不同形式进入产业化阶段。其科研成果也获得国内外的广泛认可，荣获“中国专利银奖”“央企熠星创新创意大赛一等奖”“中国质量协会质量技术二等奖”“中央企业侨联优秀创新成果奖”“煤炭工业协会科学技术一等奖”“美国化学英雄奖”“科学中国人2017年度科学人物”“全国煤炭青年科技奖”“侯德榜青年科学家”“杰出工程师青年奖”“中国滚塑大奖最佳技术专家奖”“全国粉煤灰行业杰出贡献人物”“刘源张质量技术人才奖”等高含金量奖项。

（2）经济效益提升。低碳院在近3年中通过门径管理累计将10多亿元的研究发展费用分阶段地分配至近百项在研项目中，同时进行项目进度和成果的有效管理，前期加速结题或终止项目30余项，节省约5 000万元项目经费用于聚焦新的技术方向研发。此外，低碳院通过在PPM中将项目预算与实际花费实时比较，衡量项目是否可用更低的预算和资源来按时保质完成，根据比较结果及时调整项目预算，以节约经费并保证重要项目得到更有效支持。近两年中，根据项目实际花费进行调整的直接项目经费达1 500万元，为更多的新技术开发项目提供资金支持。

（3）管理能力改善。低碳院作为央企研发的试验田、机制改革的探索者，在总结成功经验与吸纳先进理论的基础上积极尝试建立新的科研管理机制，为企业领导在战略决策中提供合理支撑。通过科研管理的系统化与信息化，将低碳院矩阵管理模式与业务流程及人员组织有效融合，便于各层工作人员准确把握低碳院研发重心与领导层对科研发展方向进行审核纠偏。

低碳院的科研管理模式也得到了业内广泛认可，2017年，PPM荣获“PMI（中国）项目管理大奖”的“科研应用实践奖”，项目管理办公室获得“PMI（中国）项目管理大奖”的“杰出PMO奖”；2018年，低碳院还获得中国企业改革与发展研究会的“中国企业改革发展优秀成果”二等奖。这一系列奖项均表明，低碳院作为第一家运用基于门径管理的PPM进行科研项目管理的清洁能源领域科研机构，在不断学习、创新与挑战中培育了优秀的科研项目管理能力。

（4）员工素养上升。人才是科研工作发展的核心，低碳院作为高端人才的聚集地，吸引并培养了大批清洁能源领域的人才。门径管理方法与PPM在低碳研究院的成功应用，帮助促进人才培养，支持低碳院进行绩效管理和机制改革，建设人才“能上能下、能进能出”的新文化新思路。

PPM根据项目工时和人员职级等信息，进行人员使用率统计及全人工成本核算，及时掌握研发人员在项目上的参与率。全人工成本核算体系避免了搭便车行为，研发人员的紧迫感和责任感提升，有效工作时间利用率大幅增加。在管理制度与有效方法的双重激励下，低碳院作为博士后科研工作站，培养了大批清洁能源领域的博士后人才，拥有460多名研发人员，坚持落实其“出人才”的战略任务与目标。

二、中石油篇：对标一流，持续创新，CPEEC 的国际项目管理最佳实践[①]

中国石油工程建设有限公司（英文简称 CPECC）是我国工程企业“走出去”的代表性企业，也是一个典型的项目型企业，它承担了大量的国际石油工程 EPC 项目，这些项目管理标准多、难度大、风险高。在国际项目管理实践中，中石油形成的富有特色的国际项目管理体系和创新做法，赢得了国际石油工程 EPC 承包市场同行的高度赞誉，为企业发展创造了很好的经济社会效益，为中国工程企业的“走出去”积累了宝贵经验。

中国石油工程建设有限公司（CPECC）是以陆上石油天然气上游工程前期设计咨询、工程承包、装备制造和运营维护为主营业务，积极发展海洋石油天然气工程、液化天然气工程、非常规油气工程和非油能源工程业务的大型国有企业。CPECC 连续 26 年入选美国 ENR 排名，最好排名为 2011 年的第 27 名。

1991—2019 年 5 月，CPECC 累计在海外承建项目 682 个，合同总额 327 亿美元，90%是 EPC 项目。其中，超 1 000 万美元项目 235 个，超亿美元项目 63 个，中石油系统外项目 104 个，系统外项目合同总额占比 45.9%，所有项目均提前或按期一次投产成功。

（一）CPECC 的国际项目管理组织机构模式

CPECC 是一个典型的项目型企业，公司承担了大量的“一带一路”国家的石油工程 EPC 项目，这些项目大都具有高标准、多标准、高风险、相关方多、施工和管理难度大的特点，项目意义重大。为了保证这些国际项目的成功，公司按照美国 PMI 等国际项目管理组织的知识体系要求，完善相关的项目管理体系建设，夯实国际项目管理基石。

公司在 2010 年引进了《PMBOK®指南》培训和组织 PMP®认证考试，项目管理相关认证考试已纳入公司培训计划。公司会定期组织员工取证培训，将项目管理专业认证资质考试及认证纳入公司个人执业资格注册管理程序中。到 2018 年 12 月，公司已经举办 6 期 PMP®认证培训班。2015 年至今，员工项目管理培训经费投入 2 500 万元，培训人 3 000 次。

公司设立了项目运行协调的管理部门——项目管理部，负责项目从策划至收尾的进度控制、成本控制、项目协调、承包商管理及现场监督检查、项目管理体系建设和装备制造管理等业务工作，业务范围涵盖了项目管理的主要知识领域和过程。

在知识管理方面，公司编制发布了企业标准，对公司质量管理体系、HSE 管理体系和内控体系进行了整合，形成了综合管理体系，并于 2019 年 1 月正式发布实施。

针对具体的项目，CPECC 在设置项目管理组织机构时，从业主要求、项目特点、区域市场的规模和成熟度、资源利用效率几方面进行综合考虑，确定了单体项目部模式、项目群模式、分（子）公司模式及联合体项目部等几种主要的国际项目管理组织机构模式。

---

① 本篇资料由中国石油工程建设有限公司提供。

（二）CPECC 的国际项目管理内容

1. 设计管理

设计管理方面统一设计标准、技术要求和通用设备材料选型，推行设计标准化、精细化，强化界面管理；按照最大限度满足模块化、撬块化和工厂化深度预制的思路进行设计。公司安排设计管理和监理人员进驻设计现场，开展联合办公，加速设计方案审定和设计文件批复。

CPECC 的伊拉克西古尔纳-1 油田项目在进行设计管理时引进了成熟的国际设计分包商 CH2M 参与项目的详细设计，对接埃克森美孚的标准和管理流程，通过层层把关，保证了项目设计质量。该项目根据合同要求，同时执行项目标准、国际标准（IEC、API、ASME 等）和伊拉克当地法律法规中的强制性执行要求，使得产品质量全面符合合同规范要求。该项目还是对管廊模块化设计进行的一次有效实践。通过直接进行模块化设计和工厂制造，出厂前进行预组装，及时纠正设计偏差，保证了现场安装的准确度，有效降低了现场施工成本，控制了工期。模块化设计理念、撬块化制造和安装的方法还有效降低了现场 HSSE 风险，解决了伊拉克施工难度大和当地资源匮乏的困难。

2. 采购管理

公司采取总部集约化采购与分（子）公司/项目部采购相结合的两级采购管理模式。达到一定金额的采购事项依据公司“三重一大”决策制度或招标委员会工作规则报请公司总经理办公会或公司招投标委员会审议、决策。各分子公司、新项目部授权决策范围内的采购事项由分子公司、项目部按照程序决策。

公司拥有 1 600 余家覆盖全球的专业供应商网络，甲级采购招标代理资质，1 000 人的专业采购团队，21 个采购组织及技术、商务专家团队，专业化的催交、监造、检验、运输管理团队，实行标准化采购流程。

伊拉克西古尔纳-1 油田项目的采购工作具有与其他项目截然不同的特点，物资的原产地被限定在北美、西欧、日本和韩国。对关键设备平衡撬、加热炉、计量撬等，工厂制造前，要求制造商进行 HAZOP 和 SIL 会议，由业主埃克森美孚、BOC、CPECC、设计分包商 CH2M 和制造商专业人员共同参加，做好采购事前控制，保证了采购准确性和采购质量。在采购过程质量控制方面，严审供应商质量检验计划和焊接程序等质量文件，加强物资制造和运输过程质量监控。

3. 进度管理

项目进度管理包括两大部分内容，即项目基准进度计划的编制和项目进度计划的执行。

在计划编制方面，公司采用 P6 项目管理软件，科学合理地编制项目总体运行计划，以及 EPC 分阶段的三级和四级进度控制计划，控制关键路径，合理安排资源，提高劳动工效，确保项目进度；计划执行方面，公司建立项目控制、进度测量和报告系统，定期

（周/月）分析项目进度情况，及时解决制约项目进展的关键问题。在项目执行过程中，强化项目信息管理，充分利用公司已建成的信息系统、视频和卫星通信系统，召开总部、海内外各项目点对点的视频会议，及时协调解决项目执行中的各种问题。

4．质量管理

公司于 1999 年 11 月取得了 ISO9001 质量管理体系认证证书，建立了覆盖公司总部、专业分公司和海外分（子）公司（直属项目部）的质量管理体系。多年来所有竣工项目均实现投产一次成功。在实际项目管理过程中，公司不仅要按照自己的质量管理体系进行管理，还会充分考虑并严格执行业主要求。比如，在 CPECC 中东地区公司西古尔纳-1 项目中，业主埃克森美孚作为世界一流的石油公司，有一套非常完整的质量控制程序和记录表格（现场质量手册）。该项目的质量管理既要满足一个国际化的一流石油公司对质量的需求，还要应对来自埃克森美孚的业主和生产操作运营团队的干预。该项目的质量管理体系涵盖项目组织机构、内外部过程识别、项目计划和管理、承包商评审、内外部审计、合同评审、不符合项整改、文件控制管理及客户资产管理等方面。管理的深度更深，细节更细，对项目执行的各个过程潜在的质量隐患进行全面管控，对质量的管理同样要求详细的计划性。

5．HSE 管理

自进入国际工程建设市场以来，伴随着工程技术服务业务的发展和需要，CPECC 引入先进的 HSE 管理方法和管理工具，建立并推广实施了 HSE 管理体系，为项目的顺利执行提供了强有力的支持和保障。关爱生命、保护环境是公司的核心工作之一。

在伊拉克西古尔纳-1 油田项目中，HSE 管理面临着五大挑战：恶劣的高温天气；当地员工安全意识差；伊拉克高风险的社会安保形势；紧邻正在运行的老旧石油设施厂内施工；项目工期紧，压力大。项目部建立“人人 SAFE”文化体系，建立了具有西古尔纳-1 特色的防中暑管理方案。西古尔纳-1 项目按照埃克森美孚“NobodyGetsHurt”的 HSSE 目标，获得埃克森美孚颁发的“300 万安全工时”证书和“1 000 万安全人工时贡献”证书。CPECC 首次被邀请参加埃克森美孚美国总部的全球承包商安全论坛，是中国首次受到邀请的陆上 EPC 承包商，也是中国石油企业首次登上埃克森美孚全球安全论坛讲台，三个首次，开创了中国承包商到西方顶级石油公司分享安全经验的先例。

（三）CPECC 的国际项目管理的创新

CPECC 先后在非洲、中东、中亚、美洲和亚太的 20 多个国家和地区承建了一批大型石油石化工程 EPC 总承包工程，取得了突出的业绩，所有项目均提前或按期一次投产成功，实现了工程建设与安全的统一，创造了能源与环境的和谐，赢得了业主、项目所在地政府、公众及各有关金融机构的高度赞赏和信任，企业信誉日益提高。CPECC 之所以在国际项目管理方面能如此成功，是因为它不断进行项目管理方法上的探索与创新。

1．系统的资源整合能力

CPECC 与国内各大石油化工设计院、国外知名工程公司、国内外知名的供应商及施工单位有多年的良好合作关系，熟悉各家的管理流程、工作特点和企业文化。在工程实际执行过程中，能充分整合各方设计、采购、施工优势资源，满足项目需要。

土库曼斯坦分公司 B 区东部气田一期项目就充分发挥了中石油甲乙方一体化的优势，整合和用好中石油在土库曼斯坦的所有乙方单位资源和公司内部资源，发挥公司全产业链执行项目能力优势，设计、采购、施工并行管理，提前启动了项目，彰显了中国速度。

2．采用模块化设计、撬块化制造和施工理念

CPECC 在国际项目管理过程中，将标准化设计、工厂化预制、模块化施工、机械化作业和信息化管理的“五化”理念与项目管理深度结合，最大限度地减少现场工作量。

哈萨克斯坦 PKOP 炼厂项目硫黄回收和余热锅炉等进行模块化二次设计，在国内工厂进行制造、焊接，现场进行模块拴接，现场工作量减少 95%。硫黄回收采用自主知识产权的 CPS 工艺和特有模块化技术。总重 700 吨，单体模块 28 个、模块配件 4 个，单个最重 70 吨，厂内制造周期 5 个月，现场安装由 14 名工人 7 天完成，节省工期 3 个月，为模块化设计与建造树立了典范。

伊拉克西古尔纳-1 油田 130 项目考虑到 70m×70m 的建设场地限制、伊拉克高温气候条件和施工效率低下等情况，对整套处理装置进行模块化和撬块化分解，项目装置达到 70%模块化率，是伊拉克西古尔纳-1 油田迄今为止设计模块化率最高的项目，也是中国石油企业在伊拉克境内执行的项目中模块化率最高的项目。

3．强化计划在项目执行中的引领和主导作用

CPECC 在国际项目管理过程中的总体思路是，以施工为主线、抓设计龙头、促采购保障、保按期投产移交。项目部层面负责制订一级、二级、三级计划，明确各级里程碑控制点进度目标和工程形象指标；各施工承包商根据项目部的三级计划细化成四级计划，用周计划保月计划，月计划保总体计划（见图 5.71）。

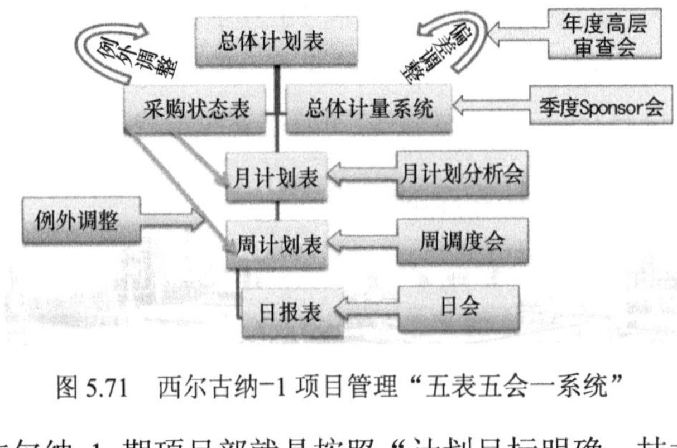

图 5.71　西尔古纳-1 项目管理“五表五会一系统”

CPECC 的西古尔纳-1 期项目部就是按照“计划目标明确—技术措施保驾—质量和 HSSE 监控—施工方法优化—工序流程控制—检验验收及时”的总体施工策略，广泛采用

国际上通用的施工标准和规范，高质量、高标准、高效率地完成各项任务，科学组织生产，确保了项目目标全面实现。

4. 加大国际项目属地化比例

CPECC 国际项目管理过程中加大采购、工程施工、后勤服务属地化比例。公司依托伊拉克、南苏丹、乌兹别克斯坦和哈萨克斯坦四大培训中心，培养当地操作工人。还与当地院校联合培养当地大学生，充实管理队伍。在北非、中东等高风险地区，最大限度地利用当地施工资源，并引入第三国施工队伍，大大降低了流动性作业的安全风险，推动了当地化、国际化进程。

5. 重视跨文化管理与社区管理

在国际项目管理过程中，如何构建一个和谐的社区关系也是非常重要的。CPECC 的西古尔纳-1 项目平均当地化率超过 50%，创造了 300 多个当地就业岗位。进入埃克森美孚市场，失去集团公司在伊拉克当地“三大一统一”的强有力保障，所有当地事物需要项目部直接面对和处理，挑战前所未有。各个地区都有自己的势力范围，内部矛盾交织，利益关系各异，社区关系复杂。当地社区去管理工作直接关系到伊拉克签证的申请、人员、物资设备进入油田许可的办理等工作。所以，任何事关当地社区关系的事务都务必重视并谨慎处理，从根本上杜绝恐怖分子和极端民族主义者的生存土壤，保障我方人员和财产的安全。

CPECC 秉承“建好一个项目，造福一方百姓”的理念，把构建和谐社区关系作为社会安全的重点，通过融合人力资源管理、公共关系管理、HSE 管理等内部流程，多举措、全方位地实施组合拳，积极应对各方利益关系，构建了和谐的社区关系，助推了项目建设。此外，公司还会积极承担社会责任，帮助当地居民解决一些实际困难，建立和谐社区。再如，当乍得村庄被河水倒灌时，公司帮助村民修筑堤坝。在尼日尔设置多个取水点，解决居民用水困难。公司还会选拔优秀的当地员工来华培训，开展形式多样的中外员工联谊活动。

（四）CPECC 的国际项目管理效益

CPECC 自 2010 年引进学习《PMBOK®指南》和组织 PMP®认证考试，培养出了一批国际化高级项目管理人才。通过在国际项目中运用 PMBOK®体系进行项目管理，CPECC 取得了很好的效益，企业的科技创新能力、品牌价值和员工能力等方面都得到了提升。

1. 企业科技创新能力提升

在先进的项目管理方法助力下，CPECC 科技创新能力不断提升，多项技术达到领域内的国内外先进水平。企业掌握了从井口、内部集输、处理到长输管道等全过程工程设计及施工技术。其中，在油气集输及处理领域总体达到国内领先、国际先进水平，部分技术达到国际领先水平；在油气管道、油气储库等领域处于国内先进水平；在油气田地面、油气管道、炼化工程勘察测量、施工和石油石化设备制造领域，总体达到国内先进水平。例如，CPECC 的西古尔纳-1 油田 130 项目投产后，实现处理后的原油含盐量低于 10PTB，含水量和沉降物低于 0.2%vol，完全满足了原油外输的质量要求。装置处理后最好含盐量达到 3PTB，含水量和沉降物达到 0.1%vol，远超业主预期。麦肯河一期井口项目经过加拿大 CSA 试验认可使用了中国国家标准（GB）钢材，所有 19 个批次钢材全部一次性通过 CSA 检验测试。国产 GB 钢材在成本、工期上给业主项目执行带来重大裨益，使得工期提前了 5 个月。

公司的科技创新成果也受到了广泛认可。至 2018 年年底，公司获国家科技进步奖 6 项，拥有专利 708 项、技术秘密 240 项、国家级工法 7 项、省部级工法 85 项，形成上游十大核心技术、8 项集团公司技术利器、五大系列 62 种科技产业化产品，有 20 项"国家重点新产品"、北京市和集团公司自主创新产品；主编国家标准 37 项，行业标准 54 项。

2．企业品牌价值得到提升

多年来，CPECC 以先进的技术和管理，努力为客户提供优质高效、安全环保的服务和产品，不断创造和提升客户投资价值。所有项目均投产一次成功，实现了质量与安全的统一，创造了建设与环境的和谐，赢得了业主、项目所在地政府和公众的高度赞扬和信任，企业声誉日益提高。

2018 年 3 月 15 日，CPECC 伊拉克西古尔纳-1 油田 130 项目的投产盛典成功举行，受到了伊拉克石油部长、埃克森美孚伊拉克副总裁等的积极评价，为公司赢得了荣誉，树立了 CPECC 品牌。

3．员工和项目经理能力提升

CPECC 自 2010 年开始定期组织员工进行 PMP®认证培训，为员工提供了学习项目管理知识的机会。同时，不断加大员工项目管理培训经费投入，培养了一批专业的项目管理人才。这些项目管理人才通过参与和管理国外的工程项目，自身的项目管理能力得到了很好的锻炼。

三、中兴通讯篇：管理—激励—赋能，中兴通讯的项目管理变革之路①

VUCA 时代，组织项目管理体系建设和变革的速度不断加快。中兴通讯项目管理体系经历了探索、强化、整合、发展四个阶段；项目管理变革经历了四个重要时期，即以"管理"为特点的项目级项目管理变革、以"管理"为特点的组织级项目

① 本篇资料由中兴通讯股份有限公司提供。

管理变革、以“激励”为特点的组织级业务流程重构变革和未来以“赋能”为特点的组织级数字化转型变革和敏捷转型。通过项目管理变革，中兴通讯的项目管理能力和竞争优势得到持续提升。

中兴通讯是全球领先的综合通信解决方案提供商。公司成立于 1985 年，是在香港和深圳两地上市的大型通信设备公司。公司通过为全球 160 多个国家和地区的电信运营商和企业网客户提供创新技术与产品解决方案，让全世界用户享有语音、数据、多媒体、无线宽带等全方位沟通。

2019 年年初，中兴通讯董事长李自学发表新年致辞，重新确定了公司愿景：“让沟通与信任无处不在。”使命：“网络连接世界，创新引领未来。”（见图 5.72）面临 2018 年之后的全球行业变局，中兴通讯新的愿景和使命应时而变，具有积极而深刻的意义。基于此，中兴通讯继续坚持聚焦和创新的理念，围绕“聚焦运营商，提升客户满意度。坚持技术领先，坚定提高市场占有率。加强人才、合规、内控建设”的基本原则实施战略落地。

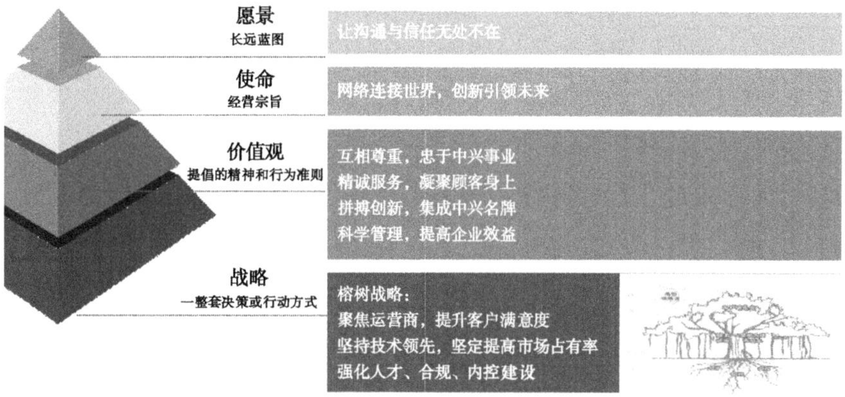

图 5.72　中兴通讯的愿景、使命、价值观和战略

（一）中兴通讯项目管理发展历程及项目管理体系

中兴通讯的项目管理体系建设主要经历了以下四个阶段（见图 5.73）。

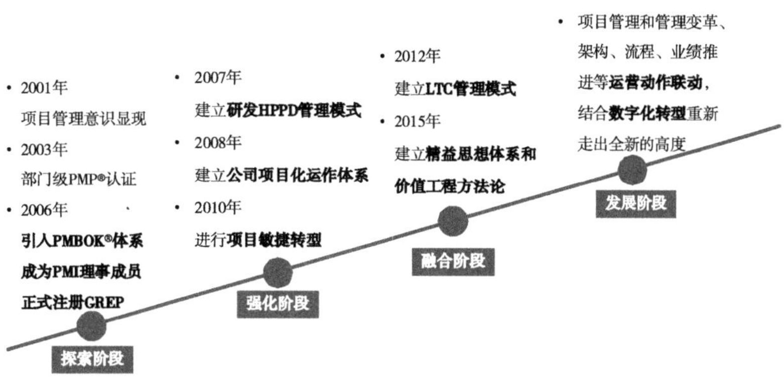

图 5.73　中兴通讯项目管理发展历程

第一阶段：探索阶段（2001—2006 年）

自 2001 年起，在产品研发等核心业务中开始进行项目管理工具方法的实践探索，并将 PMP®认证纳入工作要求。2006 年，在公司层面正式引入 PMBOK®，在组织层面进行推广应用。同年，中兴通讯正式成为 PMI 全球理事会成员和 GREP 项目管理注册教育机构。

第二阶段：强化阶段（2007—2011 年）

在产品研发领域逐渐形成系统的项目管理理论，以瀑布模型为主的产品研发项目管理模型融合到 PMS 中，强调市场驱动，建立了科学的内部里程碑项目目标，实行严格过程控制，来保障稳定的里程碑交付。通过与咨询公司的密切合作，中兴通讯于 2008 年正式推出基于项目端到端运作的“项目化运作系统实施方案”，建立项目管理成熟度模型并实施测评，极大地推动了组织级项目管理体系建设。

第三阶段：融合阶段（2012—2016 年）

在延续项目化运作的核心理念、核心思想与“系统实施方案”的基础上，进一步引入关键业务领域要求和优化方案，相继推出“HPPD 高效产品研发管理模式”和“LTC 营销项目端到端管理模式”。与此同时，在产品研发领域导入了现代系统工程的理念。硬件精益、软件敏捷的项目运作和管理评估模型开始发挥作用，大规模异地协同的项目管理、社区化开发、基于度量的项目运作持续改进、高质量迭代交付等新的项目运管模式有效保障了 HPPD 核心价值观的落实。

第四阶段：发展阶段（2017 年至今）

推动项目管理和管理变革、架构、流程、业绩推进等运营动作联动，不断完善组织级项目管理成熟度模型，持续测评以指导管理改进。在此过程中，开始推进规范化、有组织的数字化转型实践，经过严谨评估和科学验证，一系列较成熟的数字化研发成果进入正式的项目实践。如软件项目的类互联网开发运维一体化的工具链（DevOps），硬件项目的基于模型的系统工程（MBSE）等。

（二）中兴通讯的项目管理组织变革之路

过去的 20 年中，中兴通讯项目管理变革是组织管理变革的主要线索，经历了职能型组织向矩阵型组织及向流程型组织的转变（见图 5.74）。职能型组织通常职责分工明确，决策层级多，是典型的金字塔形结构。这种类型的组织结构适用于稳定的、重复性的环境，职责边界之内效率非常高，跨职责协同困难，通常只有组织地位较高的人才能胜任。组织行为通常表现为命令与控制。矩阵型组织通常资源利用率很高，但是双线指挥的冲突非常显著，是典型的条块纵横形结构。这种类型的组织结构适用于需要充分利用组织资源以应对环境变化的情形，组织通常需要制定大量的制度规范以改变资源唯一归属的认知惯性。组织行为通常表现为激励与平衡，激励管理人员和员工深度参与，但也需要在一定程度上平衡不同方向的管理诉求。流程型组织通常流程角色明确，目标结果一致，决策层级简捷，是典型的贯通流线型结构。这种类型的组织结构适用于业务规模大、业务重复性高的环境，流程中角色的授权充分时效率非常高，组织通常需要根据最优业务实践重新构建业务流程，定义业务流程中的角色。组织行为通常表现为授权与自主。

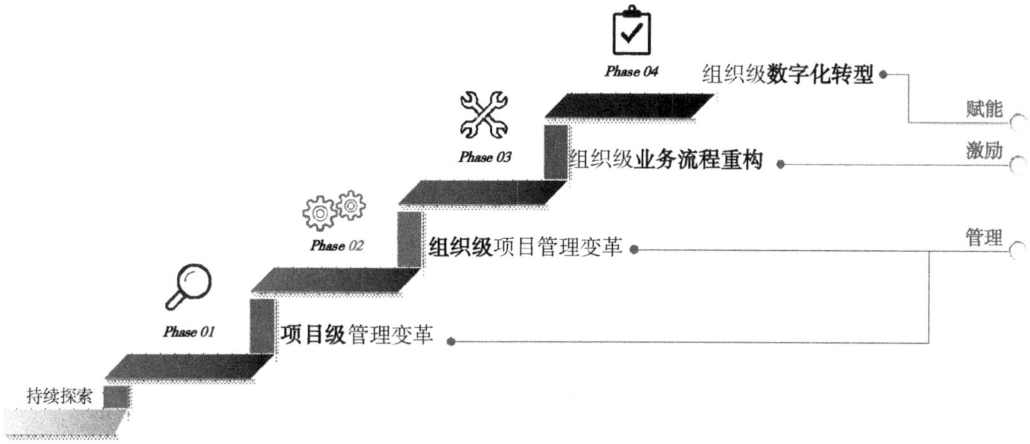

图 5.74 组织变革之路

项目级管理变革时期：2008 年以前，中兴通讯的组织结构是典型的职能型，在这种组织结构下开展的项目活动，大多数是部门或者项目团队的自发行为，而非公司整体层面的行为。职能型组织结构下的各级管理者的管理惯性仍然非常强大，通常会为项目中的业务活动制定完整且详尽的规章制度，用于明确各部门职责边界和岗位分工，尤其是特别关注工作的过程和结果的标准化，以及是否可以度量。典型的管理观念认为，只有在标准化和可测量的基础上，才能进行有效的管理和控制。在这个阶段中，部门和项目活动中引入项目管理方法和工具、大量的项目管理模板开始使用到项目管理活动中。同时，有些重要部门开始设置项目部（相当于部门级 PMO）统一监督和控制项目的状态。这些部门和项目团队大力提倡员工学习项目管理知识，同时提供大量的培训和学习的机会，比如，引入 PMP®认证和 CMMI 模型。这一阶段的项目管理活动通常表现为以命令与控制为主的“管理”行为。这种实践做法符合当时的业务需要和整体认知水平。

组织级项目管理变革时期：2008—2011 年，中兴通讯的组织结构中已经明显地出现了项目结构，此时项目管理发挥出来的作用获得了内部相当程度的认可。项目管理变革的基本条件已经具备，中兴通讯引入咨询公司，开展有目的的组织级项目管理变革。变革的方面主要体现在正式确定了矩阵式组织结构，设置 PMO 三级架构，定义项目三级结构，建设项目经理职业发展，建立项目财务管理框架，明确项目奖励政策等。同时，项目管理信息系统同步进行了规划和建设，用来取代以模板为代表的离线工具，从全局的角度集中监控项目的进展，以提升整个公司的项目管理效率并且为项目决策提供数据支撑。这个阶段依然通过行政管理手段进行强力推进。经过长期的推进和统一认识过程，虽然还存在较大阻力，但项目管理理念和价值逐渐获得认同。这种在公司层面通过建立更权威的组织政策，建立固定的行政部门推进项目管理变革符合当时组织成熟度和员工变革准备度。这一阶段的项目管理活动通常也表现为以命令与控制为主的“管理”行为，但是已经关注项目活动中激励的重要性，开始制定用于促进项目协同的奖励政策。

组织级业务流程重构时期：2012—2017 年，中兴通讯在巩固了之前组织变革成果之后，又进行了影响更为深远、规模更大的组织级业务流程重构。在这次变革中，中兴通讯两个最主要的业务流程最终形成：①面向客户交易的营销项目业务流程从线索到回款（Lead to Cash，LTC）；②面向市场创新的研发项目业务流程高效产品开发（High Performance Product Development，HPPD）。这次流程重构为项目工作中业务活动的连续性奠定了基础。借此，中兴通讯从依赖项目经理个人能力的弱矩阵组织结构向依托流程稳定性的平衡矩阵演进，甚至在国内营销和海外营销中出现了强矩阵组织结构，并最终向流程型组织转变。

为了确保项目管理变革持续深化，在推进过程中争取更多干部和员工加入项目管理变革中来，中兴通讯改变了公司的奖励政策，强化奖金要更多地从项目过程中获取，而非年终的奖励。为了更高效地创新，释放员工的创造力，中兴通讯在稳定的管理框架之下引入敏捷的方法。这一阶段的项目管理活动通常表现为授权与自主的“激励”行为。

（三）中兴通讯项目管理变革未来之路

1. 组织级数字化转型时期

当今世界环境的特点是易变的、不确定的、复杂的和高度模糊，即我们处在所谓的 VUCA 时代。中兴通讯认为，在多变的商业环境和跨领域竞争的现实下，数字化转型的实质是业务转型，根本目的是提升企业竞争力。这不是选择问题，而是生存问题。

中兴通讯所在的电信行业的商业模式具有其固有的特点，尤其是处在 IT 和 CT 融合的前沿阵地，就更加需要将业务和技术紧密结合起来，更加智能地、灵活地调整战略与配置资源，最终实现效能提升、运营和生产效率的优化，从而应对威胁，抓住机会。

中兴通讯通过新一代数字技术的深入应用，旨在构建一个全感知、全联结、全场景、全智能的数字世界，进而优化再造物理世界的业务，对传统管理模式、业务模式、商业模式进行创新和重塑，实现经营效率成倍甚至成数量级的提升，最终为实现业务成功服务。

在 2017 年，中兴通讯已经明确提出 3~5 年的数字化转型战略，通过技术和业务相结合的方式，打造灵变型组织，促进整个组织扁平化，解耦强关联性的流程，实现业务按场景编排功能，实现数据信息透明化。在这个大背景下，项目管理作为企业战略落地执行的有效方法，必须在企业级战略转型过程中优化改进。数字化转型本质上是业务转型，而项目又是企业业务的真正载体。所以，项目管理必须适配数字化的趋势，成为变革转型的核心内容。

在项目管理的视角下，数字化转型通过先进的数字技术将复杂性封装起来，通过提供服务的方式同时为传统项目管理和敏捷项目管理带来便捷性。在中兴通讯项目管理变革的过程中，两大项目场景已经明确，分别是面向客户交易的营销项目场景和面向市场创新的研发项目场景。两大项目场景进一步细分成更多的具体应用场景，每种应用场景就是具体的项目。

2. 组织级敏捷转型时期

中兴通讯认为敏捷是以人为核心，在动荡的市场环境和易变的业务需求为特征的时代，增强自身适应性，快速迭代、快速响应的工作方式。但是，敏捷也并非放之四海而皆准的方法。中兴通讯在其高效产品开发的框架下，根据软件和硬件的特点差异化地应用敏捷与精益的实践。

2010 年，中兴通讯首先在产品研发领域引入敏捷管理思想，以及大量的敏捷实践，如 Scrum、XP、Kanban 和 DevOps 等，经历了团队级敏捷、项目级敏捷、规模化敏捷，为最终向企业核心领域的产品级敏捷迈进打下了基础。在规模化敏捷涌现大量的敏捷团队的情况下，组织中的运营部门就成为不可忽略的因素，中兴通讯将会借助企业数字化转型的契机进行深入变革。

总体上，项目管理根据电信行业特点，坚持传统中长周期计划驱动和短周期敏捷迭代驱动相结合的方式。产品创新以敏捷为灵魂，业务交付以瀑布式为根本。

在以项目为中心的管理理念之下，推进组织结构网络化、去中心化，保持组织管理层对项目可视，下发组织权力和资源给项目，唤醒项目经理自驱力，培养项目成员自主性，以项目团队间协同的方式面对商业环境的不确定性，通过项目管理的数字化转型推动项目管理价值实现。

四、金风科技篇：定位愿景，支撑战略，金风科技从零到一建设项目管理体系[①]

> 金风科技集团研发中心的组织级项目管理体系建设实践，克服种种困难和各种挑战，走出了一条独特的适合金风科技发展的道路。金风科技在项目管理体系建设方面从零到一的实践总结，希望对于其他中国企业在组织级项目管理机制建设的工作方面有所启示。

（一）金风科技的项目管理环境和挑战

金风科技涉及风电产业链上下游全链条业务，覆盖以风电为主的清洁能源开发、风电场建设 EPC、风电场运营、风电后服务、资本运作等，并不断与电网企业探讨整装开发集中送出、风光互补、风水互补、风热储互补等电源互补开发方式，将业务逐渐拓展至光伏发电、智能微网、风电制氢、混凝土塔架等创新业务。在风电行业还具备强大的国际项

① 本篇资料由北京金风科创风电设备有限公司提供。

目和国际资本营运能力。随着金风科技的快速发展，公司的业务模式、组织架构及人员安排频繁调整，迫切需要项目管理体系帮助公司顺利转型。

早期的金风科技，项目管理机制并不健全，缺少有效的、可落地的项目管理制度，也缺少对项目的定义，分类分级和项目的评价机制；项目经理与成员角色职责定义不清、无共识，成员调配难，且工作积极性差；项目目标定义不清，交付物亦不明确，项目收益描述笼统而且无法测量；项目过程中关键信息的监控、汇报机制不完善，项目风险和问题管理机制缺失，不同类型项目缺失合适的项目管理工具和模板；上下层级和跨部门沟通机制不完善，项目经理缺少适合自己管理项目的软件，在工作中需要填写不同报告、表格，大量重复性工作；项目经理职业发展路径缺失，无合适的项目经理考核、激励手段；对如何培训、培养项目经理不清楚，专业化的项目经理和 PMO 管理人员非常少，仅有的一些从事项目管理专业工作的部门和人员并不受重视，也没有项目管理自己的职业发展通道。在这样的背景下，从无到有地建立组织级项目管理体系，形成从零到一的突破，是尤其困难和充满挑战的艰巨任务。

（二）组织级项目管理体系建设历程

金风科技集团研发中心的组织级项目管理体系建设实践，正是在这种背景下，克服种种困难和各种挑战，走出了一条独特的适合金风科技发展的道路。以下是整个过程的回顾。

1. 项目管理体系基础建设阶段（2015—2017 年）

这是金风科技在进行组织级项目管理体系建设时所采用的体系框架，与项目管理相关的工作分成了四类（见图 5.75）。

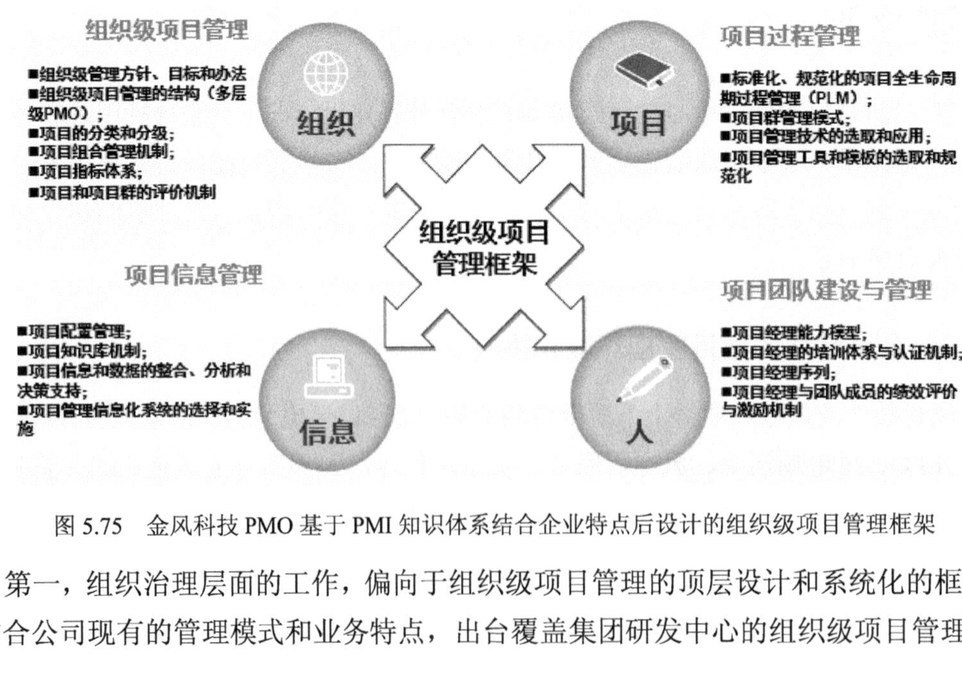

图 5.75　金风科技 PMO 基于 PMI 知识体系结合企业特点后设计的组织级项目管理框架

第一，组织治理层面的工作，偏向于组织级项目管理的顶层设计和系统化的框架。旨在结合公司现有的管理模式和业务特点，出台覆盖集团研发中心的组织级项目管理制度，统一认知，搭建组织级项目管理的组织平台。第二，项目层面的工作。企业内有很多种不同的项目，由于其承载的业务特点不同，管理成熟度不同，因此不能采用相同的管理方式进行“一刀切”式的管理优化，需要进行差异化的梳理和优化，实现项目的端到端流程管理标准化，并引入适合的项目管理工具和模板。第三，推动组织级项目管理的信息化和数字化的工作。高效的项目管理离不开项目团队内外部的信息透明和协同，因此要建立更要借助信息化和数字化的工具，帮助我们实现项目中的信息收集、提炼、传递和展示。在这个过程中，项目配置管理和知识管理的优化工作也要配套地进行开展。第四，关于项目管理从业人员能力提升的工作，如果我们希望组织级项目管理的机制在企业中能够落地和流畅地运行，那么必须培养足够多的项目管理专业人员。因此，定义研发体系不同部门的项目经理能力模型和建立集团统一的项目管理从业人员的职业发展通道及与之配套的评价、考核和激励机制是势在必行的。

依据对金风科技集团研发中心在项目管理机制上的差距分析，我们与金风科技的相关领导们共同制定了组织级项目管理体系建设三年规划（见图 5.76）。

为了支持新的 PMO 愿景、使命和重点工作目标，原有的 PMO 组织结构需要做相应调整，以此帮助 PMO 成员更清晰地定位自己并激发工作的热情。在这次组织调整中，我们把原来在 PMO 部门中一直在做相同工作的 PMO 成员们分成了七个不同的项目管理专业团队（见图 5.77）。

调整了 PMO 部门的组织结构之后，我们接下来的工作是打造项目管理文化，这个时候往往需要海量的项目管理培训，从意识层面到认知层面。从认知层面到实战层面，不同的岗位，不同的层级，不同的专题，这些培训可以帮助我们在较短的时间内转变大家对项目管理的认知，获取大家的认可和支持，支持和鼓励大家考取 PMP®是很有效的一种方式。

2．项目管理专业机制的构建阶段（2017—2018 年）

在这个阶段，组织内需要构建一个可以更深入和广泛地推行项目管理机制的网络，组织层级越多，推动转型的工作会越困难。企业的这种转变不能仅仅依靠高层的呼吁，企业真正完成转变是因为有一部分人真正地改变了企业一线的广大员工。金风科技 PMO 在推行项目管理的过程中，时刻提醒自己要确保能够接地气，能够花足够多的时间、精力去覆盖企业一线人员，让他们在实际的工作中把项目管理用起来，这时候企业的状态才会发生变化。所以我们当时做的很重要的一件事情是把项目管理推行到组织的各个层面，特别是一线员工，不断地发展总部 PMO 的下级组织，在不同的中心建立中心级 PMO，中心级 PMO 的下面建立部门级 PMO，在大型的战略项目和项目群中建立项目和项目群级 PMO（见图 5.78）。通过这些努力形成了一个多 PMO 的组织网络，成功构建了生态型、分布型的 PMO 组织架构，不断促进各个 PMO 之间协同、联动，保证大家统一思想、相互支持、相互监督，逐步促进企业组织的转变。

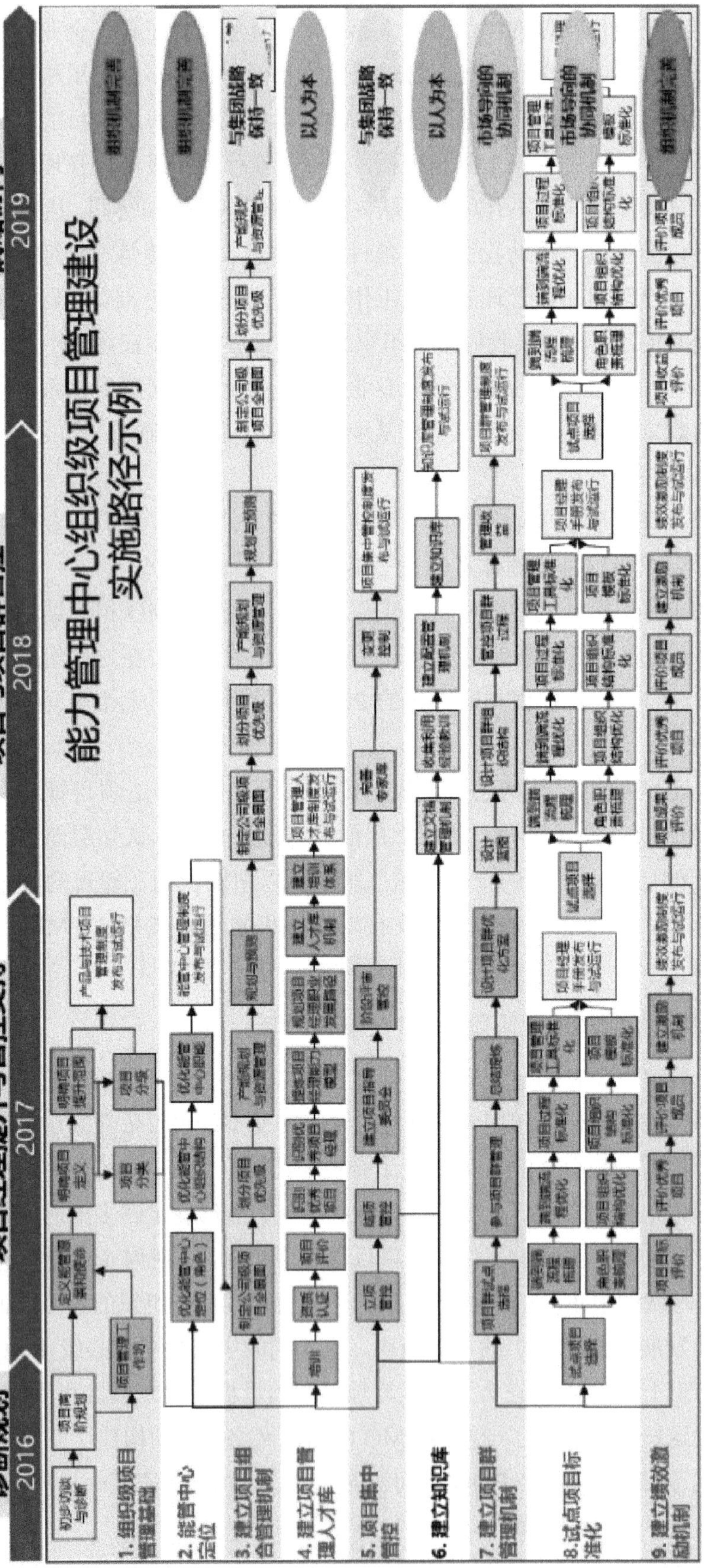

图 5.76 金风科技组织级项目管理体系建设三年规划

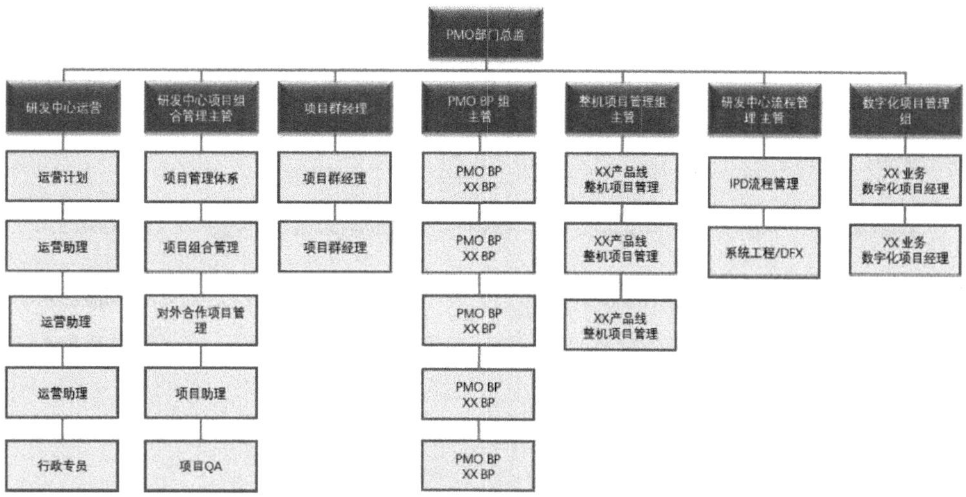

图 5.77　金风科技集团研发中心的 PMO 的部门结构

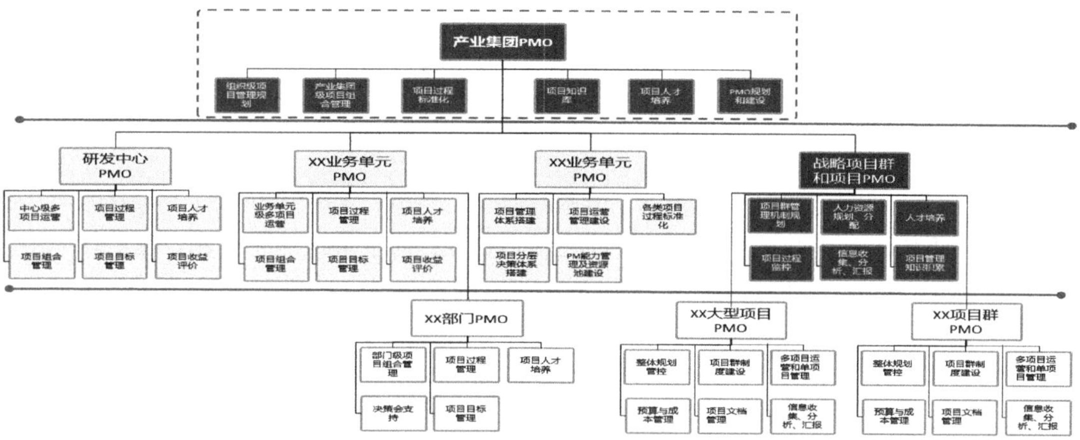

图 5.78　构建金风科技分布式的多层级 PMO 管理体系

在实践中，金风科技 PMO 通过“平衡计分卡”或“战略地图”等工具，实现战略目标和指标与项目目标和指标的关联，明确项目和战略的关联关系。创新和变革的工作我们以项目来管，在项目过程中不断地加强对事情本身的理解，理解深了之后逐渐地总结并形成流程，从而实现熟悉的事情按流程管。

在不断扩大组织内部项目管理机制覆盖范围时，一个很重要的工作是要建立多项目管理受控机制。在组织中，项目的进行需要不同相关方站在各自的角度做出正确的决策，然后在它们之间再进行平衡，进而达成对项目的控制。金风科技 PMO 是通过建立项目的分阶段和分层的评审机制来实现这种受控机制的。项目管理的决策分层，首先从项目本身的角度解决它的成本、范围、质量的平衡，这更多的是基于目标的管理。项目评审之上是质量评审，目的是确保项目的交付物能够得到自己内部的认同，能够得到客户的认同，得到行业的认同。质量评审一定要有质量专家在不受任何干扰的情况下进行。再向上才有可能进行业务评审，由业务部门结合项目的状况和外部的商业环境做出决策。

项目的阶段评审到位，真正能够去帮助企业验证项目的价值是很不容易的，因为它需要基于数据，需要基于各种科学的假设和预测。所以我们不断地在项目的不同的阶段建立评审点，完善评审依据，选出合适的评审人，以合适的方式组织评审，逐步完善评审机制（见图 5.79）。

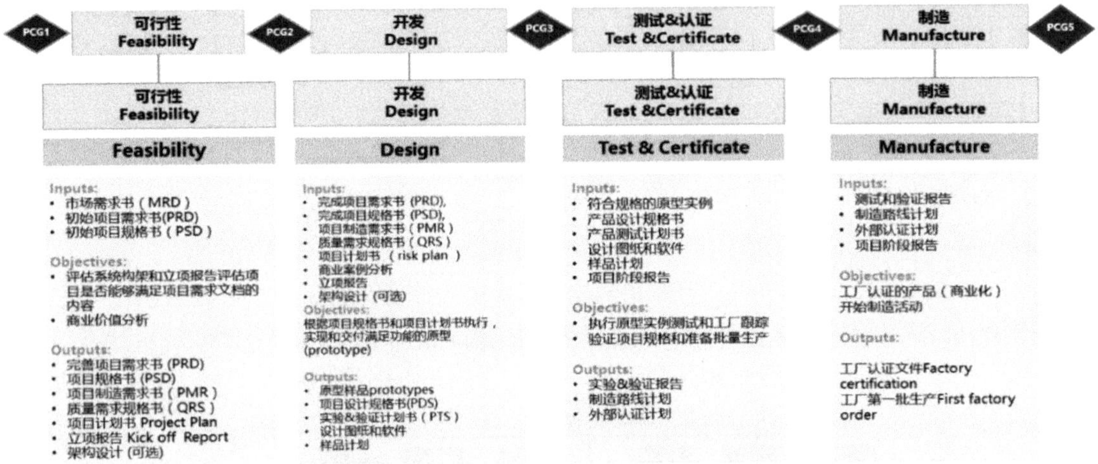

图 5.79　将项目管理方法与实际的产品研发流程相融合

关于项目经理的培养，我们也花了很大的力量。通常，大家认为项目中所有的工作都叫项目管理工作，出现了问题就都是项目经理的责任。为了解决这个问题，我们首先澄清了项目中的工作不完全是项目管理工作，项目中的工作至少分三类：一类工作是实现产品的业务工作，另一类工作是对业务工作进行管控和支撑的职能化专业工作，之后进行的资源整合才是项目管理工作。这意味着一个项目经理不可能只有项目管理的能力，作为资源整合者必须懂得他所整合的资源，要懂业务，要懂技术，要懂人际关系，要熟悉各个职能的管理关注点，这样才能在它们之间做整合和平衡。为此，我们推动项目经理首先锻炼项目管理的专业性和技能，然后还让他们再次增加业务的能力，最终成为整合项目和业务的优秀项目管理者。他们不仅仅能够做项目管理的决策，更重要的是他们还能做未来的业务的决策，能够去从组织如何创造价值的角度开展项目管理工作。这需要很强的预测和推演能力，需要很强的商业敏感性。

项目管理从来都不是一门速成的学问，更不是一个速成的技术，只有花足够长的时间才能够真正地培养出一批优秀的，融会贯通各个业务领域，能够体现专业性并为组织创造价值的项目经理。

3. 完善构建体系阶段（2018—2019 年）

这个阶段我们需要解决如何在企业内形成统一的项目管理的方法和实践。金风科技集团内有多个不同的项目管理部门，每个业务条线或每个分公司都有自己的 PMO。很多时候，各个 PMO 的做法不一样，会产生冲突。所以需要 PMO 建立协同关系，产生共同的语言、统一的思想、统一的方法。这个过程就是统一企业中对项目工作的认识，形成企业标准的过程。企业协同的 PMO 应该是分层和分布式的，虽然各自服务的条线、部门甚至公司不一样，但是大家的思想、工作方式和信息的交流传递必须是高度的协同和一致的。这个过程需要依靠项目管理体系的建设，需要有人站出来去尝试统一别人的制度、流程，最后形成一个相同的体系（见图 5.80）。

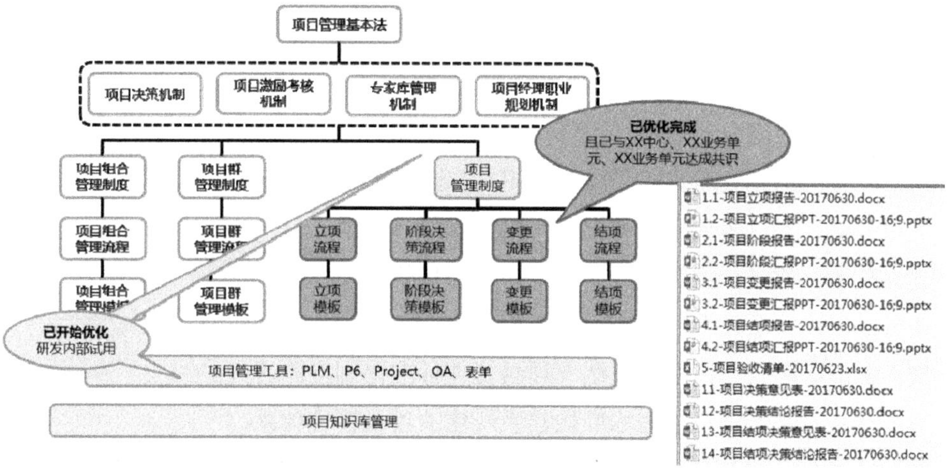

图 5.80　形成统一项目管理标准化制度和流程

金风科技 PMO 在项目管理建设过程中，一直把公司内其他项目管理部门负责人组织在一起，辅导他们，分享我们的最佳实践，不断推动不同的条线和不同的部门自己制定制度和执行，但支撑的思想来源于同一源头，把大家的行为和做法进行统一，从而逐步统一整个企业的项目管理的方法、思想和标准。金风科技在项目管理体系建设过程中，不断以 ISO 发布的项目管理标准作为对标参考，作为推动体系建设的依据。同时也参与到项目管理标准制定的工作中，把企业最佳实践做体系化总结，从而形成标准，为项目管理的推广做出自己的贡献（见图 5.81）。

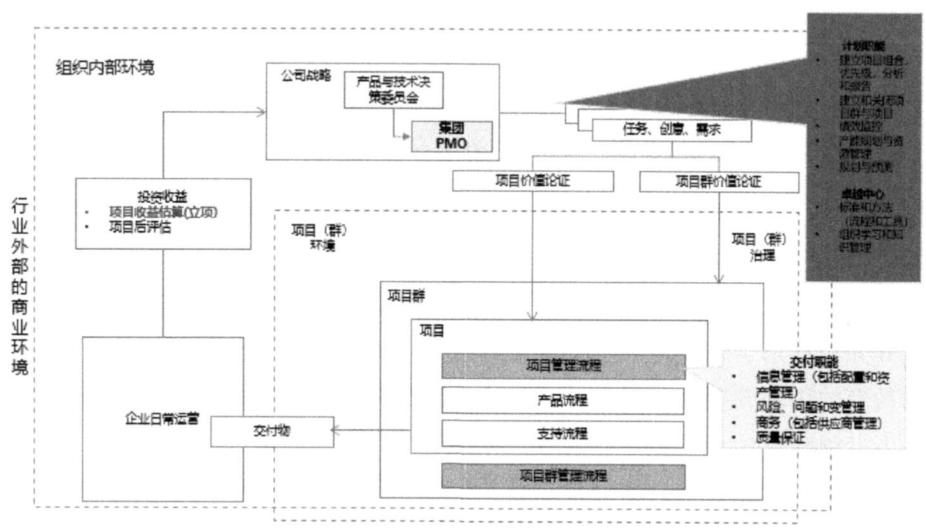

图 5.81　基于 ISO 21500 的项目管理体系框架全景图

（三）金风科技组织级项目管理建设最佳实践总结

经过这几年我们金风科技在项目管理体系建设方面从零到一的实践，可以总结出如下组织级项目管理体系建设的10个步骤。

- 现状诊断：基于成熟的组织级项目管理框架进行差距分析。
- 定位愿景：基于企业的现状和蓝图，定位PMO的愿景和使命。
- 构建团队：设计可落地的PMO职能和职责。
- 转变观念：通过海量的项目管理培训获得领导和员工对项目管理的认同。
- 铺开网络：构建分布式的多层级PMO管理体系。
- 支撑战略：通过多项目管理机制支撑组织战略落地。
- 建立控制：通过分阶段的项目评审控制项目的节奏。
- 业务导向：将项目管理与实际业务相融合；
- 统一标准：在企业内部形成统一项目管理标准化制度和流程。
- 形成体系：基于项目管理标准构建系统化的项目管理体系。

我们相信，不仅仅是在金风科技，这10个步骤在国内应该具有普适性，以这10个步骤来指导其他中国企业在组织级项目管理机制建设的工作，应该也很适合。

第四节　小　　结

通过对企业项目管理应用情况的线上线下调查，课题组对目前国内企业项目管理体系的建设情况和发挥的作用有了比较全面的了解，总体情况如下：①越来越多的企业开始引入项目管理体系，近10年引入美国《PMBOK®指南》的企业增长速度很快；②各种类型的企业对项目管理培训咨询的需求强烈，国内企业的项目管理教育培训咨询市场空间很大；③绝对多数企业认识到项目管理的重要性，非常重视员工的认证考试（如PMP®认证考试），并愿意进行相关的人力资本投资，持有证书的员工更可能在晋升或提职时被优先考虑；④企业在日常的项目管理中开始应用国际通用的项目管理工具，企业也从项目管理体系和工具的落地运用中受益很多，绝大部分企业认为项目管理对企业总体发展起到了正面的作用；⑤具体来说，企业项目管理对企业科技创新能力、管理能力、员工能力、品牌价值和经济效益的提升都起到了较大或很大作用。

1999年，原国家外国专家局培训中心将PMI制定的PMP®等国际化项目管理专业资格认证及其知识体系引入中国，推动了我国在项目管理实践上与国际接轨，带动了项目管理培训和教育的蓬勃发展，而且大大提高了项目管理人员的整体从业水平和能力，为我国培养了一大批国际化项目管理专业人才，推动了项目管理理念、知识、方法、工具在各行各业的应用。中国企业的项目管理水平在不断提高，企业项目管理成熟度日益提升。

尽管我国企业的项目管理实践在过去20年取得了很大的成绩，但还存在比较多的问题。比如，企业的项目管理水平总体上还处于低级阶段，企业项目管理成熟度大都处于二、三级水平（五级代表最高水平）；有些企业高层管理者不够重视项目管理，更谈不上真正实施组织级项目管理；企业的项目管理文化还远未形成，项目管理体系落地的环境有待改善；企业员工中通过项目管理专业认证的比例还偏低，持证人员的实战能力还有待提高；国内真正项目驱动型的企业占比少，等等。

VUCA 环境和颠覆性时代下，企业之间的竞争将越来越激烈，组织级项目管理对企业的价值越来越凸显，项目管理能保证企业战略的真正落地，实现企业创新发展，提升企业的核心竞争力、竞争优势和抗风险能力。在颠覆时代，项目管理专业人员的培养和地位应该得到进一步提升，唯有如此才能更好地帮助组织制胜未来。

目前，项目管理正朝着数字化、智能化、敏捷化、混合化的方向发展，企业如何顺应项目管理发展的潮流并针对组织自身的情况和特色灵活运用则是它们在 VUCA 环境中制胜的关键。国内企业必须在实践中找到适合自身并能将国际通用的项目管理体系和工具技术落地的有效办法。

第六章　高校项目管理学科建设、理论发展及应用情况

本调研结合重大（科技）工程项目管理和中国产业的实际情况，调查我国高等院校项目管理学位/学科（1999—2019 年）建设现状，了解在我国高等院校项目管理学科领域起到开创性、奠基性作用，且做出过杰出贡献的项目管理专家教授及其创新团队的情况，彰显高等院校项目管理学科取得的重大成就，剖析高等院校项目管理学位/学科领域存在的主要问题，提出科学可行的政策性建议。

第一节　调研说明及主要结论

一、调研说明

（一）调研样本选择规则

本次调研主要是针对高等院校专家教授及其创新团队的研究领域为“项目管理”，并且对 PMP®国际认证引入中国 20 年起到开创性、奠基性作用，做出过杰出贡献的项目管理专家教授，且推动和提升了国家重大（科技）工程项目治理能力现代化；同时，样本选择还需要满足以下几个条件：

（1）研究方向有特色而又稳定：主持承担的研究课题、发表的学术论文、获得成果奖励、高层次人才培养、科学研究基地、国际交流和合作与研究方向具有一致性原则。

（2）主持的国家级研究课题：依据 1999—2019 年主持国家自然科学基金项目≥2 项，且参考与其有关的国家社科相关项目。

（3）研究成果（发表学术论文）：主要依据 1999—2019 年公开在国家自然科学基金委管理类 30 种期刊（其中 A 类期刊 22 种，B 类期刊 8 种）发表的学术论文（第一作者为主，第二作者为参考）。

（4）高层次人才培养：依据 2008—2013 年高等院校项目管理工程硕士年度百分位排名前 25 名排序情况。

（5）学术资格：在与项目管理有关的国际学术组织或者国内学术组织兼任重要学术职务教授或者教授博士生导师。

（6）国际合作与交流：通过 PMI-GAC 全球项目管理教育认证合作的高校，以及与其他国际项目管理组织合作的高等院校。

（7）突出贡献：为我国项目管理国际化（PMP®）发展做出较大贡献的个人或者团队。

（8）学风品质：无学风品质问题。

（二）调研样本选择依据来源

（1）研究领域或者研究方向：依据高等院校项目管理有关的年度博士生和硕士生招生简章。

（2）科学研究项目：依据 1999—2019 年，有关项目管理领域国家自然基金项目、国家社科重大或者重点项目承担者，资料来源为国家自然科学基金委网站、国家社科基金网站等。

（3）高层次人才培养：依据 1999—2019 年特别是项目管理学位设置以来，高等院校工程项目管理硕士授权点，以及高等院校管理学门类“项目管理研究方向”的硕士和博士学位授权情况；数据来自教育部教指委全国项目管理协作组，以及相关高等院校的博士招生简章。

（4）理论研究成果：公开发表的学术论文、出版的论文书籍等，资料来源为知网全文数据库，以及相关出版物。

（5）学科梯队建设：具有项目管理硕士、博士学位授权点的高等院校，资料来自教育部授权点名录、国家自然基金项目、国家社科重点项目承担者。

（6）产学研结合（研究基地）：与行业建立的产学研研究基地，如国家工程实验室等；资料来源于科技部、发改委网站。

（7）学科建设声誉：资料来自相关高等院校项目管理专家教授、学院领导和相关部门领导调查情况的一手资料。

（8）项目管理/工程管理本科培养情况：教育部本科专业设置资料。

（9）国际认证：通过 PMI-GAC 全球项目管理教育认证合作的高校，以及与国际项目管理组织合作的高等院校，资料来自认证合作名录。

（三）调研方法

（1）二手资料：从中国高等院校知网全文数据库、报章文献等检索筛选相关资料。

（2）一手资料：

1）设计调查问卷，通过高等院校所在院系项目管理专家教授、所在院系领导、中心相关部门的负责人进行调研。

2）面对面实地拜访访谈——高等院校所在院系项目管理专家教授、主管院长、项目管理认证负责人。

（3）实地调研：根据条件筛选高等院校 14 所，其中教育部属高等院校 11 所，工信部与教育部共建院校 1 所，省级院校 2 所；其中具有 985 兼 211 高等院校名誉的有 9 所，具有 985 平台兼 211 高等院校名誉的有 3 所，仅具有 211 高等院校名誉的有 1 所，非 985 和 211 高等院校有 1 所；在本次访谈的 14 所高等院校中，这些高等院校分布在北京 5 所，上海 2 所，天津 3 所，山东 1 所，辽宁 1 所，云南 1 所，甘肃 1 所。具体调研的高等院校为清华大学、天津大学、天津理工大学、南开大学、大连理工大学、上海交通大学、同济大学、山东大学、北京科技大学、北京邮电大学、云南大学、北京航空航天大学、华北电力大学、兰州大学。

二、主要结论

（一）高等院校项目管理领域工程硕士高层次人才培养规模快速发展，带动了我国高等院校40多个工程硕士领域工程教育的飞速发展

1. 项目管理工程硕士学位授权点区域结构布局基本合理

2004年，清华大学和北京航空航天大学成功试办了项目管理领域工程硕士专业学位点。从2005年开始，高等院校项目管理领域工程硕士授权点累计增至161个，分布于经济发达的东部地区和经济欠发达的西部地区的高等院校，我国高等教育项目管理工程硕士学位点高层次人才培养平台逐渐搭建起来。

2. 项目管理领域工程硕士高层次人才需求急剧增加

根据教育部教指委公布的数据可知：在2004—2013年（注：2014—2015年教育部教指委不再对外公布数据，2016年教育部正式实行在职硕士专业学位与全日制硕士教育的并轨改革，取消GCT联考，项目管理工程硕士学位点并入工程管理硕士专业学位点），高等院校项目管理领域工程硕士年度报考人数、实际考试人数、录取人数逐年呈急剧上升趋势，我国企业项目管理领域工程硕士高层次人才需求急剧增加。与当时全部40多个工程硕士领域情况对比，高等院校项目管理领域工程硕士百分比由2004年年度报考、实际考试和录取领域百分比呈逐年递增趋势，我国国有企业、外资企业和私人企业项目管理领域工程硕士高层次人才需求也急剧增加。

3. 项目管理领域工程硕士招生质量显著提高

2008—2013年，从高等院校项目管理领域GCT录取成绩百分位平均值可以看出：项目管理领域的录取成绩一直都高于所有工程硕士领域的录取成绩，高出幅度2004年是4.2，2005年是1.8，2006年是2.4，2007年是1.3，2008年是3.9，2009年是4.1，2010年是4.8，2011年是3.7，2012年是2.1，2013年是4.8，高等院校的项目管理工程硕士的招生质量大幅度提高。因此，高等院校项目管理工程硕士学位得到快速发展。

根据工程管理教指委公布的数据可知：161所高等院校的项目管理工程硕士学位点并入工程管理硕士专业学位点之后，工程管理硕士专业学位点报考人数、实际考试人数、录取人数也逐年呈急剧上升趋势。

（二）高等院校项目管理学科科学研究水平显著提高，主持了一大批国家级和省部级重大科研项目，取得了众多高水平标志性研究成果，形成了具有中国特色的项目管理理论体系，某些研究成果已经达到国际先进或领先水平

1. 形成了20个特色鲜明和相对稳定的研究领域

2006 年以来，我国高等院校项目管理学科服务于国家重大发展战略、国民经济建设主战场，学科战略定位突出迎接新一轮科技革命和产业变革的迫切需要；突出国家重大战略实施的迫切需要；突出应对中美贸易战的迫切需要；突出维护国家重大科技产业安全的迫切需要；突出提升国家项目管理治理体系和治理能力现代化水平的迫切需要，目前已经形成了 20 多个特色鲜明、相对稳定的研究领域。

2. 建立了多支高水平项目管理学术创新团队

目前，我国高等院校形成了多支由学术造诣深、在国内同行中具有一定影响、治学严谨、为人正派，且具备指导博士研究生水平的学术带头人带领的项目管理学科创新团队，主要为清华大学、同济大学、天津大学、大连理工大学、北京邮电大学、山东大学、上海交通大学、南开大学、北京航空航天大学、北京科技大学、华北电力大学、天津理工大学、兰州大学等高校的项目管理学科创新团队。

3. 主持了一批国家级和省部级课题，取得了众多标志性研究成果

截至 2019 年 8 月，主持工程管理研究领域的国家自然科学基金项目 160 多项，项目管理领域的国家自然科学基金项目 140 多项，以及工程管理和项目管理研究领域的国家社科基金重大项目 4 项；取得了众多高水平标志性研究成果，有的居于国内领先地位，有的居于国际先进或国际领先地位；公开发表有关项目管理类（CSSCI/SCI/SSCI/EI 等检索）学术论文 2 万多篇，获得省部级以上科技奖励多项，出版专著教材多部。

（三）高等院校项目管理产学研合作取得了突出成绩，实现了创新链条与产业链条的有效对接，推动了项目管理理论在企业实践中的第二次质的飞跃，取得了重大的经济效益和社会效益，有效支撑了我国企业的转型升级

多年来，高等院校服务于国家重大发展战略和国民经济建设主战场的需求，积极与企业合作，建立了众多“高校—企业”产学研合作研究基地，分别与中海油集团公司、中国三峡集团公司、中国电建集团公司、雅砻江流域水电开发公司、中国华能集团公司、国家电网公司、中国南方电网公司、中国华能集团、中国大唐集团、中国华电集团、国家建设部、中国石油天然气总公司、中国神华集团、中国兵器集团、中国航天科技和科工集团、中国航空集团公司、国家开发银行、山东兖州煤业集团、山东新汶矿业集团、山东枣庄矿业集团、国防科工委、中国空间技术研究院、成都航利集团等大型国有企业、外资企业和私有企业等建立了产学研研究基地，主持承担了众多企业委托课题，譬如国家“一带一

路”基础设施建设项目、北京2008年奥运会场馆建设、2010年上海世博会场馆、北京新国际机场建设、高铁工程项目、海洋石油工程建设项目，以及新一代网络技术5G项目等大型工程项目，实现了创新链条与产业链条的有效对接，解决了大型企业项目管理方面的众多难题，研究成果直接服务于大型企业，极大地推动了大型企业项目管理的飞速发展，推动了项目管理理论认识在企业实践中的第二次质的飞跃，在某种程度上有效支撑了我国企业的转型升级；同时，还积极探索“政府—高校—企业”产学研合作研究模式，努力实现政府、高校和企业的有效对接。

（四）高等院校国际工程教育和国际认证取得了突出的成就，引领了国内和国际项目管理工程教育的快速发展

2006年和2008年，教育部全国项目管理领域工程硕士教育协作组分别促成了全国高等院校项目管理领域工程硕士与PMI和IPMA两大权威国际项目管理专业团体的实质性合作，实现了社会相关行业对项目管理领域工程硕士专业学位教育的参与、监督和评价，引进外部力量监控培养质量，提升了中国项目管理领域工程硕士专业学位教育的国际影响力。

2008年3月，教育部全国工程硕士专业学位教育指导委员会（简称教指委，SCME）副主任委员兼秘书长陈皓明教授与项目管理协会（PMI）学术教育课程和服务总监安爱德博士就项目管理领域工程硕士教育课程与PMI开展认证合作签署谅解备忘录。

目前，通过PMI-GAC项目管理工程硕士课程国际认证的高等院校有上海交通大学、清华大学、北京邮电大学、同济大学、西北工业大学、天津大学、山东大学、河海大学等8所院校；通过PMI-GAC项目管理工程国际认证的学位点有16个，其中管理科学与工程工学学科项目管理方向博士点1个，项目管理领域工程硕士点11个，国际建设工程与项目管理工程硕士1个，工程管理工学学士3个。因此，在2017年项目管理协会全球学位资质认证中心与中国项目管理评价委员会（CPEC）论坛上，美国PMI全球学位鉴定主席LuAnn Piccard教授称赞为：Leading the way of Project Management!

目前，我国高等院校已有59所院校与IPMA合作进行了IPMP国际认证,主要为清华大学、北京航空航天大学、南开大学、天津大学、同济大学、浙江大学、西北工业大学、中国科学院研究生院、北京大学、北京交通大学、北京工业大学、北京理工大学、复旦大学、中山大学、华南理工大学、西南交通大学、西安交通大学、北京邮电大学、南京大学等；截至2016年年底，在申报的3 982名工程硕士中共有3 865名考生获得了IPMP证书，总通过率达到97.1%，其中2人获得A级证书、19人获得B级证书、1 772人获得C级证书、2 072获得D级证书。

第二节　高校项目管理学科建设、理论发展及应用情况详述

一、项目管理教育现状与发展

（一）项目管理培训教育及职业认证现状与发展（1999—2004 年）

自 2000 年开始，随着我国经济的发展，高等院校项目管理培训和项目管理资质认证逐渐成为一个重要的教育内容，有些高等院校如清华大学、同济大学、天津大学、北京航空航天大学、北京邮电大学等组织了针对企业需要的各类项目管理培训；同时高等院校也陆续开展了项目管理资质认证，主要有劳动部组织的 C-PMP 认证和 PMI 的 PMP®认证，如清华大学、北京航空航天大学、北京邮电大学、中国人民大学等。

（二）项目管理学位教育及职业认证现状与发展（2004—2014 年）

项目管理学位教育就是培养能够管理项目的复合型人才。2004 年以前，我国未有设置任何层次的项目管理学位，此时高校主要针对我国经济社会需求开展项目管理培训和 PMP®认证，但有相近专业的学位教育，如工程管理本科专业和管理科学与工程学科研究方向教育（项目管理方向硕士和博士）。从工程管理专业的内涵和课程设置等可以看出：本科学位教育侧重建设工程项目管理；而管理科学与工程为一级学科，下设二级学科，部分学校设置项目管理研究方向，为研究生学位教育提供支撑。直到 2004 年，中央财经大学经教育部批准，自主设置了项目管理本科专业并正式招生，这是国内最早的以“项目管理”为专业名称的本科学位教育；从 2007 年开始，山东经济学院、上海财经大学、山东农业大学等部分高校也开始招收项目管理本科专业。

经过多年发展，我国项目管理学位教育体系已趋于完善，2004 年正式开办的项目管理领域工程硕士学位教育，其发展最具有代表性，如图 6.1 所示。

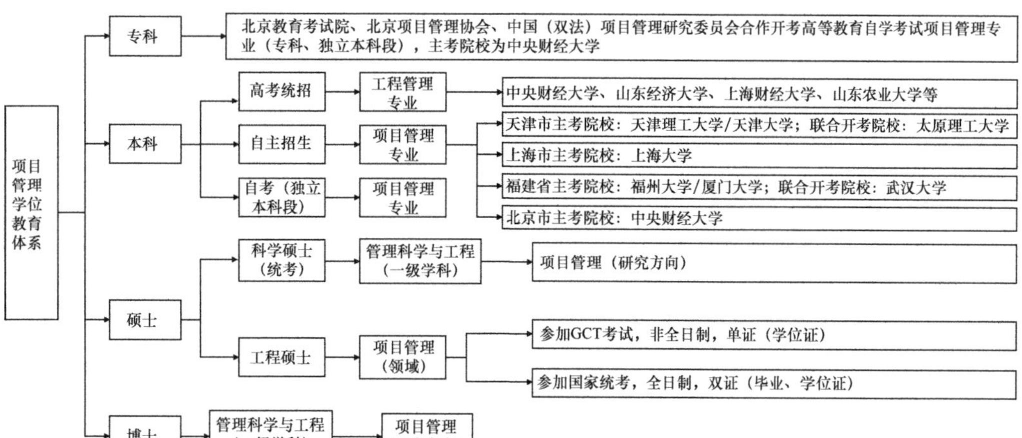

图 6.1　项目管理学位教育体系

1. 项目管理本科专业学位教育现状与发展

（1）高等教育自学考试项目管理专业（独立本科段）。

高等教育自学考试是以国家考试为指导的个人自学、社会助学、国家考试相结合的高等教育形式。高等教育自学考试项目管理专业（独立本科段）是以现代项目管理的理论和方法为手段，以考生所具有的专业知识或行业背景为基础，培养能够掌握现代项目管理的理论、方法和手段，从事现代项目管理的应用型中高级技术人才。该专业为高等教育本科层次，其专业培养规格总体上与普通高校同类专业水平相一致。该专业一般采用学分制计算，凡取得本专业考试计划所规定课程的合格成绩、累计达到所要求的学分并通过毕业论文、思想品德符合要求者，将获得由报考单位所属自考办和主考院校共同颁发的高等教育自学考试项目管理专业本科毕业证书，达到国家规定的学位标准，将按照《中华人民共和国高等教育法》第二十二条和《中华人民共和国学位条例》的规定，由主考院校授予学士学位。

自2006年7月起，经各所在省市的自学考试办公室批准，天津市、上海市和福建省分别开设了高等教育自学考试项目管理专业，并陆续开始正式招生。分别由天津理工大学/天津大学、上海大学、福州大学/厦门大学担任主考院校，并对合格者授予学士学位。另外，部分院校跨省联合开考了高等教育自学考试项目管理专业（独立本科段），如太原理工大学与天津理工大学联合开考、武汉大学与福建省联合开考。

（2）北京高等教育自学考试项目管理专业（专科、独立本科段）。

2010年8月，由北京教育考试院与北京项目管理协会、中国（双法）项目管理研究委员会获准合作开展高等教育自学考试项目管理专业（专科、独立本科段）和国际项目管理专业资质认证（IPMP）考试项目，2011年1月首度考试。

考试成绩规定：凡取得项目管理专业（专科）考试计划规定的15门课程的合格成绩，累计达到74学分，思想品德经鉴定符合要求者，发给由中央财经大学主考的高等教育自学考试项目管理专业专科毕业证书；考生在取得专科计划中所有指定的证书课程相应学分后，即可向IPMP中国认证委员会的指定机构提出申请，免考D级认证笔试，直接获得IPMP的D级（国际助理项目经理）证书。

凡取得项目管理专业（独立本科段）考试计划规定的14门课程的合格成绩、累计达到69学分、毕业论文答辩成绩及格、思想品德经鉴定符合要求者，发给由中央财经大学主考的高等教育自学考试项目管理专业本科毕业证书；对于符合自学考试学位授予条件的本科毕业生按规定由主考学校中央财经大学授予管理学学士学位；考生在取得独立本科段计划中所有指定的证书课程相应学分后，即可向IPMP中国认证委员会的指定机构提出申请，直接获得IPMP的D级证书；考生在取得独立本科段计划中所有指定的证书课程相应学分后，如具有任意专业的大学本科学历，同时具有3年项目管理相关工作经验，仅需参加项目管理证书的“案例讨论”和“面试”考核，成绩合格即可获得IPMP的C级（国际项目经理）证书。

2. 项目管理硕士学位教育及职业认证现状与发展

（1）高等院校项目管理领域工程硕士学位教育发展现状。

我国项目管理领域工程硕士专业学位教育主要是面向建设、信息、制造、农业、国防、能源和环境等工程行业或领域，与项目管理领域专业资质认证相联系，侧重于应用的专业学位教育，旨在培养从事某一工程行业项目（群）的决策、计划、实施和控制等全生命周期管理工作的应用型、复合型、高层次工程管理人才。

2003 年，国务院学位办公室（简称学位办）和教指委批准由清华大学和北京航空航天大学试办项目管理领域工程硕士专业学位教育，成为中国最早以“项目管理”为专业名称的研究生学位教育。当年全国共有 581 人报考，其中清华大学 47 人，北京航空航天大学 534 人，录取 334 人，总录取率为 57.5%，GCT 百分位平均值为 65.3 分，在当时的 38 个工程硕士领域中名列第 7 位。

2004 年 5 月，学位办和教指委批准授予 70 所高校培养项目管理领域工程硕士学位资格，培养单位总数增至 72 所，后来逐步扩增至 161 所（见图 6.2）。每年录取人数一直在工程硕士 40 个领域中名列前茅，占招生总人数的 15%左右，全国 GCT 联考成绩也位居前列。同年 10 月，全国报考项目管理领域工程硕士的考生为 7 116 人，实际参加考试 5 809 人，录取 3 434 人（见表 6.1）。我国项目管理工程硕士研究生学位教育达到了鼎盛时期，得以大规模开展。

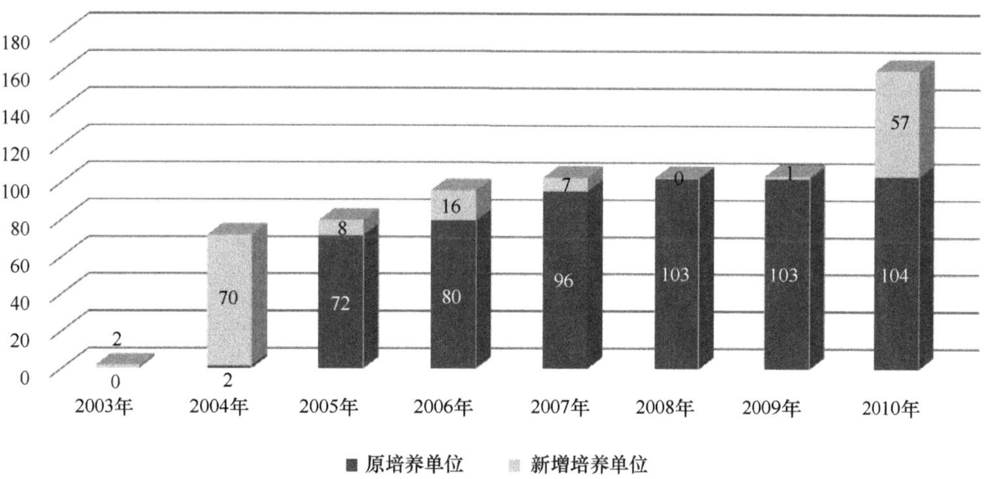

图 6.2　全国项目管理领域工程硕士培养单位

百分位成绩是指将所有考生 GCT 总成绩中的最高分定为 100 分，将其他成绩相应折算为百分制后的成绩。

然而，由于 2005 年和 2006 年项目管理领域工程硕士报考人数的数量急剧增加，以及录取和培养过程中出现的新问题，为确保项目管理领域工程硕士的培养质量，教指委 2007 年 3 月 15 日至 4 月 10 日，在全国项目管理领域工程硕士教育协作组（以下简称协作组）

和相关培养单位的配合下进行了实地调研，并给出了有关培养指导意见。

表 6.1　项目管理领域与所有工程硕士领域 2004—2013 年情况对比

年份	领域（招生单位数）	报　考			实　考			录　取			GCT 录取成绩	
		人数（人）	排名	领域百分比	人数（人）	排名	领域百分比	人数（人）	排名	领域百分比	百分位平均值	领域排名
2004	项目管理（72）	7 116	3	9.8%	5 809	4	9.3%	3 434	3	8.9%	67.4	10
	所有 38 个工程硕士领域	72 608	—	—	62 476	—	—	38 599	—	—	63.2	—
2005	项目管理（80）	12 551	1	15.4%	10 524	1	15.0%	5 752	1	14.5%	68.8	7
	所有 38 个工程硕士领域	81 504	—	—	70 002	—	—	39 688	—	—	67	—
2006	项目管理（96）	17 140	1	18.5%	14 493	1	18.1%	7 957	1	16.9%	67.9	11
	所有 40 个工程硕士领域	92 833	—	—	80 226	—	—	47 213	—	—	65.5	—
2007	项目管理（103）	19 814	1	20.2%	16 633	1	19.7%	8 983	1	18.3%	66.9	15
	所有 40 个工程硕士领域	98 267	—	—	84 222	—	—	49 169	—	—	65.6	—
2008	项目管理（103）	13 441	1	15.3%	11 066	1	14.9%	5 621	2	12.9%	70.7	5
	所有 40 个工程硕士领域	87 744	—	—	74 038	—	—	43 557	—	—	66.8	—
2009	项目管理（104）	15 192	1	15.9%	12 432	1	15.6%	7 000	1	14.9%	70.8	5
	所有 40 个工程硕士领域	95 516	—	—	79 517	—	—	47 023	—	—	66.7	—
2010	项目管理（125）	18 039	1	16.1%	14 649	1	15.6%	9 278	1	15.2%	70.2	3
	所有 40 个工程硕士领域	112 116	—	—	94 049	—	—	60 971	—	—	65.4	—
2011	项目管理（125）	—	—	—	—	—	—	9 837	1	15.2%	70.3	5
	所有 40 个工程硕士领域	—	—	—	—	—	—	64 564	—	—	66.6	—
2012	项目管理（128）	—	—	—	—	—	—	9 767	1	13.7%	67.2	12
	所有 40 个工程硕士领域	—	—	—	—	—	—	71 267	—	—	65.1	—
2013	项目管理（127）	—	—	—	—	—	—	9 813	1	13.0%	—	—
	所有 40 个工程硕士领域	—	—	—	—	—	—	75 621	—	—	—	—

2007 年，全国又有 7 所高校获得项目管理领域工程硕士培养权，使培养单位总数增至 103 所。同年 10 月，全国报考项目管理领域工程硕士的共有 19 814 人，占 40 个工程领域总报考人数（98 267 人）的 20.2%，比 2006 年增加了 2 674 人，占总报考人数的百分比上升了 1.7%，录取人数（8 983）人也比 2006 年的 7 957 人增加了 12.9%，依然遥遥领先（见图 6.3）。

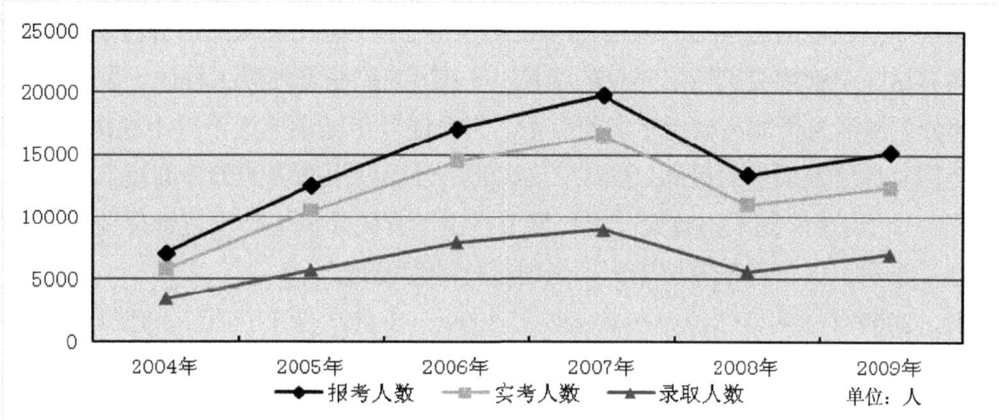

图 6.3 项目管理领域 2004—2009 年报考、实考和录取人数走势

但是，比较 2004—2007 年项目管理领域工程硕士的报考、实考和录取人数可以发现：2005 年比 2004 年增加报考人数 5 435 人，上升了 5.6%；2006 年比 2005 年增加报考人数 4 589 人，上升了 3.1%；而 2007 年比 2006 年报考人数又增加了 2 674 人，上升了 2.7%，发展迅猛。但从项目管理领域 GCT 录取成绩百分位平均值来看，虽然项目管理领域的录取成绩自 2004 年以来一直都高于所有工程硕士领域的录取成绩，但 2004 年比所有工程硕士领域的录取成绩高出 3.8 分，2005 年则大幅下降至只高出 1.8 分，2006 年虽略回升至高出 2.4 分，但 2007 年只比所有工程硕士领域平均成绩高 1.3 分；项目管理领域的录取成绩在所有工程硕士领域中的排名也连年下滑，2007 年甚至下滑至第 18 位（见图 6.4）。

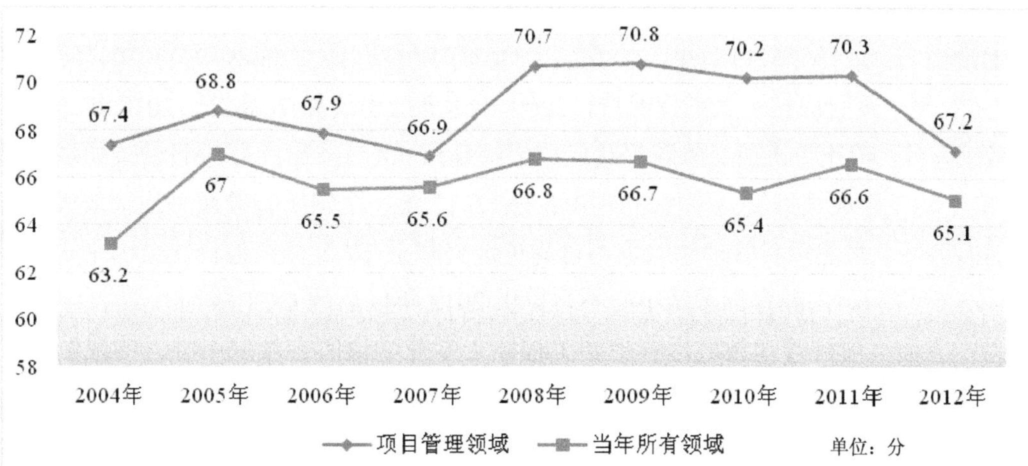

图 6.4 项目管理领域 2004—2012 年 GCT 录取成绩百分位平均值比较

鉴于上述情况，当时教指委考虑到项目管理领域属于新兴领域，培养经验与实力尚浅，特别是 2006 年和 2007 年出现较多无工程背景考生和超低分录取问题，因此，教指委建议学位办采取措施控制规模，颁布了每个学位授权点招生人数不得超过 100 人。

尽管如此，也显现出一些新的问题：①市场需求仍然旺盛，“一刀切”行政干预与教指委所提倡的自主自律、市场导向相悖；②4 个工程领域中管理类的项目管理、物流工程和工业工程 3 个领域的总体招生规模并未减少，出现了生源在领域间的分流现象，特别是在同时具有这 3 个管理类领域培养权的学校，并未达到控制管理类工程硕士领域规模的目的；③部分生源因为优质高校招生名额有限，为保证当年被录取而不得不选择其他高校，不利于全国总体培养质量的提高；④限招政策的出台促使生源多的部分高校上调了项目管理领域工程硕士学费；⑤限招政策一定程度上打击了有关高校培养项目管理领域工程硕士的积极性，不利于项目管理领域工程硕士的可持续性发展。

因此，2009 年 1 月，学位办和教指委于 2009 年 3 月，召开了项目管理领域工程硕士培养工作研讨会，充分尊重领域专家意见，初步拟订限招调整方案；2009 年 4 月，第三届全国工程硕士专业学位教育指导委员会成立大会暨第一次全体会议再次专门研讨项目管理领域限招调整事宜，形成分类限招方案：

类别 1：GCT 在全国项目管理领域排名后 2/3 或违规（不符合学位办/教指委要求）的培养单位，招生限额 100 人。

类别 2：连续两年 GCT 排名前 1/3（含）的培养单位，招生限额 150 人。

类别 3：在满足类别 2 的基础上，如果连续两年录取人数不少于 90 人，招生限额 200 人。

另外，为鼓励各培养单位与职业团体认证合作的积极性，已获国际项目管理协会（IPMA）的国际项目经理专业资质认证（IPMP）合作授权或已通过项目管理协会的项目管理学位全球鉴定中心（GAC）的课程认证，且当年 GCT 排名不在后 1/3 的培养单位，再奖励招生名额 50 人，但招生总额不超过 200 人。

实践证明：取得了较好效果，培养质量得到了明显提高。2008—2011 年，项目管理领域 GCT 平均录取成绩一直高位保持，2009 年达到历史最高 70.8 分，2010 年达到历史最大成绩差值，但比全国所有领域平均录取成绩高出 4.8 分；2011 年项目管理领域工程硕士 GCT 平均录取成绩继续高位保持在 70.3 分；2012 年在全国所有领域平均录取成绩大幅下滑的态势下，虽然项目管理领域也不可避免地突降至 67.2 分，但仍比全国平均水平高出 2.1 分（见图 6.4，教育部考试中心不再提供 2012 年以后的 GCT 成绩）。

另一方面，项目管理领域尽管受到工程硕士专业学位所有领域中唯一的限制招生政策的影响，但 2008 年之后历年招生人数的持续上扬反而更印证了项目管理领域的社会需求量大和项目管理的实用（见图 6.5）。2010 年项目管理领域报考人数 18 039 人，占 40 个工程领域总报考人数 112 116 人的 16.1%，录取人数 9 278 人，占 40 个工程领域总录取人数 60 971 人的 15.2%，位居 40 个领域的榜首，领先于第 2 名计算机领域的 6 223 人和第 3 名电子与通信领域的 5 226 人；2011 年尽管受到工程管理硕士的冲击，但项目管理领域的录取人数又比 2010 年增加了 559 人，不仅仍居 40 个领域首位，还刷新了项目管理领域招生人数的历史新高，达到 9 837 人，占 40 个工程领域总报考人数 64 564 人的 15.2%，遥遥领先于第 2 名计算机领域的 5 973 人和第 3 名建筑与土木领域的 5 388 人；2012 年录取 9 767 人，占所有领域总录取人数 71 267 人的 13.7%，领先于第 2 名电气领域的 6 413

人和第 3 名计算机领域的 6 373 人；2013 年录取 9 813 人，占所有领域总录取人数 75 621 人的 13.0%，领先于第 2 名建筑与土木领域的 7 017 人和第 3 名计算机领域的 6 858 人，皆位居第一。

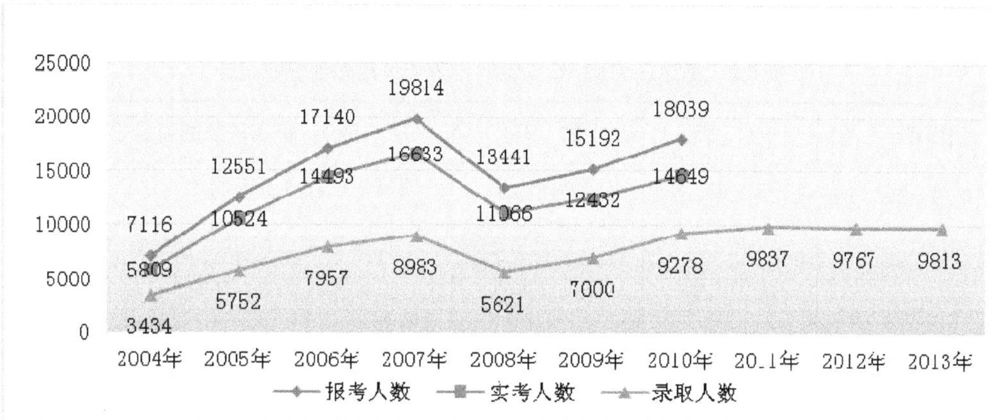

图 6.5 项目管理领域 2004—2013 年报考、实考和录取人数走势图

2009—2013 年，虽然项目管理领域工程硕士专业学位教育表面看来仍稳步发展，但实际上承受着来自各方的压力。首先，项目管理领域是 40 个领域中唯一受到招生名额限制的领域，而有些学校招生政策造成了市场分配的不均衡；其次，2010 年年初，学位办批准设立了工程管理硕士专业学位（MEM）,对项目管理领域工程硕士专业学位教育的发展造成较大的影响。

2014 年，学位办 18 号文件《关于 2014 年招收在职人员攻读硕士专业学位工作的通知》中明确提出：为统一管理各类研究生招生工作，从 2016 年起，学位办不再组织在职人员攻读硕士专业学位全国联考。除高级管理人员工商管理硕士（EMBA）外，其他类别的在职人员攻读硕士专业学位招生工作，将以非全日制研究生教育形式纳入国家招生计划和全国硕士研究生统一入学考试。

（2）高等院校项目管理国际合作与国际认证发展现状。

全国项目管理领域工程硕士教育协作组分别于2006年和2008年促成了项目管理领域工程硕士与 IPMA 和 PMI 两大国际项目管理专业机构的实质合作，实现了社会相关行业对项目管理领域工程硕士专业学位教育的参与、监督和评价，引进外部力量监控培养质量，提升了中国项目管理领域工程硕士专业学位教育的国际影响力。

1）与 PMI 的认证合作。我国有上海交通大学、清华大学、北京邮电大学、同济大学、西北工业大学、天津大学、山东大学、河海大学等高等院校通过了 PMI-GAC 项目管理领域国际认证，有效期为 7 年或者 5 年，其中，上海交通大学、清华大学通过了第二次再认证，其他学校将陆续在 2019 年和 2020 年开展再认证工作。具体认证的学校和学位授权点如表 6.2 所示。

2011 年 9 月 7 日，清华大学土木水利学院建设管理系的工程管理工学学士

（BSc-CM）、管理科学与工程工学硕士（MSc-RE&C）、项目管理领域工程硕士（MEng-PM）、管理科学与工程工学博士（Ph.D.-RE&C）4 个学位课程和北京邮电大学经济管理学院的项目管理领域工程硕士（MEng-PM）通过 GAC 认证；2011 年 9 月 16 日在第二届 PMI（中国）项目管理大会上进行了授牌。

表 6.2　通过 PMI-GAC 认证的培养单位及学位课程统计

有效期	学　校	院　系	通过 GAC 认证的项目管理学位
2007.10.19—2022.10	上海交通大学	机械与动力学院	项目管理领域工程硕士
2011.9.1—2018.8.31	清华大学	建设管理系	工程管理工学学士、管理科学与工程工学硕士、项目管理领域工程硕士、管理科学与工程工学博士
	北京邮电大学	经济管理学院	项目管理领域工程硕士
2012.9.1—2019.8.31	同济大学	经济管理学院	项目管理领域工程硕士
2013.9.1—2020.8.31	西北工业大学	管理学院	工程管理专业管理学学士、项目管理方向管理学硕士、项目管理领域工程硕士、项目管理方向的工商管理硕士
	天津大学	管理与经济学部	项目管理领域工程硕士
	山东大学	管理学院	工程管理专业管理学学士、项目管理领域工程硕士
2015.9.1—2020.8.31	河海大学	商学院	项目管理领域工程硕士

2011 年 10 月 10 日，教指委与 PMI 双方代表再次签署了我国项目管理领域工程硕士专业学位教育与 PMI 开展认证合作的谅解备忘录修订文件，双方同意将优惠条件的截至期限再延长 2 年，即新的截至日期为 2013 年 12 月 15 日。

2012 年 9 月 1 日，同济大学经济管理学院的项目管理领域工程硕士课程通过了 GAC 认证；2012 年 9 月 15 日在第三届 PMI（中国）项目管理大会上进行了授牌。

2013 年 9 月 21 日，西北工业大学管理学院的 4 个学位课程（工程管理专业管理学学士、项目管理方向管理学硕士、项目管理领域工程硕士、项目管理方向的工商管理硕士）、天津大学管理与经济学部的 1 个学位课程（项目管理领域工程硕士）、山东大学管理学院的 2 个学位课程（工程管理专业管理学学士、项目管理领域工程硕士），均通过了 GAC 认证，2013 年 9 月 21 日在第四届 PMI（中国）项目管理大会上进行了授牌。

2013 年 12 月 15 日合作期满，协作组征求教指委的意见后，与 PMI-GAC 停止续约。当时签订合作备忘录的初衷是推进学校与国际认证的接轨，在认证方面为学校争取一定的优惠，以此鼓励各培养单位去参与认证。截至目前，已续约两次，共计 7 所院校 14 个学位课程通过了 GAC 的认证。

2014年10月23日，通过PMI-GAC认证的7所高校发起的“中国项目管理教育联盟”在京成立，旨在加强交流与合作，成为我国项目管理教育的标杆。

2）与IPMA的认证合作。截至2016年9月，我国高等院校已有56所院校与IPMA合作进行了IPMP国际认证（见表6.3）；截至2015年年底，在申报的3 982名工程硕士中共有3 865名考生获得了IPMP证书，总通过率达到97.1%，其中2人获得A级证书、19人获得B级证书、1 772人获得C级证书、2 072获得D级证书（见表6.4）。

表6.3 项目管理领域工程硕士与IPMA开展资质认证合作的培养单位名单

获批批次	获批学校	获批时间
第一批	8所：清华大学、北京航空航天大学、南开大学、天津大学、同济大学、浙江大学、西北工业大学、中国科学院研究生院	2006.6—2009.6 2009.6—2014.6 2014.6—2019.9
第二批	9所：北京大学、北京交通大学、北京工业大学、北京理工大学、复旦大学、中山大学、华南理工大学、西南交通大学、西安交通大学	2008.5—2011.5 2011.5—2015.9 2015.9—2020.9
	2所：北京邮电大学、南京大学	2008.5—2011.5 2011.5—2012.1 2012.1—2015.9 2015.9—2020.9
	1所：大连理工大学	2008.5—2011.5 2011.5—2012.1
	1所：哈尔滨工业大学	2008.5—2011.5 2011.5—2012.1 2012.1—2012.6
	1所：国防科学技术大学	2008.5—2011.5 2011.5—2012.1 2012.1—2012.6 2012.6—2015.9 2015.9—2020.9
第三批	12所：华北电力大学、哈尔滨理工大学、华东理工大学、南京理工大学、河海大学、江苏大学、厦门大学、福州大学、武汉大学、武汉理工大学、四川大学、成都电子科技大学	2009.11—2014.11 2014.11—2019.9
	4所：天津理工大学、东北大学、吉林大学、华中科技大学	2009.11—2014.11
第四批	6所：东南大学、中国科学技术大学、合肥工业大学、山东大学、中国石油大学、深圳大学	2010.9—2015.9 2015.9—2020.9

（续表）

获批批次	获批学校	获批时间
第四批	3 所：山西大学、东华大学、重庆邮电大学	2010.9—2015.9
第五批	9 所：哈尔滨工程大学、上海交通大学、中国矿业大学、南京工业大学、山东科技大学、中南大学、广西大学、重庆大学、青岛大学	2012.3—2016.9
第六批	3 所：北京师范大学、重庆交通大学、昆明理工大学	2015.3—2019.9

表 6.4 历年项目管理领域工程硕士认证 IPMP 的统计表

年份	申请人数					获证人数					认证学校数量
	A	B	C	D	合计	A	B	C	D	合计	
2006			62	5	67			52	5	57	2 所
2007			126	16	142			109	16	125	4 所
2008			135	77	212			126	77	203	7 所
2009			148	129	277			141	129	270	10 所
2010		5	170	119	294		5	150	119	274	9 所
2011	1	5	231	281	518	1	2	219	281	503	22 所
2012		8	218	402	628		8	205	402	615	23 所
2013		6	379	327	712		4	361	327	692	27 所
2014			173	344	517			171	344	515	20 所
2015	1		242	372	615	1		238	372	611	26 所
合计	2	24	1 884	2 072	3 982	2	19	1 772	2 072	3 865	

（3）高等院校项目管理领域工程硕士学位标准。

2005 年 7 月，教指委在第二届全国工程领域教育协作组组长全体会议上提出了“建立规范化的工程硕士学位标准”的设想，标志着我国开始了工程硕士专业学位标准的制定工作。

《项目管理领域工程硕士专业学位标准》（以下简称学位标准）是在教指委的指导下，由全国项目管理领域工程硕士教育协作组负责完成的。该学位标准从 2007 年 9 月正式开始，2011 年 5 月定稿，并获得教指委的审定和批准。该学位标准是对项目管理领域工程硕士教育工作的规范和最低要求，将作为未来对各培养单位进行质量评估的基准；学位办将授权教指委向各培养单位发文，指示各学校贯彻执行学位标准，并明确学位标准如与培养单位研究生院的要求相冲突，原则上将以学位标准为准，以保证学位标准的贯彻执行。其制定过程：

1）课题立项。2007 年 9 月，协作组向教指委申请制定项目管理领域工程硕士专业学位标准的课题立项，教指委审议通过并下达了任务书，协作组专家学者组成课题组开展研究工作，学位标准制定工作正式启动。

2）学位标准起草。课题立项后，课题组成员根据任务书要求，在协作组现有教育研究成果和实践经验的基础上，首先确立了学位标准的制定原则、思路和大纲，然后进行分工，分别对学位标准涉及的关键部分进行深入细致的研究，于 2007 年 11 月完成了各部分内容，并汇总成稿，形成学位标准“征求意见稿”。

3）征求意见。完成“征求意见稿”后，协作组在各培养单位的工程硕士研究生教育主管部门及同行专家学者、高等教育专家，有关企业人力资源等相关部门及已毕业学生，兄弟领域工程硕士学位标准制定课题组，相关职业团体专家等之中，通过多种渠道广泛征求意见，进行了数次修改。

（三）项目管理学位教育后期现状与发展（2014 年之后）

1. 项目管理硕士学位教育现状与发展

2014 年教育部正式实行在职硕士专业学位与全日制硕士教育的并轨改革，取消 GCT 联考，项目管理工程硕士学位点并入工程管理硕士专业学位点。高等院校中有 161 个项目管理领域工程硕士点并入工程管理专业学位点。

但是在 2015 年各校的实际招生中，学位办和教育部开始实行新的名额分配制度，只给各学校下放所有专业学位的总名额（在上一年度总名额的基数上减少 30%），各个专业的名额分配权下放到各校，造成项目管理领域工程硕士招生人数的减少，造成大部分培养单位在 2014 年和 2015 年都处于一个观望期。

2016 年，教育部正式实行在职硕士专业学位与全日制硕士教育的并轨改革，取消 GCT 联考，改为参加全国硕士研究生统一入学考试，国家开始重新布局研究生教育改革。从此，我国项目管理领域工程硕士专业学位教育告别单证（学位证）时代，成为工程硕士专业学位 40 个领域中唯一要求具有 3 年以上工作经验并参加全国硕士研究生统一入学考试的双证教育。因此，这一改革，导致项目管理领域工程硕士报考、录取人数历年蝉联工程硕士第一而且生源素质极高的辉煌过往成为历史。

2019 年 7 月 22 日，全国工程管理专业学位研究生教育指导委员会颁布了《工程管理硕士（MEM）招生领域设置及要求（试行）》（工程管理教职委〔2019〕1 号）文件通知，根据《国务院学位委员会、教育部关于对工程专业学位类别进行调整的通知》（学位〔2018〕7 号），原工程硕士专业学位类别下项目管理、工业工程、物流工程三个领域调整到工程管理专业学位类别（代码 1256），从 2020 年起，按着调整后的专业学位类别进行招生、培养和授予学位。

招生领域设置“工程管理”（代码：125601）、“项目管理”（代码：125602）、“工业工程与管理”（代码：125603）和“物流工程与管理”（代码：125604）四个招生领域。

2. 高等院校项目管理国际合作与国际认证发展现状

2015 年 9 月 1 日，河海大学商学院项目管理领域工程硕士（MEng-PM）通过 GAC 认证，2015 年 10 月在 PMI（中国）项目管理大会上进行了授牌。

2016 年 7 月，美国 PMI-GAC 主管国际认证的主席称赞 PMI-GAC 中国地区项目管理评价委员会（CPEC）：Thank you China and CPEC for Leading the way!

2017 年，PMI-GAC 针对中国教育部研究生改革政策的变化，确认已经由 PMI-GAC 国际认证的上海交通大学、清华大学、北京邮电大学、天津大学、同济大学、西北工业大学、山东大学、河海大学项目管理工程硕士认证可以变更为工程管理硕士点，PMI-GAC 国际认证在中国不再开展项目管理工程硕士认证。

2018 年 10 月，上海交通大学、清华大学、同济大学、山东大学 4 所高校首次荣获 PMI 项目管理国际教育奖。

2019 年 10 月 4 日，PMI-GAC 中国地区项目管理评价委员会（PMI-GAC-CPEC）将组织上海交通大学、清华大学、同济大学、山东大学、北京邮电大学获得 PMI 项目管理国际教育奖的高校参加在美国费城召开的 2019 年 PMI-GAC 项目管理论坛，交流各国 PMI-GAC 的论证工作，以及推动我国项目管理教育的经验共享。

综上所述，上海交通大学、清华大学、北京邮电大学、同济大学、西北工业大学、天津大学、山东大学、河海大学 8 所院校在项目管理国际教育方面已经处于国家和国际高等院校项目管理教育发展的前沿，在全球高等院校项目管理领域起到领跑的作用。

二、项目管理学科建设现状与发展

根据教育部〔2010〕31 号《关于学位授予单位自行审核博士硕士学位授权一级学科点材料公示一级报送的通知》中申请博士学位授权一级学科点最低要求：学科队伍建设要求“要有一支学术造诣较深、在国内同行中具有一定影响、治学严谨、为人正派且具备指导博士研究生水平的学科和学术带头人”，并且人事关系隶属本校在编教授博导；科学研究要求“整体学术水平、科研能力在国内同学科中处于先进行列，在一些学科研究方向上达到或者接近国际先进水平”。

因此，本次实地拜访和调查了 1999—2019 年，我国高等院校项目管理学科建设现状，主要包括学科战略定位、学科战略培育研究方向、学科战略有效学术领军人才及学科战略有效后备梯队、学科高层次人才培养、学科战略研究重点、学科建设研究成果、学科依托基地、产学研合作、国际合作与认证等开展了学科调研工作，具体如下：

（1）学科战略定位。目前，学科建设是否突出国家发展战略和国民经济建设主战场的需求，是否特色鲜明。

（2）学科战略研究方向。根据学科战略定位能够具有竞争能力的研究方向和具有竞争优势的研究领域，并具有广阔的应用前景。

（3）学科战略有效学术领军人才和学科战略有效后备梯队。根据学科战略培育研究方向，能否形成有效学科或者学术领军人才，以及有效后备梯队。

（4）学科高层次人才培养。根据战略研究方向，学科高层次人才培养情况。

（5）学科战略研究重点。根据学科战略研究方向，确定几个关键理论突破或者关键技术突破，以及可能取得的标志性成果。

（6）学科战略支撑研究基地和产学研合作基地。根据学科战略研究方向，结合学科的战略研究重点，已经形成或者即将建设的国家级或者省部级研究基地，以及产学研基地情况。

（7）国际合作与国际认证。与项目管理国际合作组织，特别是与 PMI 合作的情况。

（一）特色鲜明的研究领域

1999—2019 年，特别是 2006 年之后，我国高等院校项目管理学科在学科战略研究方向与学科战略定位、战略有效学术领军人才、高层次人才培养、战略研究重点、战略支撑研究基地和产学研合作基地、国际合作与认证等方面得到了快速发展，已经形成了 15～20 个特色鲜明、相对稳定的研究领域，取得了高水平的标志性研究成果，研究水平居国内领先，甚至国际先进或者国际领先。主要具体研究领域：

（1）全球国际工程经营（国际工程项目管理、土木、环境，与“一带一路”结合）。

（2）重大工程治理与可持续发展（项目治理、重大项目公共参与决策、城镇化建设）。

（3）PPP 项目融资（应用导向性研究、项目前期决策、PPP 项目弹性决策机制、城镇化项目）。

（4）公共项目治理与造价。

（5）政府投资项目（PPP 项目）治理与决策。

（6）企业项目化管理（项目驱动型企业项目管理）。

（7）重大工程项目决策。

（8）复杂项目管理（舰船、航母、武器型号、运载火箭、防空导弹）。

（9）项目组织复杂型研究。

（10）虚拟设计施工在重大工程中的应用。

（11）可持续建设和绿色建筑。

（12）大型复杂项目的风险管控。

（13）“智能+”重大（科技）工程项目智能决策。

（14）“智能+”重大（科技）工程项目风险预警、监控、应急与决策。

（15）复杂研发项目管理研究。

（二）学科创新团队建设

由于高等院校项目管理学科建设的特殊性，目前高等院校项目管理领域国家级、省部级项目管理学科创新团队比较少。然而，目前，我国高等院校项目管理学科创新团队是依据高等院校项目管理某个特色研究领域，形成了多支由学术造诣较深、在国内同行中具有一定影响、治学严谨、为人正派且具备指导博士研究生水平的学术带头人带领的项目管理学科创新团队，并由高校教授、副教授、博士生和研究生为主体构成，其研究基地是依托高等院校的项目管理研究机构。主要包括：

（1）清华大学项目管理学科创新团队：在（国际）工程项目过程、管理模式、国际工程承包商战略及组织选择等项目融资、特许经营、公私合作/政企合作/政府和社会资本合作（PPP，含 BT/BOT/TOT/PFI 等）不同研究领域，以强茂山、王守清知名教授等作为学术带头人，且由年轻教师、博士后、博士和硕士研究生组成的项目管理学科创新团队，主持承担国家级课题多项，公开发表 SCI/SSCI/CSSI 检索的高水平学术论文 500 多篇，研究基地是依托清华大学的国际工程项目管理研究院。

（2）同济大学项目管理学科创新团队：在项目组织复杂性研究、虚拟设计施工在重大工程中的应用、可持续建设和绿色建筑研究方向，以乐云、施骞、王广斌等知名教授作为学术带头人，形成了由年轻教授、副教授、博士后、博士和硕士研究生组成的项目管理学科创新团队，主持承担国家级课题多项，公开发表 SCI/SSCI/CSSI 检索的高水平学术论文几百篇，其研究基地是依托同济大学的建设管理与房地产系。

（3）天津大学项目管理学科创新团队：在全球国际工程经营、重大工程治理与可持续发展不同研究方向，以张水波、张连营、王雪青等知名教授作为学术带头人，形成由年轻教师、博士后、博士和硕士研究生组成的项目管理学科创新团队，主持承担国家级课题多项，公开发表 SCI/SSCI/CSSI 检索的高水平学术论文几百篇，其研究基地是依托天津大学的管理与经济学部工程管理系。

（4）大连理工大学项目管理学科创新团队：在政府与社会资本合作（PPP）、项目治理、大型复杂产品项目管理、项目驱动型企业管理等研究领域，以戴大双、宋金波、朱方伟等知名教授作为学术带头人，形成了老中青结合，学校内部跨院系组建，且由年轻教师、博士后、博士和硕士研究生组成的项目管理学科创新团队，主持国家自然科学基金项目 20 多项，其中主持国家自然科学基金重点项目 1 项，牵头发起了中国 PPP 学术高峰论坛、中国 PPP 学术 30 人论坛和中国高校 PPP 论坛，现已成为 PPP 研究与实践领域的高端智库；近年来，发表 SCI、SSCI、国家自然科学基金委重要期刊论文等 50 余篇，出版《BOT 项目特许决策管理》《实施先进制造技术中的组织变革》2 部专著；获得教育部第六届高等学校科学研究优秀成果二等奖、辽宁省第十一届哲学社会科学成果一等奖、辽宁省第十二届哲学社会科学成果二等奖，编写的案例被评为全国百篇优秀管理案例；研究成果在多个省份的 PPP 项目中得到实际应用，获得十余个成果采纳证明，其研究基地是依托大连理工大学的项目管理研究中心。

（5）北京邮电大学项目管理学科创新团队：在“智能+”安全风险预警、防控、应急管理与决策，“互联网+”重大（科技）项目复杂系统综合集成管理与控制，“互联网+”

大型央企重大项目组合优化和资产组合管理与决策研究方向，以王长峰教授作为学术带头人，形成了由年轻教师、博士和硕士研究生组成的项目管理学科创新团队，是国内最早（2012 年 9 月 5—7 日）在江苏镇江市由国家基金委主办的双清论坛——“重大工程科学决策、管理创新与可持续发展”会议上提出了“基于‘云（云计算）’—‘海（物联网+互联网）’计算的重大工程决策平台与机制”专题报告，以及“互联网+”重大（科技）项目结合的研究发展趋势；主持和承担国家级科研项目 15 项，取得了水平比较高的科研成果，获科技推广项目 1 项，部级教育科研优秀成果一等奖 1 项，部级和校级教学成果一等奖 2 项、二等奖 2 项，校级优秀博士生论文奖励 1 项；公开发表国家自然基金委 A 级期刊检索、SCI/EI 检索的学术论文 50 多篇，是 PMI 和 IPMA 等单位的合作机构，牵头获得了 PMI-GAC 项目管理课程国际认证，以及与 IPMA 的工程硕士合作认证，其研究基地是依托北京邮电大学的国际项目管理研究所。

（6）山东大学项目管理学科创新团队：在项目组织、治理与风险研究方向以丁荣贵教授作为学术带头人，形成了由年轻教师、博士后、博士和硕士研究生组成的项目管理学科创新团队，主持和承担 10 个国家级科研项目，获社会科学、自然科学等多个领域的省部级奖励 5 项，是 PMI、IPMA、英国 APMG 等单位的合作机构，获得 PMI-GAC 项目管理课程国际认证、IPMA 的工程硕士认证、APMG 的 Praxis 中国研究中心，其研究基地是依托山东大学的国际工程项目管理研究所。

（7）北京科技大学项目管理学科创新团队：在基于设计结构矩阵的研发项目建模与优化、系统优化研究方向以杨青教授作为学术带头人，形成了由青年教师、博士和硕士研究生组成的项目管理学科创新团队，主持国家自然科学基金面上项目 4 项、国际合作与交流项目 1 项，合作开展国家自然基金“海外及港澳学者合作研究项目”1 项；以第一或通信作者发表论文共 60 余篇，其中 SCI/SSCI 论文 7 篇（JCR1 区共 4 篇）。近年，在国际项目管理协会（IPMA）的会刊 *International Journal of Project Management*（SSCI，JCR1 区，Impact Factor*：4.694）发表文章 2 篇，在国际工程管理界的 Top 期刊 *IEEE Transactions on Engineering Management*（SCI,Impact Factor*：1.964）发表文章 1 篇，在《系统工程理论与实践》《中国管理科学》《管理评论》等国家自然科学基金委管理学部认定的 A 类重要期刊上以第一作者身份发表与研发项目管理相关论文 10 余篇，其研究基地是依托北京科技大学的项目创新管理研究中心。

（8）华北电力大学项目管理学科创新团队：在新能源电力建设与管理、政府投资工程项目管理、复杂大型工程项目管理、决策理论与方法、工程施工技术与管理等研究方向，以乌云娜教授作为学术带头人，由 8 名教授、6 名副教授、3 名讲师，以及博士和硕士研究生组成，形成了以教授、全国优秀教师为带头人，以教授和副教授为中坚，以中青年教师为骨干的项目管理学科创新团队，近两年共计发表 SCI 检索论文 28 篇；承担国家自然科学基金 4 项、国家社会科学基金重点项目 1 项、北京市科委科技计划项目 1 项，以及其他省部级科技计划课题 4 项，其研究基地是依托华北电力大学的新能源电力与低碳发展研究北京市重点实验室。

（9）天津理工大学项目管理学科创新团队：在公共项目治理与造价研究方向以尹贻林、罗玲教授作为学术带头人，形成了由 7 名年轻教师、博士后、博士和硕士研究生组成，且结构较为合理的项目管理学科创新团队，主持国家自然科学基金项目 12 项、国家社科基金重点项目 1 项；出版《公共项目治理》《基于治理的公共项目管理绩效改善》《公共项目代建人激励》专著 3 部；获得天津市社科优秀成果奖一等奖 1 项、二等奖 2 项；其研究基地是依托天津理工大学的公共项目与工程造价研究所。

（10）兰州大学项目管理学科创新团队：在大型复杂项目管理研究方向以柴国荣教授作为学术带头人，形成了由年轻教师、博士后、博士和硕士研究生组成，且结构较为合理的项目管理学科创新团队，主持国家自然科学基金项目 3 项，其他项目多项，形成了具有实际应用价值的系列成果，主要包括“柔性项目管理体系”“网络化制造的分层协同管理体系”“复杂项目的综合集成管理解决方案”等，这些成果的实际应用极大地提高了企业的项目管理水平，取得了良好的经济效益和社会效益，其研究基地是依托兰州大学的项目管理实验室。

（11）上海交通大学项目管理学科创新团队：在项目系统模型、项目经济分析、项目管理、计量管理、计算力学、人工智能工程应用、智能建筑、模糊推理及其应用等领域以林少陪教授为学术带头人，形成了由年轻教师、博士后、博士和硕士研究生组成，且结构较为合理的项目管理学科创新团队，取得了水平比较高的科研成果，撰写出版《系统模型与计算机算法》《经济分析与招投标可行性决策》《工程项目管理与计算机方法》《现代结构设计的概念与方法》《管理科学中的“模糊-人工智慧模型》《Comparative Design of Structures》（Springer Press）等书，并在国内外学术会议和学术刊物上发表论文约 200 篇。

（12）北京航空航天大学项目管理学科创新团队：在项目风险管理、工程管理理论及熵决策分析等领域以邱菀华教授为学术带头人，形成了由年轻教师、博士后、博士和硕士研究生组成，且结构较为合理的项目管理学科创新团队,并在国家重大专项的工程管理中取得了风险管理、工程管理理论及熵决策分析等系列创新性成果，攻克多项科学前沿和关键技术难题，为服务国家和国防发展做出了突出成绩。

（13）南开大学项目管理学科创新团队：在项目管理研究领域以戚安邦教授为学术带头人，形成了由年轻教师、博士后、博士和硕士研究生组成，且结构较为合理的项目管理学科创新团队，形成了项目管理学理论和项目评估学理论两个完整的理论体系,并在集成管理，项目成本与价值及其集成管理，引进、消化、吸收 PMI 的 PMBOK 方面,项目评估原理与方法方面,创新项目、创业项目和项目导向型组织，项目风险管理的原理和方法,中国项目管理思想和学派等方面取得了多项标志性成果。

（14）云南大学项目管理学科创新团队：以汪小金教授为主，王赞信教授、雷晓凌副教授为团队成员形成了由年轻教师、博士后、博士和硕士研究生组成，且结构较为合理的项目管理学科创新团队，在组织项目化管理、重大工程项目管理、新型工程项目管理研究方向上取得了高水平研究成果，特别是在“项目管理”课程建设、工程管理核心课程案例库、“项目管理方法论”等方面取得水平比较高的研究成果。

（三）主持的国家级课题和取得的研究成果

国家自然科学基金项目是评价科研工作者研究水平和研究成果的重要依据，代表着某一学科领域处于学科的前沿水平，也是科研工作者所在研究领域重要性、权威性的评定依据。本部分调研依据基于通过PMI-GAC项目管理工程硕士课程认证的8所院校和与IPMA合作的56所高等院校，主要调查高校科研工作者主持国家自然科学基金课题和国家社科重大基金课题，检索内容为2000—2019年（截至2019年8月）国家自然科学基金委员会公布的管理科学部管理科学与工程、工商管理学科分类下的重大研究计划、重大项目、重点项目、国家杰出青年科学基金、面上项目、青年科学基金项目等，以及检索2000—2019年全国哲学社会科学工作办公室公布的国家社科重大基金项目，统计各个高校与研究机构科研工作者主持的工程管理、项目管理领域的科研基金项目数量。

检索结果：主持工程管理研究领域的国家自然科学基金项目167项，项目管理领域的国家自然科学基金项目146项；主持工程管理、项目管理研究领域的国家社科基金项目4项（见表6.5至表6.7）。

表6.5 主持国家自然科学基金项目明细

序 号	名 称	项目负责人	项目名称	合 计
1	清华大学	张智慧	建筑工程固体废弃物绿色治理评价理论与应用研究	11
		强茂山	基于大数据方法的大型基础设施项目社会风险管理研究	
			基于核心能力与流程体系的工程项目组织效能评价模型研究	
			基于伙伴关系模式的项目风险管理研究	
		王守清	PPP项目股权结构的优化研究	
			PPP项目的控制权配置研究	
			中国PPP项目风险公平分担机制研究	
			PPP/BOT项目财务评价方法的改进和风险分析方法的应用	
		方东平	安全领导力对建设项目安全绩效作用机理的理论与实证研究	
			组织视角下的建筑业行为安全理论（BBS）及其在工程项目安全管理中的应用	
			基于因素分析和实验心理学的工程建设项目安全管理研究	
2	北京航空航天大学	潘星	基于引导仿真的工程失败概率风险评估理论与方法研究	6
		徐哲	考虑活动重叠和多种不确定情形的复杂产品系统研发项目调度问题	

（续表）

序　号	名　称	项目负责人	项目名称	合　计
2	北京航空航天大学	徐哲	考虑返工迭代的复杂系统研发项目流程优化、风险评估与鲁棒调度集成研究	6
		吴春林	基于社会认知理论的建设项目非正式安全领导力的产生和涌现机制研究	
		邱菀华	复杂群决策理论方法及其价值评估研究与应用	
			基于熵的重大项目风险管理理论方法及在奥运工程中的应用研究	
3	天津大学	陈勇强	工程项目交易方式有效域研究	19
			重大工程项目风险识别、度量与控制的理论与方法研究	
			面向过程的工程项目交易方式选择及其实证研究	
			工程项目交易方式及其效率衡量体系研究	
		孙慧	契约视角下 PPP 项目“合作困境”解决机制研究	
		张连营	基于遗传免疫微粒群算法的工程项目多目标综合优化研究	
			IPD 模式参与方知识贡献惰性的伦理视域分析及其非正式治理机制研究	
			IPD 模式下参与方合作困境的过程演化及其治理机制研究	
			IPD 项目交付模式下风险分担机制与理论模型研究	
		王雪青	基于绩效测度的基础设施 PPP 项目动态联动补偿机制研究	
		吕文学	基于关系治理的工程项目组织间冲突跨层次研究	
			基于广义纳什协商解的工程争端谈判研究	
		张水波	工程项目双重治理机制及其边界条件研究	
			国际 PPP 项目合约治理研究	
		刘炳胜	公众参与下重大工程动态交互群体决策机制研究	
			面向公众参与的重大民生水利工程复杂模糊多属性大群体决策系统与模型研究	
		王秀芹	国际 PPP 项目的融资效率研究	
		刘俊颖	国际工程风险管理投入决策优化研究	
		陈通	和谐理性的公共文化服务设施项目评价及补偿研究	
4	同济大学	乐云	重大工程高管团队整合的组态识别、耦合机理及适应度提升研究	20
			重大基础设施工程的组织行为与模式创新研究	
			政府投资建设项目中隧道行为的机理、动态演化及对策研究	
		王广斌	BIM 情境下建设项目契约治理的内在机制及结构优化研究	

（续表）

序　号	名　称	项目负责人	项目名称	合　计
4	同济大学	施骞	工程项目组织沟通网络拓扑结构对有害集体乐观偏差的影响机理分析与控制研究	20
			工程项目可持续建设研究及其智能辅助决策系统开发	
		马国丰	基于项目多不确定性的关键设计结构矩阵研究	
		何清华	重大工程组织公民行为形成动因、效能涌现及培育研究	
			大型复杂工程项目群管理协同机制及组织集成研究	
		戚淑芳	基于 BIM 技术的工程项目组织与流程情境仿真与优化	
		陆云波	全球项目“异律协调”涌现模型研究	
			大型复杂项目“隐性工作”涌现模型研究	
		李永奎	复杂项目组织能力与任务分配的适应性测度及优化	
			基于 SNA 的大型复杂工程项目组织总控及组织适应性优化研究	
		胡文发	能耗和成本约束下基于模糊动态特征的建筑工程项目前期集成建模方法与应用研究	
		胡毅	外部介入式重大工程建设组织学习机制及对关联组织能力的影响研究	
		曹冬平	嵌入视角下建设项目技术变革反应行为的结构特征及演化机理：基于随机行动者导向模型的纵向研究	
		熊伟	不完全契约视角下 PPP 项目再谈判的效率改进研究	
		孙继德	嵌入视角下建筑工人职业流动问题的行为仿真及对策评价	
5	浙江大学	张宏	基于离散事件系统仿真的绿色施工评估技术研究	2
		寿涌毅	基于任务层面的不确定条件下项目组合选择鲁棒优化研究	
6	西北工业大学	胡骏翡	支持柔性规划的废弃物能源回收项目决策规则生成研究	10
		郭鹏	有限理性情境下项目群多主体冲突的复杂网络生成与博弈研究	
			基于交互耦合网络的项目组合风险演化机理与测度模型研究	
			基于种群竞争与依存理论的项目组合决策及其风险集成管理体系研究	
		张静文	干扰管理视角下大型复杂工程项目多目标鲁棒调度优化	
			多模式资源约束型多目标项目调度优化研究	
		赵静	交互耦合项目组合风险的网络推理与集结模型研究	
		赵嵩正	支持协同产品开发的项目管理框架及关键技术研究	
		白思俊	基于组织战略导向的项目组合管理及其优化模型研究	
			基于 C-PMBOK 的中国组织项目管理成熟度模型研究	

（续表）

序　号	名　称	项目负责人	项目名称	合　计
7	北京大学	张宏亮	项目管理中的主观风险建构	1
8	北京交通大学	刘保国	基于数据分析的地下工程风险辨识及动态评价方法研究	7
			隧道与地下工程建设中风险分析与评价方法研究	
		叶苏东	BT 模式开发城市轨道交通项目的偿付机制研究	
		唐源洁	交通运输建设工程施工线性计划编制方法及优化模型与算法研究	
		郝生跃	企业国际工程承包动态能力演化的路径依赖研究	
		刘婷婷	PPP 项目争端谈判及其治理机制研究	
		任旭	工程项目合作网络演化过程中的知识转移机理研究	
9	北京邮电大学	王长峰	基于最优控制理论的大型工程安全风险预警评价指标体系构建及控制与实证研究	2
			复杂动态环境下特大型工程项目过程管理综合集成研讨厅中组织知识集成优化管理和实证研究	
10	大连理工大学	刘莎	使用者行为影响下大型公共建筑能耗动态分析与智能优化策略研究	15
		朱方伟	项目驱动型企业网络治理研究	
			项目驱动型企业组织设计理论构建与实证研究——基于案例的质性研究方法	
		宋金波	新型城镇化发展进程中的项目治理研究	
			PPP 项目中的政府保证设计研究	
			BOT 项目超额收入分配及补贴决策模型研究	
			BOT 项目提前终止补偿决策模型与应用研究	
			具有收益约束的 BOT 项目特许价格与特许期联动调整模型研究	
			不确定条件下的 BOT 项目特许期决策模型及应用研究	
		于淼	基于知识本体的 EPC 项目知识治理模式研究	
		孙秀霞	项目驱动型制造企业组织变革的过程机理研究——个性化和标准化的协同实现	
		冯卓	损失厌恶行为下考虑再谈判的 PPP 项目初始合约设计研究	
		石磊	PPP 项目合作方利益侵占和协同控制研究	
		戴大双	政府投资代建制项目治理结构设计与应用研究	
			基于风险分担的 BOT 项目特许定价模型研究	
11	哈尔滨工业大学	赵泽斌	复杂性视角下重大基础设施工程可持续性评价方法与机制研究	7
		薛小龙	工程项目团队认知对团队绩效的作用机制：谈判决策视角的纵向研究	

（续表）

序　号	名　称	项目负责人	项目名称	合　计
11	哈尔滨工业大学	薛小龙	基于认知图分析的工程建设项目谈判决策理论与方法研究	7
		麦强	重大工程管理系统“超拖降”悖论的自我参照演化机理研究	
		孙成双	基于 BIM 的建设项目成本和进度风险分析理论与方法研究	
		安实	重大基础设施工程管理基础理论创新研究	
		满庆鹏	基于普适计算和 BIM 的协同施工控制理论与方法研究	
12	复旦大学	翟丽	中国 IS/IT 项目关键成功因素分析和项目诊断测评体系设计	1
13	南京大学	程书萍	重大基础设施工程全景式红利分析及测度模型研究	10
			基于情景计算机模拟的重大工程组织、流程与战略资源协同研究	
		刘慧敏	信息驱动的重大工程全景式决策模式与信息治理研究	
			重大工程知识冲突的解决策略及管理机制研究与创新平台构建	
		李迁	重大基础设施工程的组织公民行为形成机理、动态演化及治理策略研究	
			重大工程战略资源的整合模式、管理机制及实现平台研究	
		周晶	基于系统复杂性分析的大型工程建设综合集成管理：理论、方法与应用	
		盛昭瀚	重大基础设施工程决策分析与决策管理研究	
			我国重大基础设施工程管理的理论、方法与应用创新研究	
		丁翔	基于情景风险分析的 PPP 项目政府与社会资本合作机制研究	
14	华南理工大学	谢琳琳	重大基础设施工程社会责任行为选择机理、动态演化及治理对策研究	2
		李弘扬	大型公共建筑设计方案可持续性评价与比选机制探究——基于 PDM 理念及 BIM 技术	
15	西南交通大学	刘继才	PPP 项目多利益主体承诺升级机理与控制研究	5
			基于实物期权理论的我国 PPP/PFI 项目风险管理研究	
		郭茜	不确定环境下基于案例分析的产品开发项目中止决策方法研究	
		徐进	项目知识情境提取与展现方法研究：基于主题模型和知识地图的大数据视角	
			具备情境感知特性的项目知识推荐系统方法研究	
16	西安交通大学	钱艳俊	基于 DSM 的复杂新产品开发项目管理研究	1
17	天津理工大学	孙春玲	共同代理约束下工程项目经理授权赋能作用机理研究	13
			建设工程项目经理人力资本贡献价值计量体系研究	
		邓斌超	混合治理结构视角下大型工程项目风险回流止逆研究：基于共谋效应	

（续表）

<table>
<tr><th>序　号</th><th>名　称</th><th>项目负责人</th><th>项目名称</th><th>合　计</th></tr>
<tr><td rowspan="10">17</td><td rowspan="10">天津理工大学</td><td rowspan="3">严玲</td><td>公平感知对工程项目承包商的履约行为诱导研究：基于契约参照点效应的视角</td><td rowspan="10">13</td></tr>
<tr><td>公共项目治理绩效度量研究：基于契约治理与关系治理的视角</td></tr>
<tr><td>基于项目治理的政府投资项目代建人激励机制研究</td></tr>
<tr><td rowspan="3">尹贻林</td><td>工程项目中信任两难治理机制研究：基于情景模拟的行为实验</td></tr>
<tr><td>合同风险分担对工程项目管理绩效的影响机理研究：理论、实证与应用</td></tr>
<tr><td>基于治理结构与机制的公共项目管理绩效改善研究</td></tr>
<tr><td>邓娇娇</td><td>建设项目网络结构特征对合作行为的影响研究：基于关系规范的视角</td></tr>
<tr><td rowspan="2">杜亚灵</td><td>PPP 项目中信任的动态演化机理研究：基于政府部门的视角</td></tr>
<tr><td>回购式契约视角下政府对 BT 项目的投资控制研究</td></tr>
<tr><td>吴绍艳</td><td>关系治理对 EPC 工程供应链界面有效性的影响机理研究</td></tr>
<tr><td rowspan="5">18</td><td rowspan="5">华北电力大学</td><td>赵振宇</td><td>复杂环境下中国国际工程承包业协同进化及动态能力成长模型研究</td><td rowspan="5">5</td></tr>
<tr><td rowspan="2">乌云娜</td><td>项目群环境下非经营性政府投资项目实时监管方法研究</td></tr>
<tr><td>非经营性政府投资项目建设管理监管体系构建</td></tr>
<tr><td>侯学良</td><td>大型建设工程项目实施状态的分级诊断与综合评判关键技术及其应用研究</td></tr>
<tr><td>李星梅</td><td>协同与竞争关系下的多项目动态选择及其鲁棒优化</td></tr>
<tr><td rowspan="2">19</td><td rowspan="2">东北大学</td><td rowspan="2">张尧</td><td>基于 BT 的项目风险应对决策方法研究</td><td rowspan="2">2</td></tr>
<tr><td>考虑行为因素的项目风险应对策略的决策模型研究</td></tr>
<tr><td>20</td><td>华东理工大学</td><td>董双</td><td>复杂利益相关方价值视角下重大工程组织安全行为的网络形成机制及培养路径研究</td><td>1</td></tr>
<tr><td rowspan="3">21</td><td rowspan="3">河海大学</td><td>宋亮亮</td><td>城市地铁系统韧性塑造、仿真与提升策略研究</td><td rowspan="3">3</td></tr>
<tr><td>万欣</td><td>城市高密度区关键基础设施项目社会风险动态演化规律与网络化治理模式研究</td></tr>
<tr><td>丁继勇</td><td>建设工程项目交易模式创新路径与增值机理研究</td></tr>
<tr><td>22</td><td>江苏大学</td><td>李真</td><td>工程施工团队质量行为适应性机理、异化路径与防范机制研究</td><td>1</td></tr>
<tr><td rowspan="3">23</td><td rowspan="3">厦门大学</td><td rowspan="2">周红</td><td>基于能值分析的重大工程项目集成生态评价研究</td><td rowspan="3">3</td></tr>
<tr><td>基于 BIM 和多源数据集成的地铁施工精准风险评估与实时控制</td></tr>
<tr><td>李兵</td><td>面向 VFM 的项目定义与管理技术的理论和实证研究</td></tr>
<tr><td>24</td><td>武汉大学</td><td>杨琳</td><td>复杂项目应对交叉延误：组织驱动机理、分布规律预测与同步策略研究</td><td>1</td></tr>
</table>

（续表）

序　号	名　称	项目负责人	项目名称	合　计
25	华中科技大学	李惠强	失败学理论、方法与建筑工程失败监测预警研究	11
		曾伟	重大工程供应商培育契约与激励机制研究	
		谢勇	物联网环境下基于提前期压缩的工程供应链协调与优化	
		周诚	城市地铁施工安全风险云的分布演化机理与控制方法研究	
		吴贤国	面向大规模复杂数据的地铁施工安全多粒度知识发现与动态风险感知研究	
		周迎	地铁施工安全风险时空耦合机理及实景仿真预警技术研究	
		余明晖	基于压缩感知的地铁安全监测数据重构与施工安全风险评估	
		崔南方	基于缓冲管理的项目进度风险应对与控制方法研究	
		王红卫	重大基础设施工程现场综合协调与控制研究	
		钟波涛	建筑工程质量管理规范建模与检索的本体化方法研究	
		丁烈云	数字建造模式下的工程项目管理理论与方法研究	
26	四川大学	陈传	国际工程承包市场选择、市场进入模式选择、项目选择统一理论模型研究：以中国承包商为例	2
		徐玖平	大型水利水电工程建设项目集成管理理论与方法研究	
27	电子科技大学	李钊军	复杂工程系统的连续状态可靠性建模和健康预测方法研究	1
28	东南大学	邓小鹏	国际高铁项目瞬时竞争优势的形成机理、动态度量及提升路径研究	12
			国际工程中政治风险的集成度量及智能决策研究：理论、实证及应用	
		袁竞峰	PPP 项目收益的形成机理、动态评估与调节机制研究	
			基础设施 PPP 项目残值风险动态预测与监控方法研究	
			PPP 项目社会风险的机理分析、动态评估与综合治理研究	
		朱蕾	基础设施项目外部效应的演化机理、多维评价与生态补偿研究	
		成于思	基于人工智能技术的建设工程施工合同漏洞机理及检测模型研究	
		李德智	公共租赁住房项目可持续性的前摄性定量评价方法研究	
		宁延	组态视角下全过程工程咨询项目多主体协同治理研究	
			嵌入视角下建设项目关系治理矛盾困境及应对策略研究	
		鞠传静	制度嵌入视角下的建设项目弹性安全管理形成机理研究	
		徐照	基于信息交互和 4D 模拟的建设项目可持续性动态评价和控制方法研究	
29	合肥工业大学	杨颖	基于战略一致性的复杂产品开发项目组合选择研究	1

（续表）

序号	名称	项目负责人	项目名称	合计
30	山东大学	丁荣贵	倒向协同创新项目治理网络研究	2
			项目利益相关方治理关系网络风险研究	
31	中国石油大学	孙燕芳	全寿命周期视角下 PPP 项目的契约设计与优化研究	1
32	深圳大学	李政道	装配式建筑项目风险动态测度及智能决策：基于复杂适应系统视角的研究	5
		王家远	公共建筑实际能耗与预期目标差异的形成机理与改进策略研究：考虑能耗信息的完整性及能耗相关者的相互影响	
			基础设施项目风险的动态管理方法：考虑利益相关者风险态度及风险相互影响	
		秦全德	模糊环境下基于参照依赖的项目组合选择研究	
		丁志坤	工程项目建筑废弃物综合管理计算实验研究：动态演化机理与政策调控分析	
33	上海交通大学	蒋祖华	大规模协同环境下工程经验知识演化机制和知识积累方法	6
		宋元斌	施工计划中的复杂时间关系表述及施工顺序优化	
		曾赛星	重大基础设施工程的社会责任、产业竞争力与可持续发展研究	
			我国重大基础设施工程创新孤岛、柔性创新与能力跃迁	
		王爱民	基于网格的复杂项目危机应急管理研究	
		王方华	大型基础项目融资机制与风险控制	
34	中南大学	胡军华	面向利益相关群体的大型工程项目复杂动态决策方法研究	1
35	重庆大学	叶贵	基于人工社会的建设项目群体不安全行为涌现研究	4
		马先睿	基于数据驱动的重大基础设施工程复杂性度量与降解技术研究	
		洪竞科	建设项目物化能耗区域间作用机制与差异化测度模型研究	
		叶晓甦	西部城市 PPP 项目融资风险控制模式研究	
36	北京科技大学	杨青	基于复杂网络的研发项目系统架构集成与优化研究	4
			基于结构化方法的复杂研发项目多领域集成分析与优化研究	
			基于全球分布伙伴的复杂产品开发项目过程建模与优化	
			基于精益原则的复杂研发项目价值流优化与实证研究	

表 6.6　国家社科基金重大项目统计

年份	负责人	所属单位	项目名称
2018	薛小龙	广州大学	我国跨区域重大基础设施项目运维管理模式研究
2018	刘人境	西安交通大学	我国大科学工程风险管理理论与实践研究
2017	郭菊娥	西安交通大学	基于市场导向的重大科技项目成果转化的生态环境和制度优化
2015	丛杭青	浙江大学	中国工程实践的伦理形态学研究

表 6.7　国家自然科学基金项目和国家社科基金重大项目统计

序　号	学校名称	合　计	序　号	学校名称	合　计
1	同济大学	20	19	河海大学	3
2	天津大学	19	20	厦门大学	3
3	大连理工大学	15	21	北京邮电大学	2
4	天津理工大学	13	22	山东大学	2
5	东南大学	12	23	华南理工大学	2
6	清华大学	11	24	浙江大学	2
7	华中科技大学	11	25	东北大学	2
8	西北工业大学	10	26	四川大学	2
9	南京大学	10	27	北京大学	1
10	北京交通大学	7	28	复旦大学	1
11	哈尔滨工业大学	7	29	西安交通大学	1
12	北京航空航天大学	6	30	华东理工大学	1
13	上海交通大学	6	31	江苏大学	1
14	华北电力大学	5	32	武汉大学	1
15	西南交通大学	5	33	电子科技大学	1
16	深圳大学	5	34	合肥工业大学	1
17	北京科技大学	4	35	中国石油大学	1
18	重庆大学	4	36	中南大学	1

由表 6.7 和图 6.6 所示可知：同济大学主持国家自然科学基金项目 20 项，在我国高等院校名列前茅，表明同济大学在项目管理领域的基础研究力量、研究能力、科研活动能力最强，拥有 20 个项目管理研究领域处于国内研究前沿，整体实力较强，形成了一支项目管理领域科技实力雄厚的科研创新团队，在全国高等院校项目管理领域起到领头的作用；天津大学、大连理工大学、天津理工大学、东南大学、清华大学等依次类推。

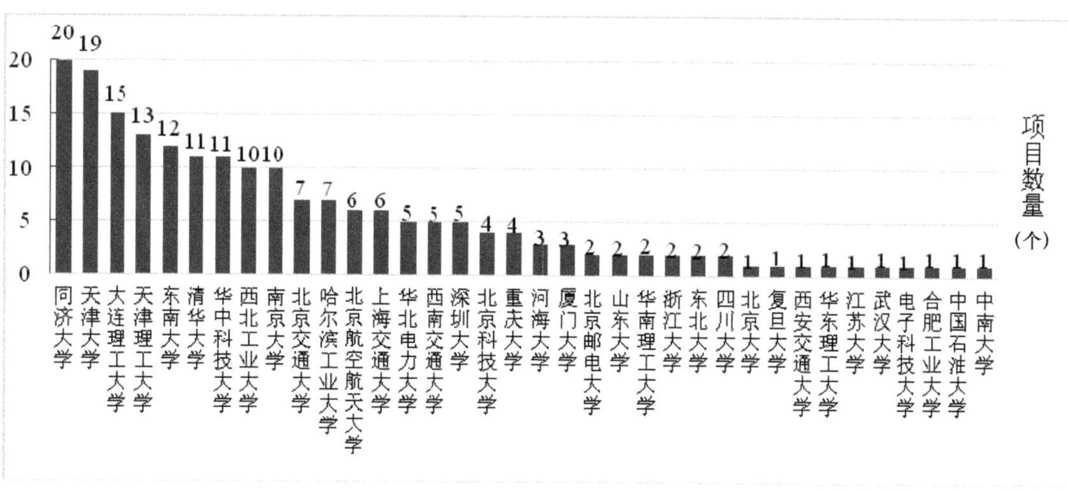

图 6.6　1999—2019 年项目管理领域各高校获得国家自然科学基金资助项目数统计

按照项目负责人统计项目管理领域国家自然科学基金项目资助情况，如表 6.8 所示。

表 6.8　主持的国家自然科学基金项目资助表

主持自科项目数量	主持人	学　校	主持自科项目数量	主持人	学　校
6 项	宋金波	大连理工大学	2 项	邓小鹏	东南大学
4 项	杨青	北京科技大学		朱方伟	大连理工大学
	王守清	清华大学		戴大双	
	张连营	天津大学		白思俊	西北工业大学
	陈勇强			张静文	
3 项	方东平	清华大学		韩姣杰	中南财经政法大学
	强茂山			徐进	西南交通大学
	施骞	同济大学		刘继才	
	乐云			何清华	同济大学
	尹贻林	天津理工大学		李永奎	
	严玲			陆云波	
	郭鹏	西北工业大学		乌云娜	华北电力大学
	柴国荣	兰州大学		盛昭瀚	南京大学
	袁竞峰	东南大学		程书萍	
2 项	王长峰	北京邮电大学		李迁	
	薛小龙	哈尔滨工业大学		刘慧敏	
	丁荣贵	山东大学		刘保国	北京交通大学
	邱菀华	北京航空航天大学		张尧	东北大学
	张水波	天津大学		周红	厦门大学
	刘炳胜			杜亚灵	天津理工大学
	吕文学			孙春玲	
	宁延	东南大学			

由表 6.8 和图 6.7 可知：大连理工大学宋金波教授主持国家自然科学基金项目 6 项，在我国高等院校项目管理研究领域名列前茅，表明宋金波教授在项目融资及相关领域具有较强的基础研究能力，有 6 个研究方向处于国内前沿；其他教授以此类推。

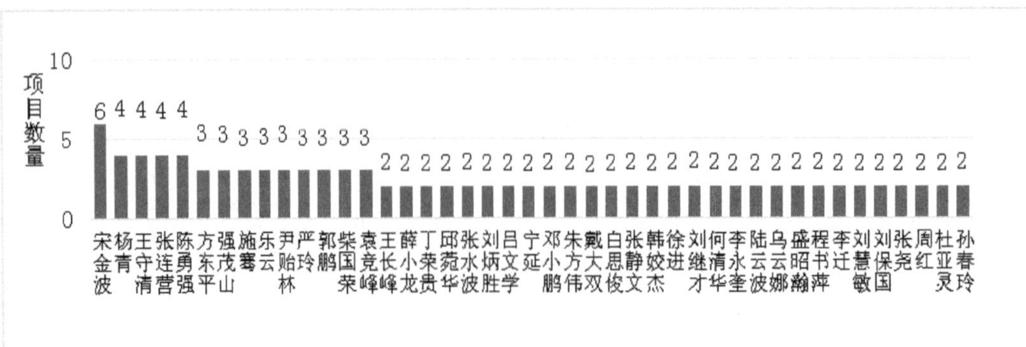

图 6.7　1999—2019 年项目管理领域个人获得国家自然科学基金资助项目数统计

（四）公开发表学术论文成果

学术论文是高等院校学科建设水平的主要体现，也是高等院校基础科研成果水平的重要标志，同时是衡量高等院校教授从事某个研究领域学术水平的主要尺度。论文数量代表着高等院校教授科研活动能力的影响程度，高级别期刊学术论文是考查高等院校教授从事某个研究领域基础研究的创新程度和研究水平是否处于国内外某个前沿领域，也是教授标志性成果形成的重要体现，以及某个研究领域理论思想和理论体系形成的研究基础。

因此，学术论文数量和质量对于本次调研中国高校项目管理 20 年研究成果是必不可少的。论文发表多少（数量）和它对社会效益的贡献大小（质量）是评价教授科技工作水平的重要标志和重要依据；同时，高校教授通过学术论文成果使其科学研究从相对狭小的范围走向社会，从而发挥最大的促进社会文明发展的作用。学术论文是高校教授向社会展示自己的科研成果，接受社会的检验，是高校教授在该领域重要性、权威性的重要评定依据之一。

本部分调研范围主要是检索 1999—2019 年（截至 2019 年 8 月）高等院校项目管理领域的中文学术论文理论成果。首先，依据是与国际项目管理权威学术组织（PMI 和 IPMA）专业资质认证合作的高校；其次，从项目管理研究学术论文成果两个视角开展检索，一个是先从面（与 PMI 和 IPMA 合作的高等院校）的视角检索，以工程项目、工程管理、项目管理、大型工程、重大工程、重大项目、科技工程、科技项目、公共工程、公共项目、研发项目、政府项目等关键词依次检索，另一个是从点（高校教授）的视角检索，以免遗漏，并精心甄别与项目管理研究领域有关的学术论文；最后，检索符合条件的项目管理相关的论文数量、种类、期刊，归纳整理和判断教授在项目管理领域的成果贡献。具体通过的检索路径：

检索线路一：按照与 PMI 和 IPMA 合作国际认证的 56 所高等院校检索，筛选所有文献导出到表格中，保留文献的篇名、作者、作者单位、期刊来源 4 个要素，整合所有高校的论文成果，得到 56 所高校与项目管理相关的论文成果（见表 6.9 所示）。

检索线路二：以工程项目、工程管理、项目管理、大型工程、重大工程、重大项目、科技工程、科技项目、公共工程、公共项目、研发项目、政府项目等为关键词检索所有高校的论文，最终形成 56 所高校之外的学术论文，以免遗漏。

检索线路三：对比检索的学术论文，甄别与项目管理领域有关，且发表学术论文数量多的教授，并以教授的名字为检索词进行检索，得到教授学术论文的发表情况。

检索线路四：依据学术论文不仅唯数量，而且更要考虑教授学术论文的代表性成果，基于检索结果，对入围国家自然科学基金委认可的管理类 30 种期刊（A 级期刊 22 种，B 级期刊 8 种）发表的学术论文依次按着筛选的教授进行检索，旨在确保教授学术论文的质量和水平；同时，又考虑到教授发表的学术论文与项目管理研究领域大方向的一致性原则，最终根据上述原则得出高等院校项目管理领域教授的学术论文。

表 6.9　与 PMI 和 IPMA 合作的高等院校培养单位的名单

序　号	学校名称	序　号	学校名称	序　号	学校名称
1	清华大学（PMI/IPMA）	20	西南交通大学	39	山西大学
2	北京航空航天大学	21	西安交通大学	40	东华大学
3	南开大学	22	国防科学技术大学	41	东南大学
4	天津大学（PMI/IPMA）	23	天津理工大学	42	中国科学技术大学
5	同济大学（PMI/IPMA）	24	华北电力大学	43	合肥工业大学
6	浙江大学	25	东北大学	44	山东大学（PMI/IPMA）
7	西北工业大学（PMI/IPMA）	26	吉林大学	45	中国石油大学
8	中国科学院研究生院	27	哈尔滨理工大学	46	深圳大学
9	北京大学	28	华东理工大学	47	重庆邮电大学
10	北京交通大学	29	南京理工大学	48	哈尔滨工程大学
11	北京工业大学	30	河海大学（PMI/IPMA）	49	上海交通大学（PMI/IPMA）
12	北京理工大学	31	江苏大学	50	中国矿业大学
13	北京邮电大学（PMI/IPMA）	32	厦门大学	51	南京工业大学
14	大连理工大学	33	福州大学	52	山东科技大学
15	哈尔滨工业大学	34	武汉大学	53	中南大学
16	复旦大学	35	华中科技大学	54	广西大学
17	南京大学	36	武汉理工大学	55	重庆大学
18	中山大学	37	四川大学	56	青岛大学
19	华南理工大学	38	成都电子科技大学		

通过检索中国知网，得到 56 所高等院校项目管理相关论文 5 311 篇，56 所高校之外的项目管理相关论文 509 篇，针对 20 多位教授检索的学术论文为 1 000 多篇。

从高等院校项目管理学术论文发表情况（见图 6.8）可以看出：公开发表论文数量表明高等院校从事项目管理研究活动的程度不同，论文数量越多，说明高等院校从事项目管理研究的人员越多，研究领域就越广泛。

1999—2019 年，同济大学和天津大学学术论文发表数量处于 $440 \geqslant X \geqslant 408$（$X$ 代表论文数量），说明在全国高等院校工程项目管理研究领域从事研究的人员最多，在论文发表数量上起到带头作用；重庆大学、中南大学、东南大学、河海大学、上海交通大学处于 $233 \geqslant X \geqslant 204$，清华大学、中国矿业大学、华北电力大学、武汉大学处于 $196 \geqslant X \geqslant 151$ 等，其他高校以此类推。

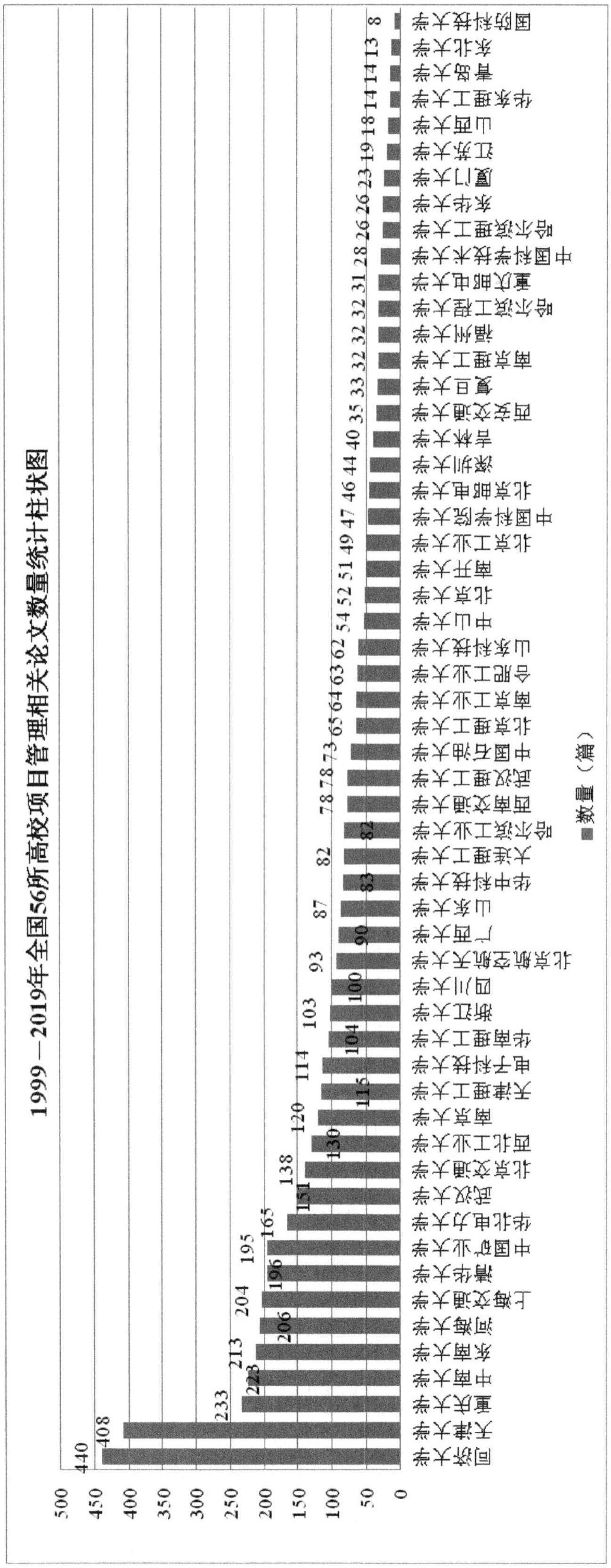

图6.8　各个学校项目管理论文发表情况

同时，本次调查检索不仅考虑学术论文的发表数量，即高等院校从事工程管理研究领域的活动程度，而且更侧重于工程管理研究领域论文发表的水平。因此，也采用对入围国家自然科学基金委认可的管理类30种期刊（A级期刊22种，B级期刊8种）发表的学术论文进行了检索，旨在确保专家教授学术论文的质量和水平；同时，又考虑了专家教授发表的学术论文与项目管理研究领域大方向的一致性原则。

检索方法：按着以第一作者为主，以第二作者为参考的原则，依次筛选高等院校教授的学术论文的数量（见图6.9和图6.10），旨在既确保高等院校项目管理专家教授学术论文数量，又确保专家学者的代表性论文（标志性论文成果）。可以看出：依次分布为科研管理（23篇）、中国软科学（22篇）、科学学与科学技术管理（22篇）、管理工程学报（21篇）、管理世界（13篇）、中国管理科学（13篇）、系统工程理论与实践（11篇）、科学学研究（11篇）、工业工程与管理（11篇）、系统工程（9篇）、预测（8篇）、管理评论（6篇）、系统工程学报（6篇）、运筹与管理（5篇）、管理学报（4篇）、研究与发展管理（3篇）、南开管理评论（2篇）、管理科学（1篇）、数理统计与管理（1篇）、数量经济技术经济研究（1篇）。

高等院校项目管理领域专家教授学术论文入围国家自然科学基金委认可的管理类 30种期刊的总数量、第一作者数量、第二作者的数量如图6.9所示。其中，北京邮电大学王长峰教授、大连理工大学宋金波教授、南京大学盛昭瀚教授被国家自然科学基金委认可的管理类30种期刊检索的第一作者数量、第二作者总数量位居前三，以此类推。

（五）项目管理高层次人才培养

自2004年，在清华大学和北京航空航天大学试办项目管理领域工程硕士专业学位成功以来，截至2010年，教指委批准161所高等院校项目管理领域工程硕士授权点，分布于985院校、211院校和非985院校和211院校，也分布于经济发达的东部地区、经济欠发达的西部地区，充分搭建了我国高等教育项目管理高层次人才培养平台。

中国大陆2004—2013年项目管理领域工程硕士年度报考人数、实际考试人数、录取人数逐年呈急剧上升趋势，中国大陆企业项目管理领域工程硕士高层次人才需求急剧增加（注：2014年之后教育部不再对外公布数据）（见表6.10和图6.11、图6.12）。

中国大陆2004—2013年项目管理领域工程硕士年度报考人数、实际考试人数和录取人数逐年呈上升趋势，与所有（40个）工程硕士领域情况对比，项目管理领域工程硕士百分比由2004年年度报考、实际考试和录取领域百分比呈逐年递增趋势，表明中国大陆国有企业、外资企业和私人企业项目管理领域工程硕士高层次人才需求急剧增加。

从中国大陆2004—2013年的高等院校百分位平均值前25名可以看出：上海交通大学、同济大学、复旦大学、中山大学、浙江大学、华北电力大学、吉林大学8所院校一直保持高等院校百分位平均值前25名，招生质量名列前茅；清华大学、北京大学、南京大学、武汉大学4所高等院校5年保持高等院校百分位平均值前25名，次之；华中科技大学、东南大学、山东大学、哈尔滨工程大学4年保持高等院校百分位平均值前25名，位居第三。

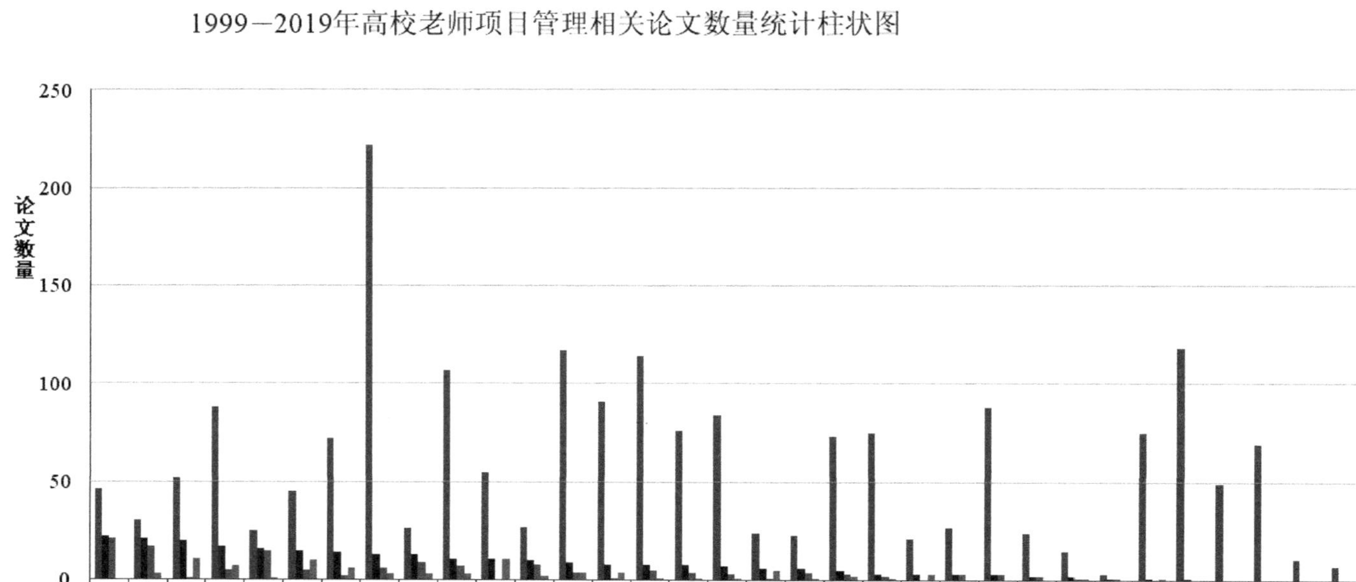

	王长峰	宋金波	盛昭瀚	白思俊	杨青	郭鹏	戴大双	尹贻林	朱方伟	丁荣贵	邱菀华	柴国荣	乐云	王雪青	严玲	张连营	何清华
■PM相关所有论文数量	46	30	52	88	25	45	72	222	26	107	55	27	117	91	114	76	84
■发表在30种重要期刊上的论文数量	22	21	20	17	16	15	14	13	13	11	11	10	9	8	8	8	7
■第一作者	21	17	1	5	15	5	2	6	9	7	0	8	4	1	5	4	3
■第二作者	0	3	11	7	1	10	6	3	3	3	11	2	4	4	1	1	1

	徐哲	张尧	张水波	陈勇强	林少培	施骞	乌云娜	孙春玲	薛小龙	曾赛星;	强茂山	王守清	邓小鹏	方东平	王家远	周红
■PM相关所有论文数量	24	23	73	75	21	27	88	24	15	3	75	118	49	69	11	7
■发表在30种重要期刊上的论文数量	6	6	5	3	3	3	3	2	2	1	1	1	0	0	0	0
■第一作者	1	4	3	2	0	3	3	2	1	1	0	0	0	0	0	0
■第二作者	5	1	2	1	3	0	0	0	1	0	1	0	0	0	0	0

图6.9　个人发表在国家自然基金委认可的30种管理类期刊论文数量情况

表 6.10　中国大陆 2004—2013 年项目管理领域工程硕士与所有（40 个）工程硕士领域情况对比

年份	领域（招生单位数）	报考			实考			录取			GCT 录取成绩	
		人数	排名	领域百分比	人数	排名	领域百分比	人数	排名	领域百分比	百分位平均值	领域排名
2004	项目管理（72）	7 116	3	9.8%	5 809	4	9.3%	3 434	3	8.9%	67.4	10
	所有 38 个工程硕士领域	72 608	—	—	62 476	—	—	38 599	—	—	63.2	—
2005	项目管理（80）	12 551	1	15.4%	10 524	1	15.0%	5 752	1	14.5%	68.8	7
	所有 38 个工程硕士领域	81 504	—	—	70 002	—	—	39 688	—	—	67	—
2006	项目管理（96）	17 140	1	18.5%	14 493	1	18.1%	7 957	1	16.9%	67.9	11
	所有 40 个工程硕士领域	92 833	—	—	80 226	—	—	47 213	—	—	65.5	—
2007	项目管理（103）	19 814	1	20.2%	16 633	1	19.7%	8 983	1	18.3%	66.9	15
	所有 40 个工程硕士领域	98 267	—	—	84 222	—	—	49 169	—	—	65.6	—
2008	项目管理（103）	13 441	1	15.3%	11 066	1	14.9%	5 621	2	12.9%	70.7	5
	所有 40 个工程硕士领域	87 744	—	—	74 038	—	—	43 557	—	—	66.8	—
2009	项目管理（104）	15 192	1	15.9%	12 432	1	15.6%	7 000	1	14.9%	70.8	5
	所有 40 个工程硕士领域	95 516	—	—	79 517	—	—	47 023	—	—	66.7	—
2010	项目管理（125）	18 039	1	16.1%	14 649	1	15.6%	9 278	1	15.2%	70.2	3
	所有 40 个工程硕士领域	112 116	—	—	94 049	—	—	60 971	—	—	65.4	—
2011	项目管理（125）	—	—	—	—	—	—	9 837	1	15.2%	70.3	5
	所有 40 个工程硕士领域	—	—	—	—	—	—	64 564	—	—	66.6	—
2012	项目管理（128）	—	—	—	—	—	—	9 767	1	13.7%	67.2	12
	所有 40 个工程硕士领域	—	—	—	—	—	—	71 267	—	—	65.1	—
2013	项目管理（127）	—	—	—	—	—	—	9 813	1	13.0%	—	—
	所有 40 个工程硕士领域	—	—	—	—	—	—	75 621	—	—	—	—

2008—2013年，高等院校百分位平均值80分以上的高校如表6.11至表6.17和图6.10至图6.17所示。

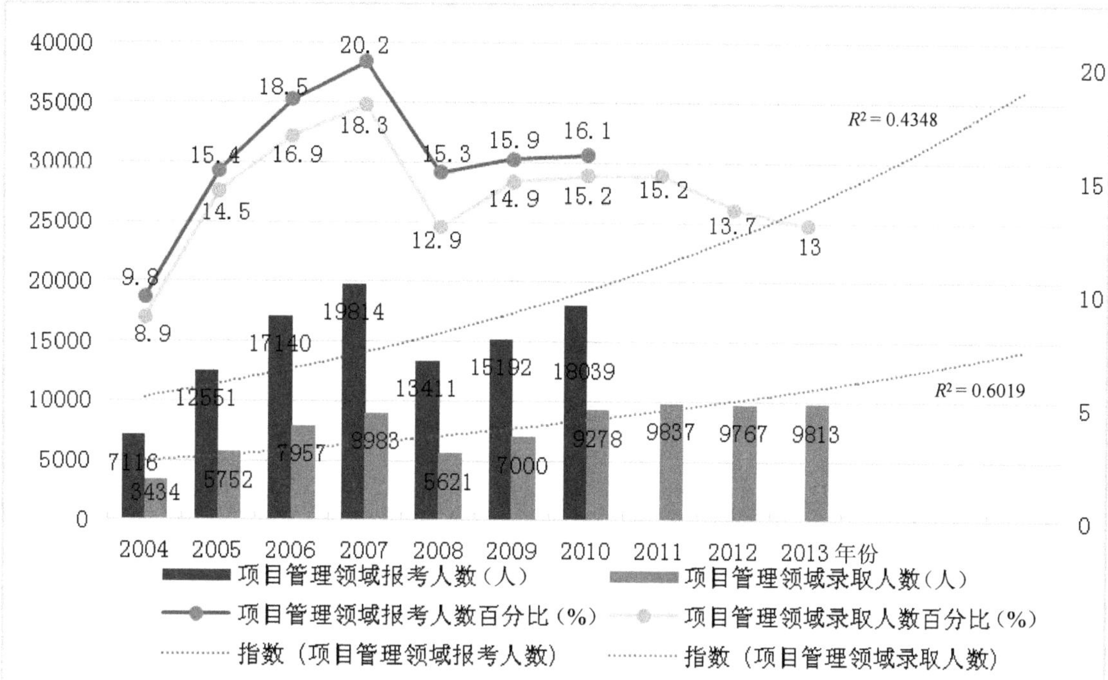

注：本图未有2011—2013年项目管理领域的报考人数与报考人数领域百分比的实际数据。

图6.10　2004—2013年项目管理领域报考与录取人数情况对比图

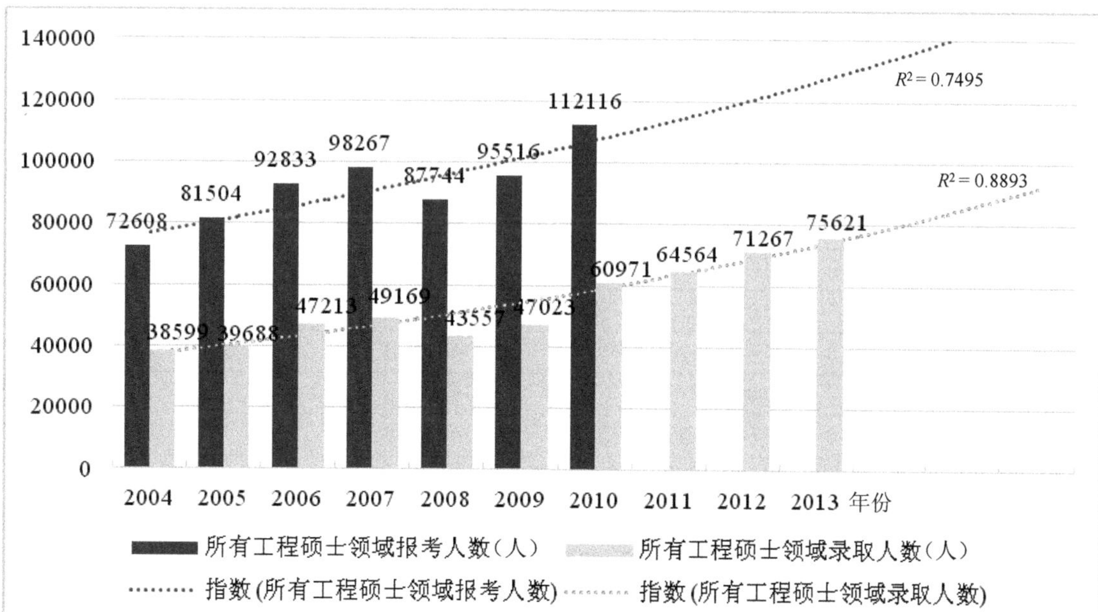

注：本图未有2011—2013年所有工程硕士领域的报考人数与报考人数领域百分比的实际数据。

图6.11　2004—2013年所有工程硕士领域报考与录取人数情况对比图

从项目管理领域 2008—2013 年 GCT 录取成绩百分位平均值可以看出：项目管理领域的录取成绩一直都高于所有工程硕士领域的录取成绩，高出幅度分别达到 2004 年是 4.2，2005 年是 1.8，2006 年是 2.4，2007 年是 1.3，2008 年是 3.9，2009 年是 4.1，2010 年是 4.8，2011 年是 3.7，2012 年是 2.1，2013 年是 4.8，高等院校的项目管理工程硕士的质量大幅度提高（见表 6.11 至表 6.16 和图 6.12 至图 6.17）。

表 6.11　2008 年项目管理工程硕士各培养单位质量培养汇总

序号	单位名称	报考人数	实考人数	录取人数	录取排名	考录比	低于30%录取人数	低于 30%占录取比例	百分位平均值	限招人数
	所有领域（40）	87 744	74038	43557		58.8%	607	1.4%	66.8	
	项目管理（103）	13 441	11066	5621	2	50.8%	70	1.2%	70.7	10 300
1	上海交通大学	544	448	100	1	22.3%			97	100
2	复旦大学	210	178	100	2	56.2%			89.5	100
3	同济大学	279	225	99	18	44.0%			88.9	100
4	浙江大学	342	276	100	3	36.2%			87.3	100
5	华中科技大学	363	278	80	32	28.8%			86.2	100
6	中国科学院研究生院	232	188	100	4	53.2%			86	100
7	辽宁工程技术大学	48	39	6	100	15.4%			83.9	100
8	南京大学	206	164	100	5	61.0%			83.4	100
9	北京航空航天大学	300	257	99	19	38.5%			82.4	100
10	吉林大学	229	186	99	20	53.2%			82.4	100
11	华北电力大学	434	335	100	6	29.9%			81.6	100
12	国防科学技术大学	83	79	54	50	68.4%			81	100
13	北京邮电大学	456	395	90	26	22.8%			81	100
14	江苏科技大学	58	40	19	81	47.5%			80.7	100
15	中山大学	218	176	99	21	56.3%			80.6	100
16	清华大学	141	100	55	48	55.0%			80.3	100
17	东北大学	158	133	98	23	73.7%			80.1	100
18	山东大学	249	209	99	22	47.4%			79.3	100
19	天津大学	279	239	100	7	41.8%			79.2	100
20	武汉大学	257	205	100	8	48.8%			77.8	100
21	西安交通大学	214	185	100	9	54.1%			77.3	100
22	上海大学	34	28	15	88	53.6%			77.2	100
23	哈尔滨理工大学	171	162	100	10	61.7%			76.5	100
24	北京理工大学	213	178	100	11	56.2%			75.8	100
25	长春工业大学	109	89	71	39	79.8%			75.4	100

注：2008 年项目管理工程硕士各培养单位质量培养汇总表按 GCT 成绩排序且没有低于 30%的数据；第 1~17 名录取 100 人（17 所），第 18~22 名录取 99 人（5 所）。

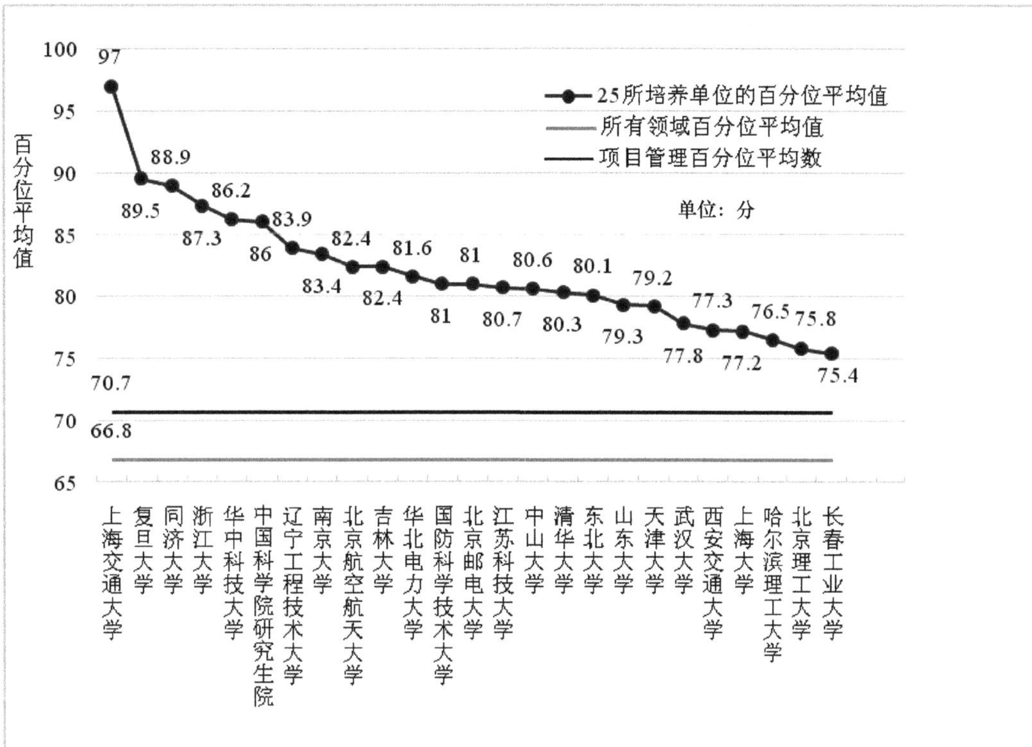

图 6.12　2008 年项目管理工程硕士各培养单位质量培养百分位平均值

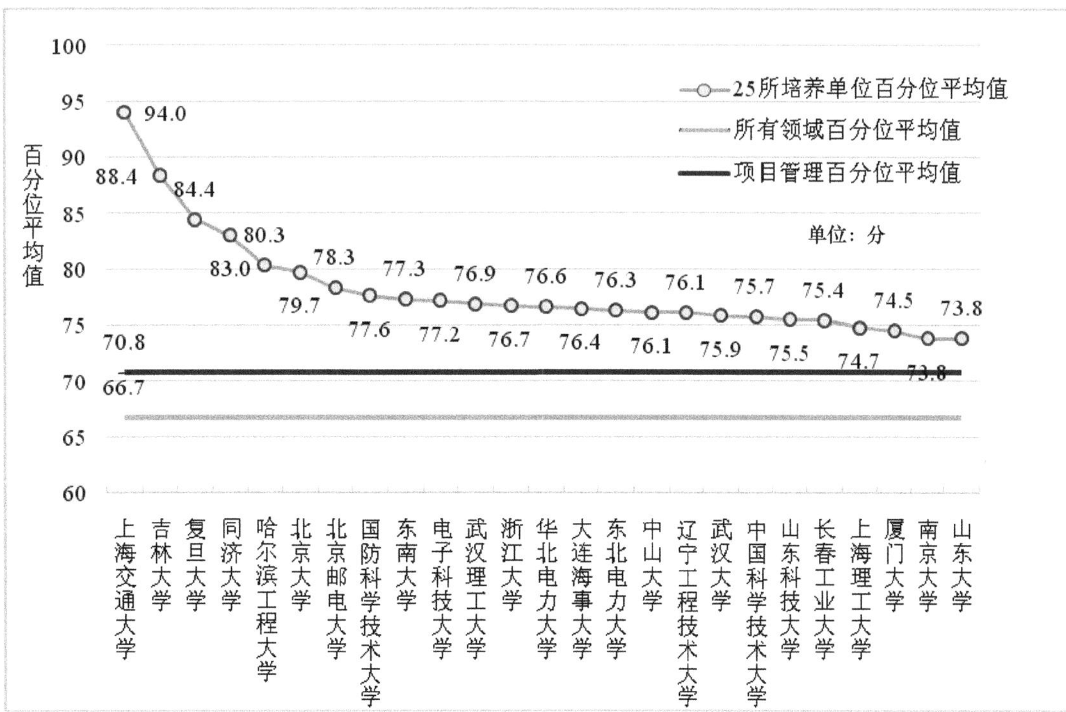

图 6.13　2009 年项目管理工程硕士各培养单位质量培养百分位平均值

表 6.12　2009 年项目管理工程硕士各培养单位质量培养汇总

序号	单位名称	报考人数	实考人数	录取人数	录取排名	考录比	低于30%录取人数	低于 30%占录取比例	百分位平均值	限招人数
	所有领域（40）	95 516	79 517	47 023		59.1%	662	1.4%	66.7	
	项目管理（104）	15 192	12 432	7 000	1	56.3%	71	1.0%	70.8	13 050
1	上海交通大学	590	453	199	2	43.9%			94.0	200
2	吉林大学	338	454	150	9	33.0%			88.4	150
3	复旦大学	230	455	147	15	32.3%			84.4	200
4	同济大学	310	456	186	5	40.8%			83.0	200
5	哈尔滨工程大学	75	457	38	65	8.3%			80.3	100
6	北京大学	86	458	48	55	10.5%			79.7	200
7	北京邮电大学	527	459	182	7	39.7%			78.3	200
8	国防科学技术大学	52	460	26	75	5.7%			77.6	200
9	东南大学	125	461	56	49	12.1%			77.3	100
10	电子科技大学	203	462	90	33	19.5%			77.2	100
11	武汉理工大学	232	463	100	21	21.6%			76.9	100
12	浙江大学	339	464	183	6	39.4%			76.7	200
13	华北电力大学	628	465	199	3	42.8%			76.6	200
14	大连海事大学	79	466	45	56	9.7%			76.4	100
15	东北电力大学	34	467	9	98	1.9%			76.3	100
16	中山大学	239	468	110	19	23.5%			76.1	200
17	辽宁工程技术大学	39	469	11	94	2.3%			76.1	100
18	武汉大学	310	470	150	10	31.9%			75.9	150
19	中国科学技术大学	59	471	23	79	4.9%			75.7	100
20	山东科技大学	178	472	100	22	21.2%			75.5	100
21	长春工业大学	68	473	42	61	8.9%	1	2.4%	75.4	100
22	上海理工大学	53	474	35	67	7.4%			74.7	100
23	厦门大学	96	475	45	57	9.5%			74.5	100
24	南京大学	350	476	191	4	40.1%			73.8	200
25	山东大学	366	477	150	11	31.4%			73.8	150

注：2009 年项目管理工程硕士各培养单位质量培养汇总表按 GCT 成绩排序；第 2、3 名并列均 199 人。

表 6.13　2010 年项目管理工程硕士各培养单位质量培养汇总

序号	单位名称	报考人数	实考人数	录取人数	录取排名	考录比	低于 30%录取人数	低于 30%占录取比例	百分位平均值	限招人数
	所有领域（40）	112 116	94 049	60 971		64.8%	1 128	1.9%	65.4	
	项目管理（125）	18 039	14 649	9 278	1	63.3%	100	1.1%	70.2	16 000
1	北京大学	150	126	57	57	45.2%			88.5	200
2	复旦大学	251	207	163	16	78.7%			87.9	200
3	上海交通大学	322	235	196	10	83.4%			87.6	200
4	浙江大学	375	287	200	2	69.7%			85.3	200
5	武汉大学	452	357	205	1	57.4%			82.6	200
6	中国海洋大学	339	245	149	21	60.8%	4	2.7%	82.1	150
7	华北电力大学	563	454	197	9	43.4%			82.0	200
8	重庆大学	268	219	97	36	44.3%			82.0	100
9	南京大学	352	283	199	6	70.3%			81.5	200
10	同济大学	307	251	199	7	79.3%			81.4	200
11	西南财经大学	112	86	30	91	34.9%			81.1	100
12	吉林大学	512	389	200	3	51.4%			80.3	200
13	南京邮电大学	292	219	95	37	43.4%			78.5	100
14	南京航空航天大学	155	131	100	29	76.3%			78.0	100
15	上海理工大学	62	53	42	74	79.2%			78.0	100
16	山东科技大学	203	174	131	25	75.3%	1	0.8%	77.8	150
17	清华大学	123	79	37	81	46.8%	1	2.7%	77.0	200
18	第二炮兵工程学院	3	3	2	125	66.7%			77.0	100
19	中山大学	207	157	114	27	72.6%			76.5	200
20	上海海事大学	46	40	37	82	92.5%			76.5	100
21	东南大学	51	38	27	97	71.1%			76.4	100
22	中国科学技术大学	241	177	100	30	56.5%			76.4	100
23	四川大学	515	422	200	4	47.4%			76.1	200
24	国防科学技术大学	40	39	37	83	94.9%			76.1	200
25	中国科学院研究生院	295	253	191	13	75.5%			75.8	200

注：2010 年项目管理工程硕士各培养单位质量培养汇总表按 GCT 成绩排序；第 2～5 名（共 4 所）并列招 200 人，第 6～8 名（共 3 所）并列招 199 人。

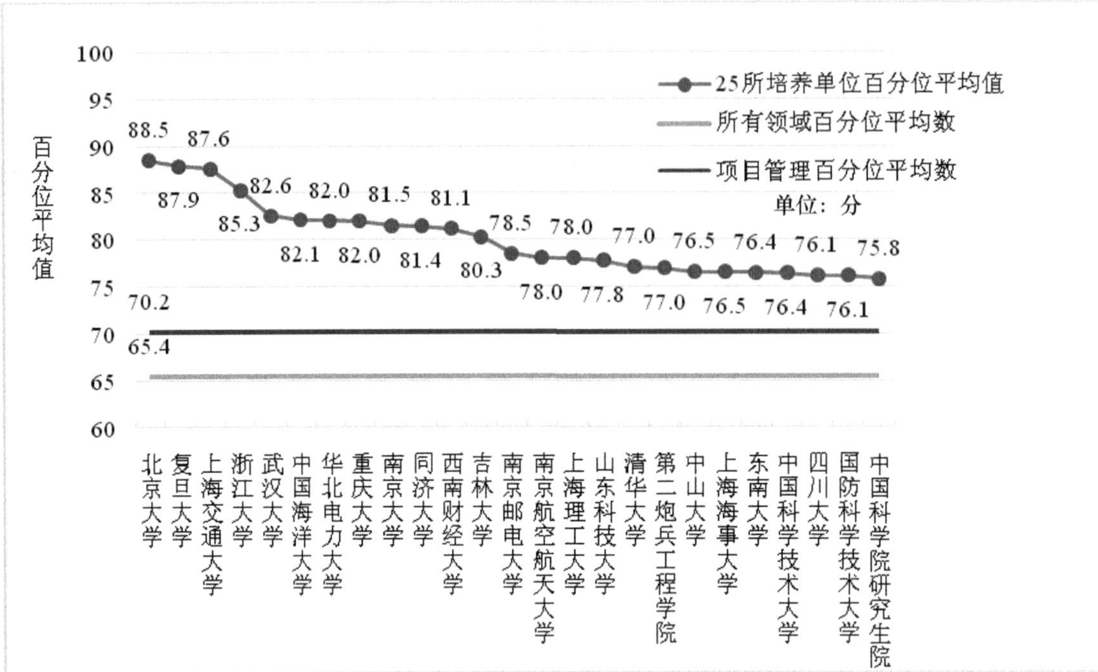

图 6.14　2010 年项目管理工程硕士各培养单位质量培养百分位平均值

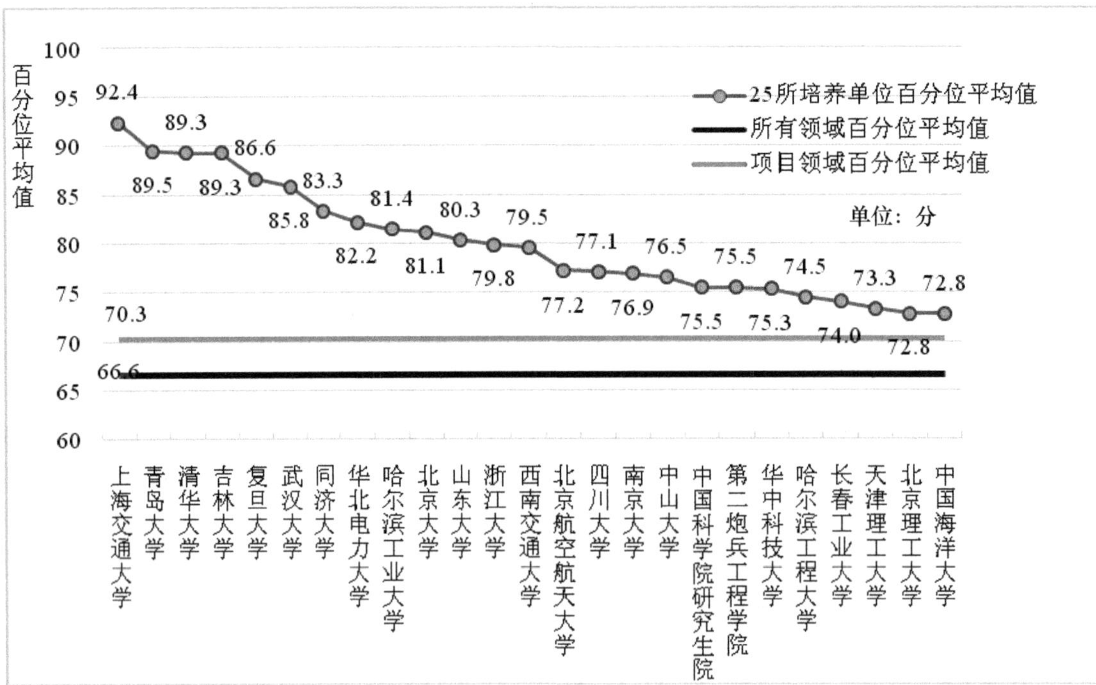

图 6.15　2011 年项目管理工程硕士各培养单位质量培养百分位平均值

表 6.14 2011 年项目管理工程硕士各培养单位质量培养汇总

序号	单位名称	录取人数	录取排名	低于 30% 录取人数	低于 30%占录取比例	百分位平均值	限招人数
	所有领域（40）	64 564		1 035	1.6%	66.6	
	项目管理（125）	9 837	1	99	1.0%	70.3	16 250
1	上海交通大学	198	5			92.4	200
2	青岛大学	100	35			89.5	100
3	清华大学	32	91			89.3	200
4	吉林大学	200	2			89.3	200
5	复旦大学	157	14			86.6	200
6	武汉大学	200	3			85.8	200
7	同济大学	149	21			83.3	200
8	华北电力大学	197	6			82.2	200
9	哈尔滨工业大学	150	16			81.4	150
10	北京大学	60	66			81.1	200
11	山东大学	150	17			80.3	150
12	浙江大学	185	10			79.8	200
13	西南交通大学	149	22			79.5	150
14	北京航空航天大学	230	1			77.2	200
15	四川大学	200	4			77.1	200
16	南京大学	193	8			76.9	200
17	中山大学	110	32			76.5	200
18	中国科学院研究生院	176	11			75.5	200
19	第二炮兵工程学院	4	125			75.5	100
20	华中科技大学	150	18			75.3	150
21	哈尔滨工程大学	69	63			74.5	100
22	长春工业大学	95	41	1	1.1%	74.0	100
23	天津理工大学	61	65			73.3	150
24	北京理工大学	195	7	1	0.5%	72.8	200
25	中国海洋大学	150	19	2	1.3%	72.8	150

注：2011 年项目管理工程硕士各培养单位质量培养汇总表按 GCT 成绩排序；第 2～4 名（共三所）并列招 200 人。

表 6.15　2012 年项目管理工程硕士各培养单位质量培养汇总

序号	单位名称	录取人数	录取排名	低于 30% 录取人数	低于 30% 占录取比例	百分位平均值	限招人数
	所有领域（40）	71 267		2 648	3.7%	65.1	
	项目管理（128）	9 767	1	13	0.1%	67.2	16 800
1	上海交通大学	199	2			89.4	200
2	清华大学	37	90			86.2	200
3	北京大学	63	67			84.9	200
4	复旦大学	184	8			82.3	200
5	武汉大学	198	4			80.9	200
6	华北电力大学	199	3			80.0	200
7	浙江大学	163	14			79.1	200
8	中国海洋大学	149	20			78.8	150
9	同济大学	148	23			77.8	200
10	扬州大学	3	128			77.8	100
11	中国石油大学（华东）	96	40			77.7	100
12	哈尔滨工业大学	130	27			75.4	150
13	中山大学	110	31			74.5	200
14	青岛大学	100	32	2	2.0%	73.8	100
15	华中科技大学	150	16	1	0.7%	73.1	150
16	西安电子科技大学	14	114			72.8	100
17	青岛科技大学	36	92			72.7	100
18	重庆大学	150	17	2	1.3%	72.6	150
19	中国地质大学	94	41	2	2.1%	72.2	150
20	哈尔滨工程大学	30	100			72.2	100
21	上海理工大学	28	102			72.1	100
22	东南大学	38	87			72.1	200
23	天津理工大学	51	76	2	3.9%	72.1	150
24	上海大学	50	78			72.0	100
25	吉林大学	187	6	4	2.1%	71.9	200

注：2012 年项目管理工程硕士各培养单位质量培养汇总表按 GCT 成绩排序；2012 年数据中中国矿业大学、中国石油大学、中国地质大学三所学校分别按照两个招生代码进行招生统计（2011 年之前是分别按照一个招生代码进行招生统计）。

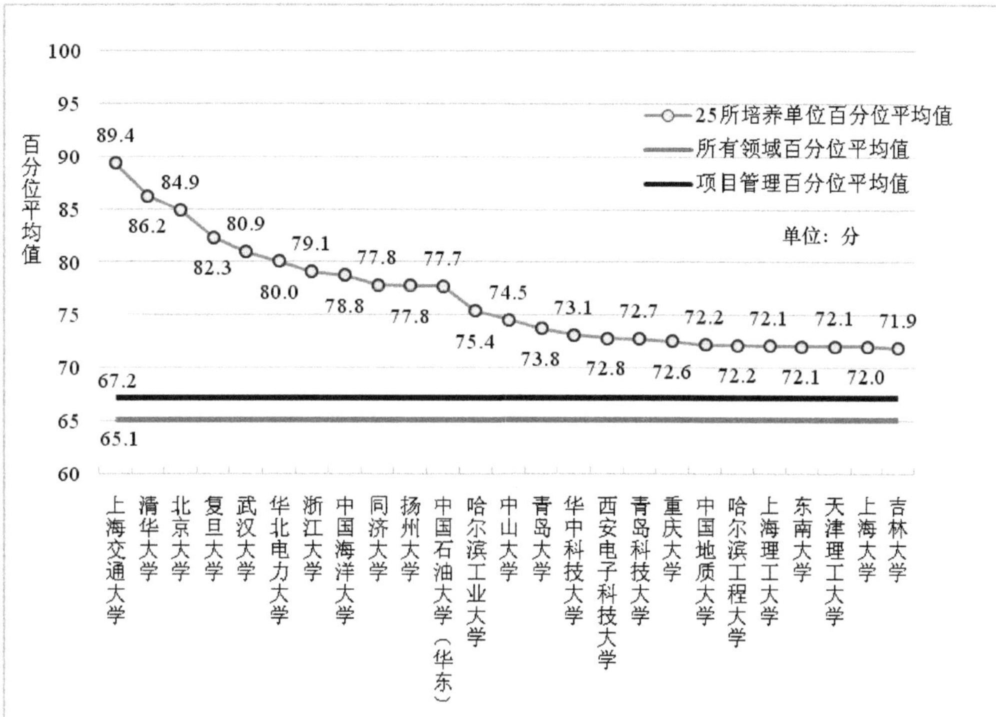

图 6.16　2012 年项目管理工程硕士各培养单位质量培养百分位平均值

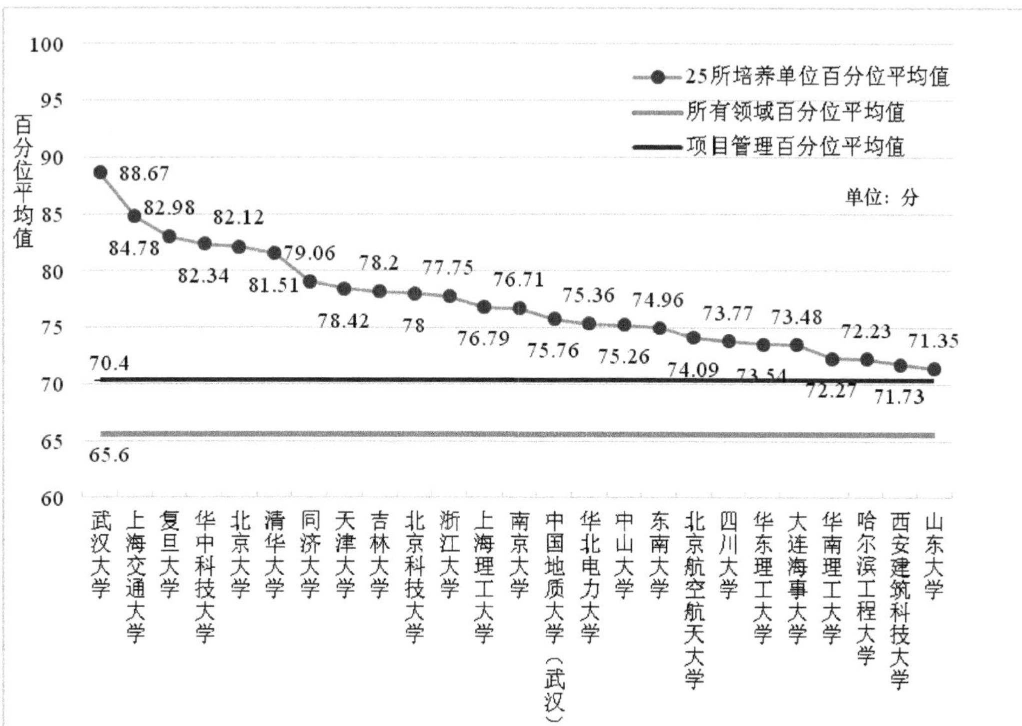

图 6.17　2013 年项目管理工程硕士各培养单位质量培养百分位平均值

表 6.16　2013 年项目管理工程硕士各培养单位质量培养汇总

序号	单位名称	录取人数	录取排名	低于 30%录取人数	低于 30%占录取比例	百分位平均值	限招人数
	所有领域（40）	75 621				65.6	
	项目管理（127）	9 813	1			70.4	16 900
1	武汉大学	200	1			88.67	200
2	上海交通大学	199	3			84.78	200
3	复旦大学	143	23			82.98	200
4	华中科技大学	187	6			82.34	200
5	北京大学	75	57			82.12	200
6	清华大学	40	88			81.51	200
7	同济大学	164	9			79.06	200
8	天津大学	150	13			78.42	150
9	吉林大学	189	5			78.20	200
10	北京科技大学	2	127			78.00	100
11	浙江大学	164	10			77.75	200
12	上海理工大学	72	61			76.79	150
13	南京大学	103	30			76.71	200
14	中国地质大学（武汉）	100	31			75.76	100
15	华北电力大学	200	2			75.36	200
16	中山大学	92	43			75.26	200
17	东南大学	68	68			74.96	200
18	北京航空航天大学	93	42			74.09	150
19	四川大学	150	14			73.77	150
20	华东理工大学	147	20			73.54	200
21	大连海事大学	32	96			73.48	100
22	华南理工大学	177	8			72.27	200
23	哈尔滨工程大学	11	121			72.23	200
24	西安建筑科技大学	80	52			71.73	100
25	山东大学	150	15			71.35	200

注：2013 年项目管理工程硕士各培养单位质量培养汇总表按 GCT 成绩排序；2013 年数据中中国矿业大学、中国石油大学、中国地质大学三所学校分别按照两个招生代码进行招生统计；武汉理工大学违规停招。

表 6.17　2008—2013 年高等院校百分位平均值 80 分以上的高校

	2008 年	2009 年	2010 年	2011 年	2012 年	2013 年
1	上海交通大学	上海交通大学	北京大学	上海交通大学	上海交通大学	武汉大学
2	复旦大学	吉林大学	复旦大学	青岛大学	清华大学	上海交通大学
3	同济大学	复旦大学	上海交通大学	清华大学	北京大学	复旦大学

（续表）

	2008 年	2009 年	2010 年	2011 年	2012 年	2013 年
4	浙江大学	同济大学	浙江大学	吉林大学	复旦大学	华中科技大学
5	华中科技大学	哈尔滨工程大学	武汉大学	复旦大学	武汉大学	北京大学
6	中国科学院研究生院	北京大学	中国海洋大学	武汉大学	华北电力大学	清华大学
7	辽宁工程技术大学	北京邮电大学	华北电力大学	同济大学	浙江大学	同济大学
8	南京大学	国防科学技术大学	重庆大学	华北电力大学	中国海洋大学	天津大学
9	北京航空航天大学	东南大学	南京大学	哈尔滨工业大学	同济大学	吉林大学
10	吉林大学	电子科技大学	同济大学	北京大学	扬州大学	北京科技大学
11	华北电力大学	武汉理工大学	西南财经大学	山东大学	中国石油大学（华东）	浙江大学
12	国防科学技术大学	浙江大学	吉林大学	浙江大学	哈尔滨工业大学	上海理工大学
13	北京邮电大学	华北电力大学	南京邮电大学	西南交通大学	中山大学	南京大学
14	江苏科技大学	大连海事大学	南京航空航天大学	北京航空航天大学	青岛大学	中国地质大学（武汉）
15	中山大学	东北电力大学	上海理工大学	四川大学	华中科技大学	华北电力大学
16	清华大学	中山大学	山东科技大学	南京大学	西安电子科技大学	中山大学
17	东北大学	辽宁工程技术大学	清华大学	中山大学	青岛科技大学	东南大学
18	山东大学	武汉大学	第二炮兵工程学院	中国科学院研究生院	重庆大学	北京航空航天大学
19	天津大学	中国科学技术大学	中山大学	第二炮兵工程学院	中国地质大学	四川大学
20	武汉大学	山东科技大学	上海海事大学	华中科技大学	哈尔滨工程大学	华东理工大学
21	西安交通大学	长春工业大学	东南大学	哈尔滨工程大学	上海理工大学	大连海事大学
22	上海大学	上海理工大学	中国科学技术大学	长春工业大学	东南大学	华南理工大学
23	哈尔滨理工大学	厦门大学	四川大学	天津理工大学	天津理工大学	哈尔滨工程大学
24	北京理工大学	南京大学	国防科学技术大学	北京理工大学	上海大学	西安建筑科技大学
25	长春工业大学	山东大学	中国科学院研究生院	中国海洋大学	吉林大学	山东大学

2014 年，中国教育部学位办 18 号文件《关于 2014 年招收在职人员攻读硕士专业学位工作的通知》中明确指出：为统一管理各类研究生招生工作，从 2016 年起，学位办不再组织在职人员攻读硕士专业学位全国联考。除高级管理人员工商管理硕士（EMBA）外，

其他类别的在职人员攻读硕士专业学位招生工作，将以非全日制研究生教育形式纳入国家招生计划和全国硕士研究生统一入学考试。

2016 年，教育部正式实行在职硕士专业学位与全日制硕士教育的并轨改革，取消 GCT 联考，改为参加全国硕士研究生统一入学考试，国家开始重新布局研究生教育改革；项目管理领域工程硕士正式并入工程管理专业学位，项目管理硕士点学科在国家学位办专业学科目录中取消，高等院校项目管理学科布局受到极大影响。

因此，本次重新布局研究生教育改革严重冲击着项目管理领域工程硕士专业学位教育和学科建设的布局和结构，高等院校项目管理领域工程硕士高层次人才培养平台不再单独设置，而项目管理高层次人才培养纳入了工程管理的培养计划之内，项目管理领域工程硕士报考、录取人数历年蝉联工程硕士第一而且生源素质极高的辉煌已经成为历史。

（六）产学研合作研究基地

经过实地拜访可知：高等院校项目管理国家级、省部级产学研合作研究基地较少。目前，高等院校项目管理产学研合作主要模式是“点对点”直接服务于大中型企业的产学研合作模式。而以问题为导向，以任务为牵引，建立立体交叉的高等院校项目管理多层次产学研合作模式几乎不存在，也未建立新型研发机构创新产学研合作模式。这种现状不能充分发挥高校的人才和科技优势，也未见到产业集聚区域与政府共建实体研发机构，这样必然会导致基础研究、技术研发与产业化转化有机关系割裂，不能形成一体化研发体系，存在“政府不能做、高校不愿做、企业做不了的”的现状。目前，高等院校产学研合作研究基地现状：

- 国家级产学研研究基地：海洋工程总装研发设计国家工程实验室，其中“海洋工程大数据应用支撑平台”由中集集团、中海油集团公司、北京邮电大学合作共同申报建设。
- 省部级产学研研究基地：新能源电力与低碳发展研究北京市重点实验室，由华北电力大学负责建设。
- 高校-企业“点对点”产学研合作基地：该种合作模式是高等院校与企业合作直接服务于企业发展的主要模式，一般通过合作项目签署合同协议书固定服务对象，大多分布于我国大型央企集团等。

因此，目前以国家发展战略（政府）为引导，以企业科技创新为主体，以高等院校产学研活动技术为支撑的“政府—高校—企业”产学研合作互动模式处于空白阶段。

（七）国际项目管理工程学位教育认证

全国项目管理领域工程硕士教育协作组分别于2006年和2008年促成了项目管理领域工程硕士与 PMI 和 IPMA 两大权威国际项目管理专业团体的实质性合作，实现了社会相关行业对项目管理领域工程硕士专业学位教育的参与、监督和评价，引进外部力量监控培养质量，提升了中国项目管理领域工程硕士专业学位教育的国际影响力。

2008 年 3 月 7 日，教指委副主任委员兼秘书长陈皓明教授与项目管理协会学术教育课程和服务总监安爱德博士就项目管理领域工程硕士教育课程与 PMI 开展认证合作签署谅解备忘录。

1. 与 PMI-GAC 的认证合作

（1）PMI-GAC 的认证合作大事件。

目前，通过 PMI-GAC 项目管理工程硕士课程国际认证的高等院校有上海交通大学、清华大学、北京邮电大学、同济大学、西北工业大学、天津大学、山东大学、河海大学 8 所院校；通过 PMI-GAC 项目管理学位国际认证的学位点 16 个，其中管理科学与工程工学博士点 1 个，项目管理领域工程硕士点 11 个，国际建设工程与项目管理工程硕士 1 个，工程管理工学学士 3 个。

2007 年 10 月 19 日，上海交通大学机械与动力学院的项目管理领域工程硕士通过 PMI-GAC 认证；2014 年 8 月，上海交通大学机械与动力学院的项目管理领域工程硕士通过了 PMI-GAC 国际再认证。

2011 年 9 月 7 日，清华大学土木水利学院工程管理工学学士（BSc-CM）、管理科学与工程工学硕士（MSc-RE&C）、项目管理领域工程硕士（MEng-PM）、管理科学与工程工学博士（Ph.D.-RE&C4）个学位课程，北京邮电大学经济管理学院的项目管理领域工程硕士课程通过 PMI-GAC 认证；2018 年 12 月 4—5 日，清华大学土木水利学院工程管理工学学士（BSc-CM）、管理科学与工程工学硕士（MSc-RE&C）、项目管理领域工程硕士（MEng-PM）、管理科学与工程工学博士（Ph.D.-RE&C）、国际建设工程与项目管理工程硕士通过了 PMI-GAC 国际再认证。

2012 年 9 月 1 日，同济大学经济管理学院的项目管理领域工程硕士课程通过了 PMI-GAC 认证,计划 2019 年 12 月进行项目管理领域工程硕士课程 PMI-GAC 再认证。

2013 年 9 月 21 日，西北工业大学管理学院的 4 个学位课程（工程管理本科专业管理学学士、项目管理方向管理学硕士、项目管理领域工程硕士、项目管理方向的工商管理硕士）、天津大学管理与经济学部的 1 个学位课程（项目管理领域工程硕士）、山东大学管理学院的 2 个学位课程（工程管理本科专业管理学学士、项目管理领域工程硕士）均通过了 PMI-GAC 认证。

2014 年 10 月 23 日，通过 PMI-GAC 认证的 7 所高校（上海交通大学、清华大学、北京邮电大学、同济大学、西北工业大学、天津大学、山东大学）发起并成立了“中国项目管理教育联盟”，旨在加强交流与合作，成为我国项目管理教育的标杆。

2015 年 9 月 1 日，河海大学商学院的 1 个学位课程（项目管理领域工程硕士）通过了 PMI-GAC 认证。

2016 年 7 月，美国 PMI-GAC 主管国际认证的主席称赞 PMI-GAC 中国地区项目管理评价委员会（CPEC）：Thank you China and CPEC for Leading the way!

2017 年，PMI-GAC 针对中国教育部研究生改革政策的变化，确认已经由 PMI-GAC 国际认证的上海交通大学、清华大学、北京邮电大学、天津大学、同济大学、西北工业大学、山东大学、河海大学项目管理工程硕士认证可以变更为工程管理硕士点，PMI-GAC 国际认证在中国不再开展项目管理工程硕士认证。

2018 年 10 月，上海交通大学、清华大学、同济大学、山东大学 4 所高校首次荣获 PMI 项目管理国际教育奖。

2019 年 10 月 4 日，PMI-GAC 中国地区项目管理评价委员会（PMI-GAC-CPEC）将组织上海交通大学、清华大学、同济大学、山东大学、北京邮电大学获得 PMI 项目管理国际教育奖的高校参加在美国费城召开的 2019 年 PMI-GAC 项目管理论坛，交流各国 PMI-GAC 的论证工作及推动我国项目管理教育的经验共享。

综上所述，上海交通大学、清华大学、北京邮电大学、同济大学、西北工业大学、天津大学、山东大学、河海大学 8 所院校在项目管理国际教育方面已经处于国家和国际高等院校项目管理教育发展的前沿，在全球高等院校项目管理领域起到领跑的作用。

（2）PMI-GAC 的认证合作成果。

自 2011 年以来，中国高等院校已经有 8 所院校通过了 PMI-GAC 项目管理学位国际认证，并有 16 个相关项目管理学位授权点通过认证。

2014 年 10 月 23 日，成立了“中国项目管理教育联盟”，该联盟由通过 PMI-GAC 认证的上海交通大学、清华大学、北京邮电大学、同济大学、西北工业大学、天津大学、山东大学 7 所大学发起，旨在加强交流与合作，成为我国项目管理教育的标杆；同时，还成功组织了多次有关项目管理学术论坛，旨在研究在 VUCA 和数字互联网时代，传统的项目管理已经不再适宜 VUCA 时代的现实项目管理，如 2018 年在上海交大举办了“互联网时代下的项目管理”全国论坛；2019 年在河海大学举办的“VUCA 时代项目管理与项目治理”。

2018 年 10 月，还组织了第一届 PMI-GAC 项目管理教育奖评选活动，上海交通大学、清华大学、同济大学、山东大学 4 所高校首次荣获 PMI 项目管理国际教育奖。

与国外出版社 Springer 合作出版了学术专著，*FuzzyQuantitativeManagement-Principles, MethodologiesandApplications*（Linshaopei），*ProjectManagementUnderInternetEra*（2019, Linshaopei），《太极逻辑——项目治理中的中国智慧》。

2. 与 IPMA 的认证合作

为保证项目管理领域工程硕士与国际项目管理专业资质认证合作的健康可持续开展，2011 年 4 月，项目管理领域资质认证评估专家委员会对第一批获批的 8 所培养单位和第三批获批的 16 所培养单位进行中期考查，对第二批获批的 14 所培养单位进行总结考查；2011 年 9 月，批准第二批单位中的 9 所院校认证合作期限自动延续至 2015 年 9 月。

目前，已有6批共59所培养单位获得过项目管理领域工程硕士与IPMP资质认证的合作资格（见表6.18），截至2015年年底，在申报的3 982名工程硕士中共有3 865名考生获得了IPMP证书，总通过率达到97.1%，其中2人获得A级证书、19人获得B级证书、1 772人获得C级证书、2 072获得D级证书（见表6.18、图6.18至图6.20）。

表6.18　历年项目管理领域工程硕士认证IPMP的统计

年份	申请人数					获证人数					认证学校数量
	A	B	C	D	合计	A	B	C	D	合计	
2006			62	5	67			52	5	57	2所
2007			126	16	142			109	16	125	4所
2008			135	77	212			126	77	203	7所
2009			148	129	277			141	129	270	10所
2010		5	170	119	294		5	150	119	274	9所
2011	1	5	231	281	518	1	2	219	281	503	22所
2012		8	218	402	628		8	205	402	615	23所
2013		6	379	327	712		4	361	327	692	27所
2014			173	344	517			171	344	515	20所
2015	1		242	372	615	1		238	372	611	26所
2016											
2017											
2018											
合计	2	24	1 884	2 072	3 982	2	19	1 772	2 072	3 865	

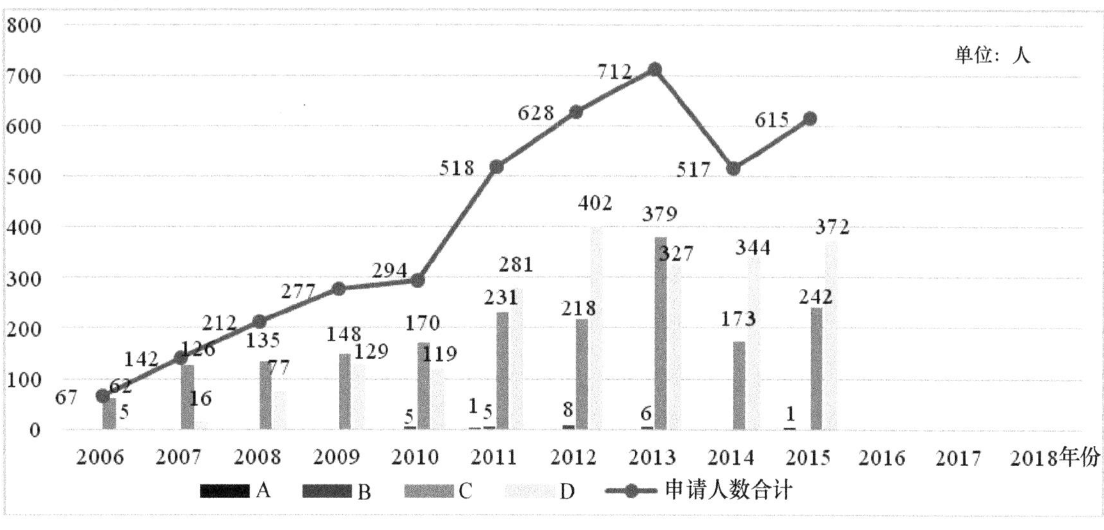

图6.18　历年项目管理领域工程硕士认证IPMP的申请人数

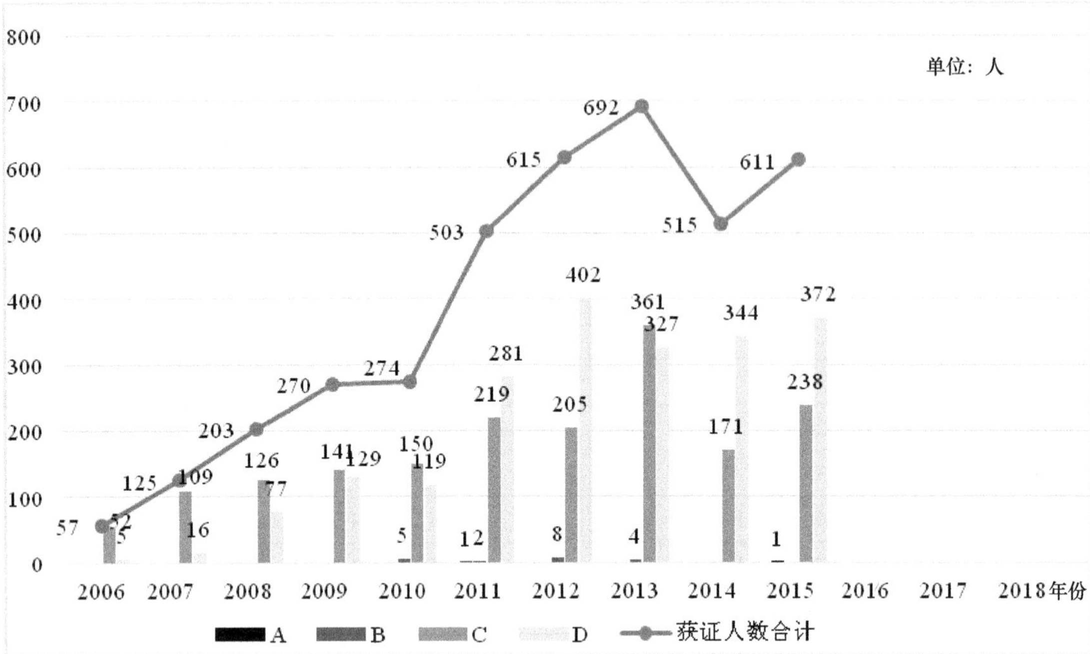

图 6.19　历年项目管理领域工程硕士认证 IPMP 的获证人数

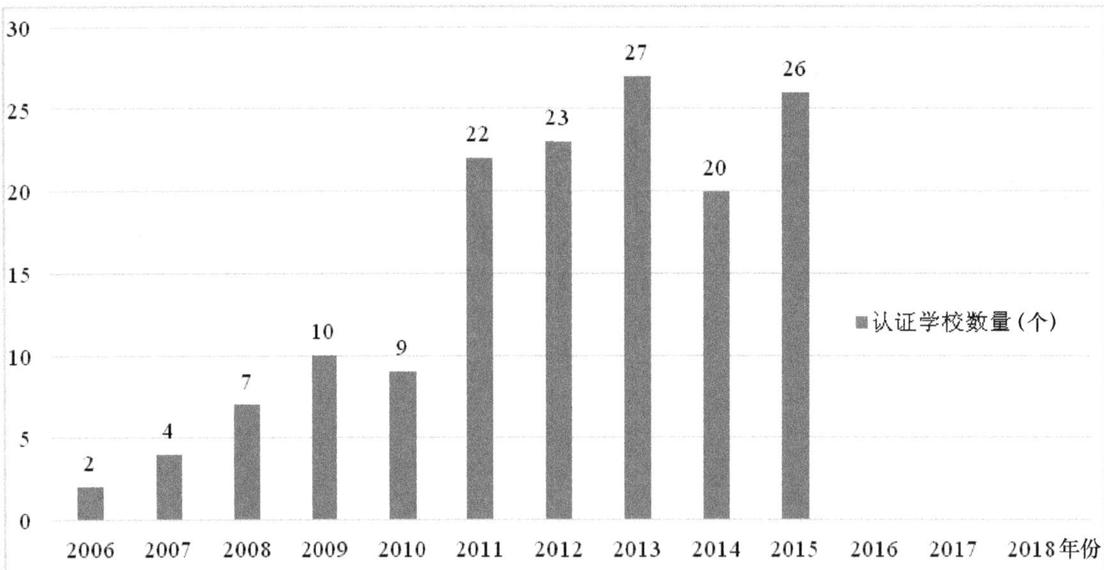

图 6.20　历年项目管理领域工程硕士认证 IPMP 的认证学校数量

（八）学科建设特色与声誉

1. 高等院校学科建设特色

（1）上海交通大学项目管理标志性成果特色：林少陪教授带领的研究团队主要从事项目系统模型、项目经济分析、项目管理、计量管理、计算力学、人工智能工程应用、智能建筑、模糊推理的研究，出版了《系统模型与计算机算法》《经济分析与招投标可行性决策》《工程项目管理与计算机方法》《现代结构设计的概念与方法》《管理科学中的“模糊-人工智慧模型》*Comparative Design of Structures*（Springer Press）。

（2）清华大学项目管理标志性成果特色：强茂山教授带领的研究团队主要基于面向理论前沿，立足工程实践，工程、经济、社会和环境学科交叉，项目、组织和利益相关方管理等方面展开了综合研究；主要创新性成果包括水电开发移民利益共享模型、伙伴关系理论、工程项目组织效能评价模型、大型工程项目社会风险管理理论、国际工程标准对接。王守清教授带领的研究团队一直专注于 PPP 和项目管理等的教学、研究、咨询和推广，主要成果包括出版《特许经营项目融资（BOT、PFI 和 PPP)》《政企合作（PPP)：王守清核心观点》《特许经营项目融资（PPP)：风险分担管理》《特许经营项目融资（PPP)：资本结构选择》《特许经营项目融资（PPP)：实务问答 1000 例》《欧亚基础设施建设公私合作（PPP)：案例分析》等著作。

（3）同济大学项目管理标志性成果特色：在项目组织复杂性研究、虚拟设计施工在重大工程中的应用、可持续建设和绿色建筑研究方向，以乐云、施骞、王广斌等知名教授作为学术带头人，取得了水平比较高的研究成果。在工程项目管理的基础理论研究领域，提出了项目管理的 VAPM 方法，深化并推进了项目进度控制、项目风险管理的基础理论；在工程项目的可持续建设领域，揭示了工程项目从传统建设模式向可持续建设模式转变的广义失效机理，提出了可持续建设实现路径和方法。

（4）天津大学项目管理标志性成果特色：在全球国际工程经营、重大工程治理与可持续发展不同研究方向，以张水波、张连营、王雪青等知名教授作为学术带头人取得了高水平的研究成果。通过探究环境复杂性对重大工程项目风险因素间的相互作用机理、项目参与主体的风险感知和多目标冲突及合约网络对参与主体的风险决策行为的影响机理、重大工程项目系统中风险传导机理及其复杂演化规律，构建并提出了重大工程风险识别、度量与控制的理论与新方法。聚焦工程项目要素管理，具体研究方向包括 PPP 项目管理、工程造价管理、工程项目决策理论与方法、风险管理、合同管理、工程企业国际化等。

（5）北京航空航天大学项目管理标志性成果特色：邱菀华教授带领的研究团队一直从事于神舟空间飞行器、嫦娥探月 CE-1 等三代航天器研制项目管理、国内多类航空型号的研究工作，在六个国家重大专项的工程管理中，取得了风险管理、工程管理理论及熵决策分析等一系列创新性成果，攻克多项科学前沿和关键技术难题，为服务国家和国防发展做出了突出成绩。

（6）南开大学项目管理标志性成果特色：戚安邦教授带领的研究团队形成了项目管理学理论和项目评估学理论两个完整的理论体系，主要特色包括：坚持原创性研究的探索，研究面向实际需求且突破项目管理原理和方法方面的瓶颈，研究能够独辟前沿和实现交叉学科融通。

（7）北京邮电大学项目管理标志性成果特色：王长峰教授带领的研究团队主要在“智

能+”安全风险预警、防控、应急管理与决策研究领域，提出了安全风险“场”理论体系，利用“能量传递－风险耦合”揭示了重大（科技）工程项目实施过程中安全风险时空分布规律，形成了安全风险“辨识—预警—监控—应急—决策”理论体系和方法论。在“互联网+”重大（科技）项目复杂系统综合集成管理与控制研究领域，首次提出了“基于云－海计算的重大（科技）项目决策平台与机制”研究，提出了重大（科技）项目过程管理最终向综合集成化、智能化方向发展，以及重大（科技）项目过程管理综合成研讨厅中同、异构组织数据知识采集、融合集成优化管理理论和方法论。

（8）山东大学项目管理标志性成果特色：丁荣贵教授带领的研究团队主要从项目、项目治理、项目管理、项目风险等角度进行了体系化的构建，并逐步形成了项目治理哲学、方法论、方法/技术，以及应用的初步完整的理论体系。

（9）北京科技大学项目管理标志性成果特色：杨青教授带领的研究团队专注于复杂研发项目管理研究，在基于设计结构矩阵的研发项目建模与优化、系统优化等方面做出了创新性的成果。主要依据研发项目管理、集成产品开发模式、设计结构矩阵、DSM 聚类与优化算法、复杂网络理论与方法、社会网络分析建立了“基于复杂网络的系统架构分析—DSM 聚类—DSM 排序优化”三个知识领域相集成的理论框架，开展了研发项目各领域的集成与优化，系统整合了 DSM 和复杂网络理论方法两大核心技术在分析、优化系统架构上的优势，实现了研发项目管理效果和效率的跨越式提升，并结合航天等大型复杂研发项目和全球产品开发项目管理开展实证研究。

（10）华北电力大学项目管理标志性成果特色：乌云娜教授带领的研究团队在新能源电力建设与管理、政府投资工程项目管理、复杂大型工程项目管理、决策理论与方法、工程施工技术与管理等研究方向，以能源电力为特色，依托管理科学与工程一级学科、新能源电力与低碳发展研究北京市重点实验室平台及能源电力行业的优势资源，致力于打造在全国具有重要影响力的能源电力工程项目管理智库，形成了具有国际影响力的能源电力工程项目管理学派。

（11）大连理工大学项目管理标志性成果特色：宋金波教授和朱方伟教授在政府与社会资本合作、项目治理、大型复杂产品项目管理、项目驱动型企业管理等领域特色鲜明，具有国际影响力，形成了不确定条件下 PPP 项目的弹性决策机制（包含特许期/特许价格决策、提前终止补偿决策、超额收入分配与补贴决策、政府保证机制设计、项目混合治理机制设计、大型复杂产品系统的项目驱动式管理模式等的理论体系）。

（12）兰州大学项目管理标志性成果特色：柴国荣教授团队在大型复杂项目管理研究方向主持国家自然科学基金项目 3 项，形成了“柔性项目管理体系”“网络化制造的分层协同管理体系”“复杂项目的综合集成管理解决方案”等成果，其实际应用极大地提高了企业的项目管理水平，取得了良好的经济效益和社会效益。

（13）天津理工大学项目管理标志性成果特色：尹贻林教授和罗玲教授最早针对项目临时性契约组织特性创建了项目治理理论研究新范式，并深度剖析了信任、风险分担等各种治理机制对项目管理绩效的改善机理，强化了公共项目治理和管理的对策性研究，并应用于若干大型工程项目投资管控咨询。项目治理理论研究成果用于大型基础设施工程项目管理的投资管控目标上，形成了四条有效路径：基于风险分担的投资管控机制、基于信任的投资管控机制、基于公平参照点的投资管控、基于合同柔性的投资管控机制。获得天津市社科优秀成果奖一等奖一项、二等奖二项，形成了极具向心力的科学研究共同体。在教学研究方面，获得了国家级教学名师、国家级教学团队、国家级精品课、国家级特色专业和国家级精品教材等教育部教学质量工程成果。

（14）云南大学项目管理标志性成果特色：汪小金教授带领的研究团队主要从事项目管理知识体系的研究，主要标志性成果有《项目管理文化的维度和现状》《建立真正的职业社区意识：项目管理职业化的一个重要议题》《对项目管理专业人士的职业承诺和组织承诺的实证研究》《理想的实现：项目管理方法与理念》等。

2. 学科建设声誉

针对高等院校项目管理学科建设声誉情况，采用调查问卷和专家访谈的方式，调研了高等院校项目管理领域专家教授、相关学院领导，以及现场拜访高等院校项目管理领域知名教授，从学科研究领域、研究团队、高层次人才培养、主持的国家级课题、研究成果、产学研合作、国际合作与认证等综合考虑，高等院校项目管理学科建设和管理声誉评价比较高、且共识比较集中的高等院校有（排名不分先后）：清华大学、上海交通大学、同济大学、天津大学、西北工业大学、北京邮电大学、北京航空航天大学、大连理工大学、哈尔滨工业大学、北京科技大学、天津理工大学等。

三、形成的特色理论思想和体系

1. 上海交通大学林少陪教授、博士生导师及其成果

上海交通大学船建学院工程管理研究所教授，国务院颁发的政府特殊津贴获得者（1992— ），曾任国家计委重大项目专家评审组工程组成员，美国康奈尔大学研究教授，香港大学研究教授，英国土木工程师学会资深会员（FICE），英国皇家特许资质工程师。

主要研究领域为项目系统模型、项目经济分析、项目管理、计量管理、计算力学、人工智能工程应用、智能建筑、模糊推理及其应用等领域。

曾出版《系统模型与计算机算法》《经济分析与招投标可行性决策》《工程项目管理与计算机方法》《现代结构设计的概念与方法》《管理科学中的“模糊-人工智慧模型》及*Comparative Design of Structures*（Springer Press）等书，并在国内外学术会议和学术刊物上发表论文约200篇；获得2012年项目管理学会PMI（中国）项目管理终身成就奖。

2. 北京航空航天大学邱菀华教授、博士生导师及其成果

邱菀华教授是国家第一批国防科技工业511人才工程学术技术带头人，1988年和2004

年我国两个不同历史时期国家重大专项论证专家：完成六类助推飞机工程技术经济论证,主持大型飞机首次全国 Delphi 调研,为专家组论证按项目管理科学实施并取得高效高成果做出了积极贡献,获国家中长期科技发展规划（2006—2020）领导小组颁发的重要贡献荣誉证书。

卅多年来，她参与了从我国第一个航天国际合作资源卫星开始，一直到神舟空间飞行器、嫦娥探月 CE-1 等三代航天器研制项目管理的主持设计与计划、监督实施工作；主持了国内多类航空型号，如 L15 教练机、WZ16 航空发动机及国产首架大客机 C919 风险管理规划建设与应用实践；在第一线从事管理科学与工程教学、科研与应用实践工作中,在六个国家重大专项的工程管理中，取得了风险管理、工程管理理论及熵决策分析等系列创新性成果，攻克多项科学前沿和关键技术难题，为服务国家和国防发展做出了突出成绩。

邱菀华教授把信息论之父香农（C.E.Shannon）创立的信息熵定义从正数域扩展到实数域，提出复信息熵基础理论，定义信息质量（全准确度）的概念及其定量研究、决策方法；提出国产大客机跨国制造的风险管理模式解决不完全信息风险动态管控难题；创建卫星价值工程/价值管理模型提升系统价值；成果得到美国 IEEE 风险技术委员会鉴定委的肯定，以及美国科学院院士、国家奖获得者、世界一流学府哈佛大学著名教授 Luce 等权威学者的高度评价并被多次引用、介绍。主持国家自然科学重点和面上项目 11 项，主持参与完成军民融合产学研用课题 52 项，发表 SCI、EI 论文 115 篇，出版专著 5 本、译著 3 本，主编价值工程、项目管理两个国标和中国工程管理科技名词；获教育部自然科学一等奖、部级科技进步等二等奖 7 项；获 2001 年和 2004 年两位全国百篇优秀博士论文指导教师奖。

邱菀华主持和参与了我国价值工程、项目管理、航天系统工程专委会三个社团及其国家职业标准的建立，为结束在中国大陆没有国际注册价值工程专家和国际注册项目经理的历史做出了重要贡献。她是国务院学位委员会第四届和第五届管理学科评议组成员,国际价值工程协会中国认证委员会主席、国际项目管理协会资质论证委中方委员、美国国际期刊 *Value World* 等国内外多个学术期刊编委，中国项目管理委员会副主任委员、北京价值工程学会第一届会长、英国赫瑞瓦特大学 MBA 导师、俄罗斯科学院合作研究教授、俄罗斯国立莫斯科管理学院访问学者，以及国内诸多大学兼职教授等。

邱菀华爱国爱校、治学严谨、乐于助人，是中共北京市第八、九届党代会代表，享受国务院特殊津贴，获航空部优秀教师、北京奥运先进等十项个人荣誉称号，为国防工程管理及人才培养做出了突出贡献。

3. 南开大学戚安邦教授、博士生导师及其成果

在项目管理研究领域，形成了项目评估学理论和项目管理学理论两个完整的理论体系。

（1）项目评估学理论体系：通过创建项目跟踪评估的原理和方法，再加上原有的项目

前评估和项目后评估的原理和方法，形成了完整和配套的项目评估学的理论体系。2006 年首先提出了“项目评估学”，并且出版了国内第一本“项目评估学”著作，以及类似教科书。

（2）项目管理学理论体系：通过创建项目集成管理和项目风险管理的原理和方法，再加上原有的项目范围、时间、成本、质量和资源管理的原理和方法，形成了完整和配套的项目管理学的理论体系。2003 年首先提出“项目管理学”，并且出版了国内第一本“项目管理学”著作，以及类似教科书。

在现代项目管理研究领域的主要特色包括三个方面。

（1）坚持原创性研究的探索：研究成果既不局限于现有 PMI 的《PMBOK®指南》，也不局限于 IPMA 的 ICB，以及 PRINCE2 等结构化的项目管理流程和方法，而是深入探索项目管理的非结构化和非程序化的管理原理和方法，特别是项目不确定性和项目风险性的管理原理和方法等。

（2）研究面向实际需求且突破项目管理原理和方法方面的瓶颈：研究聚焦在项目全过程、项目全要素和项目全团队的集成管理原理和方法方面。

（3）研究能够独辟前沿和实现交叉学科融通：一是项目成本与价值的全面集成管理原理和方法；二是项目价值链及其传递过程和审计方法的研究；三是翻译和出版了《创新管理》和《创业管理》或《创业学》，但是世界上尚无人将“创新”和“创业”按照过程管理的方法去研究。

在项目管理方面的研究形成的标志性成果包括如下几个方面。

（1）在项目集成管理方面的标志性研究成果：关于项目全面集成管理原理和方法的成果，被 IPMA 评选为 2009 年研究大奖，随后《光明日报》在报道中称这是国人获得的该领域最高奖项；该成果具有理论和方法上的重大突破和创新，所著《项目全面集成管理原理和方法》被南开大学百年校庆作为十大经典哲学与社会科学经典著作。

（2）在项目成本与价值及其集成管理方面的标志性研究成果：主要包括项目成本与价值的集成管理原理和方法、项目价值链及其传递过程的原理和方法、项目全面成本与造价集成管理的原理和方法等一系列成果。

（3）在引进、消化、吸收 PMI 的《PMBOK®指南》方面的标志性成果：1999 年，举行“引进 PMP®的新闻发布会”，在 2001 年年初由对外经贸大学出版社出版了《现代项目管理》，并作为有关单位 PMP®认证培训的指定教材，又在 2001 年春节的黄金时间里在中央电视一台播出了“现代项目管理”的讲座；2005 年，“现代项目管理”课程获得国家首批精品课，2008 年获得国家首批百门双语示范课，2013 年获得国家首批精品共享课，2015 年获得国家首批来华留学生英语品牌课和国家工硕委首批全国慕课等一系列教学与科研方面的成果，并且先后由国家财政部出资资助出版了《项目管理》《项目管理概论》《项目管理学》等相关著作；2009 年，获得“PMP®认证引进中国十周年特殊贡献奖”。

（4）在项目评估原理与方法方面的标志性研究成果：在2012年出版的《项目评估学》（国家普通高等教育“十二五”规划教材）中，增加了项目跟踪评估的原理和方法，这是国内首创并最早出版的项目跟踪评估原理和方法的书，使得项目前评估、后评估和跟踪评估一起构成了一个项目全过程论证与评估的原理和方法的体系。

（5）在创新项目、创业项目和项目导向型组织方面的标志性研究成果：2017 年出版《创新项目管理》，2019年8月出版《创业项目管理》，这两本著作一方面为国家的“万众创新，大众创业”发展国策服务，另一方面解决了管理每个独特性创新或创业获得的科学原理和方法。

（6）在项目风险管理的原理和方法方面的标志性研究成果：2004年和2010年分别出版了《项目十大风险管理》和《项目风险管理》，其中，《项目风险管理》编写成英语版《中国项目风险管理理念》，并在2016年由IGI国际出版社出版的《项目风险管理：在变化的企业环境中获得竞争优势》中的Chapter3（pages 45-69）予以公开出版发行，从而使国际上项目管理学界对于中国项目管理思想有了了解和认识。

（7）在中国项目管理思想和学派方面的标志性研究成果：将中国项目管理思想和学派推向世界，形成了美、欧、中三大项目管理学派鼎立的态势。首先是作为国际项目管理协会研究委员会主席组织了 2015 年在南开大学召开的 IPMA 年度研究会议（Theory Meet Practice in Project Management），主题就是中国项目管理思想的研究。同时，在深入研究《孙子兵法》和老子《道德经》等中国古典管理哲学著作的基础上，将这些思想运用到了现代项目评估和管理方面，并取得了标志性的成果，以台湾地区《专案经理》杂志使用的《中国项目管理学派》一书作为最根本的标志。

4. 清华大学强茂山教授、博士生导师及其成果

主要基于面向理论前沿，立足工程实践，工程、经济、社会和环境学科交叉，项目、组织和利益相关方管理等方面展开了综合研究。

基于学科理论前沿和面向国内外工程管理重大实践需求开展了研究，研究团队获得国家自然科学基金项目8项（包括重点项目1项和面上项目7项），以及中国电建重大科技专项等多个企业委托项目。形成了项目级、组织级和利益相关方级完整的管理理论体系，在 *Project Management Journal,International Journal of Project Management,Journal of Construction Engineering and Management-ASCE, Journal of Management in Engineering-ASCE* 等十余种国际权威期刊发表，出版了《项目管理案例》《国际工程EPC水电项目管理理论与实践》《国际工程标准体系与标准应用》等著作；并在工程管理研究领域被大量引用，获得大型工程企业在国内外的广泛应用，并被建设部采纳为行业改革创新的重要依据。主要创新性成果如下：

（1）水电开发移民利益共享模型。针对水电开发过程中移民问题，建立了基于交易费用的水库移民体制变迁理论体系，形成了水电开发项目投入产出要素清单、相应归属和定量量测方法，建立了水电开发利益共享数学模型；给出了满足体制变迁规律和利益共享要求的水库移民体制安排，主要包括基于利益共享数学模型的补偿标准调整安排、基于移民收入水平预测模型和安置模式的补偿方式调整方案等，并以溪洛渡水电项目为分析案例，对建立的模型进行了实证研究。研究成果为我国水库移民政策制定和体制安排提供了理论支撑和实践方法，对我国水库移民工作具有重要的理论和实践指导价值。

（2）伙伴关系理论。针对水电开发各方利益冲突问题，建立了伙伴关系理论模型，系统地揭示了项目利益相关方如何通过组织间资源共享和决策优化来提升项目绩效；针对水电开发所涉及的众多风险因素，建立了合作风险管理模型，揭示了自然灾害—水电枢纽—社会间相互作用关系，以促进各方通过协同机制有效管理风险；并提出了基于伙伴关系理论的流域水电开发多项目、多目标管理模式，应用于雅砻江全流域水电项目决策、建设与管理，在流域尺度实现水电可持续开发目标。以上研究成果具有重要的理论与实践价值，以及政策意义。

（3）工程项目组织效能评价模型。当今的工程建设项目越来越呈现出规模大型化、业务国际化及技术复杂化的发展趋势，迫切需要有效的团队管理方法驱动项目目标实现和组织战略提升。对此，提出了针对工程项目组织临时性特点的项目团队组织效能理论，开发了基于工程项目管理业务流程和项目团队核心能力的组织效能评价模型体系；整合业务流程和核心能力两个方面，从团队匹配规律的视角建立工程项目参与方与项目业务的匹配模型，形成精细评价组织效能的评估模型，并以南水北调、溪洛渡工程和拉洛工程等大型工程项目为案例检验了模型。评价模型综合考虑项目利益相关方能力、工程项目特点及项目组织特点，有助于揭示工程项目参与方能力、业务流程、能力集成过程及其耦合规律，蕴含重要理论与实践价值。

（4）大型工程项目社会风险管理理论。大型工程项目开发涉及众多利益相关方，社会风险不可忽视。对此，提出了大型基础设施项目社会风险的识别方法，建立了社会风险的定量化评估体系，形成了大型基础设施项目社会风险的来源清单。基于大数据方法，开发了用于社会风险监测、评估及预警管理的系统方法和一套基于社交平台的公众舆情监测评估系统。成果揭示了社会风险在项目全生命周期的演化机理和公众对风险感知的传播机制，可为大型工程社会风险管理提供理论和实践指导，并为政策制定提供依据。

（5）国际工程标准对接。中国企业在国际工程市场越来越活跃，但也面临不适应国际工程技术与管理标准的突出问题。对此，建立了国际工程设计—采购—施工（EPC）项目管理理论模型，明确了国际业务工作流程，为我国大型对外承包企业管理人员提供了流程化、标准化的指导，取得显著管理效果；提出了国内外工程技术标准对接理论体系，系统揭示了国内外工程技术标准体系及其差异，以解决中国企业不适应国际工程技术标准这一瓶颈问题。成果为提升中国企业应用国际工程标准的能力，促进中国标准国际化，提供了技术支撑和实践指导。成果推广应用于中国电建集团 47 家企业，取得了巨大效益，并获得 2018 年度中国电建科学技术一等奖。

5. 清华大学王守清博士、教授、博士生导师及其成果

20 多年来，王守清教授一直专注于 PPP 和项目管理等的教学、研究、咨询和推广，主持了多个 PPP 课题，包括国家自然科学基金委资助的 5 项，公开发表学术论文 400 多篇，出版《特许经营项目融资（BOT、PFI 和 PPP）》《政企合作（PPP）：王守清核心观点》《特许经营项目融资（PPP）：风险分担管理》《特许经营项目融资（PPP）：资本结构选择》《特许经营项目融资（PPP）：实务问答 1000 例》《欧亚基础设施建设公私合作（PPP）：案例分析》《项目管理：基于团队的方法》《（管理类）工程硕士专业学位论文写作指导》等著作；据美国土木工程师学会 SCI 期刊 JCEM 论文 2009 年统计，在 1998—2008 年发表的 PPP 英文论文数列全球第 3 位、论文总被引用率或单篇论文被引用率列全球第 2 位，4 篇论文进入被引用率全球前 11 名；据 SCI 期刊 Scientometrics 论文 2016 年统计，在 2000—2015 年发表的 PPP 英文论文数列全球第 5 位；1 篇论文进入 SSCI 期刊 IJPM2010—2015 年引用率最高论文榜，1 篇论文进入 ASCE 的 SCI 期刊 JIS1996—2014 年下载量最高论文榜；连续 5 年（2014—2018 年）入围 Elsevier 中国高被引学者榜单（建设管理类仅 3 人）；曾获 2009 年 Emerald“Outstanding Paper Award”、2011 年“APEC-Australian Leadership Awards - Fellowship Program on PPP”、两次（2011 年、2016 年）获得 IPMA 中国国家会员 PMRC“项目管理成就奖”、2012 年 PMI（中国）“项目管理杰出贡献奖”等；2003 年回国以来，做过上千场相关讲座/讲课，是中国最受欢迎的师资之一，被誉为“中国 PPP 教父”。

现为清华大学 PPP 研究中心首席专家暨专家委副主任、清华大学恒隆房地产研究中心 PPP 研究室主任，兼全国高校 PPP 论坛/联盟（60 多所大学）学术委员会主任、原全国项目管理领域工程硕士教育协作组（161 所大学）组长、“基础设施和公用事业特许经营法”（征求意见稿）两位领衔专家之一、国家发改委 PPP 专家暨专家委委员、财政部 PPP 专家、天津金融资产交易所 PPP 资产交易和管理平台专家委员会主任、中国财政学会 PPP 研究专业委员会特聘专家、亚开行 PPP 专家、EU-Asia PPP Network 中方代表、（美）项目管理协会（PMI）全球项目管理认证中心中国区副主席、*Project Mgmt J.和J. of Financial Mgmt of Property&Constr* 等 10 多份国内外期刊编委等。

6. 云南大学汪小金博士、PMP®、教授、硕士生导师及其成果

云南大学发展研究院教授、硕士生导师，1996 年 3 月，获得澳大利亚 RMIT 大学项目管理工程硕士学位，1998 年获得澳大利亚维多利亚大学博士学位。1983 年 9 月至 1993 年 2 月，主要从事国家“六五”重点建设工程——鲁布革水电站工程的建设管理工作，先后从事出纳、会计、评标、合同管理（基于 FIDIC 条件）、外资财务会计、项目后评价等工作。

2007 年，经 PMI（中国）推荐，被 PMI 出版部指定为《PMBOK®指南》（第 4 版）的中译审校委员会主任。2011 年，PMI 继续指定汪小金博士担任《PMBOK®指南》（第 5 版）的中译审校委员会主任。2016—2017 年，应 PMI 出版社邀请，再次参加《PMBOK®指南》（第 6 版）中文版的翻译审校工作。

目前，主要从事项目管理知识体系的研究，主要标志性成果有：

（1）《项目管理文化的维度和现状》(*Dimensions and current status of project management culture*)，*Project Management Journal*（PMI），2002 年第 1 期。

（2）《建立真正的职业社区意识：项目管理职业化的一个重要议题》(*Developing a true sense of professional community: An important matter for PM professionalism*)，*Project Management Journal*（PMI），2002 年第 1 期。

（3）《对项目管理专业人士的职业承诺和组织承诺的实证研究》(*An empirical study of PM professionals' commitment to their profession and employing organizations*)，*International Journal of Project Management*（IPMA），2004 年第 5 期。

（4）《理想的实现：项目管理方法与理念》，2003 年 10 月，人民出版社出版。

（5）《关键相关方的项目表现与项目成功之间关系：中国建设监理工程师的看法》(*The relationships between key stakeholders' project performance and project success: Perceptions of Chinese construction supervision engineers*)，*International Journal of Project Management*，2006 年第 3 期。

（6）《中国企业推行西式项目管理的文化障碍：来自云南省的实证》(*Cultural barriers to the use of western project management in Chinese enterprises: Some empirical evidence from Yunnan province*)，*Project Management Journal*，2007 年第 3 期。

（7）《拔掉插头》（Pull the Plug），*PM Network* 杂志，2006 年 6 月。

长期与 PMI（中国）的合作，主要合作成果有：

（1）2009 年协助 PMI（中国）在昆明举办“项目管理日昆明论坛”。

（2）2010 年协助 PMI（中国）在昆明举办“云南企业项目管理高峰圆桌会”和“CAPM 与大学生就业专题论坛”。

（3）在 2010 年 6 月 PMI（中国）内部交流刊物《项目管理世界》创刊之后，为刊物翻译了 9 篇文章（从 *PM Network* 杂志的英文文章翻译成中文），刊登在该杂志的第 1 期至第 7 期。

2014 年，在 PMI（中国）项目管理大会主会场发表题为“用项目引领组织变革”的主题演讲。

为 2017 年《经理人》杂志的 PMI（中国）项目管理专刊撰写文章《项目管理既需国际化又需本地化》。

应 PMI（中国）的邀请，撰写文章解读 PMI 的 2018 年《职业脉搏调查》报告。文章《应对日益严重的“范围蔓延”》发表于《经理人》杂志 2019 年 1 月刊。

7. 北京邮电大学王长峰博士（后）、教授、博士生导师及其团队

（1）在“智能+”安全风险预警、防控、应急管理与决策研究领域，基于综合集成理论和系统理论等，提出了重大（科技）工程项目安全风险预警、防控、应急管理与决策智能化发展趋势，提出了安全风险“场”理论体系，利用“能量传递—风险耦合”揭示了重大（科技）工程项目实施过程安全风险时空分布规律,形成了安全风险“辨识—预警—监控—应急—决策”理论体系和方法论，并与“智能+”融合，实现了“创新链条-产业链条”的对接，取得了一些高水平的标志性理论研究和工程化应用成果，研究水平达到了国内先进水平。

2002—2004 年，以国防科工委“十五”重点基础研究项目（Z072003A001）——“舰船建造过程风险识别与分析方法研究”为研究对象，基于综合集成理论、复杂系统论、模糊数学理论，提出了“重大工程‘场’理论”体系，利用“能量传递—风险耦合”，揭示了重大工程实施过程安全风险时空分布规律,形成了安全风险“辨识—预警—监控—应急—决策”理论体系和方法论；同时，制定了一套完整性和系统性较强的识别和分析过程风险的技术参考模板，创造性地提出了解决重大项目风险的实际问题的“模糊—事件树—故障树”集成的方法，初步解决了我国舰船建造过程风险的管理与控制的实际问题，形成了“重大项目风险管理理论体系和可程序化风险度量技术方法”研究特色，取得了一些高水平的标志性研究成果。

2008 年，“舰船建造过程风险识别与分析方法研究”系列研究成果经过专家认定：“研究成果整体水平达到国内先进水平，经过三年来在我国主战舰艇和主要民用舰型建造过程的科技成果推广应用中，取得了重大社会和经济效益，具有广泛的应用前景。”

2012—2016 年，主持了“基于最优控制理论的重大项目安全风险预警评价指标体系构建及控制与实证研究”课题（国家自然基金面上项目），该课题基于最优控制理论，提出了构建“安全风险（识别—预警—控制）—决策”的集成智能化平台的思路，以及构建重大项目安全风险重大灾害事故科学化、系统化、定量化、集成化、智能化管理控制决策平台，实时监控了重大灾害事故发生，形成了“安全风险（识别—预警—控制）—决策”集成智能化研究的特色，取得了一些高水平的标志性研究成果。

2010—2012 年，主持了“基于动态微分博弈理论的特（重）重大项目应急决策模型和实证研究”课题（教育部人文社会规划基金一般项目），以重大项目应急决策与管理为研究对象，提出了重大（特大）型工程应急管理系统向综合集成发展是系统发展的最高层次，构建了重大（特大）型工程应急管理综合集成研讨厅，形成了“专家—应急管理（预警—应急—善后处理）—决策”集成智能化研究的特色，取得了一些高水平的标志性研究成果。

（2）在“互联网+”重大（科技）项目复杂系统综合集成管理与控制研究领域，基于传统综合集成管理理论体系，针对“互联网+”重大（科技）项目管理融合，首次提出了

"基于云海计算的重大（科技）项目决策平台与机制"研究，提出了重大（科技）项目过程管理最终向综合集成化、智能化方向发展，以及重大（科技）项目过程管理综合成研讨厅中同、异构组织数据知识采集、融合集成优化管理理论和方法论，取得了一些高水平理论研究成果和工程化实践成果，研究水平处于国内先进水平。

2009—2012 年，主持了"复杂动态环境下特大型项目过程管理综合成研讨厅中组织知识集成优化管理和实证研究"课题（国家基金面上项目），形成了重大（科技）项目过程管理综合成研讨厅中同、异构组织数据知识采集、融合集成优化管理理论和方法论。

2002—2004 年，以国防科工委"十五"重点基础研究项目（Z072003A001）——"舰船建造过程风险识别与分析方法研究"为研究对象，基于综合集成理论、复杂系统论、模糊数学理论，提出了大型项目过程管理最终向综合集成化、智能化方向发展，标志性研究成果为《重大研发（R&D）项目过程管理综合集成与过程风险管理模式研究》。

（3）在"互联网+"大型央企重大项目组合优化和资产组合管理与决策研究领域，提出了"互联网+"与重大项目组合优化和资产组合管理的理论体系，以及群体智能决策理论和方法论，形成了具有工程化的"大型央企重大项目组合优化和资产组合管理与智能决策平台"，提出了新一代信息技术背景下的"现代综合集成管理理论"，发表了高水平的学术论文，研究水平处于国内先进水平。

2014—2016 年，主持了"互联网+"中国海洋石油集团公司投资项目优化与资产组合管理决策平台研究课题，该课题以"中国海洋石油集团公司投资项目优化与资产组合管理决策"为研究对象，融合"互联网+"，针对石油企业上、中、下游一体化特征，以及勘探投资、开发投资、资本投资组合规划，石油、天然气、非常规石油的资产组合规划情况，结合大数据、互联网、综合集成理论、复杂系统论等，提出了构建基于大数据、互联网的中国海洋石油集团公司投资项目与资产组合集成协同管理决策智能化平台，实现了集团公司"战略规划—投资决策—年度计划—过程跟踪"的协同管理决策，制订了"互联网+"中国海洋石油集团公司投资与资产集成管理优化决策平台一期实施方案；结合集团公司国内、外重大项目管理特征和管理流程，以"大数据—信息—知识"为主线，识别确定了重大项目管理的关键流程，优化了管理流程，研究分析了集团公司重大项目的决策点和决策门径，以及过程阶段模型和决策阶段模型；研究了投资项目及资产基本数据信息管理、项目与资产经济评价、单项目决策评价、财务预测、投资与资产组合模型，形成可视化报告，提供给集团公司领导对公司规划与预算进行科学决策，构建了具有工程化的"中国海洋石油集团公司投资与资产集成管理优化决策平台"，取得了一些高水平的标志性研究成果。

8. 山东大学丁荣贵博士、教授、博士生导师及其成果

丁荣贵博士团队主要从事研究项目治理，特别是项目治理的组织及其风险，使国内甚至国际上 2004 年左右提出了项目治理（Project Governance）概念。

当时，尽管国际上有些专家已经提出了类似的概念，但大多是将公司治理嫁接到项目

上来，例如，Rodney Turner 于 1997 年左右提出的项目管理的治理（Governance for Project Management）,国内严玲教授提出的公共项目的治理等。关于这些治理的理论也大多借鉴了公司治理结构、经济学中的委托代理理论等。丁荣贵博士团队的研究则不同，项目治理的概念一开始就考虑了项目的特征，并从项目、项目治理、项目管理、项目风险等角度进行了体系化的构建，并逐步形成了项目治理哲学、方法论、方法/技术，以及应用的初步完整的理论体系。

在哲学层面，丁荣贵博士提出了从项目矛盾着手的分析矛盾和解决矛盾的“太极逻辑”，并出版专著《太极逻辑：项目治理中的中国智慧》，该书已被 Springer 公司购买英文版版权，预计 2020 年出版。2013 年在《山东大学学报》发表的《项目治理相关概念辨析》一文中对项目、项目管理、项目治理等相关概念进行了重新定义，目前这些定义已被纳入了 IPMA 的全球卓越项目奖（IPMA Global Project Excellence Award）的评奖标准 PEB（Project Excellence Baseline）。国家自然科学基金近年来每年都有若干资助项目围绕项目治理展开，Project Governance 已成为标准词汇，国际学术会议经常有项目治理分论坛。《中国百科全书》第 3 版中的“项目治理”长词条也由丁荣贵博士负责撰写。相关的专著，例如《项目管理：项目思维与管理关键》《项目治理：实现可控的创新》等也被机械工业出版社、中国电子出版社、中国电力出版社、台湾以诺国际、德国 Springer 等以不同文字出版，“项目管理”课程为省级精品课程。

9. 大连理工大学戴大双教授、博士生导师及其成果

多年来，戴大双教授一直从事项目投资融资管理科研和教学工作，研究方向主要聚焦在政府投资公共项目治理上；主持完成了国家自然科学基金课题、国家软科学研究、教育部博士点基金项目、国防科工委“十五”“十一五”国防基础科研重大课题的子课题 10 余项；同时还承担了地方政府、中国航天二院及企业委托项目 30 余项；近年来发表学术论文 150 余篇，作为主编和主要著作人，出版了《BOT 项目特许决策管理》《基础设施项目与 BOT 模式的匹配方法》《高新技术企业的技术创新管理》《技术创新扩散》《中国项目管理知识体系》等著作；获得教育部高等学校科学研究优秀成果二等奖，辽宁省哲学社会科学成果和科技进步奖等多个奖项；主编《现代项目管理》《项目融资》《技术经济学》《价值工程》等教材 10 余部；获全国“三八”红旗手、“大连市十大优秀女职工”、“辽宁省双文明标兵”等荣誉称号。

10. 天津大学王雪青教授、博士生导师及其成果

王雪青教授团队研究方向主要包括两大方面：

（1）通过探究环境复杂性对重大工程项目风险因素间的相互作用机理、项目参与主体的风险感知和多目标冲突及合约网络对参与主体的风险决策行为的影响机理、重大工程项目系统中风险传导机理及其复杂演化规律，构建并提出了重大工程风险识别、度量与控制的理论与新方法。该方向主要包括以下研究领域：

1）重大工程项目风险因素相互作用机理研究。

2）重大工程项目参与主体的风险决策行为研究。

3）重大工程项目风险计算仿真平台构建。

4）重大工程项目实施过程中风险再分配及谈判策略研究。

5）基于合约治理的重大工程项目风险控制研究。

团队近 5 年获得国家级/省部级课题 3 项，包括国家自然科学基金重点项目 1 项、面上项目 2 项等，发表高水平学术论文 65 篇，培养博士研究生 10 名、硕士研究生 65 名，邀请海外学者来校进行学术交流 30 人次。本研究团队参加了由美国斯坦福大学等联合发起的全球基础设施工程项目数据收集（GIPRN）国际合作项目。团队核心成员获 2013 年度教育部科技进步一等奖、2014 年度天津市科技进步二等奖各 1 项。

（2）聚焦工程项目要素管理，具体研究方向包括 PPP 项目管理、工程造价管理、工程项目决策理论与方法、风险管理、合同管理、工程企业国际化等。研究内容涵盖项目管理流程中的决策、造价、合同、风险等多个方面，研究对象从一般的工程项目推广至具有显著特性的国际工程项目，项目类型由传统的 DBB 模式扩展至目前国家大力推广的 PPP 模式，研究视角从以往的经济人假设前提下的项目管理要素优化向社会人假设前提下的决策者属性、偏好等过渡，因而研究方法由传统的理论分析、结构方程模型延伸至案例推理、行为实验等。

综合运用系统科学、管理科学、数学、经济和行为科学及工程方法，结合信息技术研究社会、经济、工程等复杂系统中的管理规律，并由此改进和优化管理过程、解决工程项目管理中相关问题，注重理论与实践相结合，强调研究成果的实际价值，旨在解决工程项目管理领域的最新难题。

11. 华北电力大学乌云娜教授、博士生导师及其成果

该团队以能源电力为特色，依托管理科学与工程一级学科、新能源电力与低碳发展研究北京市重点实验室平台及能源电力行业的优势资源，致力于打造在全国具有重要影响力的能源电力工程项目管理智库，形成具有国际影响力的能源电力工程项目管理学派。团队紧紧围绕能源电力特色在工程项目管理领域展开了诸多研究，主要包括新能源电力建设与管理、政府投资工程项目管理、复杂大型工程项目管理、决策理论与方法、工程施工技术与管理等方向。近两年共计发表 SCI 检索论文 28 篇；承担国家自然科学基金项目 4 项、国家社会科学基金重点项目 1 项、北京市科委科技计划项目 1 项，以及其他省部级科技计划课题 4 项。依托上述成果，已形成完整的能源电力工程管理理论与方法体系。

12. 大连理工大学宋金波教授、博士生导师及其成果

宋金波教授在政府与社会资本合作、项目治理、大型复杂产品项目管理、项目驱动型企业管理等领域特色鲜明，具有国际影响力，形成不确定条件下 PPP 项目的弹性决策机制（包含特许期/特许价格决策、提前终止补偿决策、超额收入分配与补贴决策、政府保

证机制设计、项目混合治理机制设计、大型复杂产品系统的项目驱动式管理模式等的理论体系；主持国家自然科学基金重点项目 1 项（71734001，新型城镇化发展进程中的项目治理研究）、面上及青年项目 5 项（全国项目管理学科中排名第一）、国家住房和城乡建设部软科学研究项目 2 项、政府和企事业单位咨询项目 20 余项，累计科研经费近千万元。近年来，发表 SCI、SSCI、国家自然科学基金委重要期刊论文 50 余篇，出版《BOT 项目特许决策管理》《实施先进制造技术中的组织变革》2 部著作。获得大连市科学技术奖一等奖 1 项、第三届全国百篇优秀管理案例 1 项、大连市科技进步三等奖 1 项等。同时兼任 *Transportation Research PartA*（SCI、SSCI）、*Transportation Research PartB*（SCI、SSCI）*Transportation Research PartE*（SCI、SSCI）、*Ournal of Management in Engineering*（SCI）、*Journal of Civil Engineering and Management*（SCI）、*Scientometrics*（SSCI、SCI）、*International Journal of Strategic Property Management*（SSCI）、*Journal of Construction Engineering and Management*（SCI）、*International Journal of Energy Research*（SCI）、*Environmental Engineering and Management Journal*（SCI）、*World Development*（SSCI）、*Cities*（SSCI）审稿人，大连湾海底隧道和光明路延伸工程 PPP 项目专家委员会委员等。

13. 同济大学施骞教授、博士生导师及其团队

施骞教授长期坚持基础理论研究与工程项目管理实践相结合，在工程项目管理实践中凝练科学问题，开展基础理论研究并践行可持续发展。作为项目负责人主持国家自然科学基金项目 3 项、国际项目 2 项、教育部博士点博导类项目 1 项，参与国家自然科学基金重大项目 1 项，发表 SSCI 索引论文数十篇；获得上海市科技进步一等奖和二等奖各 1 次。施骞在欧洲获得了欧盟 Erasmus Mundus 学者基金资助，在美国出版学术专著 1 部，得到了国际同行的认可。

施骞团队主要围绕工程项目管理的基础理论并结合工程项目的可持续建设（Sustainable Construction or Green Building）开展研究工作。在工程项目管理的基础理论研究领域，提出了项目管理的 VAPM 方法，深化并推进了项目进度控制、项目风险管理的基础理论；在工程项目的可持续建设领域，揭示了工程项目从传统建设模式向可持续建设模式转变的广义失效机理，提出了可持续建设实现路径和方法；开发了我国首个具有自主知识产权的绿色工地能源管理系统（GSEMS），推动了工程项目可持续建设的理论研究和实践工作。

14. 北京科技大学杨青博士（后）、教授、博士生导师及其成果

杨青教授一直专注于复杂研发项目管理研究，在基于设计结构矩阵的研发项目建模与优化、系统优化等方面做出了创新性的成果。主要是基于研发项目管理、集成产品开发模式、设计结构矩阵、DSM 聚类与优化算法、复杂网络理论与方法、社会网络分析等，建立了“基于复杂网络的系统架构分析—DSM 聚类—DSM 排序优化”三个

知识领域相集成的理论框架，开展了研发项目各领域的集成与优化，系统整合了 DSM 和复杂网络理论方法两大核心技术在分析、优化系统架构上的优势，实现了研发项目管理效果和效率的跨越式提升，并结合航天等大型复杂研发项目和全球产品开发项目管理开展实证研究。

在复杂研发项目系统架构方面开展了一系列高水平的研究，主要包括：①在系统架构 DSM 建模方面，从复杂性角度研究了复杂研发项目各领域架构的基本特征；②在流程架构优化方面，开展了基于 DSM 和质量功能展开分析功能变更对研发项目的影响研究，构建了基于重叠/迭代的 DSM 排序优化和仿真模型，开展了返工风险传播和预处理的研发项目流程 DSM 优化研究；③在组织架构和产品架构优化方面，建模了产品架构中基于功能/需求的部件依赖关系模型，构建了基于信息熵和网络节点相似性的 DSM 聚类方法，以及以“类内耦合强度最大化、类间耦合强度最小化”为准则的 DSM 聚类方法，并在此基础上开展了全球产品开发项目管理研究；④在多领域 MDM 集成方面，对研发项目中“团队—产品—功能”多领域集成与组织聚类开展了研究，构建了基于 MDM 的跨领域元素间依赖度测量模型；⑤基于复杂网络的研发项目系统架构集成与优化研究，开展了基于风险传播网络和 DSM 的复杂研发项目风险评价、基于项目网络支配和扩散关系的研发项目组合选择研究。

杨青教授及其团队主持了国家自然科学基金面上项目 4 项、国际合作与交流项目 1 项，合作开展国家自然基金“海外及港澳学者合作研究项目”1 项。主持国家自然基金面上项目“基于精益原则的复杂研发项目价值流优化与实证研究”（71072123，2011.01—2013.12）、“民航企业精益价值管理理论和方法研究”（60672185，2007.01—2009.12）、“基于结构化方法的复杂研发项目多领域集成分析与优化研究”（71472013，2015.1—2018.12）、“基于复杂网络的研发项目系统架构集成与优化研究”（在 71872011，2019.1—2022.12），通过这些项目，对基于结构化方法（设计结构矩阵）的复杂研发项目管理开展了系统的研究，并将其拓展到基于复杂网络的研发项目系统架构建模、优化与聚类研究。

主持完成了国家自然基金中韩国际合作交流项目“基于全球分布伙伴的复杂产品开发项目过程建模与优化”（713111018，2013.7—2015.6），该项目系统研究了全球产品开发项目管理；与美国宾州州立大学 TaoYao 合作开展国家自然基金“海外及港澳学者合作研究项目”——“大数据环境下复杂系统的统计学习、优化及其应用研究”（71528005，2016.1—2017.12），该项目对大数据环境下的研发项目管理开展了研究，取得初步研究成果，例如，文章“大数据：数据驱动下的工程项目管理新视角”发表于《系统工程理论与实践》，该研究对基于复杂网络方法（如 Page Rank 和随机游走模型等）的系统建模/优化开展了研究。

公开以第一或通信作者发表论文共 60 余篇，其中，SCI/SSCI 论文 7 篇（JCR1 区共 4 篇）。近年来，在国际项目管理协会（IPMA）的会刊 *International Journal of Project*

Management（SSCI,JCR1 区,Impact Factor*：4.694）发表文章 2 篇，在国际工程管理界的 Top 期刊 *IEEE Transactionson Engineering Management*（SCI,Impact Factor*：1.964）发表文章 1 篇，在《系统工程理论与实践》《中国管理科学》《管理评论》等国家自然科学基金委管理学部认定的 A 类重要期刊上以第一作者身份发表与研发项目管理相关论文 10 余篇。

15. 天津理工大学严玲博士、教授、博士生导师及其成果

国内最早针对项目临时性契约组织特性创建了项目治理理论研究新范式，并深度剖析了信任、风险分担等各种治理机制对项目管理绩效的改善机理，强化了公共项目治理和管理的对策性研究，并应用于若干大型工程项目投资管控咨询。

团队已连续获得 12 项国家自然科学基金项目、1 项国家社科基金重点项目资助（截至 2018.12），出版专著 3 部（《公共项目治理》《基于治理的公共项目管理绩效改善》《公共项目代建人激励》），还有一部待出版（《建设工程柔性合同与承包人履约行为治理——契约参照点效应的视角》）；获得天津市社科优秀成果奖一等奖 1 项、二等奖 2 项，形成了极具向心力的科学研究共同体。在教学研究方面，获得了国家级教学名师、国家级教学团队、国家级精品课、国家级特色专业和国家级精品教材等教育部教学质量工程成果。

项目治理理论研究成果用于大型基础设施工程项目管理的投资管控目标上，形成了四条有效路径：基于风险分担的投资管控机制、基于信任的投资管控机制、基于公平参照点的投资管控、基于合同柔性的投资管控机制。

基于项目治理理论的公共项目绩效改善理论框架已经建立，但是实证研究的任务还很多。

第三节　小　结

一、总体情况回顾总结

本调研结合重大（科技）工程项目管理和中国产业的实际情况，调查我国高等院校项目管理学位/学科（1999—2019 年）建设现状，了解在我国高等院校项目管理学科领域起到开创性、奠基性作用，且做出过杰出贡献的项目管理专家教授及其创新团队的情况，彰显高等院校项目管理学科取得的重大成就，剖析高等院校项目管理学位/学科领域存在的主要问题，提出科学可行的政策性建议。

本课题小组历时近一个月的时间，筛选调研了 14 所高等院校、27 名长期从事项目管理研究的著名专家教授。其中，实际调研 14 所高等院校，实际调研专家教授 27 名，其中通过远程网络电话调研国外访学教授 1 名；另外，还有 3 名天津大学和同济大学教授因为工作繁忙未接受访谈。在本次访谈的 14 所高等院校中，具有 985 兼 211 高等院校名誉的有 9 所，占调研总数的 65%；具有 985 平台兼 211 高等院校名誉的有 3 所，占调研总数的 21%；具有 211 高等院校名誉的有 1 所，占调研总数的 7%；非 985 和 211 高等院校有 1 所，占调研总数的 7%；这些高等院校分布在北京 5 所，上海 2 所，天津 3 所，山东 1 所，辽宁 1 所，云南 1 所，甘肃 1 所（见图 6.21）。

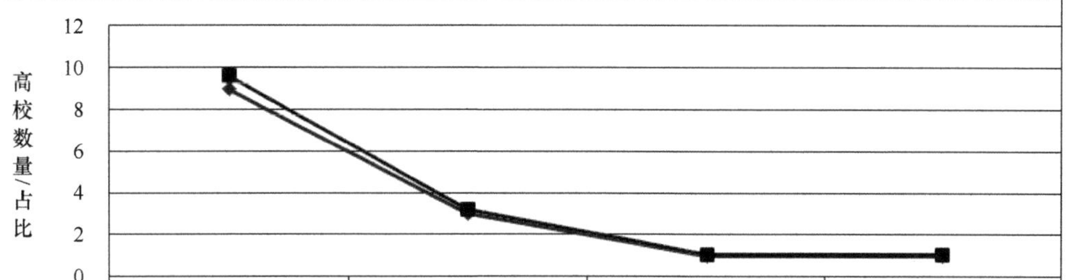

	985兼211高校	985平台兼211高校	仅为211高校	非985和211高校
高校占比	65%	21%	7%	7%
高校数量	9个	3个	1个	1个

图 6.21　高等院校项目管理领域调研分布情况

本次拜访调研的依据是高等院校的专家教授及其创新团队的研究领域为“项目管理”，且对 PMP®认证引入中国 20 周年所起到的开创性、奠基性作用，做出过杰出贡献，推动和提升了国家重大（科技）工程项目治理体系和治理能力现代化；同时，还根据专家教授及其创新团队的研究方向的特色稳定性、主持研究的国家自然科学基金项目及国家社科基金项目、入围国家自然科学基金管理类 30 种期刊（其中 A 类期刊 22 种和 B 类期刊 8 种）检索的学术论文成果、项目管理工程硕士高层次人才培养、国际合作与交流、突出贡献、在与项目管理有关的国际学术组织或者国内学术组织兼任重要学术职务、学风品质等筛选出来的。

本次高校篇调研是基于检索的基础材料，针对以下议题对高等院校项目管理学科建设水平展开了深入细致的调研，调研议题主要包括：

结合国家重大发展战略和国家经济建设主战场的发展需求，研究领域的主要特色是什么？形成的标志性成果有哪些？或者说，有哪些重大理论突破（原创探索、独辟前沿、面向需求突破技术瓶颈、交叉学科融通），以及是否形成了完整的理论体系？

如何构建一个适应国家重大发展战略和国家经济建设主战场的发展需求，并且具有创新性能力强的学科创新团队？学科团队结构如何？

面向国家重大发展战略和国家经济建设主战场的发展需求，产学研合作、社会服务方面有哪些主要特色（面向需求应用创新、交叉学科融通）？有哪些产学研合作基地建设？级别？建设效益如何？

在人才培养方面，特别是项目管理高层次人才培养方面有哪些可行有效的重要举措？有哪些突出拔尖人才（研究型、应用型）？

项目管理国际化教育如何布局？如何满足国家国际化战略需求，如“一带一路”倡议，培养项目管理国际化高层次人才（国际化人才）？建设效果如何？

高校项目管理领域的学科创新团队，以及团队负责人的国际和国内影响度应如何评价？

从研究方向、科学研究、高层次人才培养、社会服务、国际化合作等视角综合考虑，1999—2019 年国内高等院校项目管理领域中哪些高校做得更好？举出 10 所院校。

本次课题组相继实地拜访了清华大学强茂山教授、王守清教授，上海交通大学林少陪教授，同济大学施骞教授，天津大学王雪青教授、张连营教授、刘俊颖教授，南开大学戚安邦教授，天津理工大学尹贻林教授、严玲教授，大连理工大学戴大双教授、宋金波教授、朱方伟教授，北京科技大学杨青教授，山东大学丁荣贵教授，北京航空航天大学邱菀华教授、杨爱华教授，华北电力大学乌云娜教授，云南大学汪小金教授、郭山教授院长、雷晓凌教授、王赞信研究员和张正华研究员，北京邮电大学王长峰教授，兰州大学柴国荣教授（远洋网络电话采访）。

通过拜访调研高校专家教授，了解到适应国家重大发展战略和国民经济建设主战场的发展需求所形成的特色研究领域、标志性成果、重大理论突破及理论体系；了解了如何构建一个适应国家重大发展战略和国民经济建设主战场的发展需求，而形成的具有创新性能力强的学科创新团队；了解了面向国家重大发展战略和国民经济建设主战场的发展需求，开展的产学研合作和社会服务，以及产学研合作基地；了解了项目管理高层次人才培养方面所采取的行之有效的重要举措；了解了为了满足国家的国际化战略需求，开展的项目管理国际化高层次人才培养，等等。

最终，通过本次拜访调研，深刻认识和了解了我国重大（科技）工程项目管理为适应国家重大发展战略和国民经济建设主战场的发展需求取得的突出成就、需要解决的关键性问题，并最终提出对策和建议。

二、存在问题与面临的挑战

（一）存在问题

（1）高等院校项目管理专业学科建设培养体系层次结构设置与国家发展战略、国民经济建设主战场发展需求匹配不够，层次结构布局需要调整，项目管理高端人才匮乏，亟待搭建高端人才学科培养平台。

近年来，我国项目管理人才培养主要是通过 PMP®认证考试、项目管理本科专业、项目管理工程硕士进行培养的，然而，随着我国经济的快速发展，我国企事业单位对不同层次的项目管理人才具有较大的需求，主要体现在：

1）中国大陆 2000—2018 年 PMP®认证考试年度报考人数逐年呈急剧上升趋势，预计近 5 年达到 50 多万人，中国大陆企事业项目管理专业人才需求急剧增加。

根据中国国际人才交流基金会统计数据，可以看出：中国大陆 2000—2018 年 PMP®认证考试年度报考人数逐年呈上升趋势，从 2000 年报考人数的 316 人，增至 2018 年的 106 061 人，占比近全世界的 1/3，PMP®认证考试报考人数年度增量比从 2000 年的 0.07%，增至 2018 年的 22.05%，预计近 5 年中国大陆 PMP®认证考试年度报考人数将会增至 50 多万人（见表 6.19 和图 6.22）。

表 6.19 中国大陆 2000—2018 年 PMP®认证考试年度报考人数

年 份	Q1	Q2	Q3	Q4	累 计	增量指数	年度增量
2000 年	/	/	/	/	316	100%	0.07%
2001 年	/	/	/	/	735	233%	0.15%
2002 年	407	450	468	840	2 165	295%	0.45%
2003 年	1 096	841	1 016	1 026	3 980	184%	0.83%
2004 年	190	942	1 614	1 863	4 608	116%	0.96%
2005 年	1 087	1 283	2 823	807	6 000	130%	1.25%
2006 年	768	2 235	2 651	2 369	8 024	134%	1.67%
2007 年	1 796	2 140	2 926	2 435	9 297	116%	1.93%
2008 年	2 981	3 383	3 842	3 894	14 100	152%	2.93%
2009 年	3 081	4 983	3 232	3 595	14 891	106%	3.10%
2010 年	3 534	3 901	4 120	4 880	16 435	110%	3.42%
2011 年	3 923	7 521	5 593	5 414	22 451	137%	4.67%
2012 年	5 432	8 560	8 675	7 707	30 374	135%	6.31%
2013 年	7 859	13 093	6 616	8 687	36 255	119%	7.54%
2014 年	7 769	10 188	9 956	9 651	37 564	104%	7.81%
2015 年	8 442	10 157	11 830	11 668	42 097	112%	8.75%
2016 年	8 088	12 429	12 056	15 056	47 629	113%	9.90%
2017 年	12 850	18 620	18 956	27 664	78 090	164%	16.23%
2018 年	28 990	21 508	26 018	29 545	106 061	136%	22.05%
总计	98 293	122 235	122 391	137 102	481 072	/	

2）2004—2013 年，中国大陆项目管理领域工程硕士年度报考人数、实际考试人数、录取人数逐年呈急剧上升趋势，其高层次人才需求急剧增加。

根据全国工程硕士教育指导委员会统计数据，可以看出：中国大陆 2004—2013 年项目管理领域工程硕士年度报考人数、实际考试人数和录取人数逐年呈上升趋势，与所有（40 个）工程硕士领域情况对比，项目管理领域工程硕士百分比由 2004 年年度报考、实际考试和录取领域百分比呈逐年递增趋势，表明中国大陆国有企业、外资企业和私人企业项目管理领域工程硕士高层次人才需求急剧增加。

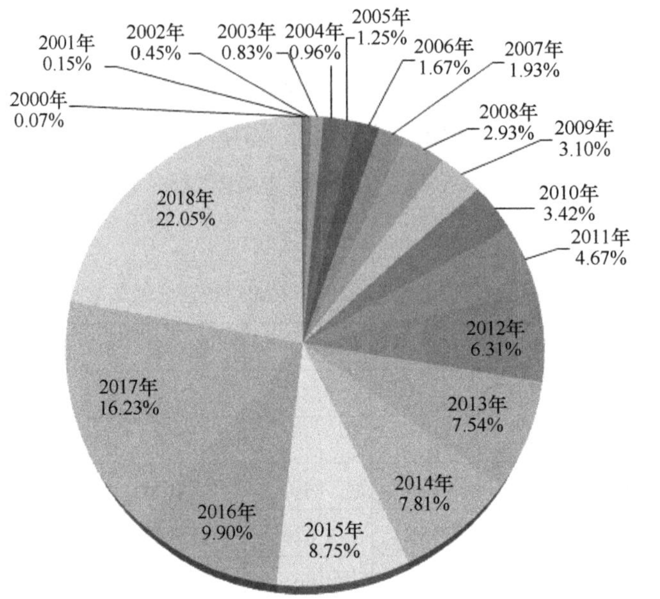

图 6.22　中国大陆 2000—2018 年 PMP®认证考试报考人数年度增量比

3）基于国家发展战略和国民经济建设主战场高速发展的需求，特别是众多逆天工程项目的问世，我国企事业单位急需大量的项目管理工程硕士、工程博士、国际化工程项目管理高端人才。

实施国家发展战略，服务于国民经济建设主战场高速发展的需求，急需大量的国际化工程项目管理高层次人才，而承载实施国家发展战略的载体是工程项目。然而，目前我国国家重大（科技）工程项目广泛分布于战略新兴产业等各个行业，其管理是一个复杂的系统工程，需要大量的既懂管理又懂科技，并具有工程项目管理素质的高端管理人才。但是我国高等院校工程项目管理高端人才的学科培养基础极其薄弱，国家高等教育学科体系中尚未设立工程项目管理学术（工程）博士点，国家重大（科技）工程项目产学研用的高端管理人才培养体系没有有效地建立起来，导致国家重大（科技）工程项目管理实用创新人才青黄不接。目前，大量专业技术人才管理重大工程项目，大量行政人员管理国家重大（科技）工程项目。残酷的现实表明：高等院校项目管理专业/学科建设设置与国家发展战略、国民经济建设主战场发展需求严重脱节、不匹配，布局和结构不优化，工程项目管理高端人才缺乏有效的培养和造就机制，国家重大（科技）工程项目实施过程工程项目管理高端人才匮乏。

（2）需要搭建国家级项目管理研究会/协会/学会一级学会组织用于探讨政府、企业、高校开展产学研合作的学术和实践平台，进而探讨“政府—高校—企业—国际化”创新链条与产业链条有效对接的创新平台/联盟的合作模式。

国家级重大项目全过程难以形成一体化管理，未能有效构建以国家发展战略为导向，以企业科技创新为主体，以高等院校产学研活动技术为支撑的“政府—高校—企业”产学研合作互动模式，未能有效实现“国家战略—创新链条—产业链条”的有效对接，进而国绕创新链条部署资金链条。如何构建“政府—高校—企业—国际化”项目创新平台/联盟，实现国家发展战略—创新链条（理论研究）—产业链条（解决实际问题）—国际化（国际水准产业话语权））的有效对接，进一步研究“政府—高校—企业—国际化”重大项目科技创新平台/联盟的管理模式（体制）、机制和制度，形成有利于“政府—高校—企业—国际化”创新生态体系，形成“政府—高校—企业—国际化”有效对接的环境。

（3）需要引进智力，搭建具有国际影响力的国家级重大项目管理政府决策平台，为领导提供决策服务。

国家重大项目从决策、实施、成果转化、形成产业的全国过程视角，从宏观角度研究国家重大项目管理体制、机制和相关的政策，以及从微观角度研究国家重大项目的过程管理提供决策的平台需要搭建，需要引进智力，为领导提供决策服务。

（4）权威性和通用性的重大项目的理论体系需要完善，国际工程项目管理知识体系需要研究、建设、培训和推广，中国特色项目管理理论知识体系输出需要加强。

1）权威性和通用性的重大项目的理论体系需要完善。目前，高等院校项目管理学科研究领域已经形成了 20 多个具有鲜明特色、相对稳定的研究方向，并取得了一批高水平的研究成果，有的居于国内领先水平，甚至国际先进或者国际领先水平。但是，这些研究成果仅仅停留在某个研究领域学术观点的研究，很多有价值的成果理论知识并没有上升到理论，形成理论体系。因此，权威性和通用性的重大项目的理论体系需要构建和完善。

2）国际工程项目管理知识体系需要研究、建设、培训和推广。经过调研，国家“一带一路”重大工程的实施普遍存在亟待解决政策风险、安全风险、社会风险、经济风险和管理风险问题，已经严重影响了我国“一带一路”倡议的实施。因此，集中高等院校多学科互补的优势，聚集国际工程项目管理知识体系研究、建设、培训和推广，以及国际工程项目管理教材需要的优势力量，“全景式”地研究和构建“一带一路”重大工程风险管理理论体系。

3）中国项目管理特色理论知识体系输出需要得到重视。尽管高等院校取得了高水平的研究成果，但是，很多有价值的理论知识并没有走出国门，中国的项目管理理论知识输出基本处于停滞阶段，因此，中国项目管理理论知识输出需要得到重视。

（二）面临的挑战

随着新一代信息技术的快速发展和我国重大战略的实施，未来项目管理学科的发展面临着前所未有的挑战，具体如下：

（1）由于教育部将项目管理工程硕士点并入工程管理硕士点，高等院校项目管理学科的发展受到了前所未有冲击，特别是在项目管理高层次人才培养方面受到了较大的影响。

（2）新一代信息技术（大数据、互联网、人工智能等）的快速发展，正在或者已经颠覆着项目管理理论，同时随着我国重大战略的实施和国民经济建设主战场的需求，数据科学背景下的（重大、特大型）项目管理理论需要研究和发展。

（3）新一代信息技术（大数据、互联网、区块链、人工智能）背景下的重大（科技）工程项目（国家大科学工程、国家科技重大专项、重大工程项目）多元治理体系和治理能力现代化研究。

重大（科技）工程项目（国家大科学工程、国家科技重大专项、重大工程项目）与国家经济建设、国家产业安全息息相关，国家设置重大（科技）工程项目的初衷是在国际上形成具有国际标准的拳头产业，并对产业具有控制权和话语权。而重大（科技）工程项目（国家大科学工程、国家科技重大专项、重大工程项目）在战略决策、实施、成果转化、产业形成的整个产业链的过程中，自始至终受到以国家战略为导向，并且代表国家意志的政府，以及其他多元主体利益相关者的影响，如何实现初衷，进而实现围绕产业链条布局创新链条，调整资金链条，从宏观到微观视角构建新一代信息技术背景下的重大（科技）工程项目多元治理体系，提升治理能力，进而构建国家治理体系和提升国家治理能力。

（4）新一代信息技术（大数据、互联网、区块链、人工智能）背景下的重大（科技）工程项目群体智能决策与群体智能决策平台研究。

开展新一代信息技术驱动的重大（科技）工程项目群体智能决策关键问题研究，是遏制腐败，避免决策权力部门化、部门权力利益化、部门利益法定化，实施全面深化重大（科技）工程项目决策体制机制改革的必然选择；同时，也能有效提升重大（科技）工程项目决策质量和决策能力，促进其决策的科学化、民主化、智能化和高效化，实现决策参与机会和结果的公正性，实现公共利益的最大化，实现政府治理的现代化，提高决策科学化水平。在新一代信息技术背景下，如何针对重大（科技）工程项目特征，建立一套科学的、民主的、透明的、高效的决策治理机制，提高重大（科技）工程项目的管理能力和管理效率，构建重大（科技）工程项目管理的有机创新生态决策体系？

（5）国家重大高新技术产业项目（战略决策阶段、实施阶段、成果转化、产业形成）安全风险实时监测预警与防控体系与应用研究。

国家重大高新技术产业项目关乎国家科技安全和国家安全，拟针对国家重大高新技术产业项目安全风险问题，如何构建一套集集成化、协同化、信息化、智能化于一体的“国家重大高新技术产业项目全过程安全风险监测预警与防控体系”平台，避免重大决策失误，着力防范化解国家重大高新技术产业项目潜在的重大安全风险，加快国家科技安全预警监测体系建设，科学预见国家重大高新技术产业形势发展走势和隐藏其中的风险挑战，完善风险防控机制，建立健全风险研判机制、风险防控协同机制、风险防控责任机制？

（6）国家重大（科技）工程项目实施过程（战略决策阶段、实施阶段、成果转化、产业形成）创新生态体系构建与实践。

国家重大（科技）工程项目是国家实施创新驱动战略的重大举措，其实施过程中能否建立创新生态体系，直接影响国家重大（科技）工程项目创新成果能否实现与产业链、创新链、资金链有效对接。然而，调研和参与一些国家重大（科技）工程项目的研究发现：我国国家重大（科技）工程项目实施过程中仍然存在着单位分割、部门分割、行业分割、地区分割等孤岛现象，其结果是国家重大（科技）工程项目的创新生态体系被人为地割裂，国家重大（科技）工程项目的设置、过程监管、绩效评价、知识产权管理等都难以有效地展开，甚至这些管理成为摆设，致使国家重大（科技）工程项目的实施未能有效实现核心技术突破，未能形成创新链、建设相应的产业链，未能有效支撑我国产业转型升级，未能在国际竞争中有效占领产业制高点。严峻的现实告诉我们：我国国家重大（科技）工程项目实施过程中组织管理体系不太合理，资源利用比较分散，整合创新链、建设产业链和提升价值链未能有机结合，创新生态体系在不断恶化。

（7）中国特色背景下的国际重大（科技）工程项目管理理论体系和知识体系研究。

改革开放40年来出现了许多逆天工程，这些逆天工程的成功和经验具有中国特色的中国元素，如何构建具有中国特色背景下的国际重大（科技）工程项目管理理论体系和知识体系，输出中国知识，引领国际工程项目的发展？

三、政策与建议

（1）以国家科技发展战略和国民经济建设主战场需求为抓手，科学设置高等院校项目管理专业/学科多层次培养体系，加大培养高层次项目管理人才，搭建重大（科技）工程项目实施过程工程项目管理高端人才培养平台。

1）以国家科技发展战略和国民经济建设主战场需求为抓手，科学设置高等院校项目管理专业/学科多层次培养体系，加大培养高层次项目管理人才。

2007 年 1 月 27 日，国家依据《国家中长期科学和技术发展规划纲要（2006—2020年）》确定了16项国家科技重大专项，围绕国家目标，进一步突出重点，筛选出若干重大战略产品、关键共性技术或重大工程作为重大专项，充分发挥社会主义制度集中力量办大事的优势和市场机制的作用，力争取得突破，努力实现以科技发展的局部跃升带动生产力的跨越发展，并填补国家战略空白。

2015年3月28日，国家发展改革委、外交部、商务部联合发布了《推动共建丝绸之路经济带和21世纪海上丝绸之路的愿景与行动》。“一带一路”是由我国提出的倡议，显然对我国自身发展有着重要战略意义，有利于保障我国的能源资源安全、化解富余产能和经济转型升级，而且还有利于加强我国与周边国家尤其是新兴市场国家的经济和文化交流，建立长期合作伙伴关系。“一带一路”经济区开放后，承包工程项目突破3 000个。仅2015年，中国国有企业共对“一带一路”相关的49个国家进行了直接投资，投资额同比增长18.2%。2015年，我国承接“一带一路”相关国家服务外包合同金额178.3亿美元，执行金额121.5亿美元，同比分别增长42.6%和23.45%。

2017年，国务院印发了《新一代人工智能发展规划》（国发〔2017〕35号），新一代人工智能相关学科发展、理论建模、技术创新、软硬件升级等整体推进，正在引发链式突破，推动经济社会各领域从数字化、网络化向智能化加速跃升。

2018年，国务院印发《积极牵头组织国际大科学计划和大科学工程方案》，指出：要坚持“国际尖端、科学前沿，战略导向、提升能力，中方主导、合作共赢，创新机制、分步推进”的原则，明确了我国牵头组织国际大科学计划和大科学工程面向2020年、2035年及21世纪中叶“三步走”发展目标，到21世纪中叶，形成一批具有国际影响力的标志性科研成果，全面提升我国科技创新实力，增强凝聚国际共识和合作创新能力，提升我国在全球科技创新领域的核心竞争力和话语权，为全球重大科技议题做出贡献。

2018年，习近平总书记在中共中央政治局就人工智能发展现状和趋势举行第九次集体学习时强调：人工智能是新一轮科技革命和产业变革的重要驱动力量，加快发展新一代人工智能是事关我国能否抓住新一轮科技革命和产业变革机遇的战略问题。

因此，高等院校应该以国家科技发展战略和国民经济建设主战场需求为抓手，科学设置高等院校项目管理专业/学科多层次培养体系，构建高等院校培养高层次项目管理人才的平台。高等院校应该设置适应国家科技发展战略和国民经济建设主战场需求的“‘智能+’工程项目管理”一级学科，科学构建学科建设布局，形成“‘智能+’工程项目管理”一级学科培养体系，培养方向为高层次复合型人才，既培养熟悉懂工程项目管理的专业人才，又培养懂新一代信息技术的专业人才；更重要的是培养成“‘智能+’工程项目管理”高层次复合型人才。首先，从学术培养角度，依次设置工程项目管理本科专业、硕士学科专业、博士学科专业、工程项目管理博士学科博士后流动站；其次，从工程应用培养角度，依次设置工程项目管理工程硕士学科专业、工程博士学科专业、工程博士学科博士后流动站；最后，从国际工程应用培养角度，依次设置国际工程项目管理工程硕士学科专业、国际工程项目管理工程博士学科专业、国际工程项目管理工程博士学科博士后流动站。

2）搭建重大（科技）工程项目实施过程工程项目管理高端人才培养平台。

以高校工程管理工程博士点学科建设为平台，尽快建立重大（科技）项目高端工程管理人才培养学科体系。学科建设是高等院校人才培养体系的重中之重，是高端人才孵化的重要培养基地和平台，直接影响着国家人才战略的实施。

高等院校要密切结合重大科技专项高端管理人才迫切需求，以高校工程管理工程博士点学科建设为平台，推动国家工程管理高端人才学位授予与国家重大工程项目的实施有效对接。要尽快设立高校工程管理工程博士点，要在招生、培养方案制订、导师团队建设、理论教学、实践基地建设、专题研究、合作研发等与国家重大工程项目实施的关键环节和过程相衔接，尽快建立和完善重大工程项目高端工程管理人才培养的学科体系。具体的人才培养中可以重大工程项目的实施项目为依托，以参与重大工程项目管理的人才为对象，推动项目承担单位与培养单位在产学研用协同合作的基础上，实质性地参与工程管理高端人才的培养和造就。

（2）构建以国家发展战略（政府）为引导，以企业科技创新为主体，以高等院校产学研活动技术为支撑的“政府—高校—企业”产学研合作互动模式，实现“国家战略—创新链条—产业链条”的有效对接，进而围绕创新链条部署资金链条。

在产学研合作互动模式中，应该理顺各创新主体在产学研合作体系中的作用和关系，政府是产学研活动的引导方，主要负责搭建产学研合作平台、疏通体制机制障碍、引导产业方向等任务；企业是产学研合作的主体，是产学研活动的发起者和实施结果的承接方，应起主导作用，主要负责产学研问题的提出，并实施解决方案；高校是产学研活动的技术支撑方，承担配合企业解决产学研合作问题的角色，主要负责产学研问题的解决。

根据调研结果，应该创新搭建“政府—高校—企业”重大（科技）工程项目创新产学研合作平台/联盟产学研合作模式。政府有关部门围绕国家科技发展战略，负责搭建“政府—高校—企业”重大（科技）工程项目创新产学研合作平台/联盟，疏通管理体制机制障碍，引导高新技术产业方向趋于国际化发展，实现科技的局部发展提升生产力的快速发展，掌握国家高新技术产业的话语权；企业是产学研合作的主体，是产学研活动的发起者和实施结果的承接方，应起主导作用，主要负责提出产学研问题，实施解决方案；高等院校（如清华大学、同济大学、天津大学、南开大学、北京邮电大学等高校）应该作为“政府—高校—企业”重大（科技）工程项目科技创新产学研合作平台/联盟产学研活动的技术支撑方，充分发挥高校的人才和科技优势，在产业集聚区域与政府共建实体研发机构，承担配合政府和企业解决产学研合作问题的角色，主要负责产学研问题的解决。

根据调研结果，应该构建“政府—高校—企业”重大（科技）工程项目创新型产学研合作机制；发挥经济、科技政策的导向作用，使企业成为研究开发投入的主体；引导企业增加研发投入，推动企业特别是大型企业建立研发机构；依托具有较强研究开发和技术辐射能力的转制科研机构或大企业，集成高等院校科研院所等相关力量，组建国家工程实验室和行业工程中心；鼓励企业与高等院校、科研院所建立各类技术创新联合组织，增强技术创新能力，从整体上将产学研各方面力量整合起来。政府应进一步加大对企业和高校、科研院所建立产业技术创新战略联盟的支持力度，更有效地组织和配置联盟内各成员单位的优势资源。

（3）以“国家急需、特色鲜明、制度创新、引领发展”目标为抓手，构建国家级重大（科技）工程项目管理政府高端智库，研究国家重大（科技）工程项目管理体制、机制和相关的政策，提供重大（科技）工程项目管理政策决策支撑，打造成一个高质量的具有国际影响力的“政府—高校—企业”高水平科技创新高端智库。

国家重大（科技）工程项目是国家实施创新驱动战略的重大举措，其实施过程中能否建立创新生态体系，直接影响国家重大（科技）工程项目创新成果能否实现与产业链、创新链、资金链有效对接，直接影响能否有效支撑我国产业转型升级，以及能否在国际竞争中有效占领产业制高点，具有高新技术产业话语权和控制权。然而，严峻的现实告诉我们：国家重大（科技）工程项目实施过程中组织管理体系不太合理，运行机制不畅，资源利用比较分散，整合创新链、建设产业链和提升价值链未能有机结合，创新生态体系面临很多挑战。

针对这些问题，高等院校应该与政府、企业一起以“国家急需、特色鲜明、制度创新、引领发展”目标为抓手，建立国家级重大（科技）工程项目管理政府高端智库，着重研究国家重大（科技）工程项目管理体制、机制和相关的政策，为政府部门提供重大（科技）工程项目管理政策决策支撑，打造成一个高质量的具有国际影响力的“政府（国家发展战略）—高校（科技理论创新）—企业（科技产业应用创新）”高水平科技创新高端智库。

发挥政府有关部门的职能优势，牵头组织实施，把建设中国特色科技创新型智库纳入发展总体规划，推动科学研究与决策咨询相互促进、协同发展，在决策咨询方面发挥更大作用。

发挥高校学科齐全、人才密集和对外交流广泛的优势，构建中国特色新型高校智库建设推进计划，推动高校智力服务能力整体提升，创新组织形式，整合优质资源，建设一批社会科学专题数据库和实验室、软科学研究基地，重点建设一批全球和科技问题研究基地、海外中国学术研究中心。

与政府和高等院校结合，构建高水平科技创新智库和企业智库。围绕建设创新型国家和实施科技创新驱动发展战略，研究国内外科技发展趋势，提出咨询建议，开展国家级重大（科技）工程项目科学评估，进行预测预判，促进科技创新与经济社会发展深度融合，推动科技创新方面的优势，在国家科技战略、规划、布局、政策等方面发挥支撑作用，重点面向高新技术产业，围绕产业结构调整、产业发展规划、产业技术方向、产业政策制定、重大科技工程项目等开展决策咨询研究。

（4）以国家科技发展战略和国民经济建设主战场需求为契机，构建国家重大（科技）工程项目全过程实施（项目启动、项目实施、项目成果转化、产业）创新生态体系。

1）深化重大（科技）工程项目管理体制改革，建立分工合理、协同高效的创新生态体系。

我国“两弹一星”、神舟系列等重大科技工程项目的成功经验表明：建立两条指挥线和总设计师管理体制，是我国一条行之有效的国家重大（科技）工程项目管理体制。其核心是突出科学家的专业领导和专业技术人员的业务主导，以研发组织或以研发实体为创新主体，形成以重大科技研发的各类研发组织的横向管理为基础，形成分工合理、协同高效的运行机制。

当前，尤其要建立国家重大（科技）工程项目科技资源的集中整合利用机制，一方面要强化研发组织的创新主体，建立由研发组织牵头来组织实施国家重大（科技）工程项目的协同创新体系；另一方面要明确其管理分工，强化行政系统对国家重大（科技）工程项目的服务和保障职能，明确行政（党）线负责组建队伍、组织协作、资源调配、后勤保障、思想政治工作等责任；同时，要强化技术系统的业务主导地位，技术线负责国家重大（科技）工程项目研制中的设计、技术决策和技术统筹等技术工作。在此基础上，形成卓有成效的、彼此互不交叉、互不干扰的管理体制和运行机制——行政（党）线和技术线两条线定位清晰、职能适中、分工负责、协同指挥，形成分工合理、协同高效的创新生态体系。

2）以国家重大（科技）工程项目过程绩效评价和责任考核体系为抓手，加强过程监控，促进创新生态体系的建设。

绩效评价是国家重大（科技）工程项目过程监控的重要依据，责任考核是国家重大（科技）工程项目过程监控的约束机制，两者均是国家重大（科技）工程项目实施中创新生态体系建设不可或缺的重要组成部分。

在国家重大（科技）工程项目的组织实施过程中，应当以国家重大（科技）工程项目过程绩效评价和责任考核体系为抓手，加强过程监控，促进创新生态体系的建设。当务之急是引入滚动淘汰制、第三方评价制、节点监控制、层层问责制等过程监控制度。

实施滚动淘汰制的核心在于：收敛目标、动态淘汰，提高项目的成功率。国家重大（科技）工程项目实施过程中要在主要节点上（阶段性评估）设定不同阶段的绩效评价指标体系，以此结果来及时调整和收敛总体战略目标，逐步淘汰目标分散、布局不合理的项目，科学合理地进一步确定子目标，科学布局新项目，动态改变不同专项及其资源配置方式，提高配置效率，保证能够支持最优的最有前途的项目和领域，提高项目支持力度和成功率。

节点监控制的核心在于进度控制和优化管理：国家重大（科技）工程项目实施过程中节点及其时间间隔的设计要结合国家重大（科技）工程项目本身的科技发展规律来科学设定。必要的科学的节点设计表明：课题或项目承担者能够控制项目实施的正常进度，能够预见项目实施中的一些风险。可以通过节点设计来评价项目申请者对技术发展路径的了解程度，以及进行技术管理的能力，从而选择最优秀的人和单位承担国家重大项目。

第三方评价制的核心在于从程序和外部监督确保问责制的落实：国家重大（科技）工程项目实施过程中要建立科学合理的第三方评价机制，以科学合理的评价机制为前提，真实全面地考量评议国家重大（科技）工程项目实施的过程。首先要认真制定科学合理的绩效评价指标和评价程序，什么时候评价，评价对象有哪些，评价渠道如何选择，评价程序具体如何操作等，要充分注重评价结果，并与项目主体挂钩，建立自上而下的问责机制，以及方方面面的监督机制。

层层问责制的核心在于层层授权、层层设定义务、层层设置责任：国家重大（科技）工程项目实施过程中要在主要节点上分层设置严格的责任类型，明确责任承担的主体，明确责任追究的主体，以及失职之后责任的追究制度，建立国家重大（科技）工程项目层层问责制度及相应的责任体系。

国家重大（科技）工程项目全过程管理通过引入滚动淘汰制、第三方评价制、节点监控制、层层问责制等过程监控制度，不仅能够有效强化国家重大（科技）工程项目的过程监管和绩效评价，还可以建立国家重大（科技）工程项目成果应用与产业链建设互促共进的机制，以产业链设置国家重大（科技）工程项目实施的创新链，结合国家重大（科技）工程项目创新链的有效运转需求不断优化和完善资金链，进而促进国家重大（科技）工程项目的创新生态体系的建设和改进，促进国家重大（科技）工程项目协同创新体系的有效形成。

3）以国家重大（科技）工程项目的知识产权审议为着力点，加强全过程知识产权管理。

在新一轮的技术革命和产业变革中，发达经济体纷纷运用知识产权抢占科技与产业竞争制高点，并对涉及国家重大产业安全的重大科研和重大工程项目实施全过程知识产权管理。知识产权已经成为事关国家产业安全的战略资源。国家重大（科技）工程项目实施应以知识产权审议为着力点，加强其全过程知识产权管理。

（5）基于高等院校项目管理研究成果，组建优势力量，制定和完善权威性和通用性的重大（科技）工程项目理论体系，以“一带一路”国际工程项目为抓手，制定中国项目管理知识体系，开展中国项目管理知识输出。

通过实地拜访高等院校项目管理领域知名专家教授可知：1999—2019 年，高等院校项目管理学科建设已经形成了 20 多个稳定的研究领域和研究方向，主持了多项有关项目管理领域国家级课题，创造了多项有关项目管理领域的科研成果，其研究成果水平有的达到了国内领先水平，有的达到了国际先进和国际领先水平。因此，高等院校应该基于这些研究成果，组建优势力量，制定和完善权威性和通用性的重大（科技）工程项目的理论体系。

同时，也应该以“一带一路”国际工程项目为抓手，制定中国项目管理知识体系，开展中国项目管理知识输出。

（6）以国家新一代信息技术科技发展战略和国民经济建设主战场需求为抓手，加快构建“智能+”国家重大（科技）工程项目管理范式及相关理论体系研究。

目前，大数据、互联网、人工智能等新一代信息技术正在颠覆着经典管理理论，而以此基础构建的国家重大（科技）工程项目管理范式及相关理论也必然面临着颠覆式的挑战、重塑和创新。因此，以国家新一代信息技术科技发展战略为抓手，加快构建“智能+”国家重大（科技）工程项目管理范式及相关理论体系研究势在必行。

1）科学目标：揭示国家重大（科技）工程项目管理与决策范式转变的机理与规律、建立面向大数据的全景式管理与决策理论和方法体系、发展针对管理与决策问题的大数据分析技术与计算方法，使我国在大数据驱动的工程项目管理与决策研究相关领域跻身国际前列。

2）核心科学问题：围绕学科领域趋势、理论应用特点，注重基础性、前瞻性和交叉性研究创新，结合国家战略需求，针对大数据驱动的管理与决策范式转变机理与理论、大数据资源治理机制设计与协同管理、领域导向的大数据价值发现理论与方法三个关键科学问题开展研究。

① 大数据驱动的管理与决策范式转变机理与理论。在大数据背景下，传统的管理与决策正从以管理流程为主的线性范式逐渐向以数据为中心的扁平化范式转变，管理与决策中各参与方的角色和相关信息流向更趋于多元和交互。相关的问题视角和关键方面包括范式转变的要素、关系和路径，融合微观和宏观各个层次行为和目标的全景式管理与决策模型，以及相应的管理与决策理论和方法创新等。

② 大数据资源治理机制设计与协同管理。随着大数据与社会经济生活的融合不断深

化，以数据及所产生知识在社会各主体间流动为基础的社会生态系统正在逐步形成。大数据资源治理和协同管理成为大数据驱动的管理与决策研究和应用的核心问题。相关的问题视角和关键方面包括大数据资源共享及权属的基本运行机理，大数据标准化和质量测度模型与方法，相关隐私和伦理机制设计等。

③ 领域导向的大数据价值发现理论与方法。大数据价值的产生机理和转换规律具有高度的应用领域依赖性。领域导向的大数据价值发现和决策分析问题通常具有关联交互、趋势走向、全局视图和缩放、实时与动态性及社会化特征。相关的问题视角和关键方面包括面向管理与决策情景的统计与预测建模，多源异构和非结构化大数据的关联、融合及全景式分析，实时动态计算、挖掘技术方法与平台构建等。

因此，高等院校应该充分重视“智能+”国家重大（科技）工程项目管理范式及相关理论体系构建，发挥高校学科齐全、人才密集和对外交流广泛的优势，组建课题攻关研究方向、支撑课题、研究团队，创新组织形式，整合优质资源，建设一批相关专题数据库和实验室、软科学研究基地。

第七章　项目管理服务产业发展情况

PMP®等项目管理专业资格认证及知识体系引入中国以来，为各行各业培养了一批具有先进管理理念和科学思维方式的实战型人才。PMP®等认证在权威性、社会认可度和服务广泛性等方面都已得到了企业及项目从业者的高度认可。基于先进项目管理知识体系的课程研发、培训、PMP®等认证考试及相应的项目管理咨询、项目管理软件开发、项目管理信息系统建设等相关服务产业已形成相当的规模，且体量还在高速增长之中。由此，我国的项目管理全过程服务产业已经基本成型。

项目管理服务产业既从知识体系与管理能力等方面助推了经济发展，同时自身也提供了大量就业机会，创造了经济效益，形成一批初具规模、各具特色的服务型企业，成为“大众创业、万众创新”的鲜活案例，并且带动了诸如会务、交通、餐饮、住宿、印刷等其他产业的发展。

本章从产业角度对PMP®等认证引入20年来新产业培育和发展情况进行归纳与总结，力图呈现产业发展的总体情况，展现产业链的构成及现状，并对产业的现状及未来趋势进行分析和预测，从而为全面认识20年来产业的贡献及更好地引导产业良性发展提供支撑。

第一节　调研说明及主要结论

一、调研说明

本章从宏观及微观的多个维度，对项目管理服务产业进行了全方位的分析。

（一）产业定义

本章所研究的项目管理服务产业，包含如下几种业务形态。

（1）培训及考试服务：以《PMBOK®指南》等相关项目管理知识体系为背景，面向个人用户和单位客户，以线下和互联网在线方式提供PMP®认证培训、非认证培训、考试服务、续证相关服务的业务形态。

（2）咨询及软件开发部署服务：以《PMBOK®指南》等相关项目管理知识体系为背景，面向单位客户提供项目管理咨询、项目管理软件工具开发和部署，以及面向个人用户提供项目管理软件应用的业务形态。

（3）第三方服务：直接为上述两类业务形态的开展提供专业性或生活性服务的业务形

态，如互联网服务、出版印刷、会务、交通、生活服务等产业。

（二）研究方法

为综合得到全面结论，本章使用了如下研究方法。

1. 主管机构数据分析

统计过程中使用的历年 PMP®等报考数据资料和相关产业资料来自 PMP®认证的管理和推广机构中国国际人才交流基金会，因调研时 2019 年 PMP®的报考尚未结束，本次只统计到 2018 年年底的 PMP®报考人数分布情况。

2. 国家统计数据分析

本章涉及的经济和社会发展数据，来自国家统计局数据库。

3. 机构调研

本章编撰中，对中国国际人才交流基金会所授权合作的 PMP®认证培训与考试服务机构进行了全面的问卷调查，以期了解产业发展的各方面状况。

4. 行业深度访谈

本章编撰中，对行业中的各类典型机构进行了深度访谈，以期了解产业发展历史、趋势和机构发展的关键信息。

5. 公开信息收集

本章编撰中，通过公开方式对各类信息进行了收集，如行业报告、企业工商信息、企业公开财务报告等。

二、主要结论

本章主要结论如下：

（1）项目管理服务产业总体发展状况良好，年产业规模在 2018 年已达到 17.29 亿元人民币，20 年间产业规模增长了 300 余倍，年均复合增长率（CAGR）达到了 39%。

（2）产业发展的同时也造就了一批企业的成长，并为社会创造了约万人的就业机会，为高素质人群提供了施展自身能力、获取发展的空间。

（3）产业结构总体较为合理，培训与考试业务是市场的主体，约占市场规模的 62%。培训与考试机构的数量和规模都呈现稳步增长，并在地域分布上较为集中。

（4）PMP®等认证项目在中国大陆地区取得了长足发展，得到众多行业、企业的广泛认可，其国际化先进项目管理理念、工具与方法的普及和应用在中国经济社会发展过程中发挥了重要作用。

（5）PMP®等项目管理专业资格认证及知识体系是中国国际人才交流基金会对国外先

进、成熟、适用的知识体系和标准的良好引入，是中国国际人才交流基金会对于“引进智力第三种途径”的成功探索，为国家发展提供了有效的智力支撑，并为今后的智力引进工作提供了典范式的模板，形成了良好的示范效应。

（6）按授课形式分析，目前面授是主要方式；随着报考人数的增加，面授方式的规模仍将保持稳定增长，而网络授课表现出了更快速的增长趋势，未来两种方式将会分工协作，融合发展。

（7）在项目管理领域的各项国际和国内资质认证中，PMP®认证在权威性、社会认可度和服务广泛性等方面都显著优于其他认证体系，具有较强的竞争优势。目前，与PMP®认证体系形成主要竞争的是国内各行业的职业资质认证体系，表现为对潜在学员资源的争夺。

（8）项目管理服务产业发展的主要驱动因素包括国家经济发展方式的变革、“一带一路”和“走出去”的需要、政策环境积极稳定、大型复杂项目不断增加、项目管理工作专业化的需要、社会的持续学习需求及良好的网络和终端条件等诸多方面。

（9）项目管理服务产业发展的主要阻碍因素包括个人和企业对项目管理和PMP®认证的认知有待扩展、培训与考试机构的服务能力和范围有待提升、培训与考试机构市场行为的规范性有待提升、PMP®证书维护率偏低等。

（10）咨询产业将在未来获得快速发展，国家近年来大力推动建设领域的全过程咨询，也将为项目管理服务产业提供新的机遇。

（11）项目管理服务产业的技术渗透度还比较低，但这种情况将迅速变化，新的技术将深度介入本产业，提高培训个性化程度，提升培训质量，为产业发展注入新的活力。

（12）产业规模在未来一段时间仍将迅速增长，并迎来增速机会点，产业发展前景非常积极。产业内的竞争将突出规范和创新，师资和课程质量成为竞争焦点，培训机构的服务能力和范围将得到进一步加强。

第二节　项目管理服务产业发展状况

一、产业规模状况

项目管理服务产业在20年间经历了从无到有再到迅速发展的过程，根据中国国际人才交流基金会提供的数据，2000年初次进行认证考试时，中国大陆仅有316人参加，到2008年，全年报考人数已经破万，达到1.4万人，到2018年，全年报考人数更是首次突破了十万大关，达到了10.2万人。自2000年以来，报考人数年平均复合增长率（CAGR）达到了38.1%。

参加PMP®认证考试人数的增加，直接助推了产业规模的增长。据估算，2018年项目管理服务产业的年度市场规模已经达到了17.29亿元人民币，自2000年以来，年度市场规模增长了 300 余倍，年平均复合增长率达到了 39.2%，发展速度相当可观（见图 7.1）。

图 7.1　项目管理服务产业总规模及增长率

如果从市场启动开始计算，20 年来，项目管理服务产业创造的累计市场规模达到了 75.98 亿元人民币。

从产业三个主要组成部分的规模分布来看（见图 7.2，培训与考试服务一直是市场主体，2018 年占据约 62.14%的市场规模，达到 10.74 亿元人民币；咨询与软件开发应用服务占据约 15.53%的市场规模，达到 2.69 亿元人民币；第三方服务占据约 22.33%的市场规模，达到 3.86 亿元人民币。

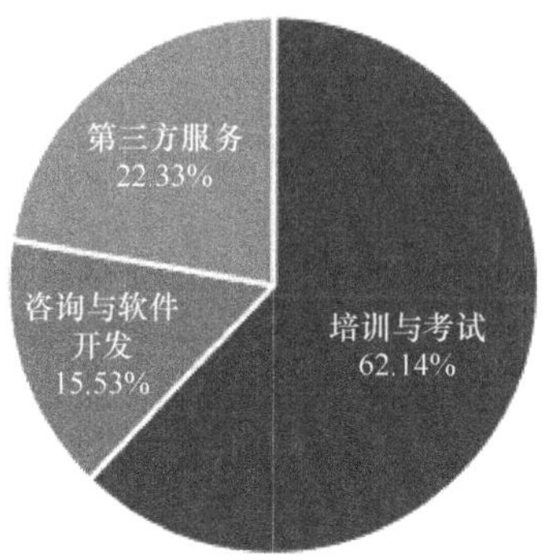

图 7.2　项目管理服务产业的主要组成及规模分布

二、产业链上游分析

《PMBOK®指南》及 PMP®认证体系引入中国 20 周年以来，已经发展出一条较为成熟完整的产业链。产业链上游、中游、下游共同合作，促进并保障了项目管理服务产业的发展（见图 7.3）。

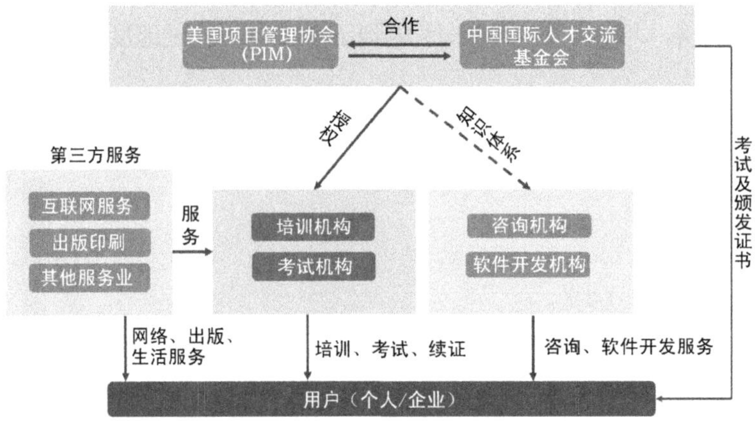

图 7.3　项目管理服务产业链构成

（一）为产业提供知识和认证体系

处在产业链上游的是《PMBOK®指南》等相关项目管理知识体系的制定机构和 PMP®认证的管理机构，以及《PMBOK®指南》等相关项目管理知识体系和 PMP®等认证的推广机构，它们是项目管理协会（PMI）和中国国际人才交流基金会。

作为项目管理领域全球最具权威性的认证，项目管理专业人士（PMP®）认证由 PMI 发起并在全球范围进行推广和管理。

PMI 于 1969 年在美国成立，致力于在项目管理相关领域开展研究，是在项目、项目集、项目组合管理方面全球领先的组织。1981 年，PMI 开始研发项目管理知识体系，并在 1996 年发布《PMBOK®指南》第 1 版。

此后，PMI 将《PMBOK®指南》及其 PMP®资质认证在全球范围内进行推广，当时中国经济的高速发展正迫切需要转变管理理念、提升管理水平、开拓国际视野，在这个契机下，原国家外国专家局培训中心（2019 年与原中国国际人才交流基金会整合为中国国际人才交流基金会，除个别情况外，下文统一以中国国际人才交流基金会代称）与 PMI 开始了接触。原国家外国专家局培训中心会对 PMI 的项目管理理念、《PMBOK®指南》及 PMP®认证的发展情况与国际影响进行了全面调研和分析，并通过与 PMI 的良好沟通商谈，在 1999 年将《PMBOK®指南》及其资质认证 PMP®引进中国，逐步开展国际化项目管理人才的培养工作。

自此开始，原国家外国专家局培训中心负责《PMBOK®指南》和 PMP®认证在中国大陆地区的推广工作，对合作的培训与考试机构进行授权和管理，统一组织大陆地区 PMP®认证的报名和考试。

作为产业链的上游，中国国际人才交流基金会与 PMI 的良好合作关系是产业健康发展的前提和基础。20 年来，双方一直保持紧密合作，建立了良好的沟通交流机制，除日常组织管理考试的业务交流外，双方会定期和不定期地进行高层间的商谈访问，交流讨论发展情况和未来规划，解决在发展过程中遇到的问题，为推广国际化项目管理理念和培养人才开展了大量卓有成效的工作。

随着中国国际化进程不断加快，对项目管理从业者的国际化管理理念的要求不断增强，而企业转型升级中面临的问题更加复杂多变，引进多元化、多层次的项目管理知识显得尤为迫切。为此，中国国际人才交流基金会与 PMI 进一步合作，在成功引进 PMP®后，陆续引进了项目集管理专业人士（PgMP®）、PMI 敏捷项目管理专业人士（PMI-ACP®）、PMI 商业分析专业人士（PMI-PBA®）等知识体系和认证，取得了良好成效，为多层次、多角度培养国际化项目管理人才做出了贡献。

中国国际人才交流基金会与PMI每年还会共同举办或相互支持大型的项目管理活动，如项目管理国际论坛、项目管理大会等。双方在活动的开展方式上不断进行新的尝试，邀请国内外专家分享项目管理国际前沿理念，为项目管理从业者搭建交流平台，现已取得了很好的效果。

产业链上游同时还承担着知识体系的制定和维护工作， PMI 与中国国际人才交流基金会也十分重视对知识理念的更新和对应用实践的总结。《PMBOK®指南》每 4 年更新一次，从 1996 年第 1 版到 2017 年第 6 版的不断迭代升级中，吸收了一些源于中国的项目管理实践。

（二）为产业提供发展方向和资源

作为《PMBOK®指南》和 PMP®认证在国内的推广和管理机构，中国国际人才交流基金会为产业的发展提供了方向性的指引和多方面的资源。

中国国际人才交流基金会积极通过本系统内的分支机构及授权的培训及考试机构推广项目管理和 PMP®等认证，宣传其对组织和个人的价值，并与产业各方合作。截至 2018 年年底，在中国国际人才交流大会上已连续举办了七届项目管理国际论坛，邀请国内外项目管理专家和优秀企业代表开展国内外项目管理交流。中国国际人才交流基金会还根据不同地区企业发展的需求，邀请相关领域的国（境）外专家，针对重点人群和重点话题，举办专题讲座，深入企业访谈交流，开展专家巡讲活动。这些活动有效提升了各个地区对国际化项目管理的认知度，成为产业发展的重要助推。

为了促进项目管理理念和《PMBOK®指南》的落地，发挥中央企业在重点领域的辐射带动作用，支持中央企业“走出去”战略实施，中国国际人才交流基金会发挥资源优势，加强与国务院国有资产监督管理委员会（下称“国资委”）和各个中央企业的合作，如与国资委联合开设中央企业国际化人才培养系列培训班，以培养中央企业的项目管理人才；以及通过与国资委联合举办“中央企业项目管理创新技能大赛”的方式，展现了项目管理理念和相关技术对企业发展的支持作用，凸显了中央企业对项目管理的重视，达到了示范带动效果，有效地促进了项目管理知识体系的推广和落地。

中国国际人才交流基金会还注重发挥标杆企业的示范引领作用，并注重对项目管理应用实践的评价。中国石油天然气集团有限公司、中国海洋石油集团有限公司、中粮集团有限公司、华为技术有限公司、天士力控股集团等一批优秀企业在项目管理实践上成绩显著，并带动了其所在区域、领域的项目管理应用。

中国国际人才交流基金会高度重视整条产业链协同工作对项目管理服务产业发展的意义，因此从《PMBOK®指南》引入初期就开始进行了市场化探索，借助社会力量来进行有效的市场推广，对培训与考试机构的发展进行了精心的规划、引导与管理。这种市场推广模式奠定了项目管理服务产业的发展基础，拓宽了项目管理的推广模式，加快了推广速度，又激发了培训与考试机构的发展热情，有效地促进了产业的发展。

（三）“引进智力第三种途径”的成功探索

对《PMBOK®指南》及PMP®认证的引入，也是中国国际人才交流基金会在引进国外智力方面所做的成功探索。

传统上引进国外智力的方式主要是“请进来”和“派出去”。“请进来”指邀请外国专家到中国进行工作、研究和讲学，“派出去”指派遣中国的公职人员到国外进行培训、学习。中国国际人才交流基金会通过与PMI的合作引进并推广了PMP®等项目管理专业资格认证及知识体系，是对国外先进、成熟、适用的知识体系和标准的良好引入，由此探索出了一条新路，即引进国外智力的“第三种途径和方式”，为国家发展提供有效的智力支撑。

PMP®等认证项目在中国大陆地区取得了长足发展，得到众多行业、企业广泛认可，其国际化先进项目管理理念、工具与方法的普及和应用在中国经济社会发展过程中发挥了重要作用，同时有效促进了知识的传播和人才的培养。中国国际人才交流基金会在引进国（境）外先进、成熟和适用的知识体系，开展国际化人才培养方面做出的尝试，以及在产业方面的探索和成功经验，为扩展引智方式提供了有效思路，形成了良好的示范效应。

（四）引导产业规范化发展

作为PMP®等项目管理专业资格认证及知识体系在国内的推广和管理机构，中国国际人才交流基金会一直在对产业发展进行规范化引导和管理。

PMP®等项目管理专业资格认证及知识体系的推广工作不是以行政命令，而是按照市场化手段来进行的，要想实现产业良性发展的目标，就需要高效、有序的市场环境。为此，中国国际人才交流基金会坚持对培训与考试机构的有效监督和管理，力争打造一支专业化、职业化的队伍。

中国国际人才交流基金会积极探索对师资进行培训和管理，结合不同类型认证发展特点，不断对师资管理进行梳理和探索，邀请国际项目管理专家和国内知名专家对师资联合授课，保障了项目的良好发展。中国国际人才交流基金会还在不断探索以保证培训、推广工作的高质量发展。在对合作机构加强管理、明确要求、提供支持的同时，也力求保证培训机构的教学与服务的高质量，树立良好、权威的品牌形象。

针对参与PMP®等培训、考试的所有机构，中国国际人才交流基金会在调研评估各地区项目管理发展现状的基础上，制定了严格而规范的机构准入、考核评价和退出机制，并设立相应的管理办法和标准。机构与中国国际人才交流基金会的合约期限只有一年，每年都要根据具体的定性指标和定量指标接受中国国际人才交流基金会的考核评价，考核不合格的将被清退。2018 年年初，中国国际人才交流基金会就依据考核管理办法清退了四家不合格的培训机构。这些举措的实施，在保障项目管理服务产业活跃的同时，也创造了积极规范的市场氛围。

（五）上游合作架构长期稳定

《PMBOK®指南》的不断维护、更新和推广是项目管理服务产业稳步发展的重要基础，产业链的上游中国国际人才交流基金会与 PMI 的良好合作架构为产业提供了长期稳定的发展条件。

基于中国国际人才交流基金会与 PMI 长期以来的相互了解和互相信任，双方已于 2018 年 6 月签署了新一阶段为期五年的合作协议，新协议将更有助于提升项目管理在中国的发展水平，也标志着双方的合作更加规范，对项目管理服务产业来说，这也提供了长期稳定可预期的环境。

三、产业链中游分析

（一）产业发展的中坚力量

处在产业链中游的，是基于《PMBOK®指南》等相关项目管理知识体系的培训与考试机构、咨询与软件开发机构及第三方服务机构，这些机构数量最多，直接面对业务前沿，是产业发展的中坚力量。

1. 培训与考试机构

以《PMBOK®指南》等相关项目管理知识体系为依据，面向个人用户和机构客户，以线下和互联网在线方式提供认证培训与考试、非认证培训、PDU 积累和续证服务的机构。

（1）认证培训与考试。提供 PMP®等认证培训和考试服务机构需要满足一定的业务条件，并获得中国国际人才交流基金会或 PMI 的授权。获得授权的培训机构可开设相关课程进行公开招生，并向通过课程培训的学员颁发考试所必需的 35 学时培训证明。获得授权的考试机构可以提供考试组织服务。截至 2019 年 7 月，中国国际人才交流基金会的授权合作培训单位有 73 家，考试单位有 35 家。

（2）非认证培训。还有一部分机构开展非认证培训，即以《PMBOK®指南》为理论基础，但不以参加 PMP®考试取得认证为目的的培训。非认证培训大致可分为两类：一类为以《PMBOK®指南》为核心的知识普及性培训，另一类为由组织定制的、专注于某个项目管理专题的深化性质培训（如项目风险管理、项目管理实务等）。

（3）PDU 积累和续证服务。PMP®等认证以 3 年为一个继续认证周期，在每个认证周期中，学员必须通过项目管理专业知识的持续学习和迭代，获得至少 60 个“专业发展单元”（Professional Development Unit，PDU）的学分，并按照流程提交申请、缴纳相应的费用（目前为每次 150 美元）来申请续证。PDU 的课程一般也由授权培训机构开发并提供给学员。

培训与考试机构最终直接服务的对象都是个人认证者，其中一部分是以企业集体形式对服务进行采购和实施的。

2. 咨询与软件开发机构

咨询与软件开发机构指以《PMBOK®指南》为依据，面向单位客户提供项目管理咨询、项目管理软件工具开发和部署，以及面向个人用户提供项目管理软件应用的机构。

《PMBOK®指南》的引入是为了将更加科学的项目管理理论用于指导项目管理实践工作，因此，指导和帮助企业将这套知识体系应用到实践中去便成为独立于培训考试业务外的新板块——项目管理咨询。

咨询机构以《PMBOK®指南》为基础，通过自己的知识和经验，针对企业所在行业的特点及在实际管理中遇到的问题，参照成功案例，来解析企业项目管理知识体系应用中的各种问题，帮助企业分析现状，确定改进方向，并构建符合行业和企业自身特点的项目管理架构和实施方法。

规模较大、较为复杂的项目，或者项目集、项目组合，往往要依靠具有丰富功能的项目管理信息系统（Project Management Information System，PMIS）和其他专业软件来进行管理。产业中的软件开发机构以《PMBOK®指南》为理论基础，开发项目管理信息系统和其他软件，用于收集、综合和分发项目管理过程的输入和输出，帮助组织记录和管理项目中各项活动、资源的有关信息，为不同层级的业务管理者提供支持。从实际中来看，软件的部署也并非一蹴而就的过程，往往需要较长的实施周期，并需要对组织人员进行一定的培训，因此，软件的部署往往和咨询服务密切相关，或者以 IT 咨询项目的方式进行。

不同于培训与考试机构，咨询及软件开发机构以《PMBOK®指南》为基础开展业务，并不需要获得中国国际人才交流基金会或 PMI 的授权，它们主要面向单位客户进行服务。

3. 第三方服务机构

直接为上述两类业务形态的开展提供专业性或生活性服务的业务形态，例如：

（1）互联网服务：为业务宣传提供平台，为在线培训提供网络平台和信息入口。

（2）出版印刷服务：为专著、教材等实体内容的出版提供服务。

（3）会务服务：为培训和活动提供会议组织。

（4）交通和生活服务：为培训的开展提供差旅交通、餐饮等支持条件。

第三方服务机构既为培训机构提供专业化的能力支持，也直接服务最终个人和单位客户，是产业链中不可或缺的组成部分。

（二）培训机构数量和规模状况

PMP®认证体系于 1999 年引入中国，原国家外国专家局培训中心于 2002 年正式开展了培训机构的授权工作。截至 2019 年 7 月，大陆地区由中国国际人才交流基金会授权的培训机构数量达到了 73 家，考试机构数量 35 家，其中 29 家同时拥有培训和考试授权。项目管理服务产业已建立覆盖全国、发展规范的服务体系。

目前的授权培训机构中，最早授权时间为 2002 年，最新为 2019 年，平均授权时间为 7.9 年，总体上具备了较好的开展业务的经验和能力。授权机构的数量保持长期稳定增长，近年每年新增 3～5 家。

从规模的发展上来看（见图 7.4），有 74%的授权培训机构在成立初期员工人数规模在 10 人以下，有 8%的授权培训机构成立初期员工人数规模在 11～30 人，有 7%的授权培训机构成立初期员工人数规模在 31～50 人，有 4%的授权培训机构成立初期员工人数规模在 51～200 人，仅有 7%的授权培训机构成立初期员工人数规模超过 200 人，而且这些机构都是本身具有一定规模的职业技术学院和综合性商业培训机构，PMP®培训只占其总体培训业务的极小比例。

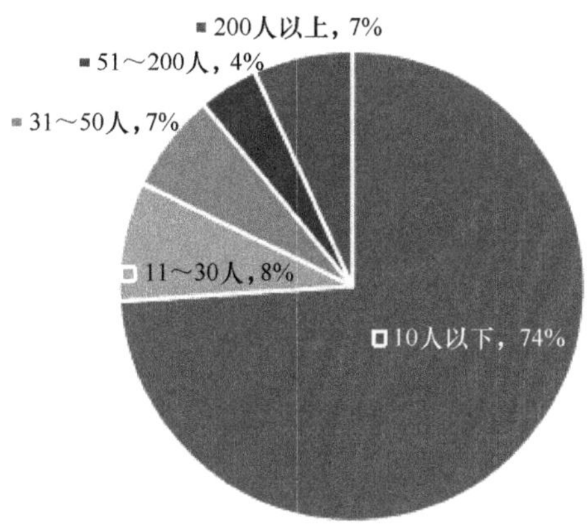

图 7.4　授权培训机构成立初期员工人数规模情况

而目前机构的规模分布已经有了明显变化（见图 7.5），员工人数规模在 10 人以下的授权培训机构占 46%，员工人数规模在 11～30 人的机构占 23%，员工人数规模在 31～50 人的机构占 12%，员工人数规模在 51～200 人的机构占 6%，而员工人数规模超过 200 人的机构已经达到 13%，比初始情况几乎增加一倍。

可以说，授权培训机构在进入项目管理服务产业以后，整体规模获得了显著增长，很多初创型企业成长为具有一定规模的产业中坚力量，其中一些堪称创业典范。

同时，产业的发展也为社会就业做出了贡献，目前产业吸纳总就业人数超过万人，并且呈现出典型的智力密集型特点，为高素质人群提供了施展自身能力、获取发展的空间。

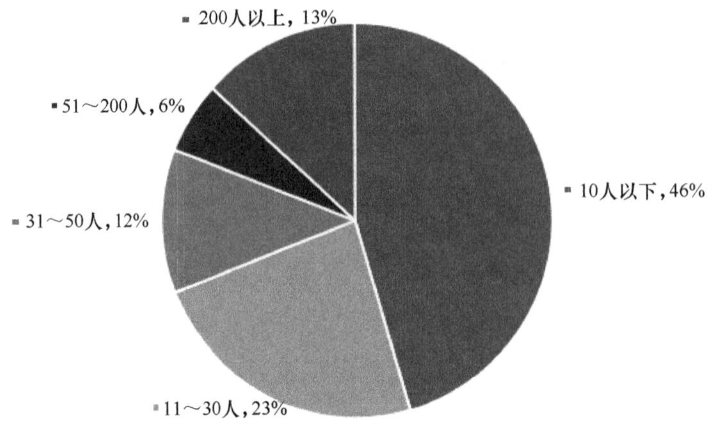

图 7.5　授权培训机构目前员工人数规模情况

（三）机构地域分布状况

如图 7.6 所示，培训机构在地域分布上比较集中，尤其以一线城市和经济发达省份为主。

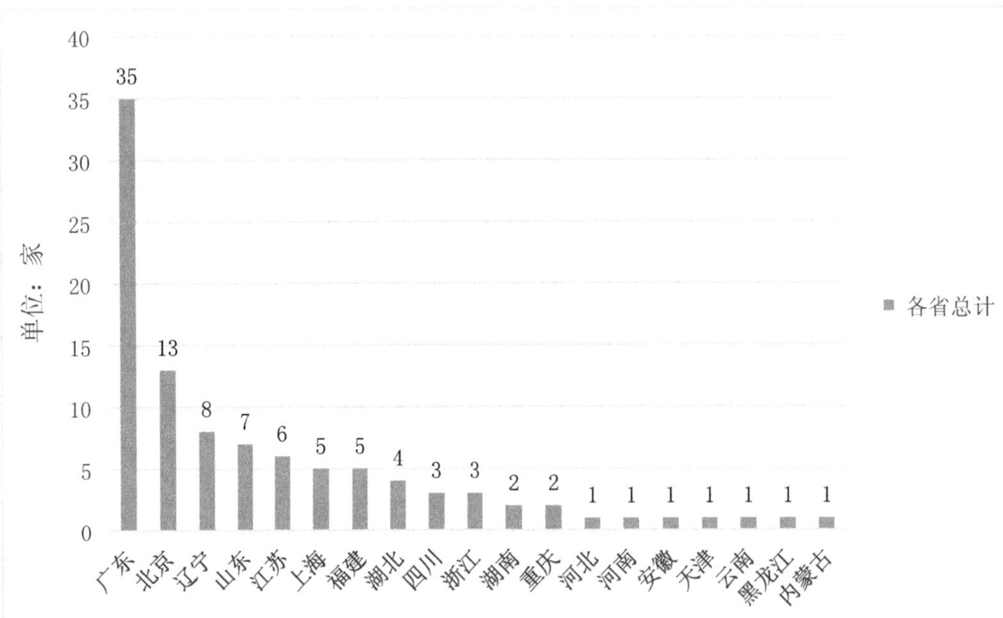

图 7.6　PMP®培训机构地域分布状况

培训机构及其分支机构分布前 10 名的城市（广州、北京、深圳、上海、济南、大连、福州、武汉、沈阳、南京）的机构数量占全部总数的 68%，产业的地域分布呈现较为集中的趋势。

机构的地理分布和学员报考数量密切相关，如图 7.7 所示，本地学员报考 PMP®认证占当地报考 PMP®认证总人数比例为 80%～100%的机构数量最多，占机构数量的 51.39%。其次是占比为 60%～80%的机构，占总机构数量的 34.72%。占比为 40%～60%的机构占总机构数量的 11.11%，而本地学员占总人数比例为 0～40%的机构仅有 2.78%。

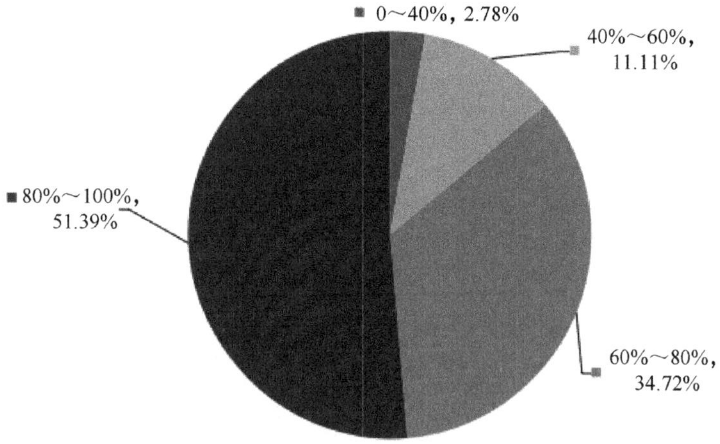

图 7.7　本地学员报考 PMP®认证占当地报考 PMP®认证总人数比例

培训机构对本地客源较为依赖，这使机构分布和学员考试区域之间呈现较强的相关性。

（四）机构业务构成状况

基于《PMBOK®指南》的项目管理知识培训可以按照是否以参加 PMP®认证考试为目的，分为认证培训和专题类/非认证培训两类。

对中国国际人才交流基金会授权培训机构的调查显示（见图 7.8），开设专题类/非认证类培训业务，并且该类别业务量占总业务量比例在 20.00%以下的机构占机构总数的 28%；专题类/非认证类培训业务占比在 20%～40%的机构占机构总数的 34.00%；专题类/非认证类培训业务占比在 40%～60%的机构占机构总数的 24.00%，专题类/非认证类培训业务占比超过 60%的机构占机构总数的 14.00%。

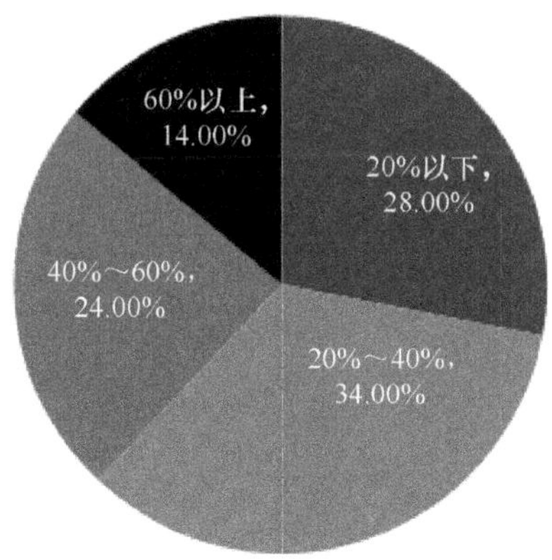

图 7.8　授权培训机构的专题类/非认证培训业务比例

可见，目前认证培训仍然是市场主体，专题类/非认证类培训也具有一定的规模。

PMP®认证以 3 年为一个继续认证周期，在每个认证周期中，学员必须通过持续学习获得至少 60 个 PDU，并按照流程来申请续证。PDU 的课程一般也由授权培训机构开发并提供给学员。在目前的授权培训机构中，有 80.82%的机构，会为学员提供继续认证服务（见图 7.9）。

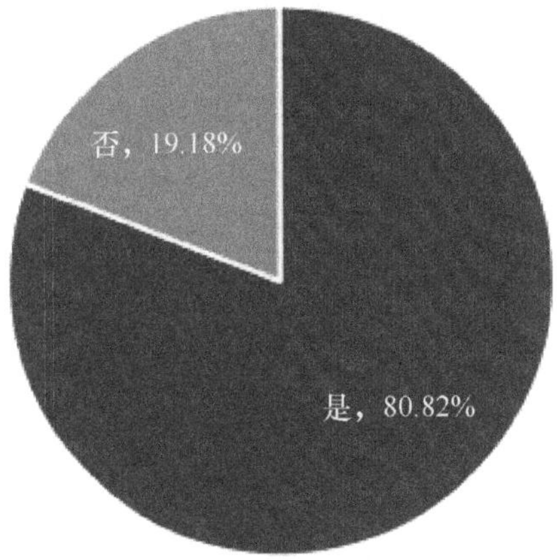

图 7.9　授权培训机构是否提供继续认证服务

总体来看，各机构 PDU 课程价格差异较大且区间并不统一。如图 7.10 所示，有 49.06%的授权服务机构为学员提供免费 PDU 课程，还有 13.21%的机构提供部分免费的课程。收取费用的机构中，也以 100 元及以下为主，仅有 16.98%的机构会收取 300 元以上的费用，最高的在 1 000～2 000 元。各机构 PDU 课程开设次数也存在较大差异，最少为 5 次/年，平均开设次数为 16～18 次/年。

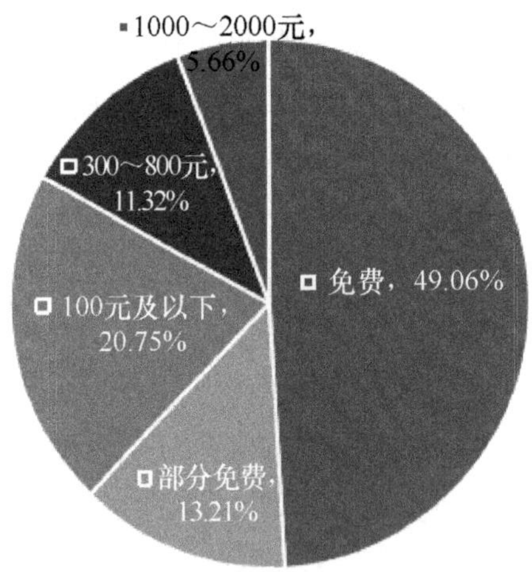

图 7.10　PDU 课程价格区间

如图 7.11 所示，在授权 PMP®培训机构中，有 83%的机构同时开设 PMP®以外的其他培训业务。占比最多的是以下三类：

（1）PMI 体系下的其他资质认证，如 CAPM（助理项目经理）等，占比为 42.47%。

（2）NPDP 认证，即国际产品经理认证，由美国产品开发与管理协会发起，占比为 45.21%。

（3）其他资质认证，占比为 42.47%。

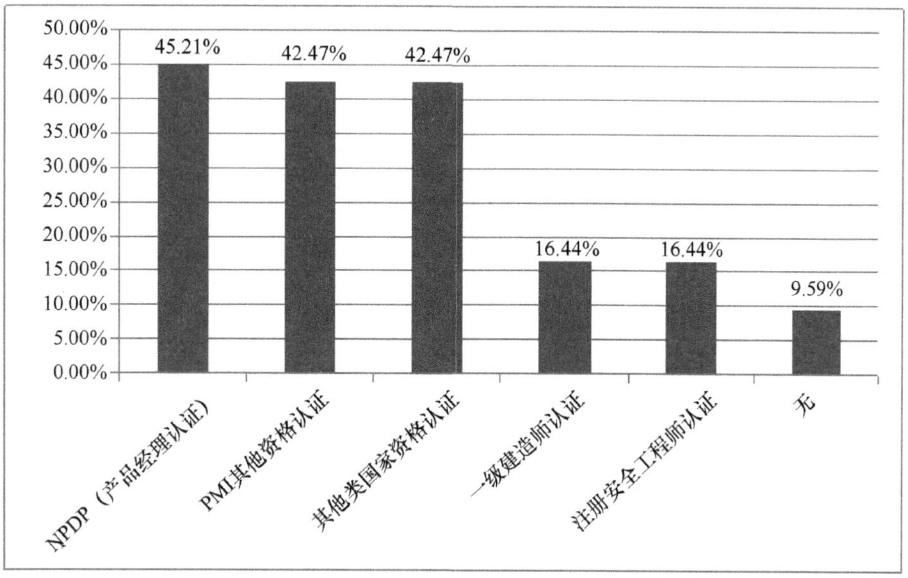

图 7.11　其他课程开设情况

（五）机构培训形式状况

从 PMP®项目管理培训的授课实施形式来看，可以分为面授和在线培训两种类型。

面授即线下培训，指授课老师与学员处在相同的地点，通过面对面直接交流进行授课和学习的方式，一般课堂的学员规模在数十人到数百人。

在线培训指学员以互联网为信息媒介，通过个人电脑或手机等终端进行远程课程学习的方式。

以上两种培训模式都以认证培训为主，为学员提供《PMBOK®指南》的完整讲授，并且提供参加 PMP®考试所必需的 35 学时证明，一般还提供考前有针对性的辅导。此外，另有一些培训机构和个人讲师依托互联网在线平台开设 PMP®相关的免费视听课程，这些免费课程往往作为机构或个人品牌的推广方式，一般不产生消费，因此并不计入市场规模，但从侧面反映了 PMP®项目管理知识体系的受众广泛性及潜在市场容量。

国内的 PMP®项目管理培训始于面授方式，在知识体系引入的 20 年间，面授也一直是最主要的培训方式。面授具有诸多优势，如开展简单，学员能在现场与教师获得直接交流，容易创造不受干扰的学习环境，学习氛围较好，学习效率较高，等等。目前，几乎所有的培训机构都以面授方式为主。

如图 7.12 所示，PMP®认证在线课程培训业务占机构认证培训业务比例 0～20%的机构最多，比例为 40%，占 20%～40%的机构比例为 33%，占 40%～60%的机构比例为 19%，占 60%～80%的机构比例仅为 8%，不存在占比超过 80%的机构。可见，对于绝大多数机构来说，网课是补充形式，但其规模已经不可忽视。

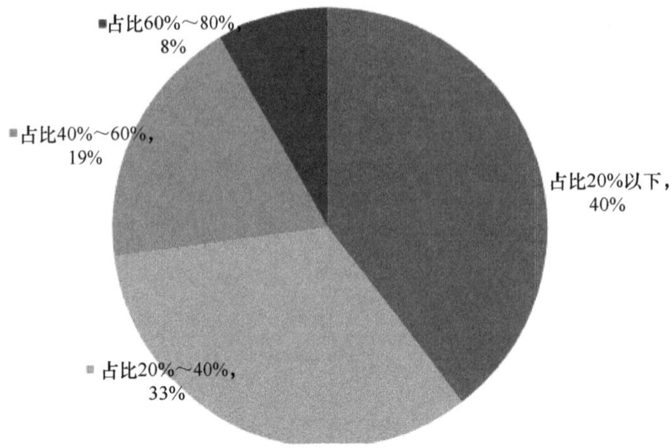

图 7.12　PMP®认证在线课程培训业务占机构认证培训业务的比例

从机构开展网课的时间来看（见图 7.13），网课模式虽然萌芽已有 10 年，但在 2014 年以前，只有很少量的机构开展，近年来网课形式日趋多样，从最早的单纯录播，发展到录播与直播相结合，辅以模拟测试、在线评估答疑等多种方式，并且与技术的结合更加紧密，近年来增长势头十分显著，将在未来的产业结构中占据更重要的地位。

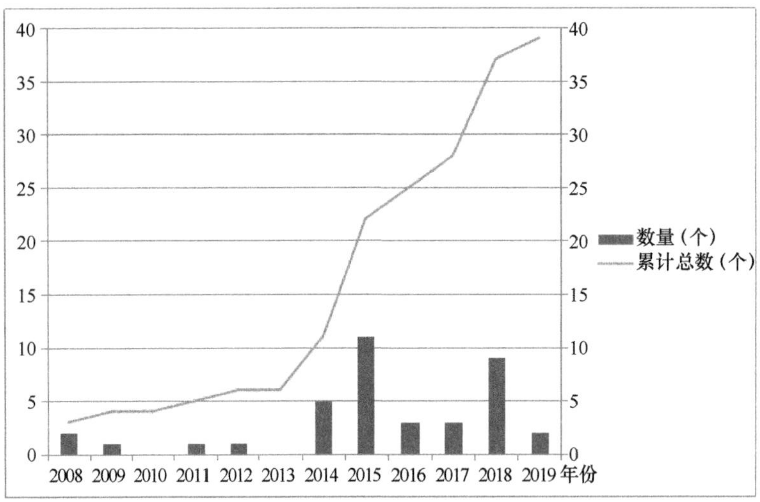

图 7.13　PMP®认证培训机构开设在线课程的时间和累计总数

客户群体选择网络课程的主要原因是学习时间灵活，达到 91.67%，其次是地域限制小，为 66.67%，其后是培训费用低，为 41.67%（见图 7.14）。

PMP®在线培训方式，不受制于地点的同时解决了学员容量的问题，优秀师资能够更大范围地输出，也降低了教学成本和培训的价格，受到众多学员的青睐。因此，通过在线培训，PMP®的认知和教育都得到了大幅和跨地区的扩展。互联网作为扁平化的工具，解决了受众人群无法定时定点参加培训的问题，在为各地区各层级人群提供均衡机会的同时，也将提升培训的总体参与率。

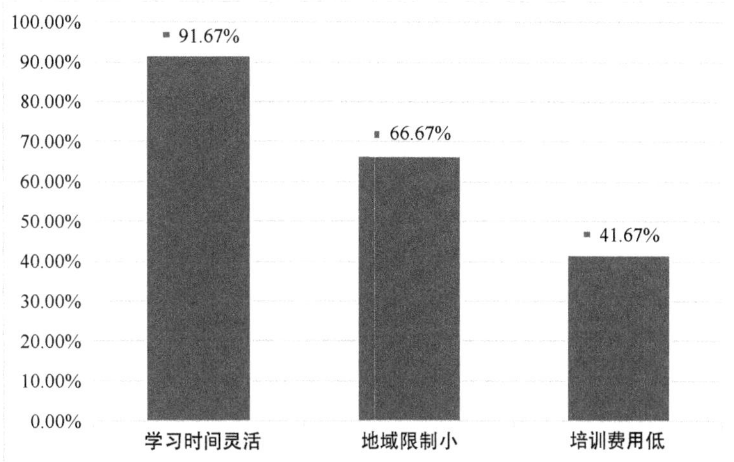

图 7.14　学员选择在线课程的主要原因

四、产业链下游分析

（一）产业主要服务对象

项目管理服务产业链的下游主要是接受培训、考试、咨询、软件开发部署等服务的企业客户和个人用户，他们是产业主要的服务对象。

目前，中国已有超过 2 000 万人系统地学习了《PMBOK®指南》。截至 2019 年 9 月，共有约 60 万人参加了 PMP®认证考试，约 42 万人通过考试并获得证书，主要分布在信息传输、软件和信息技术服务业（47.8%）、制造业（18.9%）、金融业（5.0%）、科学研究和技术服务业（4.1%）等众多行业领域。

从项目管理服务产业客户的性质看，可将其分为单位客户和个人用户。

（1）单位客户：指培训机构直接和企业、事业、政府部门等单位签约，以集团采购的方式来进行培训的客户群体，包括在单位内部开展的内训和派出员工参加的集体外训；对单位客户来说，培训机构的选择、课程的时间和内容安排一般由单位的人力资源等相关部门负责，可能包含一些定制性需求。

（2）个人用户：指由实际参训的学员个人自主选择培训机构的方式，部分单位会对员工参与培训和考试的费用进行支持；个人用户的课程时间和内容安排一般以培训机构的通用型课程为主。

各类企事业单位和政府机构对《PMBOK®指南》的认可和支持是产业发展的重要原因。调研显示，78.51%的人员表示所属单位鼓励进行《PMBOK®指南》学习或考证，而在这部分人员中，有 71.06%的人表示自己所在单位提供相应的支持性政策，其中以报销相关费用为主要奖励手段。

（二）用户向更广泛领域和层级扩展

《PMBOK®指南》等相关项目管理知识体系在国内已经获得了相当水平的发展，但在各地区之间、各行业之间、各企业之间，项目管理知识体系的普及和推广呈现出较大的不均衡性。如对 PMP®等认证历年报考数据的总结分析显示出：

（1）在地域上，绝大部分 PMP®等认证报考人员集中在经济发达的沿海省市和一线城市，仅仅北京一地就占了全国报考比例的 1/4，是 2/3 的省（自治区、直辖市）累计报考人数的一倍。北京、广东、上海三地的 PMP®报考人数占全国总数的 63.22%。9 个城市的报考人数超过万人次，其合计报考人数占全国总报考人数的 74.09%。

（2）在企业层面，PMP®报考人数排名前十位的 10 家企业，占了全国报考总人数的 13%。

（3）在行业层面，信息传输、软件和信息技术服务业占了全国报考总人数的 50%。

随着公众对 PMP®等相关项目管理专业资格认证及知识体系认知的提升，对学习和培训有需求的企业和个人也在向更广泛的领域和层级扩散。同时，中国的经济发展也呈现向多层级扩展的趋势。北京、上海、广州、深圳等一线城市对全国各地人才的吸引已持续多年，随着一线城市的生活压力增加，对人口规模的限制更加严格，年轻人才开始逐渐向二、三线城市转移，南京、成都、武汉、长沙等城市都出台了落户等一系列优惠政策来吸引人才，希望能通过人才红利带动当地经济发展。人才的下沉集聚，将使 PMP®等职业技能培训的需求在二、三线城市快速增长。

这一趋势也对产业发展提出了挑战。目前，优势培训资源主要集中在一线城市，为适应用户向更广泛层级渗透的趋势，需要机构扩展服务能力和范围，应用在线培训等多种手段。中国国际人才交流基金会也正在从导向上鼓励机构在地域、行业、企业类型方面不断拓展，以弥补相应方面的发展不平衡。

（三）用户的行为习惯发生变化

在移动互联网时代，手机、平板电脑等个人电子设备日益普及，现代人的快节奏生活使得用于学习培训的时间更加碎片化，而高压的生活状态也使人们希望避免学习带来的过大压力。相对而言，移动形式更适应碎片化、轻量化的现代教育培训需求。在线教育发展的数据也表明，学员越来越倾向于选择学习时间和地点更自由的在线培训形式进行学习。

互联网基础设施和通信设备的发展为潜在的 PMP®用户提供了更多的选择，与此同时，多种因素也在推动用户的行为习惯发生变化。

随着中国社会的发展，居民的消费结构不断优化，消费质量不断提升，文教娱乐类支出越来越成为家庭消费中的重要组成部分，支出的总额和比重连年上涨，据国家统计局发布的数据，我国 2018 年人均教育文化娱乐消费支出为 2 226 元，增长 6.7%，占人均消费支出的比重为 11.2%。

我国网民年龄结构相对年轻，有超过 60%的网民年龄在 35 周岁以下。而报考学习PMP®认证的人员年龄也集中在26～35周岁，具有很高的重合度。互联网不仅是许多网民沟通和娱乐的工具，也越来越成为他们学习知识、获得自我提升的途径。据中国互联网络信息中心（CNNIC）的数据显示，使用互联网学习的中国网民高达4.4亿人，占互联网全部用户的 67%。人们愿意为提升自我水平付费，对于教育展现出很强的付费意愿。根据CNNIC 发布的中国在线教育重点领域用户数据，有 34.4%的用户会选择线上方式获取职业教育，仅次于中小学教育领域。

（四）用户更加积极主动

截至2018年年底，PMP®报考的主流人群为26～35岁，占总数的76.33%。同时，数据显示，21～25岁年龄段的报考量占比稳步提高，而40岁以上报考量占比逐年下降，这反映了PMP®报考人群明显呈年轻化的趋势。

目前，考试的主流年龄段是在1980—1995年出生的群体。他们成长于市场经济繁荣发展、全球化和跨地区交流加深、环境快速变化的时代，这一辈的年轻人自我意识更强，拥有网络信息技术和繁盛发展的社交媒体作为获取信息的工具，他们对职业发展和工作方式也表现得更主动，往往会主动收集信息，积极探索职业发展，也会在熟人社交的影响下产生参加职业技能培训课程的想法。

近年来，我国宏观经济虽然仍保持良性发展，但高校毕业生数量屡创新高，人才不断涌入市场，造成了就业压力持续增长的局面。相关数据显示，2004—2014 年，我国普通高校本科、硕士、博士、成人高校、网络本科合计毕业生从349万人增长到775万人，复合增速达到8%。另外，留学回国工作人数也快速增长，从2008年的7万人增长到2015年的41万人，加剧了就业竞争的局面。在这种情况下，能够在供需选择中为自己带来区分度的培训、资质将更加受到欢迎。

同时，电子信息、互联网行业等新兴产业，在我国经济中占据越来越重要的地位。这些行业由于技术迭代速度快、市场环境变化难以预测，必须时刻迅速调整才能保持增长势头，使行业中人才的职业稳定感降低。环境带来的焦虑也侧面增强了这一代人的竞争意识，年轻职场人更趋向于通过主动学习来提升竞争力，进而获得更好的职位及晋升机会。而对于求职者来说，为了能够在竞争中脱颖而出，职业技能培训因其投资周期相对较短（对比学历教育）、针对性强，成为许多人的选择。

这些用户需求明确，且对于价格承受能力更强，不依赖单位提供的福利性培训。可以预计，随着PMP®考试人群年龄的进一步年轻化，个人用户占据的比例会更加显著。

总体来说，在项目管理服务产业发展的早期，单位客户占据主导地位。在单位客户保持稳步增长的同时，个人用户近年上升势头更快，项目管理服务产业用户的主要诉求正在发生从组织驱动到多元化驱动的转变，个人用户将在产业结构中占据更为显著的地位。这使得需求方对培训机构的选择和评价标准也在逐渐发生变化。

五、产业竞争态势

（一）产业间竞争与合作态势

1．与其他国际性项目管理认证体系的竞合

除 PMI 外，国外也有其他的组织和机构提供项目管理方面的专业知识培训和认证，其中最主要的是 IPMP 和 PRINCE2。

（1）IPMP 简介。IPMP，即 International Project Management Professional，也称为国际项目经理资质认证。IPMP 是总部位于瑞士的 IPMA （国际项目管理协会）在中国大陆地区的资质认证，采用的知识体系为《国际项目管理专业资质标准》ICB 4.0。IPMP 的知识体系强调项目经理人应该具备的知识与技能，分为项目和项目管理、项目开发的四个阶段及项目管理的方法与工具。

IPMP 自 1965 年设立至今，已得到全球 50 多个国家的认可，目前的认证范围主要集中在部分欧洲发达国家。

IPMP 分为 4 个级别，均可采用中文认证：

- IPMP A 级：认证的国际特级项目经理。
- IPMP B 级：认证的国际高级项目经理。
- IPMP C 级：认证的国际项目经理。
- IPMP D 级：认证的国际助理项目经理。

其中 A、B、C 级分别具有 5 年有效期，D 级终生有效。

学员可以根据个人资历及自身专业水平申请相应级别的认证。

中国优选法统筹法与经济数学研究会项目管理研究委员会于 2001 年 7 月开始在全国范围内推行 IPMP 资质认证，并于 2019 年 7 月正式在中国启动了 ICB4.0。

目前，国内 IPMP 的认证量明显低于 PMP®。

（2）PRINCE2 简介。PRINCE2，即 Project In Controlled Environments，也称为受控环境下的项目管理认证，是由英国商务部于 1996 年发布并实行的。相比于 PMP®认证体系，PRINCE2 更强调如何在具体环境中分辨项目的独特性，并将项目执行下去。

该认证体系包括：

- 7 个主题——持续的商业论证、依靠以前的经验、定义角色和责任、分阶段管理、例外管理、重点关注产品、关注项目环境裁剪。
- 7 个原则——商业论证、组织、控制、风险、质量、变更、进展。
- 7 个流程——项目准备、项目启动、项目指导、阶段控制、阶段边界管理、产品交付管理、项目收尾。

PRINCE2 认证自低分到高分为基础级和从业级，学员必须逐级申请。

基础级：侧重理论知识，涵盖基本的项目管理术语和方法论，属于入门级证书。基础级认证终身有效。

从业级：注重考查实践经验，考核人群面向已经达到PRINCE2基础级资质认证的项目管理专业人士。从业级资质认证具备5年有效期。

截至目前，PRINCE2在全球150多个国家和地区得到推广和认证，超过40万人获得此项认证。根据相关调研数据，中国青岛办事处自2007年推行PRINCE2，目前国内认证量不足三万人次，显著低于PMP®。

（3）竞争与合作。作为国际性的三大项目管理体系，PMP®与IPMP 、PRINCE2在中国都具备相关专业知识的培训及认证资质。

三者具有一定的互相认可与合作关系：IPMA与PMI签订了证书互相认可协议，IPMP C级证书与美国PMP®证书完全等同；同时，PRINCE2的基础级与PMP®认证对等，如已经通过PMP®认证，可直接参加PRINCE2从业级资质认证。总体而言，同属项目管理体系下的资质认证，三者互相认可，但在知识体系、评级标准和认证方式上有所差别。

PMP®在权威性、社会认可度和服务广泛性方面优于其他两者。

PMI成立已50年，在全球具有广泛的影响力，从普及率来看，PMP®目前已在全球超过180个国家（地区）铺开，并获得ISO9001认证，如今已发展成世界五百强企业普遍认可和选用的管理体系，全球认证数量也远超IPMP和PRINCE2。

再者，PMP®考试由PMI统一命题，全球适用，试题第一语言为英语，同时可提供第二语言作为辅助，最终由PMI统一阅卷，做到了真正意义上的全球统一认证考试，在此三大项目管理体系认证中相对而言最为规范。

PRINCE2也是全球统一命题，考生在订购试卷时可以指定考试语言。基础级资格和从业级资质认证考题形式有所差异：基础级资格考试题型为选择题，具备统一阅卷的条件，而从业级资质认证主要为案例分析及情景分析，需要委托国内的授权机构进行成绩判定。

IPMP认证则是由国内的授权机构命题、阅卷，不能达到全球统一。

最后，从国内推广形势来看，PMP®相对较早被引入中国，经过中国国际人才交流基金会和各培训与考试机构多年的推广，已经建立起覆盖全国的完整的培训和考试体系，其中由中国国际人才交流基金会直接授权的培训机构达到73个，分布在全国绝大部分省份，具有一定的公信力和影响力。而IPMP和PRINCE2的授权机构均为私人企业或代表处。

总体来看，PMP®的社会认可度很有优势，成为诸多单位和个人在进行项目管理知识学习和认证获取方面的首选，参与面逐年递增。

2. 与国内项目管理认证体系的竞合

中国企业及组织对项目管理重要性的认知呈增长态势，为了适应中国的项目管理环境，国内相继推出其他项目管理知识体系相关的资质认证考试，如信息系统项目管理师认证。

信息系统项目管理师隶属计算机技术与软件专业技术资格（水平）考试（软考）中的高级资格考试，由人力资源和社会保障部、工业和信息化部推行，分别于每年上半年5月和下半年 11 月开展考试。

计算机软件资格考试与会计、经济师、税务师、律师、建筑师等考试均属于国家专业技术资格考试；信息系统项目管理师是为了适应国内的信息化建设项目管理环境而设立的资质认证，通过考试获得认证对职称评审有较大帮助。

从考试认证的层面上来说，PMP®认证的知识体系更为完善、具有全球视角，并且迭代更新较为迅速，权威性更高。从应用认可度层面来看，大多数行业和单位更倾向于选用国际影响力更大、更为成熟的《PMBOK®指南》和 PMP®认证。信息系统项目管理师的报考人数也显著少于 PMP®。

3．与其他职业资质认证体系的竞合

目前，与项目管理服务产业形成主要竞争的是国内各行业的职业资质认证体系，表现为对潜在学员资源的争夺。

典型的如建筑行业，虽然项目管理的理论在建筑工程项目中被广泛采用，但是由于国内建筑业拥有较为系统的执业资格类认证体系，如建筑师、建造师、造价工程师、监理工程师、安全工程师、咨询工程师、消防工程师等，其中相当程度是国家强制性认证。虽然这些认证的具体内容与项目管理有较多交叉重合，甚至直接包含项目管理科目，但从规定上，PMP®认证并不能代替其中相应的部分。

据相关调研数据，在 2010 年前，建筑行业的 PMP®认证报考人数在总体中还有约 10%的占比，但从 2011 年开始就逐渐下滑，这与建筑行业对项目管理的大量应用形成了巨大的反差。2018 年，二级建造师的报考人数突破 400 万人次，一级建造师的报考人数超过 120 万人次，这在潜在学员资源方面与 PMP®认证形成了较明显的竞争关系。

综合来看，在项目管理领域的国际和国内资质认证中，PMP®认证的权威性、社会认可度和服务广泛性等方面都具有显著优势，随着 PMP®的持续推广和发展，这种优势会越来越明显。对项目管理服务产业形成主要竞争的，并非项目管理领域的其他体系，而是一些行业内广泛应用的其他资质认证体系。

（二）产业内竞争与合作态势

项目管理服务产业的竞争，主要体现在培训机构之间。近年报考 PMP®的群体规模越来越大，产业总体发展趋势非常积极，因此越来越多的培训机构进入了这个市场，产业内的竞争主要体现在如下几方面。

1．机构资质

在培训机构的选择上，学员首先关心的是培训机构是否获得了中国国际人才交流基金会或者 PMI 的授权，是否具备颁发 35 小时学时证明的能力。

总体来看，机构的资质较为公开、透明，但是随着 PMP®项目管理培训在中国的蓬勃发展，旺盛的市场需求也带来了一些不规范情况，如借用资质、对 35 小时学时证明审核

不严、公开售卖 PDU 学时证明等，对 PMP®项目管理市场秩序产生了一定的干扰。

2．师资及授课水平

良好的师资及授课水平是学员收获知识、掌握 PMP®体系并通过考试的关键，学员对此普遍较为重视。

但目前学员和培训机构之间存在一定的信息不对称现象，学员在亲身上课前很难直接了解讲师的水平和具体授课内容，也缺少在行业内进行横向比较的条件，只能依赖机构自身的宣传。而从实际情况来看，在对 PMP®项目管理培训机构的众多评价维度中，“广告宣传的真实性”得分最低，教育培训真正的课程质量与广告宣传存在差距。目前，大多数培训机构都以兼职讲师为主体，难以建立和巩固属于自身的知识体系，难以确保培训质量的稳定性。

因此，行业急需对培训讲师设立统一的考核认定标准，并进行有针对性的培训，以解决机构和学员之间信息不对称的问题，提升总体授课水平。

3．培训价格

相对于行业内师资及真实授课水平的不对称性，价格是学员易于获得和比较的信息，因此学员更倾向于通过比较培训价格做出选择。很多机构也将竞争焦点放在价格上。

培训机构过于注重价格竞争，在其保证利润的基础上，必然导致培训成本的压低及研发投入的降低，从而不利于培养和使用高水平师资，不利于培训的充分开展，降低了对知识体系本身的传授效果。用户低价购买的培训服务并不等于高性价比，培训质量仍存忧患。

4．所在地域

一线城市是项目管理普及和推广度最高的区域，人才更为集中，对 PMP®的需求更加旺盛，北上广深的累计报考人数占全国报考总量的 60.33%。在中国国际人才交流基金会授权的 73 家 PMP®项目管理培训机构中，超过 50%的培训机构分布在北上广深，同地区内的竞争较为激烈。

其他地区 PMP®项目管理培训机构缺乏，但是随着项目管理在全国的推广日渐广泛深入，更多的潜在学员受时间和地域限制，无法获得培训服务。对于 PMP®项目管理培训机构而言，潜在学员的地理位置比较分散，线下培训服务会增加培训成本，因此各大机构开始主推在线培训课程，依托互联网和移动端，打破时空和地域的限制，以便服务更多的学员。

第三节　项目管理服务产业发展环境分析

一、主要驱动因素

PMP®项目管理市场规模持续增长的直接原因在于参加培训和考试的人数持续增长。

PMP®认证引入中国 20 年来，年报考人数从 2000 年的 316 人增长到 2018 年的超过 10 万人，直接拉动了认证培训市场的增长，也辐射了非认证培训和继续认证市场，并推动了咨询、软件开发、第三方服务等市场的增长。

对这种增长追根溯源，可以发现其驱动因素主要来自如下方面。

（一）国家经济发展方式的变革

2019 年上半年，我国国内生产总值达到人民币 450 933 亿元，按可比价格计算，同比增长 6.3%，经济运行继续保持在合理区间，延续总体平稳、稳中有进的发展态势。在《PMBOK®指南》引入的 20 年间，中国的经济总量增长超过 10 倍，为产业发展提供了良好的宏观环境。

与此同时，中国经济正面临深刻变化的复杂环境。从外部环境看，不确定性因素有所上升，世界经济和贸易增速同步趋缓，地缘政治不稳定和经济运行风险加大，经济全球化遭遇波折，国际金融市场震荡，特别是中美经贸摩擦给一些企业生产经营、市场预期带来不利影响。

从内部环境看，解决国内长期存在的结构性、体制性矛盾需要一个过程，经济运行面临着新的下行压力，实体经济困难仍然较多。中国经济面对的是经济转型阵痛凸显的严峻挑战。新老矛盾交织，周期性、结构性问题叠加，经济运行稳中有变、变中有忧，面对的是两难、多难问题增多的复杂局面。

近年来，随着国际产业分工和全球产业布局的深度调整，中国产业已经进入转型升级，从高速增长迈向高质量发展的新阶段。国家正从向资源和成本要效益的时代，逐步迈进向科技与管理要效益的时代。在 2018 年 7 月召开的中央财经委员会第二次会议中，习总书记提出“按照需求导向、问题导向、目标导向，从国家发展需要出发，提升技术创新能力”的要求，而“按照需求导向、问题导向、目标导向”正是项目管理的核心思维，是响应国家号召的管理能力基础。

我国经济发展的转型也为人才、企业乃至地区的发展带来了更多新的机遇与挑战。科技创新已经成为当前提高国家综合实力和国际竞争力的决定性力量，全球科技创新进入空前密集活跃的时期，新一轮科技革命和产业变革正在重构全球创新版图、重塑全球经济结构。在此背景下，围绕人才、科学、知识、创新治理与创新环境等方面的竞争更加激烈，人才的重要性在国家战略层面日益凸显，引进、培养、吸纳具有全球视野和国际化水平的专业人才需求正在不断加大，企业对项目管理人才和项目管理服务的需求都将成为产业增长的重要动力。

中国经济的迅速发展与转型给企业带来了巨大的外部不确定性，这要求企业必须构建现代化的内部管理体系，准确地把握外部环境因素，客观地进行内外部资源的分析，科学地制定产业组合、资源配置等战略性重大决策。其前提是能够及时感知外部环境的动态变化，并灵活地做出对经营目标、管理策略和内部资源分配的调整。传统的机关式垂直型线性多层级管理模式和较为固化的事业部制组织结构已经逐渐难以满足企业的需求，而以矩阵式组织结构为代表的项目制管理模式，因其既能灵活自主地应对外部变化又能保证组织内部稳定高效的特点，开始越来越多地被应用到企业管理中来。

（二）“一带一路”和“走出去”的需求

2008 年国际金融危机以后，全球经济格局悄然变化，贫富差距、恐怖主义、环境污染、宗教冲突等新问题，对不同国家间经济合作的传统模式提出了挑战。

习近平总书记于2013年9月和10月分别在对哈萨克斯坦和印度尼西亚的访问中提出“共建丝绸之路经济带”和“共建 21 世纪海上丝绸之路”的倡议，“一带一路”首倡并致力于推行“共商、共建、共享”原则，成为中国下一阶段着重发展的重要经济外交政策之一。它依靠中国与沿线国家既有的双边和多边机制，借助既有的区域合作平台，主动发展经济合作伙伴关系，逐步发展成一个由中国引领的、多元开放的经济合作框架与平台。它依靠中国与有关国家既有的双多边机制，借助既有的、行之有效的区域合作平台，积极发展与沿线国家的经济合作伙伴关系，共同打造政治互信、经济融合、文化包容的利益共同体、命运共同体和责任共同体。在谋求自身发展的同时，为其他国家发展贡献了顺应历史潮流的中国智慧。

“一带一路”倡议提出初期，针对沿线国家基础设施差、产业状况落后、生产力不足等问题，中国在“一带一路”框架下有针对性地进行投资与项目承建，落地项目以基建、能源为主。目前已有一系列重大项目取得成功，如肯尼亚蒙内铁路、雅典外港等，项目落地后迅速提高了当地的经济水平，并逐渐成为区域经济发展的桥梁和主动脉。共建“一带一路”正在成为我国参与全球开发合作、改善全球经济治理体系、促进全球共同发展繁荣、推动构建人类命运共同体的中国方案。截至 2019 年 4 月，已有 150 多个国家和国际组织同中国签署了 173 份合作协议，“一带一路”倡议及其核心理念更已被写入联合国、G20、APEC 等国际组织的有关文件中。5 年多来，我国与“一带一路”相关国家贸易总额超 6 万亿美元、投资超 800 亿美元。中国和沿线国家一起，在港口、铁路、公路、电力、航空、通信等领域开设了大量合作。截至 2018 年年底，在已开工和计划开工的基础设施项目中，仅央企就承担了“一带一路”共建 3 116 个项目，这些都将带来对项目管理高端人才需求的大幅度增长。

同时，“走出去”战略也逐渐融入“一带一路”大格局。“走出去”战略是党中央、国务院根据经济全球化新形势和国民经济发展的内在需要做出的重大决策，是发展开放型经济、全面提高对外开放水平的重大举措，是实现我国经济与社会长远发展、促进与世界各国共同发展的有效途径。在战略落地上，“走出去”是以中国公司为主导，服务于中国公司战略的一种跨国整合模式。当前，无论从开拓市场空间，优化产业结构，获取经济资源，争取技术来源，还是突破贸易保护壁垒，培育中国具有国际竞争力的大型跨国公司，“走出去”都是一种必然选择，也是中国对外开放提高到一个新水平的重要标志。

“一带一路”和“走出去”在为中国带来新的机遇的同时，也对中国企业对外合作提出了新的要求。“一带一路”的复杂性体现在：第一，参与国家多样性极高，所在区域、政体、宗教、经济阶层等各不相同；第二，具体参与方的类型丰富，包含国家政府、国际组织、区域间合作机构、企业、金融机构和民间力量；第三，议题多元化，涵盖经济、政治、环境等多方面。复杂的参与和多元化的诉求迫切需要一致性的管理语言进行合作，而以《PMBOK®指南》为代表的优秀项目管理知识体系提供了这样的一致性、通用型管理语言。

在“一带一路”倡议的海外项目实施中，各类项目分布在不同国家，跨越不同的文化背景，与国内常用的项目管理模式、技术标准和合同文本也有很大的差异，对我国“走出去”企业和外派人员项目管理能力也提出了越来越高的要求，使我国的海外项目从业者面临着更多的挑战，最直接的则是直面国际化市场竞争的挑战。而在市场竞争过程中，不只是资金与规模的竞争，更多的是技术与项目管理能力的竞争。因此，近些年，与国际接轨的项目管理知识体系越来越受重视。

而 PMP®项目管理作为国际化的管理体系，在中国已经取得了持续快速的发展，带动了一批大型企业的组织管理变革，为国家信息通信、能源、建筑等重点行业和关键领域培养了一批具有项目管理战略眼光的国际化人才，有力助推了中国企业“走出去”战略的实施。

“一带一路”和“走出去”对于企业国际化提出新的要求，企业将面临管理模式转型和国际化人才稀缺的新挑战。根据对国内上百家“走出去”企业管理人员的调查结果显示，63%的受访者认为国际人才短缺是影响企业“走出去”的主要因素，认为未实现预期效益是因为缺乏国际经营人才所致。在这种情况下，对国际化项目管理专业人才培养的需求将保持强劲增长。

（三）积极而稳定的政策环境

从整体产业格局来看，项目管理相关的培训被归属于职业教育范畴。近年来，国家对职业教育的重视程度不断提高，相继颁布了《国务院关于加快发展现代职业教育的决定》等一系列重要文件，并在国家层面上出台了一系列支持职业教育发展的政策措施，提出“到 2020 年，形成适应发展需求、产教深度融合、中职高职衔接、职业教育与普通教育相互沟通，体现终身教育理念，具有中国特色、世界水平的现代职业教育体系”的目标。国家宏观政策对教育、人才发展、职业培训的重视，为项目管理服务产业提供了稳定而良好的政策环境。

2010 年 6 月，国务院颁布了《国家中长期人才发展规划纲要（2010—2020 年）》，提出完善高技能人才培养培训体系，支持发展各类专业化培训机构。2012 年 2 月，人力资源社会保障部、发展改革委、教育部、工业和信息化部、财政部、农业部、商务部共同制定《促进就业规划（2011—2015 年）》，2012 年 7 月，教育部印发了《国家教育事业发展第十二个五年规划》，这两个文件都强调职业技能培训和创业培训的重要性，鼓励发展多样化培训服务机构。2014 年 5 月，国务院发布了《关于加快发展现代职业教育的决定》，明确指明了发展职业教育的指导思想和基本原则，确定了 2020 年形成适应发展需求、产教深度融合、中高职衔接、职业教育与普通教育相互沟通的具有中国特色的世界水平现代职业教育体系的目标。2014 年 6 月，教育部、发改委、财政部等发布了《现代职业教育体系建设规划》，鼓励企业举办或参与举办职业院校，提出到 2020 年大中型企业参与职业教育办学的比例达到 80%以上的目标。2015 年 10 月，教育部、国家发展改革委、财政部发布了《关于引导部分地方普通本科高校向应用型转变的指导意见》，鼓励高校与企业共建专业。政策导向是教育培训行业最重要的影响因素之一，这一系列政策法规给了传统高校一定的转型压力，将促使其积极开放对外合作。

除发布一系列推动职业教育行业发展的政策法规以外，国家也在财政上给予高度支持，近年来职业教育财政性教育经费年均增长高达 25%，在政策支持和政府的大力投入背景下，我国职业教育将保持持续增长态势。

项目管理服务产业本身既属于职业教育领域，又与职业教育学校、机构之间存在良好的业务衔接和共同发展关系，将从职业教育的大格局中获得增长红利。

从产业的直接管理层面来看，新组建的科学技术部高度重视专业人才培养与科学技术领域合作，将从战略高度为产业发展提供方向，引导产业与我国的科技发展进步有效协同、深度融合，更好地发挥管理在科技领域的作用。

中国国际人才交流基金会统筹中国大陆地区《PMBOK®指南》及 PMP®认证的推广与发展，并对培训与考试机构进行授权和管理，是产业的直接领导和推进者。过去 20 年间，中国国际人才交流基金会与 PMI 的合作不仅推动了我国在项目管理的实践上与国际接轨，带动了项目管理培训和教育的蓬勃发展，而且大大提高了项目管理人员的整体从业水平和能力，为我国培养了一大批国际化项目管理专业人才，推动了项目管理理念、知识、方法、工具在各行各业的应用，使 PMP®等认证项目在大陆地区取得了长足发展，得到众多行业、企业广泛认可，其国际化先进项目管理理念、工具与方法的普及和应用在中国经济社会发展过程中发挥了重要作用。中国国际人才交流基金会与 PMI 已于 2018 年 6 月签署了新一阶段的合作协议，新协议将更有助于提升项目管理在中国的发展水平，也为产业提供了长期稳定和可预期的环境。

在国家宏观政策和产业主管部门的指引下，项目管理服务产业将在未来面临积极稳定的政策环境，产业发展前景光明。

（四）大型复杂项目的不断增加

随着经济的持续发展和科学技术的不断进步，我国投资建设的工程类、科技类等大型复杂项目不断增加，同时，“一带一路”和“走出去”的发展，也为我国参与跨国大型复杂工程项目提供了更多机会。

这些项目往往具有投资规模大、周期长、多业联合、项目参与方广泛、质量标准要求高等特点，增加了对项目本身进行组织管理的复杂程度和不确定性，同时也更容易受到政治、经济和文化等因素的影响，具有社会的复杂性和不确定性。

大型复杂项目往往存在于对社会经济发展有重大持续影响的基础科学和基础建设领域，对国家和社会的发展意义都十分重大，其有效管理实施对项目成果的顺利交付有着不可忽视的影响， 因此，大型复杂项目的有效管理和科学决策十分重要，对项目管理工作带来了全方位的挑战。

大型复杂项目的不断涌现，对所参与组织、个人的项目管理能力提出了更高的要求，成为项目管理服务产业发展新的推动力，同时，其实践对项目管理知识体系的发展和完善也提供了重要的经验。

（五）项目管理工作专业化的需求

现代项目是一种广义的概念，可以将具有一次性活动特点的任务视为项目，企业和各类组织正更多地采用项目化管理的模式和工作方式。以项目形式交付工作成果，优势在于目标专注、管理全面、敏捷灵活且专业。随着中国经济发展的深度变革及与世界经济的交汇融合步伐不断加快，项目管理的重要性被越来越多的企业及组织所认识，企业决策者开始认识到运用项目管理知识、工具和技术可以大大减少项目实施的盲目性，减少项目中种种失误带来的巨大损失，项目管理已经成为一种确保团队执行力获得提升的有效管理方式。

美国 Standish 集团对 8 400 个项目的实施进行的研究表明：仅有 16%的项目实现其目标，有 50%的项目需要补救，而有 34%的项目彻底失败。对项目成功率低的深层次分析显示，关键原因是项目团队成员，尤其是项目负责人对项目管理方法的应用和理解不到位。

项目经理作为项目执行的实际领导者对项目实施的成败起到非常关键的作用。很多项目经理是从技术骨干中培养起来的，优点是他们具有高水平的专业技术知识和能力，缺点是缺乏系统的管理知识和带领团队实现项目目标的经验。基于这种情况，项目管理的专业化发展和项目经理的职业化发展越来越得到人们的重视，对项目管理专门人才的需求越来越旺盛。人们普遍认识到，项目管理从业人员应该具有专业化的项目管理知识，需要具有应用项目管理工具和方法的基本技能，需要从大量成功与失败项目中获取经验，也需要具有整合能力和领导能力。而《PMBOK®指南》就为项目经理的成长提供了一种成熟可靠的解决方法。

2017 年，项目管理协会（PMI）发布的《项目管理就业增长与人才缺口报告》（*PROJECT MANAGEMENT Job Growth and Talent Gap：2017—2027*）对全球 11 个国家的项目导向就业机会进行了分析。结果显示：2017 年中国在项目导向型行业中的项目管理职位需求大约为 3 490 万个。从全球范围看，到 2027 年，以项目为导向的医疗健康领域、制造业、信息服务与出版业、金融和保险业、管理和专业服务业、公用事业、石油化工业七个行业的劳动力需求预计将增长 33%，这意味着将向劳动力市场提供接近 2 200 万个新的工作岗位；而到 2027 年，项目管理行业将有 8 800 万个职位空缺，其中中国的项目管理职位空缺将超过一半。

项目管理的发展已经走向了专业化和职业化发展的道路，人才市场对 PMP®认证人员的需求，成为吸引大量在职人员将PMP®知识体系学习纳入个人职业生涯规划的重要动力，也成为PMP®项目管理市场发展的重要驱动因素。

（六）社会的持续学习需求

当今时代，信息爆炸已经成了常态，知识更新周期不断缩短，大量交叉性、边缘性知识不断涌现，传统上地理和时间对信息传播的阻碍被逐渐打破，创新性工作在知识经济时代生产经营活动中的地位变得日益重要，这都对个人的持续学习提出了更高的要求。

有别于传统的常规劳动，创新性工作往往是一次性、独特性的。同时，企业结构扁平化、管理人员专业化和技术部门人员管理集约化的新趋势为众多技术型人才在传统的学术和技术晋升道路之外开辟了一条新的职业规划道路，这也刺激了大量技术专业人员对于其本专业以外的通用性管理知识的需求。得益于在对一次性、独特性活动管理需求上的契合性和多行业领域的通用性，《PMBOK®指南》开始日益受到国内企业管理者和非管理专业技术人员的青睐。

当前就业竞争激烈局面在未来一段时间仍将持续。根据国家统计局数据，2011—2015年中国高等学校（包括普通本专科、成人本专科、网络本专科及硕士博士毕业生）毕业生人数从971.7万人增长至1 152.3万人；另外，教育部发布的相关统计报告显示，2011—2016年留学回国工作人数也快速增长，从2011年的18.6万人增长至2016年的43.3万人，加剧了就业竞争的局面。

在准就业群体供给端迅速增长和需求增长不匹配的大环境下，如何增强自身求职竞争力成为大多数求职者关心的核心问题。职业教育核心任务之一是帮助学习者提升自身求职竞争力，就业市场竞争持续激烈将进一步催生项目管理等教育需求，成为其市场增长的核心动力。

国家经济建设从基础设施转向高端产业，行业转型加速，市场规模巨大的医疗健康、信息服务和金融服务等行业也开始在日常经营中更多地使用项目制管理模式取代传统的职能部门式管理模式，经济生产方式的变化促使企业越发认识到项目管理知识体系的重要性，而那些拥有良好项目管理教育和实践经验的人员早已成为实力公司追逐的对象，PMP®认证便在这样的背景下越发具有价值。

随着项目制成为诸多企业和组织的主要工作方式，更多的专职项目经理岗位出现，PMP®证书在职场的认知程度也不断提升。一些大企业的招聘中，PMP®证书优先级正在提高。这一现象导致PMP®证书在求职者心中的含金量和认可度的提高。

（七）良好的网络和终端条件

我国互联网和移动终端的普及率正持续上升。根据中国互联网络信息中心（CNNIC）的统计，截至2018年12月，我国互联网网民规模已达8.29亿人，普及率（互联网普及率=网民数/人口数）已达59.6%，较2017年年底提升3.8个百分点，全年新增网民5 653

万人。我国手机网民规模达 8.17 亿人，网民通过手机接入互联网的比例高达 98.6%。

2018 年，中国个人电脑出货量为 5 300 万台，智能手机出货量达到了 4 亿台。我国互联网普及率的逐步提高、PC 和智能移动设备数量的增长及网络带宽的持续增加，为互联网音视频服务提供了坚实的基础设施，也成为 PMP®学习人群接受在线培训的前提条件。

2019 年 6 月，中国发放了 5G 商用牌照，5G 的网络覆盖和终端设备将在未来两年迅速铺开。5G 服务将为用户提供更高的数据速率和带宽及更低的网络延时，更适合培训需求，将对在线培训产生进一步助推。用户习惯的快速养成和互联网应用的普及，使《PMBOK®指南》和 PMP®认证在线学习的土壤已经形成，在线教育渗透率加速提升已经具备前提条件。

二、主要阻碍因素

（一）项目管理和 PMP®的认知有待扩展

虽然在过去 20 年间，全社会对项目管理的认知已经有了飞跃性的进步，但作为一个专业技能和专门岗位，项目管理对于国内大多数人士来说仍显得较为陌生，《PMBOK®指南》和 PMP®认证的社会认知度需要进一步提升。

在传统意义上，“项目”一般专指大型工程建设项目，受此观念的影响，个人和企业等公众也往往存在思维定式，认为项目管理与自身的管理和发展需求距离较远，难以应用。实际上，《PMBOK®指南》所讨论的“项目”是一种广义的项目，其范畴远远超过传统的大型工程建设，可以将任何具有临时性、独特性活动特点的任务视为项目，其应用范围也远远超过工程建设的局限，几乎可以渗透进人类现代生活的每个方面，企业和组织都在越来越多地采用项目化管理的模式和工作方式，项目管理应该是具有广泛价值的基础性、通用性技能，这一理念有待进一步向公众宣贯和普及。

此外，PMP®认证虽然在世界上具有广泛的影响力，但目前并不属于我国的执业资质认证体系，项目管理岗位也未进入人力资源和社会保障部颁布的《国家职业资格目录清单》，因此在一些单位进行职称、职级评定时，PMP®认证未能获得应有的认可，也影响了其实用价值。

公众认知的不足，成为项目管理理念和 PMP®项目管理应用的重要阻碍。对于项目管理服务产业来说，打破公众原有的刻板印象、提升项目管理知识体系和 PMP®认证的社会认知，将是市场拓展过程中必然要面临的一个重大挑战。

（二）培训与考试机构的服务能力和范围有待提升

如图 7.15 所示，我国 PMP®认证报考人员集中在北京、天津、上海、广东、浙江、江苏、辽宁等东部沿海发达省市，这其中除东部沿海自然条件和政治、经济资源优势带来的便利条件使得这些地区能够更早地接触到外资企业和它们带来的管理知识体系外，也与工业经济时代先发带来的人口聚集优势有关。

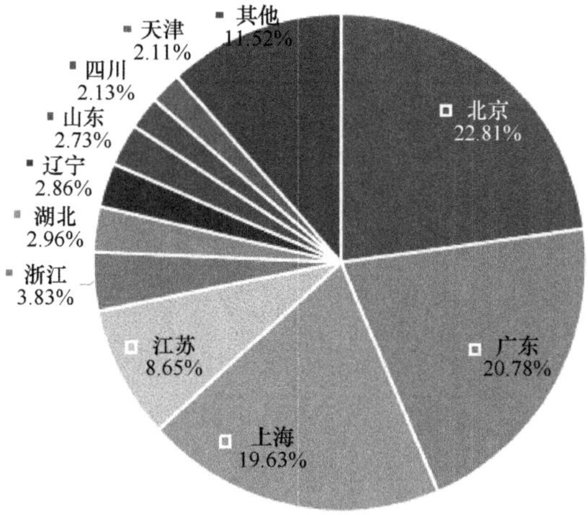

图 7.15　截至 2018 年年底各省（自治区、直辖市）累计 PMP®报考人数占比

报考人数呈现高度集中性，一方面原因是项目管理的普及与推广还存在地域不均衡问题，另一方面也是由于项目管理考试与培训服务的范围有限。在人口高密度聚集地区，除人员密集带来的场地、讲师等固定成本分摊优势外，餐饮、住宿、交通等相关周边支出也要优于人口分散地区。因此，受限于成本因素，低人口密度地区和经济欠发达地区的 PMP®项目管理培训需求者除少数国企和机关单位等内部资源外难以获得所需的教育培训资源，这些因素也极大地影响了潜在需求人群的报考意愿。

因此，机构服务的能力与范围，在一定程度上限制了 PMP®培训的实施，也限制了项目管理服务产业的发展。

随着基础语言教育、移动通信技术和高速网络通信终端的普及，网络授课在整个 PMP®项目管理培训课程体系中的占比越来越高，各个培训机构的远程服务能力和服务覆盖范围正在不断提升，地理和文化因素对课程发展带来的不利影响也在逐渐减弱。

（三）培训与考试机构的市场行为规范性有待提升

在产业竞争中，一些培训机构过于注重市场份额的获取，在宣传和培训方面采取了一些不规范的手段，这对产业的健康发展是不利的。

部分培训机构过于注重价格竞争，压低培训投入及研发投入，不利于培养和使用高水平师资，不利于培训的充分开展，降低了培训效果。

部分培训机构急功近利，过于重视短期指标，以通过考试为终极要求，减少对知识体系本身的讲述分析，而将学员向“押题”“快速通过”方向引导，这种“赌博性”的方式与认证体系希望学员通过学习来持续知识更新的本意南辕北辙。

培训机构对教育培训的规律缺乏科学的认识，对教研、师资的投入不足，加上浮躁的商业心态，导致培训体系不健全、培训模式互相复制等问题，使培训效果大打折扣，不利于产业的长期健康发展。

（四）PMP®继续认证率偏低

PMP®认证以 3 年为一个继续认证周期，在每个认证周期中，学员必须通过项目管理专业知识的持续学习和迭代，获得至少 60 个“专业发展单元”，并按照流程提交申请、缴纳相应的费用（目前为每次 150 美元）来申请续证。PDU 的课程一般也由授权培训机构开发并提供给学员。

从国内的统计数据来看，PMP®的继续认证率比较低。PMI 的统计数据显示，2016 年中国大陆地区续证率约为 63%，2017—2019 年略微上升至 65%，很多学员在取证后不重视证书的维护，这使本应终身学习、持续更新的知识体系变成了一次性学习，使其无法与 PMI、培训机构建立长期稳固的关系，获得最新的知识，也影响了产业规模的发展。

第四节　项目管理服务产业发展趋势与展望

一、规模迅速增长，迎来增速机会点

项目管理服务市场在近年来出现了加速增长的趋势，按照目前的状况发展，其规模的增速将出现机会点。

2018 年项目管理服务市场总规模已经达到 17.29 亿元人民币，在参加认证考试人数迅速增长的助推下，预计 2019 年市场规模将首次超过 20 亿元人民币。增长的动力包括宏观经济的拉动，企业对项目管理专门人才的需求增长，以及 PMP®体系的影响力扩大。

虽然各地区的项目管理知识体系的普及和推广呈现较大的不均衡性，绝大部分集中在沿海发达城市，但是近年来，中部与西部地带也在逐渐加强项目管理知识体系的普及和推广。在线网络培训技术的应用，既能打破时间与地点对优质教育资源传播的限制，又能提高教学效果，增加互动性，缩小与线下面授的差距。在线培训必将发挥独特优势，成为增长的重要支撑。

在 PMP®普及和推广范围不断加大、内容逐渐深入、在线培训蓬勃发展的推动下，PMP®项目管理市场规模将继续保持强劲增长趋势。

二、从培训到咨询，形态逐步升级

目前，培训是项目管理服务产业的主要形态。随着参加 PMP®项目管理培训的学员和企业数量持续增长，学员和企业正在积极尝试将项目管理知识运用到工作中。学习《PMBOK®指南》的知识体系，为运用项目管理知识奠定了良好的基础；但是在实际操作过程中还需要一定的指导。

在这一过程中，他们往往需要更高水平和更有专业化经验的团队，在工作中加以指导，

需要更有实践能力的专家，开发和运用项目管理模板帮助他们优化工作流程。企业自然而然地产生了项目管理咨询的需求。

项目管理知识与技术的发展本身便说明了项目管理咨询的专业化与细分领域的重要性。项目管理咨询的内容与服务形式同样必须结合项目管理实践的不断创新与提升来进行自身的整合与行业细分，发挥项目管理专业技术的更大优势，从组织高度识别与体会到项目管理咨询的巨大服务价值。项目管理咨询服务的最终成果需要提升到组织高度，总揽项目管理咨询成果的核心价值。需要同时运用多学科、多专业的管理知识、技术、工具与方法并与项目管理知识体系进行系统整合，从而发挥项目管理咨询的价值。

同时，企业对项目管理软件工具的需求也将浮出水面，拥有先进管理功能、成本低且可以高度定制化的项目管理系统必将成为现代企业的必备管理工具。项目管理系统也将作为重要管理工具深入企业的整个流程，辅助企业进行预算与成本控制、项目监督及跟踪、可视化进度展示、多个项目资源统筹等项目管理具体工作。这不仅将企业对 PMP®的认知提高到了应用水平，还会促使企业产生对项目管理业务的其他需求。

国家近年来大力推动建设领域的“全过程工程咨询”，也为项目管理服务产业提供了新的机遇。

全过程咨询指对建设项目全生命周期提供组织、管理、经济和技术等各有关方面的工程咨询服务，包括项目的全过程管理及投资咨询、勘察、设计、造价咨询、招标代理、监理、运行维护咨询及 BIM 咨询等专业咨询服务。全过程咨询可采用多种组织方式，为项目从决策至运营持续提供局部或整体解决方案及管理服务。

传统建设工程的目标、计划和控制都以参与单位个体为主要对象，项目管理的阶段性和局部性割裂了项目的内在联系，导致项目管理存在明显的管理弊端，通常会导致项目信息流通的断裂和信息孤岛现象，致使整个建设项目缺少统一的计划和控制系统，业主无法得到完整的建筑产品和完备的服务。现阶段建设工程普遍具有规模化、群体化和复杂化等特征，而通常不具备项目管理能力的业主方必须参与建设过程，并需要承担许多管理工作和由此带来的责任风险，大量成本、时间和精力将被消耗在各种界面沟通和工作协调上，甚至会出现众多参建方相互制衡和各项管理目标失控等复杂情况。

推行全过程工程咨询服务是深化我国工程建设项目组织实施方式的改革，提高工程建设管理水平，提升行业集中度，保证工程质量和投资效益，规范建筑市场秩序的重要措施。同时也给项目管理服务产业提供了新的发展空间。

随着 PMP®在线培训的迅速发展、个人用户迅速上升，更多的企业对 PMP®的认知不断提高，开启了新一轮的培训热潮。在项目管理服务产业整体规模扩大的趋势下，项目管理培训与咨询和软件开发应用业务的相互渗透也会更加紧密。在未来，以培训为主的形态将转型为培训与咨询、软件开发应用并行发展。

三、技术深度介入，为产业赋能

目前，项目管理服务产业的技术渗透度还比较低，主要方式仍是面授，在线培训也停留在录播为主的状态，但这种情况将迅速变化，新的技术将深度介入本产业，为产业发展注入新的活力。

（一）技术提供新的业务模式

总体来看，目前面授模式由于发展时间长而在培训效果上最为成熟，但对机构而言，面授存在师资利用不充分、产能低下的关键问题。

如图 7.16 所示，在线培训的传统模式是录播，但录播由于缺少互动性而使完课率较低，这一问题不易解决，在线培训的新模式正在业内逐渐探索。

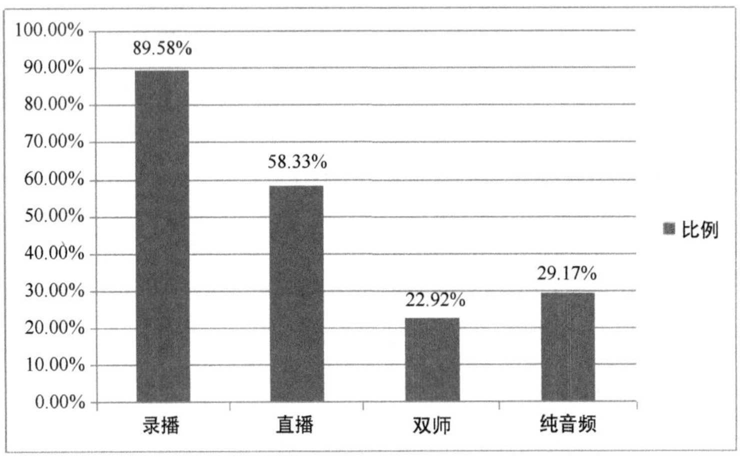

图 7.16　授权培训机构在线课程开设形式

以直播为主的强调互动和参与性的模式正在逐渐成为在线教育授课的重要方式。随着智能手机的普及、设备性能的提升及云直播和端到端视频处理技术的逐步完善，直播教育的基石已相对稳固；与传统的录播相比，直播形式在线教育互动性强，更具有教学针对性和一定的强制性，相应地也对应更好的学习效果和较高的客单价，从而为产业发展注入强劲的动力。

另外，近年来，移动网民数量稳步上升，用户移动端使用习惯已建立，并且，用户时间趋于碎片化，对于这种能够节省时间成本的模式青睐有加。可以说，直播的发展为传统培训产业带来了新的生命力，使得培训更加场景化、个性化、低成本化。

双师培训模式在职业教育领域已经出现并发展十余年，经过全行业的借鉴与打磨日臻成熟，其总体操作模式为：学员在各地的线下教室里组成班级，资深讲师通过网络系统同时与各地班级进行互动，本地老师在线下教室中为学员进行课堂答疑及课后辅导。双师模式需要学员到指定教室接受培训，这样既有一定约束力，便于管理教学进度、保证教学质量、营造良好的学习氛围，也大大提高了优秀教师资源的利用效率。这种模式使培训机构在不降低教学质量的前提下，大幅度提升了产能，降低了人工成本。

（二）教学个性化提高培训质量

在培训行业中，直播互动、双师培训、动画、自组题库等技术的深入介入，不仅让培训机构实现讲师资源的最优分配，同样的教学内容，学员对知识的理解更加透彻、应用更加准确，学员的练习也更有针对性，让项目管理培训机构的培训效果和通过率大幅提升。

新技术的运用可以最大化地调动学习者的主观能动性，并且可通过追踪学员所学资源和学习行为记录，获取学习行为大数据。通过对学习行为大数据的分析，培训机构可以有针对性地调整教学，因材施教、个性导学，同时对教学质量进行分析诊断，全方位地即时掌握个体效果与群体进程。

“轻课”“直播”“翻转课堂”等新的授课模式对改造传统教育教学理念和管理方式，解决教育面临的瓶颈问题具有重大意义。新技术的运用在不断提高课程质量、提升考试通过率的同时，也十分有利于学员对项目管理知识建立起更深入的理解。

项目管理培训的目标学员一般具备较强的自我学习驱动力，对互联网教学具有较高的接受度，线上线下相结合的新模式可以优化教学流程、提高教学质量，借助“轻课”模式的视频让学员使用“碎片时间”对重点和难点进行有针对性的学习；使用“直播”模式可以弥补录播模式下缺乏学习互动性等不足；培训老师也借助“翻转课堂”等模式，可以投入更多时间与每位学员进行互动交流，最大化地提高学习效率。

未来的培训机构应该根据每个人的特点与需求，提供定制化的学习内容与服务，保证学习效果与质量，个性化的服务将成为 PMP®等项目管理培训服务的关键。通过不断调整授课模式来满足不断变化的学员的需求，能做到这一点的培训机构将在市场竞争中处于优势地位。

（三）智慧教学成为未来

项目管理培训虽然面向的是具有一定自制力的成年用户，但也要适应人的认知和学习规律，需要用奖励、比赛甚至互动游戏等多种手段打造及时反馈体系，塑造学习氛围，增强学员黏性。而在线方式和新兴技术给这些功能的实现提供了前所未有的可能性，如开发在线培训系统，利用大量的有效用户数据和算法，给用户提供智能学习和评测工具；用 AR/VR 技术模拟真实的职业环境，进行密集的人机互动、快速适应等。

数字技术除能在教学上发挥作用以外，还可以为各个应用环节的对接和数据交互提供条件。例如，在线上与线下融合的智慧教室应用场景中，可以将物联网、直播和 IM 平台与教育培训机构的管理系统集成，一方面对教室环境、设备、学习内容等进行集中管理，优化成本；另一方面在机构管理者、老师、学员之间形成有效的沟通机制，如移动化的师生管理系统等，有助于提升管理效率。技术让培训机构的运营越来越充满智慧，赋予了规模不同、资源迥异的职业教育培训机构同等的发展机遇。

在在线培训迅猛发展的背景下，通过技术深入介入提高课程教学质量，可以激发大批人员参与培训，促进培训产业蓬勃发展。

总体来讲，技术的进步催生了 PMP®等项目管理在线培训的出现并促进其发展。4G的普及和5G的快速铺开，使移动网络的传输速率得以提升，制造技术的进步降低了PC和移动智能设备的价格，云服务的兴起与落地则大幅降低了系统的开发与运维成本，而通过租用IaaS的基础网络设施、接入语音识别、图像识别等PaaS服务，系统开发者得以更加快捷、经济地完成开发过程。

同时，新兴技术的应用也使得互联网职业培训具备了更强的服务创新潜力。直播技术的普及给互动式教学提供了一种新的途径，大数据和人工智能技术的日益成熟激发了行业对“个性化教育”和“自适应学习”的探索。另外，互联网教育技术的发展使职业培训用户可以利用碎片化时间随时随地学习，迎合了用户快速提高职业技能的心理需求。

技术将成为项目管理服务产业继续腾飞的新动力。

四、产业竞争突出规范创新

（一）师资和课程质量成为竞争焦点

项目管理培训产业在快速发展的同时应该保持良性竞争，规范化、标准化是行业发展的必然趋势。培训机构在资质认证、师资及授课水平和价格上会越来越透明，若想在项目管理培训市场上占有一席之地，提高课程质量是必经之路。

师资是学员选择培训机构时的重点筛选条件之一，讲师不但是知识的传播者，也是机构理念的传播者。机构从师资的选择到培养都应该着重对待，应选择口碑好、专业素质高、课堂经验丰富、工作中易于沟通的讲师。在培养上，重点培养讲师的专业实践能力、教育教学能力和自我学习能力。这样机构才能在课程内容变化、教学目标变化和大环境变化中立于不败之地。培训机构也应根据自身情况制定标准教材、课件，自主研发课程，不断优化教学方法，并对培训讲师进行定期培训和考核。

随着产业发展进程的加快，机构间将越来越呈现出优胜劣汰的趋势，师资有保障、教学模式有优势且有技术支撑的培训机构将会实现良性循环，而在教学上缺乏特色，培训上缺乏效果的机构将面临被市场抛弃的风险。

“只有把好师资关，项目管理才能得到更有效的传播和推广。”

（二）依托互联网增强服务能力

得益于互联网的开放属性，各行各业的渠道都在向“去中心化”转变，互联网的普及大大降低了企业进行大规模营销的门槛，极大地扩展了信息传播的量级，并且使企业在用户感知上更加敏锐。培训机构可以利用数据技术对用户的静态属性、动态属性、消费习惯等特征进行分析，可以加深对用户的理解，促进精准营销，显著提升营销效率。

目前，PMP®项目管理培训行业呈现出一定的不均衡，尤其是教育资源集中在一线城市，互联网作为扁平化的工具，能够解决距离远、教学资源稀缺、规模限制的问题，改善行业的均衡性。而且PMP®项目管理培训的主要群体是有一定工作经验的成年人，线下授课这种固定化的授课时间也限制了大家的选择，依托互联网，使服务时间更加灵活，对机构和学员都有价值。

依托互联网的在线教育模式不仅能带来更为理想的互动效果、提升课程质量，其积累的海量大数据也将成为产业进一步发展的重要资源，移动端和在线教育将成为行业的大势所趋。

（三）产业竞争规范性加强

目前，在PMP®项目管理培训产业的竞争中，也存在着一些不规范的操作行为，表现在资质、宣传、招生等各个方面，这些问题影响了培训质量，增加了学员和企业的负担，降低了培训体验和效果，对产业的持续健康发展产生了不利影响，中国国际人才交流基金会将不断完善合作机构的监管、考核制度，增强产业发展的规范性。

产业中长远的竞争，一定是建立在规范的基础上的，培训机构应主动审视自身的合规性，重视长期利益，避免短视行为，重视对教育规律的挖掘和对学员学习效果的关注，加强行业自律、有序开展业务。

五、产业走出国门，向海外扩展

在“一带一路”倡议和“走出去”战略的海外项目实施中，项目管理的重要性得到了高度重视，先进、成熟、适用的项目管理知识体系也成为我国海外项目从业者的重要理论支撑和实践依据，这给项目管理服务产业带来了新机会，即走出国门，向海外扩展。

海外的产业需求既表现在咨询和软件应用部署领域，也表现在培训领域。中资企业长期派驻海外工作的员工需要学习项目管理体系，中资企业在当地招募的员工也需要相应的学习来确保管理和沟通的一致性，因此，海外的培训需求在近年来逐渐萌发，对培训机构和老师也提出了更高的要求，如使用英语等多种语言进行授课、对海外工作环境的了解适应，等等。

海外业务的发展，使项目管理服务产业的产业链条进一步延长，范围进一步扩展，成为未来发展的新机遇。

第八章　项目管理在中国发展的展望

中国项目管理发展 20 年成果总结表明，引进国际项目管理知识体系及专业资格认证，为我国培养了一大批高层次的国际化项目管理人才，提升了全国项目管理从业人员的整体素养，有效满足了中国经济建设对人才的迫切需要；有效提高了企业的战略执行力，促进了企业创新转型，加快了企业科技创新国际化的步伐，为我国的经济建设的高速发展贡献了力量。

这些成绩的取得，离不开有关部门、机构、企业、专家学者、从业人员等各方 20 年来坚持不懈的合作与支持。从与项目管理协会（PMI）签约引进其项目管理知识体系及专业资格认证到支持推动《PMBOK®指南》及 PMP®认证试题等的中文汉化，从在有关部门的指导下运用市场机制进行项目管理的推广，对各个地区培训机构和考试机构进行授权、指导、管理，到信息化管理系统建设及考试流程标准化及优化……20 年来，中国国际人才交流基金会一直致力于推动项目管理在我国的良性、稳定、有序的发展，而营造良性的发展环境，也将会是今后高质量开展项目管理推广和专业人才培养工作的必要条件之一。

习近平总书记指出，“十三五”规划作为我国经济发展进入新常态后的第一个五年规划，必须适应新常态、把握新常态、引领新常态。新常态下，我国经济发展表现出速度变化、结构优化、动力转换三大特点，增长速度要从高速转向中高速，发展方式要从规模速度型转向质量效率型，经济结构调整要从增量扩能为主转向调整存量、做优增量并举。发展动力要从主要依靠资源和低成本劳动力等要素投入转向创新驱动。项目管理作为以目标为导向的绩效管理方式，要求在特定的约束条件下完成创新性任务，必将对我国进入新常态后的经济建设起到重要的推动作用。

习近平总书记提出的“一带一路”倡议，为我国提高对外开放水平和促进与世界各国共同发展提供了指引。针对“一带一路”沿线国家基础设施、产业状况和生产力等问题，中国有针对性地进行投资与项目承建，目前已有一系列重大项目取得成功，成为区域经济发展的桥梁和主动脉。截至 2018 年年底，“一带一路”沿线已开工和计划开工的基础设施项目中，仅央企就承担了 3 116 个项目。可以预见，“一带一路”沿线的投资将会逐年加大，海外承建的项目越来越多，对项目管理专业人才的需求将大幅度增长，国际先进的项目管理知识体系的全面推行将势在必行。

据 PMI《项目管理就业增长与人才缺口报告（2017—2027 年）》对全球 11 个国家的项目导向型就业机会的分析结果，到 2027 年，项目管理行业将有 8 800 万个职位空缺，其中中国的项目管理职位空缺将超过一半，达 4 600 万个。未来在中国，项目管理岗位将成为最热门的职业之一。

毛泽东同志说过：“人类总得不断地总结经验，有所发现，有所发明，有所创造，有所前进。”为了使项目管理的推广工作更好地服务于我国的经济建设，中国国际人才交流基金会在总结经验教训的基础上，特提出如下建议。

第一节　加大国家层面对项目管理的支持

一、加大政府部门的引导力度

在项目管理的推广过程中，政府可以发挥其支持、引导和影响作用。希望政府部门能加强对项目管理作用的引导，借助于政府的公信力向全社会推广项目管理知识的学习和应用。

二、推动相关证书互认

国家有关部门和行业协会推行的各种管理类的资格或资质认证中，有相当一部分都有项目管理专业课程。而此类课程内容相近，但考核结果互不认可，导致认证人员的额外重复学习成本。如建筑业推行的建造师执业资格认证，其考试的四门科目中，有一门就是项目管理，如果能够使 PMP®证书与其互相认可，将有利于项目管理的推广，还能让学员节省时间和精力。希望政府部门之间加强沟通与协调，出台政策并予以互认和支持。

三、促进政府相关部门对项目管理的应用

国家机关和事业单位的组织目标、职位设置、权责分配、运行程序等具有很多的项目管理属性。政府部门应带头加强项目管理知识的学习。通过学习可以增强对项目管理价值的感性认识，并且把项目管理知识运用于实际工作，提高政府部门工作效率，增强政府的公信力。

四、建立“一带一路”项目管理人才培训基地

人才是“一带一路”建设的重要基础和保障。随着“一带一路”倡议的不断推进和我国企业“走出去”步伐的加快，对具备开阔的国际视野、掌握国际通用的管理语言、具有国际前沿的管理理念和解决复杂问题能力的项目管理人才的需求日益旺盛。《PMBOK®指南》及其相关项目管理体系在项目管理领域的价值和有效性已被普遍认可，其中的知识、技能、工具和技术也是国际上普遍适用的良好实践。应用这些先进、成熟、适用的相关项目管理体系，特别有助于“一带一路”建设项目取得预期的成果，实现预期的商业价值。基于此，由政府部门牵头，建立“一带一路”项目管理人才培训基地，不仅可以有效地服务于我国在“一带一路”沿线国家的参建项目，而且还将为沿线的国家培养出一大批国际

项目管理人才。

五、设立一级项目管理协会

迄今为止，我国还没有针对项目管理学研和应用建成一级协会组织。现存的有关项目管理专业委员会大多是二级协会组织，均分散挂靠在某个一级协会之下。

在国家有关部门的支持下，由中国国际人才交流基金会牵头组建“中国项目管理协会”，作为“政府—企业—高校”学术交流和产业发展的项目管理平台，这对于推动科学研究与决策咨询相互促进、协同发展是非常有必要的。

第二节　加强项目管理理论研究和实践应用

一、编撰中国项目管理知识体系

中国国际人才交流基金会已经逐步探索出了引进国外智力的“第三种途径和方式”。国际先进的项目管理知识体系在中国生根发芽，取得了良好的成绩。21 世纪是知识经济时代，在未来的社会竞争中，自主研发和拥有知识产权已成为当前企业乃至一个经济体的核心竞争力。需要在全面总结、吸收国外项目管理知识体系精华的基础上，结合中国的实际，建立具有中国特色和世界影响力的中国项目管理知识体系。

二、建立行业项目管理规范

《PMBOK®指南》是普遍适用的项目管理通用规范，而项目的关键属性是独特性。俗话说“隔行如隔山”，目前，我国的行业项目管理知识还处于碎片化阶段，项目管理专业人士是通过裁剪《PMBOK®指南》来应用于实际的，这不免在实际工作中有很多的断层和脱节的苦恼。

需要集中行业的精英力量，有针对性地着手编撰行业项目管理规范，并加以推广应用，以减少各行业各自探索的成本，这对行业发展定将具有里程碑意义。

三、加快项目管理信息化建设

在众多的大中型企业中，项目正日益呈规模化和复杂化。为了动态监控项目状态，必须开发和应用项目管理软件，借助于项目管理信息系统，来实现项目的高效管理。

目前，我国在项目管理软件的开发和应用上，成熟度并不高。影响项目管理信息化的最大因素是项目管理软件的匹配性问题。因此，在标准化的项目管理软件功能框架下，根据行业特征，定制行业项目管理软件并进行推广应用，是提升国家整体项目管理水平的良好实践。

第三节　引导中国项目管理良性有序发展

一、强化对培训、考试机构的管理

中国国际人才交流基金会将坚持对培训机构和考试机构的有效监督和管理，规范机构准入、考核评价和退出机制，避免恶性竞争，规范市场行为，确保推广工作健康持续地发展。在对培训机构加强管理、明确要求、提供支持的同时，也力求保证培训机构的教学和服务的高质量，树立良好、权威的品牌形象。

二、加强推广从业人员对项目管理知识体系的学习

从事推广工作的从业人员，可以不是项目管理专业人士，但一定需要懂得项目管理基础知识。只有这样，才能更好地把握学员的需求，与学员进行良好的沟通与交流，提高成功率，避免因缺乏专业的知识，对项目管理的价值宣传带来负面的影响。

三、积极发挥标杆企业的示范引领作用

在项目管理推广的过程中，标杆企业具有重要的带动作用。如中国移动、中国石化、中国石油、中国海油、中粮、华为、天士力等一批优秀企业在项目管理的实践中成绩显著，带动了其所在区域和行业的项目管理应用与发展。2011 年，中国国际人才交流基金会为发挥中央企业在重点行业的辐射作用，与国资委合作，举办了“中央企业项目管理创新技能大赛”。大赛的成功举办，有效促进了国内项目管理知识的推广和落地。在未来的推广工作中，中国国际人才交流基金会将通过如举办竞赛、对优秀企业进行评奖等措施，积极发挥标杆企业的示范引领作用，推动项目管理的普及与进一步发展。

四、以师资和课程质量为中心，创建良性竞争氛围

师资是提高培训质量的关键。中国国际人才交流基金会将尽快建立师资的管理规范，特别设立“师资考核与认证”制度，从项目管理专业知识到师德、师风进行严格的考核，只有通过认证考核，才可以进入项目管理的专业课堂，从而提升授课质量。

五、依托互联网增强服务能力，打破地域界限，拓展项目管理服务范围

目前，项目管理的发展主要集中在北上广深四大城市，以及其他沿海经济发达省市，

项目管理发展在地域上存在很大的不均衡性。互联网作为扁平化的工具，能够解决服务距离远、资源稀缺和时间限制等问题。因此，依托互联网增强服务能力，打破地域界限，拓展项目管理服务范围是未来项目管理推广的方向之一。

第四节 结 束 语

中国国际人才交流基金会组织课题组通过对 53 万名 PMP®等认证报考人员的数据统计，近 2 万人、374 家企业、73 家培训及考试机构的问卷调查，24 家领军企业、18 位典型个人、14 所高等院校、5 家培训机构的走访，对中国项目管理发展 20 年的成果进行了比较细致的总结。回首往事，我们深深体会到“春播一粒粟，秋收万颗子”。展望未来，我们信心百倍，“志行万里者，不中道而辍足”。

习近平总书记指出：“中国要强盛、要复兴，就一定要大力发展科学技术，努力成为世界主要科学中心和创新高地。”科技创新主要取决于人才，人才是科技创新活力之源泉。当今的中国比历史上任何时期都更接近实现中华民族伟大复兴的目标，比历史上任何时期都更有信心、更有能力实现这个目标，时代给我们提供了前所未有的机遇和挑战。基金会将继续努力，争取在新的经济发展周期里使项目管理的推广和应用工作更上一层楼，为国家的科技创新输送高素质的人才，为国家的经济建设和社会发展做出更大的贡献。

后　　记

从20世纪70年代末开始，一幅大气磅礴的改革画卷在中国大地渐次展开。四十余年来，我国经济社会发展取得了举世瞩目的辉煌成就。作为改革开放伟大事业的重要组成部分，我国引进国外智力工作，吸收和借鉴人类社会创造的一切文明成果，吸收和借鉴当今世界各国的先进经营方式和管理方法，为经济社会发展服务。

作为国家引智工作组成部门，我们在国家引智工作主管部门的指导下，结合自身优势，对接我国发展需求，不断探索和创新引智的工作模式，丰富引智工作的开展途径，逐渐探索出一条引进国外先进、成熟、适用的知识体系，开展国际化高层次专业人才培养的引智途径。这一引智途径作为传统“派出去”和“请进来”引智方式的有益补充，经过多年发展取得了一定成效。我们自 1999 年起引进的项目管理专业资格认证及其知识体系，是这项工作的优秀代表。

回顾这20年的发展历程，我们欣慰地看到上述引智方式在项目管理领域取得了一些积极的成效。20 年来，在各方支持与努力下，我国国际化项目管理人才培养初具规模，人才队伍正在逐步扩大，一定程度上满足了各类组织对国际化人才的需求，促进了各类组织获得更高的项目成功率；通过对国际先进、成熟、适用的知识体系进行引进、消化、吸收和再创新，我国项目管理的知识和方法在众多领域得到广泛应用，涌现出一大批独具特色的项目管理成功案例，有效促进了各类组织管理方法创新、管理水平科学化，进而助力高质量发展；通过与国际化项目管理知识体系交流互鉴，我国项目管理学科内容建设和学科梯队建设逐步深化，产学研深度融合得以有效推动，为许多国家重大工程、大科学工程和超大型工程项目提供了项目管理理论支撑。这些成绩的取得，更加坚定了我们探究引智方式、创新引智工作的信心。

凡是过去，皆为序章。为了总结、分析国际化项目管理人才培养工作取得的成就和经验教训，规划好未来工作，我们发起20年发展成果总结项目，邀请业界知名项目管理专家成立专家咨询委员会，联合国内著名高校和优秀项目管理咨询公司成立项目执行委员会，花费近一年时间出具这份研究报告。为了使分析的结论更具有客观性和准确性，我们尽可能广泛地收集个人、企业、高校、合作培训机构的样本，深入现场开展访谈，查阅国家统计局的大量数据，并结合报考数据进行统计分析和研究，力求从客观、科学的角度反映我国项目管理发展现状。

本报告得以顺利形成，得益于项目组全体成员所做出的努力。衷心感谢北京航空航天大学、北京邮电大学、杭州新睿智业有限公司的团队参与报告编制，衷心感谢专家咨询委员会的各位专家对报告编制工作给予的指导。同时，在报告编制过程中，我们参阅和引用了不少专家、学者论著中的有关资料，在此一并表示感谢。

当前，全球科技创新进入空前活跃的时期，新一轮科技革命和产业变革正在重构全球创新版图、重塑全球经济结构，我国经济也已转向高质量发展阶段。同时，人才作为支撑发展的第一资源，其重要性在国家战略层面日益凸显。跨入新时代，站在我国发展新的历史方位，我们深感责任重大。未来，我们愿同各方一道，在科技部的领导下，积极探索，为我国项目管理发展，为国家引智事业，为服务科教兴国战略、人才强国战略、创新驱动发展战略，为服务科技创新和“一带一路”建设等，做出应有的贡献。

本报告虽然经过多次讨论与修改，但由于时间仓促，水平有限，不免有遗憾和不当之处，恳请广大读者批评指正，提出宝贵意见。

万金发
中国国际人才交流基金会副主任
原国家外国专家局培训中心主任

反侵权盗版声明

举报电话：（010）88254396；（010）88258888

传　　真：（010）88254397

E-mail：　dbqq@phei.com.cn

通信地址：北京市万寿路 173 信箱

　　　　　电子工业出版社总编办公室

邮　　编：100036